多元社会的
媒体记忆与舆论共识

刘海明　著

中国社会科学出版社

图书在版编目（CIP）数据

多元社会的媒体记忆与舆论共识／刘海明著．—北京：中国社会科学出版社，2024.2

ISBN 978-7-5227-3042-4

Ⅰ.①多… Ⅱ.①刘… Ⅲ.①传播媒介—舆论—研究—中国 Ⅳ.①G219.2

中国国家版本馆 CIP 数据核字（2024）第 037388 号

出 版 人 赵剑英
责任编辑 宫京蕾
特约编辑 李晓丽
责任校对 冯英爽
责任印制 李寡寡

出 版 中国社会科学出版社
社 址 北京鼓楼西大街甲 158 号
邮 编 100720
网 址 http：//www.csspw.cn
发 行 部 010-84083685
门 市 部 010-84029450
经 销 新华书店及其他书店

印 刷 北京君升印刷有限公司
装 订 廊坊市广阳区广增装订厂
版 次 2024 年 2 月第 1 版
印 次 2024 年 2 月第 1 次印刷

开 本 710×1000 1/16
印 张 25
字 数 448 千字
定 价 139.00 元

凡购买中国社会科学出版社图书，如有质量问题请与本社营销中心联系调换
电话：010-84083683
版权所有 侵权必究

国家社科基金后期资助项目

出 版 说 明

后期资助项目是国家社科基金设立的一类重要项目，旨在鼓励广大社科研究者潜心治学，支持基础研究多出优秀成果。它是经过严格评审，从接近完成的科研成果中遴选立项的。为扩大后期资助项目的影响，更好地推动学术发展，促进成果转化，全国哲学社会科学工作办公室按照"统一设计、统一标识、统一版式、形成系列"的总体要求，组织出版国家社科基金后期资助项目成果。

全国哲学社会科学工作办公室

目　　录

绪　论

一　研究背景

进入 21 世纪，数字媒介将信息无缝联结起来，信息共享的全球化成为当代社会的一大趋势，这在客观上减少了跨越国家、地区和群体受众的认知隔阂，也从一个侧面印证着麦克卢汉的“地球村”预言正在变成现实。信息时代，个体可以通过数字媒介成为彼此相连的有机整体。与此同时，个体间的依赖性随着传播媒介的迭代日趋增强，媒体呈现的信息也在影响着社会成员的观念和行为，这方面的变化在一定程度上反作用于传统的社会格局，导致现存的利益格局因为社会联系紧密程度的改变可能被瓦解或者被重构。这样的变化不以个体意志为转移，在传统格局被瓦解/重构的过程中可能造成观念和文化方面的冲突。媒介技术虽然使人类社会拥有了跨越物理空间远距离同步交流的功能，却未必可以增进个体间的心灵交流。在互联网塑造的信息“地球村”里，充满着各种矛盾、对立以及冲突。即使在一个国家的内部，不同的区域、民族、教育模式以及传统文化差异也会使社会成员之间产生分歧。由于多元社会背景下历史观、价值观以及利益观的差异化与多样化，在某种程度上导致“地球村”的居民无数次陷入网络舆论的纷争中。受此影响，多元社会面临着群体之间的共识危机，尤其是在社交媒体与传统媒体的社会影响力发生逆转的今天，社交媒体的舆论引导力足以与传统媒体相抗衡，由传统媒体主导的社会共识正在被以社交媒体为主导的（网络）舆论共识重构。因此，传统价值观和（网络）舆论共识的重塑与维系成为一个充满挑战的现实难题。

社会的存续依赖于某种特定的运行机制，观念的多元化客观上需要能够适应这种变化的运行机制。社会观念并非一成不变，它们历来随着社会的发展发生相应的变化。就我国的传统社会而言，不论是家庭内部还是社会成员与国家之间的伦理关系长期形成了以一元化为主导的社会运行机制。互联网的问世和社交媒体的普及，使声音的多元成为新的社会变量。技术在改变媒介环境的同时也在间接改造舆论环境，舆论环境的变化需要社会运行机制的迭代更新。当然，这并不意味着多元社会的运行机制由若干个相互独立的运行机制各自支撑某一类观念的存在，而是多种声音通过新型社会运行机制的调节而并存。现代社会的发展历程表明，无论是美国、英国还是其他西方国家，即使这些国家标榜所谓的文化多元和言论自由，要在全社会范围内实现多元化的主流价值观也并不现实，实际上仍是主流的价值观在维系着这些国家传统的社会秩序。这意味着，即便是在信息时代，“多元社会”往往是形式的多元，究其实质依然是由多元形式所塑造的“一体化”社会。换言之，现实社会的存在虽然允许多元的声音存在，但社会的主流观点依然需要得到绝大多数社会成员的认同。因此，“多元社会”仍有其是非标准、规则与秩序，是多元中具有统一性的存在。与西方社会不同的是，中国社会的价值观历来主张和为贵，致力于社会和谐的建构，并在此基础上追求和而不同、周而不比的更高目标。事实证明，多元社会依然要去寻求以舆论共识为代表的社会共识，打造适应时代发展需求的新型社会共识，建立和而不同的舆论秩序，推动社会的发展。

共识是社会存在的前提。不同的历史阶段，共识的形成途径和呈现形式不尽一致。当代社会的“多元”源于社交媒体的普及，社会共识的形态以网络舆论方面的基本认同为主要形式。如何在社交媒体时代建立多元的舆论共识，需要新闻媒体和社交媒体共同架起沟通的桥梁。“冰冻三尺，非一日之寒。”一个社会的舆论共识与媒体议程设置和新闻报道所传递的价值观之潜移默化有关。新闻的时效性决定着这类信息的“易碎”性质。新闻文本随着时间的流逝实用价值在减少，这样的信息在被媒体建构的同时也被纳入受众的潜意识。媒体记录的社会变迁被称作媒体记忆。当代社会，传统媒体的影响力呈现出下降的趋势，社交媒体对热点新闻事件展开的公共讨论在个体记忆的形成过程中扮演着输入、互动和重塑的作用，相同的信息输入源因为社交媒体舆论场的公共讨论影响着用户认知并最终演化为群体记忆。用户认知与群体记忆塑造网络共识，形成社会性质的共识。从这个意义上讲，传统媒体的记忆功能和社交媒体的用户互动（公共讨论）促成了当代社会共识的新形式：舆论共识。社交媒体时代的媒体记忆与舆论共识之间的关系为何，二者对舆论秩序有何影响，如何通过规范媒体记忆正向影响舆论共识，就这些问题展开交叉研究具有较大的理论价值和应用价值。

进入21世纪，以社会共识为代表的共识研究开始受到重视，主要集中在政治学领域；随后，记忆研究西学东渐在多个学科得到应用，新闻传播学界关注媒体记忆并少量关注舆论共识，但很少将两者同时作为研究的对象。

就现有的研究文献观之，"媒体记忆"研究和"社会共识"研究相对独立，两类研究的文献也不在少数。截至2022年1月20日，在国内以"媒体（媒介）记忆"为主题词在CNKI数据库中检索到311条结果，以"社会共识"为主题词检索到280条结果；以"舆论共识"为主题词检索到35条结果。在Web of Science数据库中，以"Media memory"（媒体记忆）为标题检索，标题检索为643条结果；以"Social consensus"（社会共识）为标题检索，检索到416条结果；以"public opinion consensus"（舆论共识）为标题检索，检索到26条结果。数据表明，相对于"媒体记忆"和"社会共识"受到的关注度非常不同。将两个关键词结合进行搜索，CNKI并无相关的文献，当标题放宽至"记忆、共识"时，仅搜索到15条结果；在Web of Science数据库，"Media memory"（媒体记忆）和"Social consensus"（社会共识）综合检索，检索到0条结果；"memory"（记忆）和"consensus"（共识）标题下检索到35条结果。此结果表明，现有的记忆研究与共识研究基本处于分立研究的状态，将二者联系起来进行综合研究乃大势所趋。在人类社会的发展过程中，新出现的各种新现象和新问题因为缺乏系统的研究，研究者很难对新的社会现象（问题）的复杂性作出较为科学的阐释，而人类的知晓欲要求学术界全面阐释新现象和新问题。社会的复杂性决定了社会问题的综合性，审视社会问题研究需要打破传统的学科壁垒，从多个学科进行综合研究。媒体记忆与社会共识在形式上并不存在直观的联系。"媒体记忆"属于新闻传播学的研究范畴，记忆问题属于认知科学的范畴，后者需要运用认知心理学的相关知识，将新闻传播学与认知心理学相结合有助于深刻地认识媒体记忆的本质。"社会共识"是社会学与政治学领域研究的重点问题，关注的是社会发展过程中社会成员价值观的差异以及如何缩小这种差异。当代社会的共识主要集中体现在由社交媒体舆论场的公共讨论所形成的舆论共识中。因此，将"媒体记忆"与"舆论共识"勾连起来，将传统上宽泛的"社会共识"问题聚焦于社交媒体平台的舆论共识，不仅赋予社会共识理论以新的内涵，而且可以通过媒体记忆形成的舆论共识增加社会共识。构建以舆论共识为代表的社会共识需要"坚持一致性和多样性统一，找到最大公约数，画出最大同心圆”。① 新闻媒体和社交媒体在找出社会最大公约数过程中的作用举足轻重，新闻媒体的报道和社交媒体的碎片化信息所建构的媒体记忆是形成舆论共识最终通往社会共识的重要路径。本书着眼于多元社会的新型媒介环境，探索媒体记忆与舆论共识（社会共识）的现实关联以规范舆论秩序和社会秩序，这既是本书的出发点也是本书的落脚点。

二　研究文献

（一）国外研究文献

1. 媒体记忆研究

媒体记忆研究发端于西方学术界。卡罗琳·凯奇（Carolyn Kitch）最早提出“媒体记忆”的概念，她试图探讨媒体如何通过扮演记忆代理角色完成与社会其他领域的互动过程。② 近年来，围绕媒体记忆及其相关问题，主要围绕以下六个方面进行论述。

（1）媒体与记忆的关系。通常认为，媒体是某种外部记忆的塑造者、载体或管理者，媒体通过记忆提供确定性，这种确定性使受众依赖于媒体所塑造的可用的过去。③ 媒体记忆在本质上属于中介记忆，媒体所从事的是中介记忆工作，将公众与社会关系、文化话语、物体和媒体环境的安排交织在一起，形成了过去的经验和感觉。④ 媒体记忆通过选择有意义的框架以权威的方式增进公众对文本的理解和记忆。⑤ 媒体记忆分作不同的记忆空间，空间的转换对记忆的形式产生影响，从采访中表达的流行的、方言的记忆到流行文化中表达的公共记忆，空间与记忆存在内

---

① 《决胜全面建成小康社会　夺取新时代中国特色社会主义伟大胜利——在中国共产党第十九次全国代表大会上的报告》，新华网 2017 年 10 月 27 日，http：//www. xinhuanet. com/politics/19cpcnc/2017-10/27/c_1121867529. htm。

② Kitch，C.，*Pages from the Past*：*History and Memory in American Magazines*，University of North Carolina Press，2006.

③ Hoskins，A.，*The Restless Past*：*An Introduction to Digital Memory and Media*，Routledge Taylor & Francis Group，2018，p. 5.

④ Lohmeier，C.，Pentzold，C.，“Making Mediated Memory Work：Cuban-Americans，Miami Media and the Doings of Diaspora Memories”，*Media*，*Culture & Society*，2014，36（6）：776-789.

⑤ Matt Carlson，M.，“Making Memories Matter：Journalistic Authority and the Memorializing Discourse around Mary McGrory and David Brinkley”，*Journalism*，2007，8（2）：165-183.

在的联系。[①] 在传统媒体时代，权力对社会性记忆的控制在很大程度上决定了权力的等级，全球权力关系塑造着受众记忆中的媒体历史，这成为受众对媒体的理解的一部分。[②] 社交媒体对记忆的积极影响体现在：社交媒体改变社会记忆的对象和社会记忆的手段[③]；社交媒体对记忆的消极影响体现在：社交媒体的普及使媒体记忆成为一种新的风险源，它与个人/公共网络和档案的数字痕迹难以估量，包括对用户去世后的声誉困扰。[④] 当今信息技术的存储以及通过使用数据处理机器来组织集体记忆，关系到信息控制的所有权和合法性的问题。[⑤] 在社交媒体平台上，“地点”在记忆的形成中扮演着核心角色，它在收集和映射分散数据碎片的过程中将存档转换为记忆。[⑥]

（2）媒体记忆理论研究。从历史的维度看，记忆的目的和内容在于促进社会文明的延续和发展，所有类型的记忆是在冲突中延续着文明。[⑦] 虽然新闻在记忆研究中的重要性经常被忽视，但媒体话语被认为是“记忆的先决条件”，这样的话语是在报道的“道德见证”背景下构建的。[⑧] 数字技术改变着当代社会收集、存储、处理和共享记忆的方式，凸显了社交媒体记

① Simon Huxtable, M., “Remembering a Problematic Past: TV Mystics, Perestroika and the 1990s in Post-Soviet Media and Memory”, *European Journal of Cultural Studies*, 2017, 20 (3): 307-323.

② Lars Lundgren, Christine E Evans, M., “Producing Global Media Memories: Media Events and the Power Dynamics of Transnational Television History”, *European Journal of Cultural Studies*, 2017, 20 (3): 252-270.

③ R Rinehart, R., Ippolito, J., “New Media and Social Memory”, in R Rinehart, R., Ippolito, J., *Re-Collection: Art, New Media, and Social Memory*. The MIT Press, 2014, p. 18.

④ Hoskins, A., “The Restless Past: An Introduction to Digital Memory and Media”, in Hoskins, A. *Digital Memory Studies Media Pasts in Transition*, Routledge Taylor & Francis Group, 2018, pp. 2-3.

⑤ R Rinehart, R., Ippolito, J., “New Media and Social Memory”, in R Rinehart, R., Ippolito, J., *Re-Collection: Art, New Media, and Social Memory*. The MIT Press, 2014, p. 19.

⑥ Mandolessi, S., “Challenging the Placeless Imaginary in Digital Memories: The Performation of Place in the Work of Forensic Architecture”, *Memory Studies*, 2021, 14 (3): 622-633.

⑦ R Rinehart, R., Ippolito, J., “New Media and Social Memory”, in R Rinehart, R., Ippolito, J., *Re-Collection: Art, New Media, and Social Memory*. The MIT Press, 2014, p. 14.

⑧ Prendergast, M., “Witnessing in the Echo Chamber: From Counter-Discourses in Print Media to Counter-Memories of Argentina’s State Terrorism”, *Memory Studies*, 2020, 13 (6): 1036-1057.

忆过程中所固有的协作性质。① 与社交媒体用户相比，传统媒体受众的最初记忆显示出更强的现象学特征（即回忆感和生动性），相信记忆的准确性随着时间的推移而减少。② 社交媒体观点的多元，不同主题的冲突造成相互冲突的记忆，创造共鸣效应越来越重要，而共鸣在社交媒体记忆过程中的作用经常被忽视。③ 数字网络和“点对点”存储实践的出现，对传统制度化媒体档案的主导地位提出挑战，社交媒体平台上的记忆实践有针对性地为特殊群体提供现有档案所没有的启示。④ 与此同时，社交媒体的视频回放功能满足了用户的“想要即所需”，使个体的历史通过媒体再现而牢记于心。⑤ 此外，社交媒体在帮助用户理解生命和死亡等方面发挥着越来越重要的作用，作为见证和陪伴的工具，它将逝者和生者的记忆纠缠在一起，有助于建立连续性的联系。⑥

（3）媒体的记忆化实践。在媒体的介入下，记忆可以被理解为实践的暂停时间，这是一种特殊的实践形式。⑦ 日益一体化的全球媒体环境带来记忆活动的转变，在这种环境中，行为者之间的互动影响记忆的形成，这些分散的记忆制作过程影响着社会发展。⑧ 当代社会，社交媒体的信息具有“证词”价值，记忆、社交媒体体验和证词之间的关系值得重视。⑨ 在媒

---

① Silvestri, L. E., “Start Where You are: Building Cairns of Collaborative Memory”, *Memory Studies*, 2021, 14 (2): 275-287.

② Talarico, J. M., Kraha, A., Self, H., & Boals, A., “How Did You Hear the News? The Role of Traditional Media, Social Media, and Personal Communication in Flashbulb Memory”, *Memory Studies*, 2019, 12 (4): 359-376.

③ Ebbrecht-Hartmann, T., “Media Resonance and Conflicting Memories: Historical Event Movies as Conflict Zone”, *Memory Studies*, 2020: 1-16.

④ Liebermann, Y., “Born Digital: The Black Lives Matter Movement and Memory after the Digital Turn”, *Memory Studies*, 2021, 14 (4): 713-732.

⑤ Gloviczki, P. J. “Media and Memory on YouTube: An Autoethnographic Postcard”, *Humanity & Society*, 2017, 41 (1): 139-140.

⑥ Hjorth, L. “The Place of Data: Mobile Media, Loss and Data in Life, Death and Afterlife”, *Memory Studies*, 2021, 14 (3): 592-605.

⑦ Alarcón Medina, R., “‘Dreaming the Dream of a Dead Man’ Memory, Media, and Youth in Postwar El Salvador”, *Dialectical Anthropology*, 2014, 38 (4): 481-497.

⑧ Chatterje-Doody, P. N., Gillespie, M., “The Cultural Politics of Commemoration: Media and Remembrance of the Russian Revolutions of 1917”, *European Journal of Cultural Studies*, 2020, 23 (3): 305-314.

⑨ Henig, L., Ebbrecht-Hartmann, T., “Witnessing Eva Stories: Media Witnessing and Self-Inscription in Social Media Memory”, *New Media & Society*, 2022, 24 (1): 202-226.

体通过报道历史事件与过去的互动的过程中，记者和新闻作为记忆媒介的作用常常被忽视。① 在社交媒体上，用户利用平台进行记忆叙事，这些叙事充分利用了平台的可视性、可扩展性和互动性将社交媒体品牌实践与讲述过去的框架相结合，以满足特定用户的需求。② 现在是时候更新已经建立的媒体记忆，这种记忆的获得可以通过多模式实践共享动态记忆过程。③ 公众对社会事件的记忆随着事件的发展在社交媒体中形成，这方面的记忆实践有三种常见的形式：在线纪念、记忆积累和历史初稿。新闻业利用记忆实践，在一个不断缩小的网络表达空间中，组织对危机和当前权力结构的集体思考。④ 媒体记忆在公共卫生事件持续期间表现突出。最初的恐慌在以色列媒体和社交媒体上掀起一股比较大屠杀和流感大流行的浪潮。⑤ 在世界范围内，媒体记忆正在试图纪念这场危机，社交媒体带来的活力和"临场感"表明传统的纪念活动正在发生变化。⑥

（4）数字化技术重塑记忆。长期以来，媒体技术一直被认为是结构和时间经验的重要组成部分，特定媒体技术提供特定的时间，由此衍生出"社交媒体时间"的概念。⑦ 现代传媒技术为助记设备的诞生奠定了基础，这类设备协助边缘化群体在社会记忆领域受益。⑧ 数字技术为社交媒体创造着准自治的记忆系统，这些记忆系统影响着用户对生活的思考和体验，这类媒体平台的数据库构成一个不断增长的记忆系统，记忆着生活中被遗

---

① Gaete Salgado, C., "Journalistic Memory Work and Transitional Justice in Chile: The Case of the Declassification of the Colonia Dignidad Archives in Berlin", *Journalism*, 2021, 22 (4): 1088-1106.

② Davidjants, J., Tiidenberg, K., "Activist Memory Narration on Social Media: Armenian Genocide on Instagram", *New Media & Society*, 2021: 1-16.

③ Burkey, B. "Repertoires of Remembering: A Conceptual Approach for Studying Memory Practices in the Digital Ecosystem", *Journal of Communication Inquiry*, 2020, 44 (2): 178-197.

④ Han, E. L., "Journalism and Mnemonic Practices in Chinese Social Media: Remembering Catastrophic Events on Weibo", *Memory Studies*, 2020, 13 (2): 162-175.

⑤ Steir-Livny, L., "Traumatic Past in the Present: COVID-19 and Holocaust Memory in Israeli media, Digital Media, and Social Media", *Media, Culture & Society*, 2021: 1-15.

⑥ Adams, T., Kopelman, S., "Remembering COVID - 19: Memory, Crisis, and Social Media", *Media, Culture & Society*, 2022, (44) 2: 266-285.

⑦ Kaun, A., & Stiernstedt, F., "Facebook Time: Technological and Institutional Affordances for Media Memories", *New Media & Society*, 2014, 16 (7): 1154-1168.

⑧ Tirosh, N. " INakba, Mobile Media and Society's Memory ", *Mobile Media & Communication*, 2018, 6 (3): 350-366.

忘或未经思考的部分。① 掌握数字化对记忆的改造并不容易，因为社交媒体带来的是“参与式”的数字媒体文化，多数用户在跟圈层的一系列连接实践中感到活跃。② 技术也在塑造新的记忆生态，“目击者视频”成为构建媒体记忆的权威资源和流行档案，被不同的参与者按照自己的意识形态议程重新组合。③ 大数据和人工智能在新闻业的广泛应用，使数字研究和记忆研究出现新的交叉点，数字记忆成为未来记忆研究的兴趣点。④ 以社交媒体为依托的记忆特点是多元且具有创造性，涉及不同权力动态之间的相互作用和冲突，现有研究缺少对这种“全球记忆”物质基础的理解。⑤

（5）社交媒体记忆与舆论共识。共识是公众对待当下事件的基本态度和立场，二者对媒体的要求是媒体记忆不能满足于从现在回到过去，而应该倒置顺序，使之影响用户的判断和决策。⑥ 数字革命对记忆文化影响的不仅是速度和广度，也导致从广播到窄播的转变，这将推动越来越多的在线内存插播。⑦ 社交媒体帮助用户与中断联系已久的旧友恢复联系，个人过去的碎片化信息通过传媒技术被发掘出来规模地拯救个人的“历史”，这样的拯救在带来记忆繁荣的同时也削弱了社会权威人士的观点，导致用户不再需要他们的“第二意见”。⑧ 社交媒体带来的“连接转向”

① Kinsley, S.,“Memory Programmes: The Industrial Retention of Collective Life”, *Cultural Geographies*, 2015, 22 (1): 155-175.

② Dayan, D.,“Overhearing in the Public Sphere.” *Deliberately Considered-Informed Reflection on the Events of the Day*, 2013, p. 289.

③ Smit, R., Heinrich, A., Broersma, M.,“Witnessing in the New Memory Ecology: Memory Construction of the Syrian Conflict on YouTube”, *New Media & Society*, 2017, 19 (2): 289-307.

④ Cheney-Lippold, J.,“Digital Memory Studies: Media Pasts in Transition”, *New Media & Society*, 2018, 21 (1): 274-276.

⑤ Reading, A.,“Seeing Red: A Political Economy of Digital Memory”, *Media, Culture & Society*, 2014, 36 (6): 748-760.

⑥ Ernst, W.,“Tempor (e) alities and Archive-Textures of Media-Connected Memory”, in Hoskins, A., *Digital Memory Studies Media Pasts in Transition*, Routledge Taylor & Francis Group, 2018, p. 135.

⑦ Khlevnyuk, D.,“Narrowcasting Collective Memory Online: ‘Liking’ Stalin in Russian Social Media”, *Media Culture & Society*, 2019, 41 (3): 317-331.

⑧ Hoskins, A.,“7/7 and Connective Memory: Interactional Trajectories of Remembering in Post-Scarcity Culture.” *Memory Studies*, 2011, 4 (3): 269-280. Hoskins, A.,“Media, Memory, Metaphor: Remembering and the Connective Turn”, *Parallax* 2011, 17 (4): 19-31.

推动记忆向是什么和做什么的本体论转变，矛盾的是这既捕获了过去又解开了过去，它重新设计了记忆，将其从空间档案、组织、机构的传统界限中解放出来，这种寻找、整理、筛选、使用、查看、丢失和滥用过去的新方法，既限制又解放着人类积极的记忆。①

（6）媒体记忆的伦理责任。社交媒体记忆有助于建立公正的记忆文化，这种文化考虑到记忆伦理并促进对被边缘者故事的“记住义务”。② 社交媒体用户的分享更像是一种参与和回报的义务，通过数字化交流培养用户的价值观。③ 从数字技术伦理角度看，传统媒体技术使人类承担更多的连接责任。④ 但在当代媒体生态中是用户在承担个人责任⑤，用户通过跟帖转发或点赞，使这代人成为历史上最负责任的一代⑥。与记忆责任相对应的是遗忘。在欧盟内部，谷歌的搜索和索引机制与被遗忘权之间存在紧张关系是媒体记忆伦理需要思考的问题。⑦ 片面强调遗忘权需要扩展新的“记忆权”，以满足当代受众的记忆需求。⑧

2. 社会共识研究

自 20 世纪 20 年代以来，卢卡奇（Szegedi Lukács György Bernát）、哈贝马斯（Jürgen Habermas）、罗尔斯（John Bordley Rawls）以及布尔迪厄

① Hoskins, A., “The Restless Past: An Introduction to Digital Memory and Media”, in Hoskins, A., *Digital Memory Studies Media Pasts in Transition*, Routledge Taylor & Francis Group, 2018, p. 1.

② Tirosh, N. “INakba, Mobile Media and Society's Memory”, *Mobile Media & Communication*, 2018, 6 (3): 350-366.

③ Hoskins, A., “The Restless Past: An Introduction to Digital Memory and Media”, in Hoskins, A., *Digital Memory Studies Media Pasts in Transition*, Routledge Taylor & Francis Group, 2018, p. 1.

④ Dayan, D., “Overhearing in the Public Sphere.” *Deliberately Considered-Informed Reflection on the Events of the Day*, 2013, pp. 42-43.

⑤ Hoskins A., “Risk Media and the End of Anonymity”, *Journal of Information Security and Applications*, No. 34, 2017, pp. 2-7.

⑥ Hoskins, A., “The Restless Past: An Introduction to Digital Memory and Media”, in Hoskins, A., *Digital Memory Studies Media Pasts in Transition*, Routledge Taylor & Francis Group, 2018, p. 2.

⑦ Stainforth, E., “Collective Memory or the Right to be Forgotten? Cultures of Digital Memory and Forgetting in the European Union”, *Memory Studies*, 2021: 1-14.

⑧ Tirosh, N., “Reconsidering the ‘Right to be Forgotten’ -Memory Rights and the Right to Memory in the New Media Era”, *Media, Culture & Society*, 2017, 39 (5): 644-660.

(Bourdieu) 等学者先后关注过共识问题。通过对近年来国外与社会共识相关的文献梳理，可以概括为以下四个方面。

(1) 共识理论研究。按照柏拉图提供的公理，人类的起源本质上是社会和政治的，社区和社会生活应该有组织和分层，人类必须服从指挥官和胁迫者。① 现代社会，在自我创造的社会群体中建立相似性和共识的社会认知动机可能在广泛的国家层面上产生较少的共识。② 在日常生活中，为实施行动方案需要预测结果而对方案的共识程度影响实施的效果，这导致预测共识的社会扩散模型受到欢迎而共识受制于施事方的人为调节，这关系到共识的形成。③ 最新的共识分析模型提供文化共识理论 (CCT) 的框架，用于推导出某个 (文化) 群体的共识知识，该框架作为一种有效的信息池方法被应用到社会和行为科学领域。④ 此外，公众情绪影响共识，高频消极情绪的传播能增强社会共识系统的脆弱性并导致系统崩溃；低频消极情绪的传播将导致群体分化，带有消极情绪的意见领袖一旦加入可以加强社会共识体系的脆弱性并随着意见领袖的影响，社会共识体系的崩溃速度会加快。⑤

(2) 虚假共识问题。公众倾向于认为自己在公共问题上所持观点温和，与此同时，指摘他人的观点极端，这是由确定性判断的错误调节效应而引发的。⑥ 社会领域的理论学说受到多重限制，公众可能因为理解和运用不当导致错误信念的产生，匡正这类误识需要了解支持这类误识的错误

---

① Frenkel, Y., "In Search of Consensus: Conflict and Cohesion among the Political Elite of the Late Mamlu-k Sultanate", *The Medieval History Journal*, 2016, 19 (2): 225-251.

② Ondish, P., Stern, C., "Liberals Possess More National Consensus on Political Attitudes in the United States: An Examination across 40 Years", *Social Psychological and Personality Science*, 2018, 9 (8): 935-943.

③ Fisher, J. C., "Exit, Cohesion, and Consensus: Social Psychological Moderators of Consensus among Adolescent Peer Groups", *Social Currents*, 2018, 5 (1): 49-66.

④ Anders, R., Alario, F. X., & Batchelder, W. H., "Consensus Analysis for Populations with Latent Subgroups: Applying Multicultural Consensus Theory and ModelBased Clustering With CCTpack", *Cross-Cultural Research*, 2018, 52 (3): 274-308.

⑤ Zhang, Y. F., Duan, H. Y., Geng, Z. L., *Evolutionary Mechanism of Frangibility in Social Consensus System Based on Negative Emotions Spread*. Complexity, 2017.

⑥ Blatz, C. W., Mercier, B., "False Polarization and False Moderation: Political Opponents Overestimate the Extremity of Each Other's Ideologies but Underestimate Each Other's Certainty", *Social Psychological and Personality Science*, 2018, 9 (5): 521-529.

学说，利用权威数据澄清错误。[①] 人们对外部事物的认知和判断未必依赖经验和判断而是追随社交圈的群体认知，较少在社交圈分享“同质性”观点的人更少存在虚假共识。[②] 消除或避免虚假共识不能仅关注共识的表面迹象，需要区分真实共识（来自独立的主要来源）和错误共识（仅来自一个主要来源）避免被共识错觉所蒙蔽。[③]

（3）科学共识问题。当代社会，进入公共领域的科学认知容易引发质疑，沟通可以有效地减少公众的怀疑。不论是传统的还是新的药方刚问世时，人的认知总体上存在差异，药方的应用在实践中存在地域差异，当地需求在社会处方医生的选择和表现中起着重要作用。[④] 实验表明，传达更高水平的共识增加了人们对科学确定性的看法，这与更大的个人共识和对非政治问题的政策支持有关。[⑤] 当涉及公众安全时，科学认知也存在障碍。以转基因食品为例，社交媒体上的专家希望纠正对转基因食品安全性的误解。[⑥] 社交媒体用户的科学信仰影响社会共识的形成，科学家的感知可信度对感知科学共识和科学信念之间的关系几乎没有影响。[⑦]

（4）社会共识实践。共识对于解决全球性问题（气候变化、全球贫困）意义重大，而这依赖于多数国家和大多数人的承诺，这种承诺是在

---

① Ghilarducci, T., “Making Old People Work: Three False Assumptions Supporting the ‘Working Longer Consensus’”, *Politics & Society*, 2021, 49 (4): 549-574.

② Bruine de Bruin, W., Galesic, M., Parker, A. M., Vardavas, R., “The Role of Social Circle Perceptions in “False Consensus” about Population Statistics: Evidence from a National Flu Survey”, *Medical Decision Making*, 2020, 40 (2): 235-241.

③ Yousif, S. R., Aboody, R., Keil, F. C., “The Illusion of Consensus: A Failure to Distinguish between True and False Consensus”, *Psychological Science*, 2019, 30 (8): 1195-1204.

④ Roberts, T., Lloydwin, C., Pontin, D., Williams, M., Wallace, C., “The Role of Social Prescribers in Wales: A Consensus Methods Study”, *Perspectives in Public Health*, 2021: 1-8.

⑤ Chinn, S., Lane, D. S., Hart, P. S., “In Consensus We Trust? Persuasive Effects of Scientific Consensus Communication”, *Public Understanding of Science*, 2018, 27 (7): 807-823.

⑥ Bode, L., Vraga, E. K., Tully, M., “Correcting Misperceptions About Genetically Modified Food on Social Media: Examining the Impact of Experts, Social Media Heuristics, and the Gateway Belief Model”, *Science Communication*, 2021, 43 (2): 225-251.

⑦ Kobayashi, K., “The Impact of Perceived Scientific and Social Consensus on Scientific Beliefs”, *Science Communication*, 2018, 40 (1): 63-88.

协商的互动中逐渐提高共识程度，为了理解如何促进对社会变革的承诺，则需要了解促进有意义的社会身份的形成和内部化的社会力量。① 在处理社会问题时，存在高度社会分歧的方式与具有社会共识或高度一致性的问题不同，社会争议问题以及社会共识问题都可能导致相关机构参与，问题的解决取决于决策者和参与者水平的高低。②

3. 舆论共识研究

网络社会，社会共识更多体现为社交媒体舆论场在公共讨论中形成的接近性意见。国外学者在关注社会共识的过程中，也在关注更具针对性的舆论共识。近年来，相关的研究内容可以概括为以下四个方面。

（1）媒体信息与舆论共识。当代的社会认同建立在公众舆论感知的基础上，这种感知与公众对主流新闻媒体的感知联系紧密。如果公众假设舆论与自己的观点一致而主流媒体的报道对自己的观点怀有敌意将加剧公众与媒体之间的紧张关系，最终损害媒体公信力。③ 为减少虚假信息对公众舆论演变的影响可以通过舆论动态模型来调查决策者和其他相关人员在社交媒体上的意见演变过程，为管理所有相关人的意见形成的舆论需要基于舆论管理的共识达成过程。④ 媒体的中立态度也在舆论场有所体现，以“一战”初期为例，新闻和舆论中立问题就曾备受关注，中立国家坚守“中立共识”面临舆论压力，通过当时的大量新闻可以发现某些媒体机构对中立性的某些“使用”的存在，这些机构在所谓的中立辩护中掩盖了对中立者的非常有偏见的主张。⑤ 研究表明，在线社交网站的用户更倾向于与志同道合的其他人建立联系，在其中传播态度一致的信息。研究者通

① Thomas，E. F.，McGarty，C.，Stuart，A.，Smith，L. G. E.，Bourgeois，L. “Reaching Consensus Promotes the Internalization of Commitment to Social Change”，*Group Processes & Intergroup Relations*，2019，22（5）：615-630.

② Clark，C. E.，Bryant，A. P.，Griffin，J. J.，“Firm Engagement and Social Issue Salience，Consensus，and Contestation”，*Business & Society*，2017，56（8）：1136-1168.

③ Schulz，A.，Wirth，W.，Müller，P.，“We Are the People and You Are Fake News：A Social Identity Approach to Populist Citizens’ False Consensus and Hostile Media Perception”，*Communication Research*，2020，47（2）：201-226.

④ Yang，G. R.，Wang，X.，Ding，R. X.，Xu，J.，& Li，M. N.，“Managing Public Opinion in Consensus-Reaching Processes for Large-Scale Group Decision-Making Problems”，*Journal of The Operational Research Society*，2021：1-20.

⑤ Sanchez，E G.，“An Unstable Consensus：The Neutrality Issue in the Press and the Public Opinion of Buenos Aires During the Beginning of the Great War”，*Sociohistorica-Cuadernos Del Cish*，2020，46（9）：1-20.

过实验测试接触态度一致的在线新闻提要，证实是否会影响个人的错误共识效应，参与者从他们在在线消息中遇到的一致程度推断出公众对其态度的支持，但他们对“喜欢”的有效性持怀疑态度，尤其是当他们对某个话题的兴趣很高时。①

（2）科学争端与舆论共识。科学共识的交流水平可以将公众舆论转向占主导地位的科学舆论，传达更高水平的共识会增加对科学确定性的看法，对科学信任度低的人无法将更高的一致性视为更高科学确定性的指标。② 要在气候变化问题上达成社会共识需要在媒体上达成共识，社论话语中的政治和经济内涵有时可能损害科学和专家话语的权威性。③

（3）专家观点与舆论共识。公众对专家学者的舆论分布指数的反应从一个侧面折射出公众对这个群体的信任程度，这样的信任比较平稳；当向公民提供有关专家意见的信息时，公众舆论相应地发生小到中等的变化。④ 媒体评论家担心新闻“错误平衡”会扭曲公众对什么应该是无争议的主题（例如气候变化）的看法，结果发现，即使参与者似乎拥有纠正其影响所需的所有信息，“错误平衡”也会扭曲对专家意见的看法。⑤

（4）制度设计与舆论共识。近年来，学术界开始研究社会制度与公众态度之间的关系，由此发展了关于公众舆论的制度相关性理论预期，研究发现制度与总体公众观点之间存在适度联系，制度与社会共识之间存在关系。⑥ 在 2019 年庆祝《官方语言法》通过 50 周年之际，加拿大公众对

---

① Luzsa, R., Mayr, S., “False Consensus in the Echo Chamber: Exposure to Favorably Biased Social Media News Feeds Leads to Increased Perception of Public Support for Own Opinions”, *Cyberpsychology-Journal of Psychosocial Research on Cyberspace*, 2021, 15 (1): 1-22.

② Chinn, S., Lane, D. S., & Hart, P. S., “In Consensus We Trust? Persuasive Effects of Scientific Consensus Communication”, *Public Understanding of Science*, 2018, 27 (7): 807 - 823.

③ Blanco - Castilla, E., Rodríguez, L. T., Molina, V. M., “Searching for Climate Change Consensus in Broadsheet Newspapers. Editorial Policy and Public Opinion”, *Communication & Society-Spain*, 2018, 31 (3): 331-346.

④ Johnston, C. D., Ballard, A. O., “Economists and Public Opinion: Expert Consensus and Economic Policy Judgments” *The Journal of Politics*, 2016, 78 (2): 443-456.

⑤ Koehler, D. J., “Can Journalistic ‘False Balance’ Distort Public Perception of Consensus in Expert Opinion?” *Journal of Experimental Psychology-Applied*, 2016, 22 (1): 24-38.

⑥ Buckley, D. T., “Religion - State Relations and Public Opinion: Norms, Institutions and Social Consensus”, *Religion State & Society*, 2019, 47 (1): 104-123.

该法的接受程度有待审查；过去30年不断演变的舆论模式表明，官方双语被接受为当地政治生活的重要组成部分，但这种接受受到严格地限制。① 欧盟防务政策在过去3年平均获得75%左右的公众支持，公众对欧盟防御的支持被认为仅仅是"允许的共识"而不是真正的支持，许可的共识逻辑开始受到质疑。② 政府再分配的水平与公民对再分配的共识程度相一致，研究者提供了一种将公众舆论与实际再分配联系起来的替代解释，认为这不是一个广泛的共识，而是公民之间明确形成的争论。③ 关于公民参与制度（共识会议和民意委员会）的合法性、代表性、问责性和可持续性存在很多争议，需要关注舆论事件中共识的"可能性"，完善民意委员会（议会）的作用。④

（二）国内媒体记忆与社会/舆论共识研究

近年来，新闻传播研究领域的媒体记忆研究方兴未艾。与此同时，社会共识和舆论共识研究也开始受到关注。

1. 媒体记忆研究

梳理现有文献发现，国内关于媒体记忆的研究始于2007年。当时的研究者有意识地摆脱集体记忆的研究范式，尝试从新闻传播学角度审视记忆问题。进入21世纪，媒体记忆研究的文献逐渐增多。自2017年以来，国内媒体记忆研究的文献可以归纳为以下六个方面。

（1）历史与媒体记忆。根据法国学者皮埃尔·诺拉（Pierre Nora）的观点，当代社会的记忆研究被推到历史的中心。⑤ 在媒体记忆的历史中，作为记忆媒介的电报既引发"技术崇拜"也导致"技术失信"，因为"电传新闻"并不等同于"真实新闻"，虚假的电传内容塑造维护新闻界文化权威的虚假集体记忆，报纸文本也为技术与后真相的

---

① MacMillan, M., "Canadian Public Opinion on Official Bilingualism: Ambivalent Consensus and its Limits", *International Journal of Canadian Studies*, 2021, 59 (9): 29-49.

② Schilde, K. E., Anderson, S. B., Garner, A. D., "A More Martial Europe? Public Opinion, Permissive Consensus, and EU Defence Policy", *European Security*, 2019, 28 (2): 153-172.

③ Byun, Y. H., "Government Redistribution and Public Opinion: A Matter of Contention or Consensus?", *International Journal of Sociology*, 2019, 49 (3): 204-221.

④ Cho H. J., "Citizen Participation System and Democracy: Focusing on Consensus Conference and Public Opinion Committee", *Citizens & The World*, 2018, 32 (1): 67-99.

⑤ ［法］皮埃尔·诺拉：《记忆之场》，黄艳红等译，南京大学出版社2015年版，第28页。

现实焦虑提供历史参考。① 在新闻实践中，媒体运用纪念性新闻唤醒公众的集体记忆，通过将历史与现实进行类比来激活集体记忆，深化公众的记忆，重塑关于同一历史事件的集体记忆。② 需要指出的是，不宜将媒体记忆与历史记忆混为一谈，媒体记忆将有历史价值的新闻事件植入历史记忆，避免对历史书写的新闻化和娱乐化倾向。③

（2）哲学与媒体记忆。当前的记忆研究偏重记忆生产的各个环节，如媒介、档案馆、民众等等的作用，记忆的相关问题中哲学难以找寻到其核心价值所在。④ 就现有的记忆理论研究看，哲学除了记忆类型的概念之外，既没有提出其他有效的概念，也没有引领记忆实践活动。哲学要重燃记忆之火就需要回到记忆现象本身，这意味着要追问记忆体验的构成以及建构记忆研究的哲学起点。⑤ 记忆作为人类获得经验和知识的基本条件应该运用人类真实生活环境的语言材料，将记忆作为一个整体性的功能加以研究。⑥ 当代社会，依靠外物质存储的人的“第三记忆”正被迅速工业化，改造人的一般性审美体验，可以被精细化的数字技术所调节，导致人类丧失原始的自恋能力以及图像的盲视式毁灭，造成“符号的贫困”。⑦ 随着数据技术的发展，将使数据对人类记忆的外化走向人类记忆的内化，这种内化构成了对记忆的本体论冲击。这种冲击既包括记忆的构成形态也包括记忆的构成场域。⑧ 随着人工智能的兴起，记忆哲学提供了一种思考人工智能（AI）的视野，可能成为智能时代哲学出场的

---

① 王润泽、杨奇光：《触电的谎言与真相：“电传假新闻”事件的媒介记忆重访》，《现代传播》2018 年第 10 期，第 37—44 页。

② 王潇燕：《浅析新闻媒体的集体记忆建构》，《新闻研究导刊》2018 年第 2 期，第 31—32、73 页。

③ 邵鹏：《媒介记忆与历史记忆协同互动的新路径》，《新闻大学》2012 年第 5 期，第 12—15 页。

④ 杨庆峰：《当代记忆研究的哲学透视》，《华东师范大学学报》（哲学社会科学版）2017 年第 5 期，第 27 页。

⑤ 杨庆峰：《当代记忆研究的哲学透视》，《华东师范大学学报》（哲学社会科学版）2017 年第 5 期，第 26—37 页。

⑥ 周振华、魏屹东：《记忆的认知哲学探究——基于巴特莱特“图式”的分析》，《人文杂志》2015 年第 3 期，第 17—21 页。

⑦ 李洋：《电影与记忆的工业化——贝尔纳·斯蒂格勒的电影哲学》，《上海大学学报》（社会科学版）2017 年第 5 期，第 13—19 页。

⑧ 闫宏秀：《数据科技带来记忆哲学新发展》，《中国社会科学报》2020 年 10 月 27 日，第 6 版。

有效方式。[①]

（3）媒体记忆的理论。为了彰显新闻传播学在记忆研究中应有的专业属性，应纠正以往媒介记忆研究过度泛化的倾向，以新闻媒体的记忆实践为核心，回归新闻与记忆这一媒体记忆研究的核心议题。[②] 当前媒体记忆研究表面繁荣，但也面临困境与局限，中国的媒体记忆研究需要立足前沿问题。[③] 在社会突发事件的背景下需要分析社会危急事件中媒体记忆的内容，明确这种记忆在突发社会事件中的责任与使命。[④] 在媒体融合的语境下，技术赋能的媒体记忆具有记忆纵深化、目标聚焦广和调控系统化等特点，对于冷藏人类记忆、活跃个体记忆、强力对抗遗忘和拓展记忆领地等方面发挥着不可估量的作用。[⑤] 面对智能技术的冲击和媒介传播形态的变化，主持人可以从印象管理、集体记忆和文化品牌等方面建构持久性的公众记忆。[⑥]

（4）媒体记忆的实践。媒体承担着记录、书写与重构等多重使命，帮助社会个体与群体进行回忆。电视媒体的“知青”系列节目将“上山下乡”运动及卷入其中的各种权力要素建构为一场特殊的青春场域，在这一由记忆所建构的场域中形塑着知青的青春记忆。[⑦] 中央电视台的《国家记忆》节目用历史记忆、文化符号和英模人物作为建构集体记忆的影像载体，起到凝聚人心、传播主流意识形态、塑造国民认同的重要作用。[⑧] 在网络传播环境中媒介与记忆的关系日益复杂的背景下，新闻媒体

---

① 杨庆峰、伍梦秋：《记忆哲学：解码人工智能及其发展的钥匙》，《探索与争鸣》2018年第11期，第60—66页。

② 龚新琼：《新闻与记忆：回归媒体记忆研究的核心议题》，《新闻界》2017年第11期，第10—16页。

③ 周颖：《对抗遗忘：媒介记忆研究的现状、困境与未来趋势》，《浙江学刊》2017年第5期，第158—168页。

④ 杨超、朱小阳、揭其涛：《建构、遗忘与激活：社会危急事件的媒介记忆》，《浙江社会科学》2020年第6期，第66—72页。

⑤ 李佳佳：《技术赋能与记忆延伸：媒介记忆的特点、意义与展望》，《声屏世界》2019年第10期，第73—75页。

⑥ 巩晓亮、陈曦：《全媒体时代主持人公众记忆持久性构建》，《当代电视》2021年第10期，第89—92页。

⑦ 江素珍：《媒介记忆框架与个体记忆叙事——凤凰卫视知青主题纪录片考察》，《当代青年研究》2019年第2期，第98—103页。

⑧ 龙念、滕文琪：《融媒体环境下历史影像的创新表达——评电视纪录片栏目〈国家记忆〉》，《当代电视》2020年第5期，第31—35页。

的“日记”化表达成为一种建构社会记忆的叙事范式。[①] 媒体记忆强化了中国互联网历史的某些线索，正在发掘其“传统”，但也遮蔽了互联网政治史与社会史等线索。[②] 社交媒体平台承载着大量关于社会生活的传记性数据，经过一段时间，还会将用户过去发布的内容重新包装为“记忆”推送给他们。[③] 社交媒体为社会记忆建构传承提供广泛的发展空间；推动媒体融合发展、树立数据思维、促进记忆“智造”、建立过滤机制等策略为社会记忆的建构传承提供普世的应用性。[④] 媒体是集体记忆的塑造者，主流媒体应在报道的过程中推进构建集体记忆，自媒体也当联结不同社群间的共识。新旧媒体形成合力，共同构筑集体记忆的平衡与稳态。[⑤]

（5）文化与媒体记忆。媒体在创造共同的文化历史过程中具有“共享”作用。春晚在受众主体的记忆实践中成为记忆之所，是记忆唤起和记忆操演的承携者以及讲述和理解家庭、民族和阶层身份的对象。[⑥] 现代社会，媒体一方面在创造大众流行文化，另一方面在通过记忆传承地方文化，特别是电视媒体有助于推动地方特色文化的建设与传播。扩大地方特色“文化记忆”的社会影响。[⑦] 比如，苗族的“故事布”和苗语影像具有“媒介记忆”的功用，借助传媒技术，短视频等成为当下苗族用影像续写其民族记忆的重要方式。[⑧] 与非物质文化相似，物质文化遗产同样成为媒体记忆的对象，后者实现从具象形态到文化符号、

---

① 孙莹：《数字时代媒体报道中的文化记忆建构——以新华社微信公众号“抗疫日记”为例》，《传媒》2021年4月（下），第87—89页。

② 吴世文、何屹然：《中国互联网历史的媒介记忆与多元想象——基于媒介十年“节点记忆”的考察》，《新闻与传播研究》2019年第9期，第75—93页。

③ 王悠然：《社交媒体正在自动生产“记忆”》，《中国社会科学报》2021年9月13日，第3版。

④ 谢啊英、丁华东：《社交媒体对社会记忆建构传承的影响与思考》，《山西档案》2021年第1期，第14—20页。

⑤ 丁慕涵：《社交媒体时代的集体记忆建构》，《中国广播电视学刊》2021年第1期，第49—53页。

⑥ 谢卓潇：《春晚作为记忆实践——媒介记忆的书写、承携和消费》，《国际新闻界》2020年第1期，第154—176页。

⑦ 余锦秀：《电视媒体在地方特色文化传播中的作用探析——以“福建文化记忆”项目为例》，《中国广播电视学刊》2021年第1期，第123—126页。

⑧ 郭建斌、程悦：《“故事布”与苗语影像：苗族的媒介记忆及全球传播》，《现代传播》2021年第1期，第33—38页。

从个体感知到集体记忆的转换，围绕物质文化遗产与社会成员的联结程度及其所承载的民族集体记忆的扩散程度。① 情感生产是最有效的记忆表征形式。文化创伤—情感生产—国家记忆构成媒体记忆的内容/对象、手段/模式和结构/框架。媒体记忆塑造着人类对历史传统的认识，促成人类自身对于历史连续性和同一性的追求。② 文化记忆视角审视传统文化与媒介内容之间内在的关系，体现出媒体文化对传统文化的依存和归属性，立足当代生活的媒体内容生产通过书写文化记忆生成传统文化的当代价值和意义创新。③

（6）伦理与媒体记忆。媒体记忆居于社会记忆研究的中心地位，在记忆实践中又存在记忆失真、媒体失忆及记忆失序等问题，从而提出了关注媒体记忆伦理的现实与理论要求。媒体记忆伦理的实现，需要通过记忆的分工、记忆权威的建构以及记忆实践的影响规避等来达成。④ 新媒体环境下，个体记忆与集体记忆之间出现的冲突、融合，使弗洛伊德提出的虚假记忆综合征由生理延伸到媒体记忆领域，个体面临失去主体性的风险，而数字技术加剧了媒介记忆真实性与持久性的危机。⑤

2. 国内社会/舆论共识研究

国内学者对于社会共识问题的研究，从对国外学者思想的翻译、解读开始，随后运用这些理论解释中国社会的共识问题以统一认识，使公众就某个事件趋于一致。与媒体记忆研究的风生水起不同，新闻传播学有关共识的研究相对平淡。近年来，国内关于社会共识相关领域的研究可以概括为以下七个方面。

（1）哲学与社会共识。中国哲学对多元运动变化模式的认同，为作为“同类相动”高级形式的“共识效应”研究提供理论支撑：一是“趋利避害”的人性指向激发出“共识效应”的原生动力；二是“尚同”

---

① 赵哲超、王昕：《媒介记忆视域下物质文化遗产的数字化传播——以微信小程序“云游敦煌”为例》，《新闻与写作》2021 年第 3 期，第 99—102 页。

② 赵静蓉：《文化创伤建构中的媒介记忆策略》，《江海学刊》2021 年第 4 期，第 227—236 页。

③ 张原：《文化记忆视角下传统文化与媒体节目内容生产的关系建构》，《中国电视》2019 年第 3 期，第 103—106 页。

④ 龚新琼、邢江：《论媒体记忆的伦理规范及实现》，《新闻界》2019 年第 7 期，第 37—47 页。

⑤ 孟凌霄、夏薇：《追忆与失忆：媒介记忆的反思与批判》，《东南传播》2021 年第 6 期，第 34—36 页。

"交利"的多赢愿景增添了"同频碰撞"的成功概率；三是"天人合一"的基本理念提供了"合一而感"的多元前景。① 随着现代人的自我解放，在参与实践中提升"自我反思平衡能力"显得尤为重要，人需要既完成主体自我的社会化过程，也寻求在道德实践过程中以开放包容的心态通过主体间交往达成共同体共识。② 人与人的和解是进一步解决人与自然矛盾的关键，为有效应对公共卫生事件以提高全人类在地球上的生存机会和发展质量，人与人之间、国家与国家之间、民族与民族之间必须实现全面和解，这是人类通向美好未来的必由之路。③

（2）社会共识的理论。社会共识是新时代普遍关注的重要议题，中国现代化进程面临共识机制重构的挑战。在社会共识的过程中，利益是决定社会共识形成的经济基础，价值是塑造社会共识方向的文化基础，制度信任是保障社会共识形态的规范基础。④ 若无价值之源的创生和养成，共识不免沦为无涉超越性、淘空意义感、抽离积极信任，暴露出单凭工具或程序理性维系的脆弱约定。⑤ 随着多元冲突的常态化社会亟须建构新的共识体系，媒体成为社会共识的重要建构方式之一。⑥ 通常，广告在凝聚社会共识方面的作用被忽视。广告创意具有价值观形塑以及社会共识建构等功能，广告创意应正确认知文化自觉与社会共识的内容。⑦

（3）传统媒体与社会共识。媒体以其仪式化功能对社会共识的凝聚、达成起到重要作用，以央视春晚为典型代表的媒体仪式在召唤聚集中确认社会秩序，在贮存社会记忆中展示社会变迁，在经验共享中动员社会情感，在发扬传统中确定文化与民族认同，媒体的仪式化功能成为创建这一

---

① 邓红蕾：《从"同类相动"到"共识效应"的中国哲学解读》，《中南民族大学学报》（人文社会科学版）2016 年第 5 期，第 180—183 页。

② 陈毅：《"自我实现伦理"：达成共同体共识所依赖的自我哲学基础》，《江苏行政学院学报》2019 年第 6 期，第 87—94 页。

③ 何云峰：《人类相互和解的必要性、主要障碍和共识基础——新冠肺炎疫情肆虐全球的哲学思考》，《中南民族大学学报》（人文社会科学版）2020 年第 4 期，第 156—161 页。

④ 赵文龙、贾洛雅：《社会共识机制与共识凝聚途径探析：一种社会学的视角》，《福建论坛·人文社会科学版》2020 年第 2 期，第 178—190 页。

⑤ 胡百精：《理性与公共性——中国传统社会共识的价值来源》，《公关世界》2021 年第 21 期，第 16—17 页。

⑥ 王少南：《媒介建构社会共识的功能分析》，《传播力研究》2019 年第 3 期，第 4 页跳转第 6 页。

⑦ 曾振华、罗博为：《广告创意融入文化自觉与社会共识研究》，《湘潭大学学报》（哲学社会科学版）2021 年第 3 期，第 187—192 页。

文化象征符号的重要手段。①《新闻联播》作为整合社会观点的官方节目，从视觉、言语和节目编排三个维度将政治传播建立在凝聚社会共识基础之上。② 作为全民参与的媒体仪式，春晚对老年形象的建构在很大程度上决定着中国人关于“老”的认知与想象。春晚凝聚老龄化社会共识主要通过提供老化镜像、释放社会情绪、以国家意志召唤积极的老龄化日常实践三种路径来实现。③ 新媒体时代，用户对优质媒体内容的需求有增无减，而社会化媒体尚不具备提供全面深入的追求事件真相的调查性报道和主导社会共识的能力，这就赋予传统媒体在媒介融合时期发展的良机。④ 自媒体与智媒技术消解、侵蚀主流媒体网络空间社会共识话语的主导地位，主流媒体应认识到这一问题的重要性，保障主流媒体网络空间社会共识话语的主导地位。⑤

（4）技术与社会共识。媒体技术赋权引发共识表达方式的深刻转型，两者的交叉影响使得当下的言论表达图景呈现出表达主体碎片化、表达诉求冲突化、表达方式激烈化等特征，这为社会共识的构建设置了艰巨的背景，却也提示出破除迷思的其他可能。⑥ 智媒技术的不断发展带来日常生活的媒介化，这在一定程度上消解了党媒网络空间社会共识话语的主导力，党媒应把握社会共识及话语要义，从而建构党媒网络空间社会共识话语的主导力。⑦ 作为算法权力的产物，“信息茧房”对凝聚社会共识存在潜在威胁，但在社会共识达成的过程中又具有积极作用。⑧ 弥合当今社会

---

① 张梅兰、朱子鹏：《媒介仪式是凝聚社会共识的重要路径——以央视春晚为例》，《媒体融合新观察》2019 年第 6 期，第 24—31 页。

② 周佩滢：《中国主流新闻播报中多模态传播策略对凝聚社会共识的影响——以央视〈新闻联播〉为例》，《记者观察》2018 年第 15 期，第 142 页。

③ 周裕琼、谢奋：《当你老了：春晚上的老年形象变迁与社会共识建构》，《新闻与写作》2022 年第 1 期，第 84—93 页。

④ 段鹏：《电视的未来之路：提供意义解读，引导社会共识》，《当代电视》2018 年第 5 期，第 1 页。

⑤ 曾振华、邵歆晨、汤晓芳：《主流媒体网络空间社会共识话语的建构》，《江西社会科学》2021 年第 2 期，第 229—237 页。

⑥ 张梅：《异质与同一：阶层分化与媒体赋权背景下的社会共识》，《现代传播》2016 年第 1 期，第 69—74 页。

⑦ 李铁锤、曾振华：《党媒网络空间社会共识话语呈现状态、建构逻辑及路径》，《当代传播》2021 年第 6 期，第 81—83 页。

⑧ 周传虎：《“信息茧房”对凝聚社会共识的双重效应》，《人民论坛 · 学术前沿》2019 年第 23 期，第 130—133 页。

共识撕裂问题可以通过人机交互与极具沉浸感的传播效果来实现，并培育形塑民众关于历史与当下的良性集体记忆、价值理念、共同意识，进而形成稳固的良性社会共识。① 风险社会的共识愈发难以达成。区块链技术的去中心化、自信任化与自组织化特征为社会共识的构建提供了新的路径。②

(5) 新媒体与社会共识。在新时代凝聚人心，需要从媒介事件和新媒体事件的发展历程角度对中国社会共识的解构与重构进行探究。③ 在抖音等短视频媒体高普及率的同时，这类媒体的社会塑造作用呼之欲出。借助短视频渠道完成公众身份的优化，培养向善意识，成为构建网络综合治理体系的社会共识。④ 微博场域内法治议题的社会共识现状不容乐观，在“人肉搜索”问题上，普通用户对遵守法律的共识并没有达成一致，司法机构普法引导民众形成社会共识角色缺位。⑤ 新媒体“三微一端”的传播格局带动了社会共识观念的剧变，突发事件舆情场域之间的互动，促进社会共识建构的价值与意义。⑥

(6) 舆论与社会共识。边沁坚信舆论具有塑造共识的力量，这种共识源于人们之间的自由沟通参考了群体中的现有道德标准的影响，即公共舆论法庭的道德制裁这一事先存在的强制性社会背景因素。⑦ 网络共识从多元向共识的演进经历了“模型期—博弈期—消退期”三个阶段并以舆论主体自发参与、媒体舆论场推进、政府舆论场管控几种方式进行演进。⑧ 在

① 张恬欣：《技术视域下沉浸式出版与良性社会共识建构》，《新媒体研究》2020 年第 22 期，第 114—114 页。

② 喻国明、高琴：《区块链技术下，主流媒体重塑社会共识的路径》，《传媒观察》2021 年第 10 期，第 24—31 页。

③ 李世强、罗彬：《新媒体语境下社会共识重构再探究》，《东南传播》2018 年第 5 期，第 48—51 页。

④ 周庆安：《抖音：构建社会共识传递向善理念》，《网络传播》2020 年第 2 期，第 64—65 页。

⑤ 杨越：《微博场域内法治议题的社会共识现状与表达——以“人肉搜索”为例》，《新闻研究导刊》2018 年第 8 期，第 1—2 页。

⑥ 于德山：《新媒体舆情场域互动与社会共识建构》，《社会科学战线》2017 年第 11 期，第 141—147 页。

⑦ 徐蓉蓉：《强制性社会背景、公共舆论法庭与价值共识的形成——边沁舆论思想及其现代启示》，《天府新论》2021 年第 2 期，第 64—73 页。

⑧ 许科龙波、郭明飞：《价值认同视角下网络舆论场中的共识再造》，《学校党建与思想教育》2021 年第 1 期，第 75—78 页。

舆论引导力建设的过程中没有真实的共识社区的形成，舆论引导的效果不会良好。①

（7）媒体与舆论共识。共识是舆论的本质特征，网络舆论与社会舆论互动所引起的共鸣效果、溢散效果能够推动舆论传播的共识形成。② 正视网络舆论场域话语冲突，重构网络舆论场的空间关系结构，构建网络场域空间的社会共识，需要媒体重视网络意见共同体建设，提升主流媒体话语竞争力。③ 广播的发展史告诉我们，现代性规定了大众传播的历史边界。大众传播作为现代性社会的表征，它对舆论共识形成的推动完全是现代性统治和现代性生活方式共同作用的结果。理解今天多元化的新媒体时代必须反思大众传播提供的思维框架。④ 热点事件舆论共识包括真相、信任、立场、价值和责任五个层面的共识，舆论共识的构建应为通过舆论自净化机制促进舆论共识和打造一批有利于塑造舆论共识的舆论载体。⑤

（三）综述述评

麦克卢汉的“媒介即讯息”论断充分肯定媒体介质形式的特殊作用。多年来，新闻传播学者追随麦克卢汉的这个观点并停留在媒体本身，反而忽略了讯息的外延。毫无疑问，麦克卢汉所谓的“讯息”是被剥离了内容后的形式化的讯息，这个“讯息”概念因为空无一物反而具备包罗万象的可能性。正是这样一种纯粹的、形式化的讯息，将过去、现在和未来有机地联结起来，它可以在任意时间维度上穿越。这种语境下的讯息不再是新闻传播学语境中通常所说的即时的讯息。讯息一经承载就成为媒体的一部分，麦克卢汉站在对立的角度将这些讯息媒介化。与此同时，被媒介化的讯息也是媒体所记忆的对象。媒体记录的是当下，记忆的是过去而面向的是未来。这样，媒体记忆成为社会记忆中最有效的记忆容器，这也是

---

① 赵前卫：《共识社区：提升舆论引导力的新思维》，《青年记者》2019 年 2 月下，第 25—26 页。

② 王世雄等：《共识驱动的网络舆论与社会舆论互动传播研究》，《情报杂志》2014 年第 12 期，第 146—153 页。

③ 杨龙飞：《再造共识：网络舆论场的空间生产与关系重构》，《淮北师范大学学报》（哲学社会科学版）2020 年第 5 期，第 114—120 页。

④ 胡翼青、唐利：《广播与舆论共识时代的来临——兼论大众传播的历史边界》，《当代传播》2013 年第 6 期，第 21—23 页。

⑤ 方付建：《思潮热点事件舆论共识的分析维度与构建策略》，《情报杂志》2017 年第 1 期，第 108—112 页。

媒体记忆在 21 世纪受到重视的原因。

承认"媒介即讯息"假设的有效性，我们可以更进一步假设"媒体即记忆"，而不是从新闻实践的经验事实中将新闻当作明日黄花，而是所有的讯息全部具有认知价值，它们是媒体记忆的客体，是社会发展中不可或缺的元素。

受记忆研究的启迪，国外新闻传播学研究者从集体记忆、社会记忆的成果中汲取营养，围绕媒体的记忆功能进行研究。近年来，国外媒体记忆的成果主要围绕媒体与记忆的关系进行探讨，在此基础上尝试对媒体记忆进行必要的理论升华。尽管这样的理论思考尚处于起步阶段，却可以在一定程度上指导媒体的记忆化实践。现阶段，数字化技术在促进媒体数字化生产的同时也在重塑媒体记忆。数字化技术带来社交媒体的普及，与传统媒体不同的是，社交媒体带来媒体记忆实践的繁荣，社交媒体记忆影响网络舆论的走向，这类记忆的呈现方式和强度影响舆论共识的形成。在媒体数字化的进程中，媒体记忆的伦理责任也受到学者的重视。反观中国的媒体记忆研究，主要受西方记忆研究和媒体记忆研究的影响，将相关研究理念与方法借鉴到本土媒体研究中。近年来，国内媒体记忆研究的内容相对丰富，既有从历史维度对媒体记忆实践进行分析的，也有从哲学角度对记忆和媒体记忆进行关联研究的。哲学研究的目的是将媒体记忆理论本土化，这方面的探索虽最为艰难但毕竟已成为一种学术共识，媒体记忆的理论生产在于为媒体记忆的实践提供帮助。相比之下，国内的媒体记忆从民族文化和媒体文化角度展开记忆研究，这方面取得的成果更为丰富。此外，与媒体记忆实践有关的伦理问题也开始受到研究者的关注。

国内外的媒体记忆研究基本处于封闭的状态之下。从表面上看，记忆研究并不封闭，媒体记忆原本来自社会记忆和集体记忆以及文化记忆，还有记忆哲学研究在奠基。从实质上看，这样的研究依然局限于记忆这根主线内，只是围绕与记忆相关的话题进行探讨。在学科交叉的今天，记忆研究的终极目的究竟是什么？为记忆而记忆，为记忆研究而记忆研究，这样的目的并非终极目的。和其他研究一样，媒体记忆研究需要立足于社会生活的需求。在社交媒体已经成为我们这个时代最具影响力的"大众传媒"的情况下，社交媒体对社会生活的影响绝非局限于资讯的分享和在线的交流，这种媒体也是生成网络舆论、形成社会共识的基本工具。据此，我们在"媒体即记忆"假设的基础上，提出第二个假设：媒体即共识。没有新闻媒体，社交媒体就失去了跟帖评论的活力；没有社交媒体，也就不会有当代意义上的社会共识。依照这样的推论，面向现实的媒体记忆研究必然要进入社交媒体场域，而只要踏进这个场域，媒体记忆就必然与网络舆论和共识发生联系。

如果说记忆研究的历史源远流长，在共识问题方面，则是人类社会发展的历史使命感促使学术界关注共识问题。道德共识和契约理论都可以视为社会共识研究的特殊领域。近年来，国外学术界在社会共识研究方面主要围绕共识理论研究、虚假共识问题、科学共识问题和社会共识实践四个方面进行论述。这其中，除科学共识研究稍显薄弱外，其余三个方面的理论建树多，无论是专著还是期刊文献都比国内社会共识研究得早且全，尤其对社会共识伦理问题的关注值得称道。国外学者在论述社会共识时往往从社会现实入手，分析整个社会发展存在的问题并通过论证提出解决问题的途径，他们更多关注的是"社会共识如何形成"，也就是说，国外关于社会共识的研究更多关注的是这种共识形成的过程、路径、方法。受国外共识研究潮流的影响，国内研究者关于社会共识的研究从初始阶段表现为译著，在此后很长的一段时间内主要围绕国外学者的理论进行阐释，随着我国社会的快速发展与整体结构的不断完善，越来越多的研究者开始借鉴国外的社会共识研究对我国的社会共识进行分析，并在此基础上形成了一批以中华民族核心价值观为基础的共识路径建设研究。近年来，我国学术界的多个学科的研究者分别从哲学与社会共识、社会共识的理论、传统媒体与社会共识、技术与社会共识等角度思考社会共识问题。

共识的话题过于宽泛。作为新闻传播学的研究者从媒体记忆出发审视社会共识，最明智的策略莫过于选择社会共识的一个小且关键的切口进行思考。也许，以社交媒体为代表的媒体记忆与以舆论共识为代表的社会共识相结合，更利于有针对性地展开后续的研究。选择这样的角度基于近年来国内外有关社交媒体、舆论与社会共识的研究为我们指明了方向。自2017年以来，国外学术界围绕媒体信息与舆论共识、科学争端与舆论共识、专家观点与舆论共识、制度设计与舆论共识展开研究，积累了这方面的经验。就国内的社会共识和舆论共识来看，研究者已经围绕新媒体与社会共识、舆论与社会共识、媒体与舆论共识进行了专门思考。

（四）概念界定

研究"多元社会的媒体记忆与舆论共识"涉及若干个相关概念，除了字面上的三个关键词外，还包括"记忆"以及与"舆论共识"相关的"共识""社会共识"等概念需要进行相应的界定。

1. 多元社会

西周太史伯阳父有言："和则生物，同则不继。"（《国语·郑语》）黑格尔也曾指出："对立的东西产生和谐，而不是相同的东西和谐。"① 也就是说，不同的事物相互融合可以促进新事物的诞生，而完全相同的事物无法通过相互交流获得长足的发展。自然界物种的丰富多样和物质的多样性为人类社会的存在奠定了基础，人类社会遵循自然规律，无论是在人种还是文化或其他方面同样具有多样性的特征。人类社会的多样性存在正是印证了这个法则，不同的事物、不同的文化、不同的环境相互交流、相互融合、相互发展，由此诞生了多元社会并促进社会整体的发展。完全的同化会导致一潭死水，而多元化伴随着更多新的可能性，正所谓"和而不同，美美与共"正是新时代社会的愿景。多元化是现代社会的重要特征也是社会发展的关键性推动力量，多元化的程度同时也是科学、文明、经济发展的关键性指标，多元社会的物质产物与精神产物相互交织、相互促进、共同发展，这是社会发展的客观需要。

自改革开放以来，我国的学术环境、文化创造的制度性限制逐渐放宽。随着"百家争鸣、百花齐放"方针得到贯彻，在学术研究与对外文化交流方面获得长足进步。与此同时，国内的政治、经济、文化、教育等方面得到不同程度的发展，单一性的社会思潮不复存在，多元化的社会思潮塑造着年青一代的世界观。在这个转变进程中，社交媒体对年青一代的影响力超过传统媒体对他们的影响力。信息交流的空前活跃促进了社会思想的空前活跃，社会成员的价值观日趋多样化，这种多元化也在一定程度上解构着传统的社会共识。马克思指出："在不同的占有形式上，在社会生存条件上，耸立着由各种不同的、表现独特的情感、幻想、思想方式和人生观构成的整个上层建筑。"② 经济结构的多元化发展决定着社会意识的多元存在。自改革开放以来，中国社会在从单一走向多样、一元走向多元的同时，也带来了社会成员在权利、决策以及利益分享等方面的博弈。这样的博弈，既是走向多元社会的必经之路，也是形成多元社会的写照。

多元社会的形成必然伴随多元经济结构的共存、多元文化的竞争以及多元价值观的碰撞。从这个意义上讲，多元社会的特征可以被概括为差异

---

① 转引自邓伟志《邓伟志全集：社会科学卷（2）》，上海大学出版社 2013 年版，第 110 页。

② ［德］卡尔·马克思：《路易·波拿巴的雾月十八日》，中共中央马克思恩格斯列宁斯大林著作编译局译，人民出版社 2015 年版，第 37 页。

与不同，由此衍生出多元社会另一个特征：包容与尊重。在越来越多的社会差异与不同中难免产生观念的对立与思想的交锋，在这样一个不断思考、不断交锋的环境中，真理才会越辩越明。换句话说，多元社会等于提供差异存在所需的合理环境，提供意见交锋所需的平台与场所，提供更多主体思考与接受所需的空间。也正是在这样的背景下，我们的社会需要提倡包容与尊重，即包容多元、包容差异、尊重不同、尊重多样。多元社会并非没有是非标准、没有秩序，其同样具有某些内在价值和思想体系的统一性来形成稳定的社会秩序。哪怕某些观念相互抵触，甚至相互否定，但在维护其社会制度方面仍具有某种一致性。换句话说，“多元社会”并非单纯地强调形式的多样化，在思想深处的“统一性”同样是社会发展的关键，社会作为一个整体需要依靠统一性来维护自身的发展，依靠多元性来为自身的发展注入更多的活力。

多元社会的问题大多表现为多元观点之间的争议，多元争议的解决也就必须依赖多元主体的力量。在复杂多变的社会环境的时代背景下，当下社会的治理模式呈现为多元协商共治。在社会公共事务的治理过程中，治理的主体从最初的大一元化治理主体逐渐分工协作，演变为现代多元化的社会治理主体。当代社会，在处理各类公共事务时，社会治理的主体由职能部门和城乡社区以及社交媒体论坛等多元主体构成。在治理的进程中，这些主体将引起全社会强烈关注的公共事务，并就此广泛交流，在协作中形成共识。

多元社会是在不同的社会背景、政治环境、经济条件、文化思想等方面发展而来的一种社会现状，正是这种“多元性”使得社会主体的利益取向、生活方式、组织方式、治理模式等变得多元复杂：一方面，这种多元化为社会发展注入持久的活力与创造力；另一方面，“多元”如果失控意味着“失序”，这就要求在多元的基础上要维护统一性的核心存在，为现代多元社会发展构建包容的环境以及稳定的秩序。

2. 记忆

自古以来，人类对“记忆”的好奇与探索从未停止过。起初，人类面对生存的难题需要进行记忆，继而使用“结绳记事”“物件记事”“刻画符号”等来记录信息、传递经验，补充个体生理记忆的缺陷。由经验事实到抽象的概念经历了一个漫长的过程，其中，“记忆力”概念的正式提出当归功于古希腊人。比如，巴门尼德（Parmenides of Elea）、第欧根尼（Diogenēs）等哲学家都对人的记忆组成有过论述。巴门尼德认为，个体的记忆由明暗（或冷热）两种物质混合而成，在两种截然不同的物质混合的过程中，如果个体的人没有受到影响，他过去的记忆就是完整的。相反，在两种不同性质的物质混合的过程中，混合体一旦发生变化可能造成人对过去事件的遗忘。与巴门尼德不同，在第欧根尼看来，记忆由使人体内空气保持均匀分布的东西所组成。但与巴门尼德相似，第欧根尼也认为一旦平衡遭到破坏就会出现遗忘现象。

直到公元前 4 世纪，柏拉图在记忆问题上提出“蜡板假说”概念。在柏拉图（Plato）看来，个体对某一事物形成印象就像有棱角的硬物放在蜡板上所留下的印记一样，在他对该事物获得某种印象后，随着时间的推移，这样的印象将逐渐模糊乃至完全消失。为此，柏拉图有个形象的比喻：这种情形就像蜡板表面逐渐恢复了光滑一样。所谓“光滑的蜡板”，意思相当于完全遗忘。柏拉图的这种说法虽然并不完善准确，却影响了后世的诸多研究者。① 在此基础上，亚里士多德提出相对更为科学的概念。在他看来，人体心脏的某些功能与体内的血液相联系，记忆的产生即通过血液的流动产生；相反，遗忘则是血液流动的减缓造成的。自古希腊以来，学术界对于记忆的研究从未中断，但一直受到柏拉图和亚里士多德的影响。19 世纪中后期，德国心理学家艾宾浩斯（Hermann Ebbinghaus）采用自然科学的研究方法数量化测定记忆，他在对记忆的保持规律进行长时间的观察和研究后，最终绘制出一个被称作“艾宾浩斯记忆遗忘曲线”的图标，该曲线的相关研究体现在艾宾浩斯于 1885 年出版的《论记忆》中。自此以后，记忆问题开始成为心理学研究的对象。

记忆属于认知科学的研究范畴。按照该领域的界定，所谓“记忆”，是指大脑对人经历过的事物的识记、保持、再现或再认。记忆是进行思维、想象等高级心理活动的基础。② 我国学术界对记忆的研究也在不断深化。其中，赵静蓉提出记忆的理论范式，“记忆既是任何理论创造的心理源头，又是社会文化的现实建制；是一个有创造价值的生产系统，而不是被动记录人类个体历史和集体历史的机械机制”。③ 依据上述关于“记忆”的概念界定，一个完整的记忆活动通常包括（1）识记（2）保持和（3）回忆或再认三个环节。其中，识记是作为记忆的初始步骤，相当于认知心理学概念中的“基模”，对于外界事物建立初始的认知

---

① 参见［美］托尼·布赞《记忆新法》，杨砾、晓地编译，北京经济学院出版社 1990 年版，第 24—32 页。

② 杨治良：《漫谈人类记忆的研究》，《心理科学》2011 年第 1 期。

③ 赵静蓉：《文化记忆与身份认同》，生活·读书·新知三联书店 2015 年版，第 161 页。

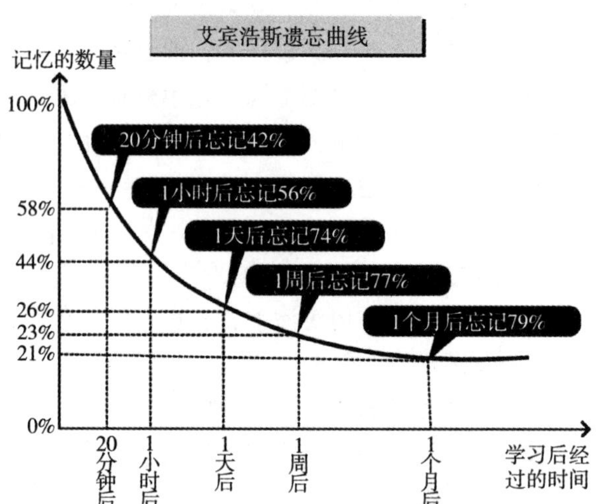

图 0-1 艾宾浩斯记忆遗忘曲线

与印象；保持则是记忆形成的延续过程，将初次建立的基模在脑海中长久保持。保持的过程可以看作基模的更新过程，这种保持并非将第一印象永久留存在脑海中，而是在后续的过程中如果出现与之相关的新信息，就要更新原有的认知，从而形成新的认知基模，这才是保持的完整过程。最后是回忆与再认，当人们遇到新的事物时，就会启动脑内关于该事物的相关基模，应对旧事物的变化并形成对新事物的认知，这就是回忆与再认的过程。

赵静蓉援引法国学者玛丽—克莱尔·拉发布勒（Marie - Claire Lasile）关于记忆研究的流派划分。在拉发布勒看来，当代有关记忆研究有德国记忆学派和法国记忆学派两种。其中，法国学派的研究主要由三大记忆范式构成：（1）皮埃尔·诺拉的“记忆场所”（2）保罗·利科（Paul Lico）的“记忆工作”和（3）莫里斯·哈布瓦赫的“记忆框架”；德国学派则主要以（1）扬·阿斯曼（Jan Assmann）的“文化记忆”和（2）阿莱达·阿斯曼（Aleida Assmann）的“文化文本”为主。① 就现有的文献增长速度看，记忆研究正在成为新的学术增长点，不仅心理学、政治学、人类学和社会学等学科关注记忆问题，就连文学、历史学、经济学和新闻传播学等学科领域也在对记忆问题产生兴趣。记忆研究的活跃表明，记忆成为观察“被忽略了的和司空见惯了的东西的崭新的视角”，它

① 赵静蓉：《文化记忆与身份认同》，生活·读书·新知三联书店 2015 年版，第 166 页。

在未来依然具有跨学科的巨大潜力。①

3. 媒体记忆

从记忆研究的历史看，相关研究似乎与新闻传播学科并不存在直接的关联。在学科交叉点今天，不同学科的研究者关注同一个问题正变得常态化。“媒体记忆”就是学科交叉点产物。“媒体记忆”将这两个不同门类的学科相融合，最终碰撞出新的理论火花。在关于“记忆”的研究中，哈布瓦赫、保罗·康纳顿（Paul Connerton）和雅克·勒高夫（Jacques Le Goff）等研究者的涉猎甚为广泛。关于这一点，从他们的著作中不难发现，记忆研究涉及历史、社会和文化等领域，遗憾的是，这些学者的研究并未触及新闻传播领域。也就是说，在当下记忆的系统研究中至今并未将“媒体”作为记忆的关键而囊括进去。随着传播媒介在集体记忆中的构建作用日益凸显，记忆研究无法忽视媒体在记忆研究中的重要位置。1999年，卡罗琳·基奇（Carolyn Kitch）提出“媒体记忆”（media memory）的概念。基奇指出，传媒业在集体记忆的生产中扮演着重要的角色，大众传媒不仅告诉读者何时何地发生何事，还会告诉读者此时此地曾经发生过何事，这一切又有着何种意义。也就是说，大众传媒在今天扮演着权威历史学家的角色，并向公众解释当代社会正发生着的一切。②

在国内关于“媒体记忆”的研究中，有两个概念需要予以必要的区分，即“媒介记忆”与“媒体记忆”。本书采用的概念是“媒体记忆”。需要说明的是，在国内的记忆研究中，不少研究者采用的是“媒介记忆”。在英文中，“media”既可以指媒体也可以指媒介；在汉语世界，“媒体”与“媒介”在新闻传播学的含义有所区别。一般来说，“媒介”侧重于强调信息传播的介质或渠道，突出的是“media”的物理属性；“媒体”偏重机构化的信息类专业组织，这个概念强调“media”的社会属性。有鉴于此，我们主张采用“媒体记忆”这个概念指代制度化和机构化的新闻媒体的记忆实践活动；与之相对应，采用“媒介记忆”这个词语特指那些非机构化、非制度化的泛媒介的记忆活动。③ 也有学者直接将之定义为“新闻媒体记忆”。例如，龚新琼就认为，“新闻媒体记忆”应当在记忆研究中占据一席之地。尤其是对作为机构和实践的媒介的两个

---

① 赵静蓉：《文化记忆与身份认同》，生活·读书·新知三联书店 2015 年版，第 151 页。

② Kitch，C.，“Twentieth-Century Tales：Newsmagazines and American Memory”，*Journalism & Communication Monographs*，1999，1（2）：120-155.

③ 龚新琼：《新闻与记忆：回归媒体记忆研究的核心议题》，《新闻界》2017 年第 11 期。

维度的新认识，更是将机构化、制度化的新闻媒体的记忆生产和记忆实践引入记忆研究的中心。在此意义上，作者将“新闻媒体记忆”这个概念界定为新闻媒体从事的机构化、制度化、规程性的记忆实践活动，以及由此形成的新闻媒体记忆文本。①

在中国知网以“媒体记忆”为关键词进行搜索发现在论文题目中直接使用“媒体记忆”的文献并不多，也有一些学者对此作出自己的理解。比如，李红涛认为，媒体记忆不仅是“历史的草稿”，也扮演着“公共历史学家”的角色。在他看来，媒体记忆涵盖两个基本的层面：（1）媒体对重大公共事件的报道，特别是公众无法亲历、通过新闻媒体可以“目击”的当代“媒介事件”。对于公众而言，这些报道构成重要乃至唯一的信息来源和记忆基础。（2）媒体记忆是“昨天的历史、今天的新闻”，即历史人物和事件直接以各种面貌进入新闻报道中。其关注的是新闻媒体如何扮演“公共历史学家”之角色，“选择最重要的历史人物和事件，并阐发它们的历史意义”。② 此外，李红涛与黄顺铭还主张，在媒体记忆领域记忆生产的主体主要是新闻媒体的报道，他们将新闻生产看作记忆的实践，聚焦新闻再现中的“历史”元素、媒体记忆生产与消费的逻辑，以及新闻生产与公共记忆之间的关联。③ 龚新琼认为，尽管大众传媒通过新闻生产的形式记录和见证当代的社会变迁，这些新闻历经时间和岁月的变迁可以积淀为最可宝贵的集体记忆的重要部分，生成独具特色的新闻媒体记忆。④

通过概念梳理可以发现，与媒体记忆同时出现的频率较高的词汇还有“历史事件”“新闻报道”和“公共记忆”等，这也是媒体记忆研究的核心要点。综上，我们认为，媒体记忆包含两个时态：首先是现在进行时，将媒体报道看作媒体正在记忆的动作；其次是过去完成时，将媒体报道过的新闻文本看作媒体的记忆文本。本书使用的“媒体记忆”概念中的“媒体”也包括“社交媒体”。从某种意义上说，后者较传统意义上的新闻媒体更为重要。

---

① 龚新琼：《新闻媒体记忆的特征》，《青年记者》2019 年第 29 期。

② 李红涛：《昨天的历史 今天的新闻——媒体记忆、集体认同与文化权威》，《当代传播》2013 年第 5 期。

③ 李红涛、黄顺铭：《新闻生产即记忆实践——媒体记忆领域的边界与批判性议题》，《新闻记者》2015 年第 7 期。

④ 龚新琼：《新闻媒体记忆的特征》，《青年记者》2019 年第 29 期。

4. 共识

“共识”作为社会运作过程中的一个重要概念，其特殊价值在于维系社会认同，增进社会稳定，促进社会发展。在汉语语境下，“共识”意指共同的认识，也可以理解为共同的看法、意见、观念或见解。国外的共识研究早于国内。西方学者对于“共识”的界定多从社会学、政治学以及哲学的角度出发，注重对共识的本质、价值、运行程序以及规则路径的探索。在戴维·米勒（D. W. Miller）和韦农·波格丹诺（Vernon Bogdanor）看来，“共识”（consensus）是“在一定的时代生活在一定的地理环境中的个人所共享的一系列信念、价值观念和规范”。① 乔万尼·萨托利（Giovanni Sartori）将“共识”和“同意”“接受”结合起来分析，并指出三者之间的异同。在萨托利看来，不能将“共识”和“同意”或者“接受”相提并论，因为“共识”并不需要每个人都自觉地认同某件事，也不是每个人必须接受并遵守这种共识。② 与之相近的词语还有“赞成”与“支持”。“共识”倾向于大多数人形成的对事物的认识，但并不代表形成大多数的个体就赞成或是支持这种认识，这有可能仅仅是形成基础的、普遍的认知。安德鲁·海伍德（Andrew Heywood）认为，“共识”意味着多数人的一项关键性或基础性原则的协定。换言之，在整体“共识”的背后，依然允许公众在某些侧重点和细节上存在不同的意见。③

在我国，就目前的溯源而论，现代意义上的“共识”概念出现在《法学评论》（1987 年 8 月刊）刊载的刘南平《借鉴美国州宪法解决香港基本法的两大难题之探讨》。在这篇论文中，作者使用了“特别是在未来香港实行立法、行政、司法三权分立、互相制衡的政体原则上，内地‘草委’与港地‘草委’取得了共识”的表述。此后，在研究“共识”概念时，内地学者注重从价值论的角度评价共识，强调处理普遍与特殊、个识与共识的关系，从共识的多方面阐述共识的作用和实现路径。在甘绍平看来，“共识”包括“事实上的共识”和“经过理性论证的共识”两种类型。他认为，“事实共识”属于传统的熟人社会共同体，是作为一种

---

① ［英］戴维·米勒，韦农·波格丹诺：《布莱克维尔政治学百科全书》，邓正来译，中国政法大学出版社 1992 年版，第 155 页。

② ［美］萨托利：《民主新论》，冯克利、阎克文译，上海人民出版社 2008 年版，第 105—106 页。

③ ［美］安德鲁·海伍德：《政治学核心概念》，吴勇译，天津人民出版社 2008 年版，第 21 页。

范畴、一种精神基础而存在的；“理性共识”属于现代社会的范畴，是基于利益而存在的。[①] 沈湘平认为，共识包括真理共识和价值共识，共识存在于平等、多元的主体之间，以分立、差异为前提和基础，而且共识不是自然呈现在主体面前的，主体通过主观努力达成共识。在他看来，共识拥有多副面相，且在具体条件下不停改变。[②] 王忠勇更进一步认为，“共识”就是处在一定时空中的不同的主体，在具体的历史的社会实践中，通过相互争论、交往、妥协等方式或程序，就社会重大问题所达成的、用来指导主体活动和调整主体之间相互关系的一致理念和共同认识。[③]

多元化正在成为当代社会的共识。多元化共识是指对个体与社会的生存与发展的多元化方面达成的共同心理和价值观念、思维方式和行为准则，主要包括多元心理；价值观念；思维方式；多元的行为准则和实践。[④] 综上，共识是社会成员对于某一事物的共同认知倾向或者是对问题、冲突或者矛盾进行调节后达成的一致意见或协定，继而成为社会成员在此后长期的社会生活实践中所推崇的价值、信念或规范。

5. 社会共识

“社会共识”的概念界定依赖于如何看待“社会”的词性。将“社会”看作名词，“社会”既有可以指“共识的主体”，也可以指“共识的对象”，强调社会共识是社会共同体对社会生活的多个方面或社会整体所具有的某种共同认识。如果将“社会”看作形容词，这个概念强调共识本身的社会性质，比如共识主体、对象的社会性以及共识形成过程中的社会关系、社会交往等。“社会共识”与“社会合意”两个词组可以替换私用，在这种情况下，“社会共识”主要指社会成员对公共性事务所形成的大体一致的看法。

在西方关于“社会共识”的研究中，始于哈贝马斯的“商谈共识”理论和罗尔斯“重叠共识”理论。国外关于“社会共识”的研究主要探索西方社会发展过程中各式各样的实践问题，通过问题指出解决路径继而达成共识。比如托马斯·霍布斯（Thomas Hobbes）、让-雅克·卢梭（Jean-Jacques Rousseau）等学者倾向于契约论，他们主张以“社会契约”

---

① 甘绍平：《应用伦理学前沿问题研究》，江西人民出版社 2002 年版，第 15 页。

② 沈湘平：《价值共识是否及如何可能》，《哲学研究》2007 年第 2 期。

③ 王忠勇：《哲学视域中的共识问题研究》，博士学位论文，中共中央党校，2018 年，第 13—14、43 页。

④ 张洪兴：《社会共识论》，旅游教育出版社 2014 年版，第 88-89 页。

替代“共识”。在霍布斯和卢梭看来，社会成员可以通过彼此的协商达成某种共识，在共识的基础上形成某种无形的约定。协商民主理论中所说的“共识理想”将社会共识当作追求的目标，主张在价值与利益多元化、语言与文化等具有巨大差异性的前提下，努力追求基于理性的公共协商继而形成规则与程序的共识。西方关于社会共识的研究注重形成共识的过程，对于共识的概念界定往往会出现“协商”“对话”“民主”等相关的词语。

在国内，“社会共识”的研究成果颇为丰富，从文献中可以发现，很多学者根据自身的理解对社会共识作了概念界定和分析，并结合中国社会的现状对于如何形成社会共识和形成何种社会共识进行了探索。郑广永认为，社会共识指的是全体社会成员对某一目标、价值观和价值判断的认同。① 在张振华看来，“社会共识”意指社会成员在社会实践的基础上形成的对某个时期社会中某一目标或价值观拥有大体一致或接近的看法，凝聚统一的社会共识，能够促进社会政治、经济、文化等稳定有序发展，具有鲜明的意识形态特征。② 张洪兴认为，社会共识是社会主体间在共同实践基础上达成的一致性认识，强调共同实践是社会共识的基础，而社会共识是共同实践的产物。③ 综合以上概念界定可以得出结论：社会共识是指社会成员在社会交往和实践的过程中，就某一事件或社会现象逐渐形成的对于事实、价值和规则以及利益等的较为接近性的认识。

6. 舆论共识

构成共识的内容是相对接近的意见、观念，这一点与舆论具有某种相似性，因为后者的实质也是意见。李普曼（Walter Lippmann）指出：“舆论所知的环境不过是一些被了解到的意见。”④ 无论是作为共识还是作为舆论的意见自有其基本特征和表达的逻辑，它们并非对某个重大事件或社会问题的系统化认知，而是多数社会成员对这一事件或问题的即时反应。“在近代以来的社会中，公众舆论主要作为一种政治现象，可以说只出过两个源头，即开放的舆论生成与流通系统和封闭的舆论制造与灌输系统，

---

① 郑广永：《社会共识与建设社会主义和谐社会》，《党政干部学刊》2010 年第 1 期。

② 张振华：《当代中国社会共识形成研究》，博士学位论文，武汉大学，2014 年，第 18 页。

③ 参见张洪兴《张洪兴哲学文存社会共识论》，旅游教育出版社 2014 年版，第 1—3 页。

④ ［美］沃尔特·李普曼：《公众舆论》，阎克文、江红译，上海世纪出版集团 2006 年版，第 20 页。

尽管它们都会产生一个复杂程度不相上下的舆论过程，但是结果却大不一样。"① 就全球范围来看，当代的舆论生成系统以开放模式为主，封闭的灌输系统生成的舆论所占比重与20世纪相比已经明显下降。这种趋势的出现并非由于公众舆论的自然进化或者得益于舆论管理模式的变革而在于传播技术的迭代，社交媒体登上人类历史舞台不久，由大众传媒所主导的新闻实践和舆论实践模式被社交媒体所挑战，大众舆论进入历史上最开放的时期。

舆论实践模式的变化对传统的社会共识模式也产生显著影响。社会共识的场域由相对单一的大众传媒场域转向社交媒体平台形成的网络舆论场。在这种环境下，"偶然的事实，创造性的想象，情不自禁地信以为真，这三种因素便会产生一种虚假的现实，导致人们作出激烈的本能反应"②。今天我们所说的社会共识基本不再是现实空间和在传统媒体上呈现的一致性认知，而主要是社交媒体公共讨论中形成的主流意见。社会共识的内涵和外延相对模糊，研究媒体记忆与社会共识的关系，选择以社交媒体为代表的网络舆论共识，既明晰了边界也基本上代表了社会性的共识。

所谓舆论共识，是指在社交媒体平台的网络舆论场内，由社交媒体用户组成的公共话题讨论者就某一热点事件或社会舞台在价值观、利益取向方面具有一定的接近性。与社会共识相比，舆论共识的对象更为具体，共识主体的构成更为透明，但这一主体的共识缺乏相应的稳定性，因为不同社会事件和社会问题，社交媒体用户的看法难以保持稳定性。尽管网络共识的稳定性相对脆弱，但这种共识在塑造"真相共识、信任共识、立场共识、价值共识、责任共识"③ 等方面依然具有不可替代的作用。舆论共识"承担着矫正网络舆论场信息庞杂难以凝聚的问题，实现信息共享、主流价值认同的任务，以打造多元主体联动机制的方式将舆论场中碎片化的舆论整合起来形成共识，避免网络舆论场内部力量的分散和内耗，其行动逻辑是借助媒体搭建舆论平台，引导舆论走向，使多方舆论主体协同行

---

① ［美］沃尔特·李普曼：《公众舆论·译者前言》，阎克文、江红译，上海世纪出版集团2006年版，第2页。

② ［美］沃尔特·李普曼：《公众舆论》，阎克文、江红译，上海世纪出版集团2006年版，第11页。

③ 方付建：《思潮热点事件舆论共识的分析维度与构建策略》，《情报杂志》2017年第1期，第110—111页。

动，实现共识”①。

三　结构框架

本书从整体层面上来看分为绪论、正文和参考文献三个部分。

绪论由三个部分构成，分别是研究背景、研究文献和概念界定。在研究文献部分，分别对国内外的相关研究文献进行简要的综述，以便读者可以了解媒体记忆和舆论共识的研究现状。在概念界定部分，分别对多元社会、媒体记忆和舆论共识等相关核心概念予以必要的界定。

第一章是媒体记忆与舆论共识的理论基础。该章主要分析媒体记忆与舆论共识的内在机制，在媒体记忆方面，分别从事实与建构的角度分析媒体记忆的内涵，从信息与框架的角度探讨媒体记忆的要素构成，从协作与创造角度分析媒体记忆的特征，从传承与重构角度阐述媒体记忆的使命；在舆论共识方面，分别从实践与意见角度讨论舆论共识的内涵，从交流与规则角度分析舆论共识的建构，从内聚与动员角度阐述舆论共识的追求；接下来，分别从互为主体、彼此渗透和相互解构三个层面论述媒体记忆与舆论共识的交互影响。

第二章是媒体记忆与舆论共识的类型、生态与模式。分别从即时与延展、平行与重叠、任性与理性以及肯定与否定四个层面对媒体记忆和舆论共识的类型进行划分；接着，分别从政治生态、文化生态、技术生态三个层面分析媒体记忆和舆论共识的生态系统问题；关于媒体记忆和舆论共识的生产模式，分别从数字化转型、图式化生产和自动化生产三个维度进行阐述。

第三章是多元社会的媒体记忆与舆论共识的原则与定律。本章提出媒体记忆的事实、沉淀和教化三项基本原则；在舆论共识方面，提出了诉求、阐释和合作三项基本原则。并在此基础上，提出媒体记忆和舆论共识的导航、共生和反思三个基本定律。

第四章是全球化进程中的媒体记忆与舆论共识。针对全球化对媒体记忆和舆论共识实践的深刻影响，归纳了二者的意识形态化、公共领地化和格局扩大化三个新特征。接着分析全球化进程中媒体记忆和舆论共识的实践问题，主要围绕记忆—共识实践中的固化现象、层垒现象和原子现象进行论述。在本章的第三部分，分别从“新型伦理秩序”“价值信仰体系”

---

① 许科龙波、郭明飞：《价值认同视角下网络舆论场中的共识再造》，《学校党建与思想教育》2021年第1期，第75页。

和“新型集体主义”三个层面讨论全球化进程中媒体记忆和舆论共识的自然规范问题。

第五章是媒体记忆与舆论共识的伦理问题。本章从对媒体记忆和舆论共识的伦理诘难开始，提出媒体记忆和舆论共识的平庸之恶、遗忘之恶和虚假之恶。针对记忆—共识专业实践中的伦理问题，提出媒体记忆和舆论共识的实践自主、爱有差等和道德惩罚三项伦理原则，并依据这些原则阐述了媒体记忆和舆论共识的道德义务和责任，它们分别是注意义务、善邻义务和阶梯责任。

第一章　媒体记忆与舆论共识的理论基础

记忆给人以神秘感，共识带给我们某种虚幻感，将两者联结起来的依据何在，这种联结的科学性和可行性如何，这是让人心存疑虑的问题。记忆和共识的类型繁多，不少学科领域都有二者的容身之处。我们选择从新闻传播的视角审视记忆和共识问题。新闻的时效性强调媒体信息更新的周期，“今天的新闻就是明天的历史”延长了新闻的生命，怎奈这是一种乐观的泛泛而谈。互联网平台为碎片化的媒体信息点燃记忆之火奠定了物质基础，一则早已尘封的媒体信息通过社交媒体的旧话重提，就可以被嫁接到当下的同类媒体信息上，获得在社交媒体舆论场内发酵的机会。社交媒体改变了新闻媒体“唯新”的实践逻辑，它既唯新也不嫌旧，将媒体信息按照性质和类型串联在一起。一个能上热搜的新闻事件，公众很快可以联想到历史上的同类事件，通过用户的回忆或者社交媒体的信息检索功能进行聚合，使公众对新闻事件的认识不再局限于就事论事。在这种情况下，众筹式“回忆”成为网络舆论叙事的特点，而回忆性叙事的“连贯性降低与用户对不安全的依恋有关”。① 假如没有信息检索功能，媒体的记忆功能只能以记忆的可能性而存在，正是检索技术强化着媒体的记忆功能，信息只要被媒体载入就自动成为公众记忆（还原）的对象，成为生成网络舆论的原料。社交媒体时代的媒体记忆不再是简单的新闻回放，而是形成舆论共识的必需品。媒体记忆对于网络舆论的形成作用显著，而舆论是塑造社会共识的必然方式。社交媒体用户在公共讨论中增进彼此的了解，通过争论寻求维系讨论所需的基本秩序。舆论在有形的争议中保持着内在的发展秩序，舆论秩序的存在和维系为以网络舆论为代表的社会共识

① Bendstrup, G., Simonsen, E., Kongerslev, M. T., Jørgensen, M. S., Petersen, L. S., Thomsen, M. S., Vestergaard, M., “Narrative Coherence of Autobiographical Memories in Women with Borderline Personality Disorder and Associations with Childhood Adversity”, *Borderline Personality Disorder and Emotion Dysregulation*. 2021, 8 (1): 1-10.

的生成奠定了观念方面的基础。媒体记忆和舆论共识究竟是如何发生和运行的、二者之间如何发生联系，这将是本章讨论的内容。

第一节 媒体记忆形成的机理

媒体记忆作为记忆的一种范式有其内在的形成机理。传统媒体语境中的媒体记忆，记忆生产的主体整体而言是媒体机构，媒体从业者依据内部分工协作搭建形成记忆所需的材料，受众处于媒体记忆的间接生产者的位置；社交媒体语境中的媒体记忆，媒体机构的主体性地位下降，社交媒体用户成为媒体记忆的生产主体，他们不再是单纯的间接生产者，在组织媒体信息形成记忆的过程中成为媒体记忆的参与者，影响着媒体记忆的内容与向度。随着“媒体”外延的扩大，新闻媒体（媒体机构）和社交媒体（平台）的并存，前者成为后者对信息再传播和再加工的场所，由此带来媒体记忆的哪些变化？媒体介质形式和信息加工、传播方式的变化，对媒体记忆产生了何种影响，有必要分析当代社会媒体记忆的内涵、要素、特征以及诉求等基本问题。

一 事实与建构：媒体记忆的内涵

古往今来，记忆总是给人些许的神秘感，越是神秘和难解的问题越是容易引起哲学家的兴趣。对于记忆问题，哲学家自然不会放弃思考的机会。

记忆意味着特定的“有”，与之相对应的是“无”，不论是东方还是西方的先哲最先感兴趣的都是从无到有的问题。中国老子的“道生一”哲学思想，解决的是物质世界从开端到演化的规律问题；古希腊苏格拉底的“精神助产术”（art of midwifery），寻求的是普遍知识的生成之道。在解决“无”的问题之后，随之而来的是如何将已经知晓的东西保留在人的脑海当中。解决这个问题的办法要么借助于内感官的强化印象，要么通过外感官寻找中介物在特定条件下刺激人的内感官。前者可以称作“回忆”，后者通过赋予物体以特定的符号（如壁画）供后世了解特定时间段的社会生活。第二种方法类似于今天所说的媒体记忆，第一种方法则是哲学家从抽象的意义上对记忆的解释。在人类历史上，先人留下的有形物的记忆载体可以通过考古方式不断被世人所知，记忆研究领域对此似乎很少提及。相反，内感官与记忆的关系很早就引起哲学家的极大兴趣，这其中，柏拉图的“回忆说”就颇具代表性。在他看来，“没有东西可以真正说来是从学习得来学习，可说这是对于我们已知的已具有的知识的一种回忆”①。柏拉图将知识预设为“有”，这是基于灵魂不灭的假定得出的结论，因为一个人在来到这个世界之前在其灵魂内部就已经具备了相应的知识。这个学说受益于他的老师：“苏格拉底以‘学习是回忆灵魂，在进入身体之前，以拥有的知识’来说明灵魂不灭。”② 只是这样的知识不会自动转化出来，这是柏拉图“回忆说”的根据。他将“回忆”与灵魂挂钩，给记忆蒙上了神秘的面纱。这样一来，“回忆”就不是今天我们所理解的对已知信息的重现，而是当人的“意识处于困惑状态时才被刺激起来的”，它“以意识的困惑为原因”。③ 柏拉图的认识学说除具有本体论和神秘主义的内涵外，更在于强调意识和精神的内在性原则。④ 亚里士多德延续了柏拉图将灵魂与记忆挂钩的传统，从灵魂的本质、功能以及生命力的角度谈论记忆问题。在《论记忆》中，亚里士多德系统地思考了有关记忆的问题，他从时间维度把“将来”和“现在”从记忆中剔除出去，“因为将来是猜想和希冀的对象；对现在也无可记忆，而只能感觉”，这样“记忆属于过去”。⑤ 关于记忆的本质，亚里士多德指出：“记忆既不是感觉也不是判断，而是当时间流逝后它们的某种状态或影响。”⑥ 亚里士多德圈定出记忆研究的原初问题域：记忆的本质、构成和起源。后世的记忆研究问题基本上由此延伸而来。柏拉图、亚里士多德开创的记忆研究传统，经过休谟和维特根斯坦的发展，产生了查德·萨门（Richard Semon）的“记忆痕迹说”（engram），哈布瓦赫（Maurice Halb-wachs）和阿贝·瓦尔布格（Aby Warburg）提出“集体记忆”（collective memory）和“社会

---

① ［德］黑格尔：《哲学史讲演录》（第2卷），贺麟、王太庆，商务印书馆1995年版，第182页。

② ［古希腊］柏拉图：《〈米诺篇〉〈费多篇〉注释》，徐学庸译注，台湾商务印书馆股份有限公司2013年版，第67页。

③ ［古希腊］柏拉图：《〈米诺篇〉〈费多篇〉注释》，徐学庸译注，台湾商务印书馆股份有限公司2013年版，第182页。

④ 参见［德］黑格尔《哲学史讲演录》（第2卷），贺麟、王太庆译，商务印书馆1995年版，第186—187页。

⑤ ［古希腊］亚里士多德：《论记忆》，秦典华译，苗力田主编：《亚里士多德全集》（第1卷），中国人民大学出版社1992年版，第133页。

⑥ ［古希腊］亚里士多德：《论记忆》，秦典华译，苗力田主编：《亚里士多德全集》（第1卷），中国人民大学出版社1992年版，第133页。

记忆”（social memory）的概念，直至罗素的记忆因果性（mnemic causation）概念。①

媒体记忆脱胎于集体记忆和社会记忆，对记忆研究历史流变的简要回溯有利于我们理解媒体记忆的内涵。将记忆视作限定个体意志、以此促进人的理智完善的手段，这样的观念与历史上形而上学家思考问题的方法以及他们所生活的生活环境有关。形而上学剥离了经验的东西，对记忆的理解也是纯形式的。当形而上学转向世俗智慧思考记忆问题时，记忆就必须寻找自己的客体。早在18世纪，休谟已经将“印象”与记忆相结合。他认为：“我们的全部简单观念在初出现时都是来自简单印象，这种简单印象和简单观念相应，而且为简单观念所精确地复现。”② 记忆是“在它重新出现时，它仍保持相当大的它在初次出现时的活泼程度，介于一个印象与一个观念之间”③。休谟关于记忆的界定，对于我们理解媒体记忆颇有帮助。在传统媒体的新闻生产环节，不论是在现场还是聆听经历者的陈述，新闻生产凭借的是媒体从业者记忆中的印象；在新媒体环境中的新闻生产环节，现场的录音录像对于媒体从业者而言也是一种印象，新闻是在这样的印象和新闻生产者的观念中被加工出来。印象和观念，前者是事实，后者是理念的建构之物，二者的混合物就是人们常说的新闻，而新闻是媒体制造的社会镜像，这样的镜像作为印象与观念的混合物被载入媒体，成为媒体记忆的对象。包括新闻在内的全部媒体信息在本质上都属于媒体对社会现象的再现，这是媒体的表征。如果说记忆本身就是由现象形成的印象，媒体记忆可以定义为“人们对媒体文本、媒体体验和与特定媒体相关的实践的记忆”④。

承袭休谟的印象说，媒体记忆的对象是客观事实，这些事实转化成媒体从业者的印象，它们在新闻生产中纳入相应的社会观念变作媒体记忆的内容，最终被公众所回忆。由于事实以及由此形成的印象和媒体呈现的事实经常存在偏差，讨论媒体记忆的事实与建构需要厘清认知与事实的关系。

---

① 参见杨庆峰《当代记忆研究的哲学透视》，《华东师范大学学报》（哲学社会科学版）2017年第5期，第27页。

② ［英］大卫·休谟：《人性论》，关文运译，商务印书馆2016年版，第12页。

③ ［英］大卫·休谟：《人性论》，关文运译，商务印书馆2016年版，第16页。

④ Kaun, A., Stiernstedt, F., “Facebook Time: Technological and Institutional Affordances for Media Memories”, *New Media & Society*, 2014, 16 (7): 1158-1168.

截至目前，人类对大脑的高级认知功能（例如记忆、语言产生和理解、抽象概念的形成等）的复杂机制仍知之甚少，对这类认知机制的评估主要基于先验的公理假设。然而，研究人员经常忽略与这些普遍接受的公理相矛盾的事实信息。[①] 媒体记忆建立在对事实（信息）认知的基础上，这种记忆不同于人脑的生物记忆，前者借助于技术手段将客观事实加工成带有媒体理念印记的信息，在这个过程中，新闻实践在某种意义上改变着记忆的物质载体形态。尽管如此，新闻实践却无法改变其自始至终是在为后世生产记忆的事实。媒体存在的价值在于通过记录社会的最新变动并“储存”这种变动的过程。从这个角度看，新闻并不像教科书所描述的和人们对新闻产品的刻板印象，被误以为只是昙花一现的东西，可以说，自从新闻被纳入媒体的那刻起，就已经具备某种历史认知价值。这里所说的历史认知价值只是一种可能的价值，新闻的数量如此庞大，但对于网络舆论而言，我们无法预测历史上的哪些新闻文本会被网络用户检索或联想到。信息只要被媒体所承载，就具备了被后世（将来）捕捉到的可能性。这里所说的“后世”是一种相对的说法，这样的“世”可以以“年”或“代”为计时单位，舆论场对热点事件的发酵在某种意义上就是建立在媒体记忆的基础上。包括新闻在内的所有媒体信息消费不再是教科书所说的“一次性消费”，也不再是所谓的“明日黄花”，而具有了可能的历史认知价值，由此改写了公众对新闻时效性的成见。

媒体构建的是一座文化建筑物，所承载的高价值信息不会随着时间的流逝而真正贬值。公众对信息的接触越便捷，媒体信息的历史认知价值反而越大，因为任何电子化的媒体历史信息可以为网络用户所使用。媒体的新闻实践可以被视为媒体记忆的实践，这样的实践在编辑学中被称作信息的缔构和建模。按照文化缔构理论，人类社会的精神文化生产“正是通过人类的编辑活动而缔结为成果，构成文化系统，并进入社会传播网络的”。[②] “只有经过编辑工作者的这种缔构，才能使人类零散的精神果实聚合成系统的文化结构，构筑成璀璨的文化殿堂。从本质上讲，编辑是一种文化缔构活动。”[③] 新闻生产属于精神文化生产的有机组成部分，随着传媒业的发展，这类文化在人类精神文化中所占的比例逐渐增加。人类全部

---

① Arshavsky, Y. I., “Memory: Axioms and Facts”, *Neuroscience and Behavioral Physiology*, 2021, 51 (8): 1111-1123.

② 王振铎、赵运通：《编辑学原理论》，中国书籍出版社 1997 年版，第 79 页。

③ 王栾生：《文化缔构编辑观辩证》，《编辑之友》1996 年第 5 期，第 14 页。

的精神文化“是由那个社会的全部编辑活动所构造、所缔结起来的”①。被纳入精神文化的大厦中的文化将得到广泛而长久的传播，这就是文化缔构理论所说的“得缔构而成，不得缔构而亡”。② 新闻实践同样遵循这样的规律。有新闻价值的事实如果不能被媒体（新闻媒体和社交媒体）建构，就无法成为传播的客体，未被媒体缔构的信息自然也就失去了媒体记忆的可能。媒体对事实的建构，无论是以新闻生产的方式还是以社交媒体用户发布的方式被载入媒体介质上，因为得缔构而得以传播。就媒体记忆而言，得缔构者既得传播也得记忆。

媒体记忆的事实建构还涉及“谁在记忆”的问题。媒体记忆的对象是媒体所承载的事实。事实这个概念几乎包罗万象，社会成员的活动在源源不断地产生着新的“事实”。现代社会，媒体生产呈现扩大再生产的趋势，广播电视媒体的频道（频率）在增加，报纸在扩版，网络媒体的频道更是数量可观，社交媒体用户的数量更是以亿为单位，媒体信息的总量以爆炸式增长。媒体承载的信息无一例外经过把关人的筛选，即便是社交媒体上的信息，用户看似不经意的发布也经过了发布者依据个人偏好和审美的直觉判断。媒体的信息筛选过程也是媒体记忆筛选的过程，发布者的“选择”在某种程度上意味着媒体的记忆建构。在传统媒体时代，新闻实践由媒体机构垄断，商业化媒体也是媒体机构在管理。在这种模式下，媒体的事实筛选和信息缔构依然是机构化的。社交媒体时代的媒体记忆，无论是采集信息的主体还是对事实建构的主体均呈现出多元化的特征。在对事实（信息）的缔构过程中，多元主体成为大势所趋。以 2022 年年初的丰县事件为例，机构化媒体提供的信息非常少，与之相关的许多信息主要来自社交媒体。这样的碎片化的信息既有未经核实的事实也有虚构的事实，这些信息被不同类型的社交媒体（微博和微信以及短视频账号）发布，在这些相互补充、印证甚至抵触的信息交流过程中，有关这起 20 年前的复杂事件被持续地建构着，机构化媒体只是在 2022 年 2 月 8 日徐州发布的第三份通报发布前后才有所披露。参与事实建构的主体变得多元，只不过纳入媒体记忆范畴的是事实，至于参与建构者的个体信息除了特别知名的意见领袖式用户，人们很少关注是谁提供的信息。

记忆与想象不同，它并非凭空的虚构之物，而是多元信息建构的结果。这里所说的信息多元是指由媒体机构或者社交媒体所发布的信息的多

---

① 王振铎、赵运通：《编辑学原理论》，中国书籍出版社 1997 年版，第 79 页。

② 王振铎、赵运通：《编辑学原理论》，中国书籍出版社 1997 年版，第 87 页。

样化。同一事件，不同的参与者、见证者或传播者编码/再编码的信息因认知能力、价值观念和利益取向的差异，导致客观信息被主观化。在从客观事实向主观信息转变的过程中，转变是“从一个个体向另一个个体传递的要素”。从媒体（平台）间接获得资讯的受众需要“采纳已经建立的风俗、信仰、倾向和新群体的共同环境，把它们确实视作稳定的客观事实”。[①] 这样的“客观事实”经过个体的建构，最终成为形成集体记忆的来源。“集体记忆”乃社会成员依据各自的社会职能合力共建之物。在哈布瓦赫看来，“如果我们将集体记忆称作适用于某群职能人员的整个传统”，那么，“有多少种职能，就至少会有多少种集体记忆，并且，每一种这样的记忆，都是在相应的某种职能群体里，通过专业活动的简单运作形塑而成的”。[②] 媒体记忆是集体记忆的一个分支，由具有特定职能（信息采集和信息加工、传播）的职业群体共同建构。社交媒体时代，社交媒体的职能包括点对点、一对多的在线交流和公共讨论，社交媒体用户没有通过事实建构媒体记忆的义务，但是，公共讨论不可避免涉及相关话题的信息，这些信息的不完整或讨论过程中为佐证观点需要补充某些信息，这种经常性的需要赋予社交媒体用户贡献相关信息的额外义务，使得这个庞大的群体成为当代媒体记忆的间接参与者。除了媒体记忆外，文化记忆、历史记忆等类型的记忆，毫无例外是被个体或群体依据他们的价值观和认知方式建构出来的。从这个意义上说，社交媒体的记忆是对文化记忆和历史记忆的回归。

二　信息与框架：媒体记忆的要素

记忆带有天然的媒介属性。媒体记忆除了保存社会变动中的有限事实外，更广泛地表现为“信息”层面的记忆。事实构成媒体记忆的内涵，信息则是媒体记忆的泛化形式。作为媒体记忆核心要素的信息，包括事实性信息和非事实性信息两种类型。事实性信息以客观的社会变动为依据，媒体按照新闻生产的标准进行组合，尽管这种被加工后的“事实”融入了媒体及其从业者的价值观，但依然以“事实”的形式为公众所认知；非事实性信息泛指出现在各类媒体上、不以事实为依据的信息，这类信息

① ［英］弗雷德里克·巴特莱特：《记忆：一个实验的和社会的心理学研究》，黎炜译，浙江教育出版社 1998 年版，第 321 页。

② ［法］莫里斯·哈布瓦赫：《论集体记忆》，毕然、郭金华译，上海人民出版社 2002 年版，第 235 页。

的成分杂多，最常见的如媒体评论、天气预报、股市走势分析、创意广告以及文学艺术类作品。非事实性信息往往与人类发展的认识进化、观念更迭、物态呈现或者风土人情有关。事实性信息和非事实性信息的呈现形式又可以分作文字类信息和图形类信息。文字的诞生是人类社会开启文明之旅的象征，随着这种被赋予特定意义的符号的广泛应用，文字就成为媒介记忆的要素。近代报纸的诞生，文字成为早期媒体记忆的第一要素。直至今天，文字依然是报纸杂志和网络媒体最重要的构成元素，文字在记录社会变迁方面起着无与伦比的作用。图形类信息泛指出现在各类媒体上的图片、语音、图像、图画和表情包以及其他所有非文字类符号。广播媒体的符号相对单一，数字时代，广播媒体利用网络平台也在制作形式多样的广播产品，这些产品的内容也是媒体记忆的对象。电视媒体（含短视频媒体）是典型的综合性信息符号媒体。文字、图片、音视频媒体产品和广泛应用于社交媒体的表情包等特殊符号所承载的各类信息，共同成为媒体记忆的构成要素。

信息作为事实的抽象形式，是对某一事实或观念的编码，媒体所记忆的是这种编码后的事实性或非事实性信息而非事实或观念本身。事实与观念独立于其他物质而独立存在，它们要么存在于社会生活，要么存在于人的脑海中，这样的存在物无法和媒体介质发生直接的联系。事实/观念被媒体从业者或社交媒体用户通过语言符号转化成信息符号，由此成为媒体记忆的直接要素。媒体的性质决定了新闻实践对信息的时间性的规定，被缔构在媒体上的信息须具有特定的时间意义。德国学者约恩·吕森（Jorn Rusen）在论及文字类信息的记忆功能时指出："文字记载减轻了记忆的负担，将事实固定下来，创立了新的交际形式，使时间意义的宇宙从直接的行动联系中脱离出来，并使其变成一种独一无二（sui generis）的现象。"① 吕森的这个论断与把关人理论有不谋而合之处。社会生活无时无刻不在进行当中，社会生活产生新信息的速度远远超出媒体的承载能力。传统媒体每天能够容纳的信息量基本固定，虽然社交媒体的信息容量通常被视为"海量的"，但这并不等于不受限制。社交媒体用户无法记录他们日常的全部生活。吕森从信息记载与记忆负担的关系中发现了媒体无法承担全景式的社会生活记录，这种记忆的有限性间接证明媒体生产中信息筛选的必要性。作为历史哲学家的吕森在有限记忆中发现了深层的问题，

① ［德］约恩·吕森：《历史思考的新途径》，綦甲福、来炯译，上海人民出版社2005年版，第22页。

即媒体不仅仅是信息容器，更是公众社会交际的特殊形式。没有信息的媒体记忆将是空洞的零记忆，仅仅有作为记忆要素信息的媒体记忆面向谁而记忆是问题的核心所在。在从事实向信息符号转化的过程中，媒体从业者和社交媒体用户承担着这样的信息加工职责。成为媒体记忆要素的信息，除了面向现在的公众满足其信息消费外，同时也超越了时空面向将来的受众，供他们以某种方式重新解码媒体记忆编码的信息。这种“新的交际形式”使媒体记忆的信息摆脱了时间之束缚，可以为现在的（现实的）受众和将来的（潜在的）受众分别使用。

作为媒体记忆要素的信息，这种“新的交际形式”的获得关键在于信息编码者和信息解码者的双重把关。“把关人”是从狭义的角度而言的信息筛选和审查的把关，在媒体记忆中，媒体记忆的用户也属于特定的把关者。编码者的信息缔构受媒体生产规范的指引，他们是在特定的情境中编码事实性或观念性的信息。媒体记忆用户对信息的解码同样有情境的要求，后者有权决定媒体记忆内容的使用方式。维特根斯坦（Ludwig Wittgenstein）反对使人受制于记忆的摆布，认为“我们并不总是依靠记忆所告诉我们的东西并把它当作最高上诉法庭的裁决”。① 作为哲学家，他敏锐地意识到将来社会对媒体历史信息的过度依赖，希望人们在依据媒体的历史信息判断当下的社会生活时，既要尊重媒体记忆信息的特定情境，也要有个人的独立判断，避免被媒体记忆的文本所摆布。

作为媒体记忆要素的文字类信息和图形性信息各有优劣。在广播电台诞生前，文字在人类社会发展史上的作用不可磨灭。在一个多世纪前的历史档案中，无疑是文字类信息主导着当代社会的记忆。文字以思想性和理性而见长，给媒体记忆的解码者以无限的想象空间和独自思考的余地。与之相反，广播电视媒体为媒体记忆要素贡献的音视频信息侧重于对媒体记忆解码者的感官刺激（这一点在短视频媒体中表现得尤为突出），这类形式的信息容易破坏人的理性，降低媒体记忆文字类信息的思想性，这种趋势将对媒体记忆造成消极影响，因为全民参与的音视频媒介改变着公众思考历史的方式。在吕森看来，“尽管我们还无法描绘其清晰的发展路线和固定的结构，却可以描绘那些新创造的东西，从中能够推测出根本性的改变”。他担忧当代社会的媒体记忆因“被大量的图片所充斥”，而导致“由文字记载而产生的意识形式——首先是那些保持距离的理性的意识形

① ［德］维特根斯坦：《哲学研究》，李步楼译，商务印书馆 1996 年版，第 41 页。

式——可能会很快失去作用”。①

信息是媒体记忆的显性要素，媒体记忆还有隐性的要素——媒体记忆的框架。当代社会，媒体作为记忆载体的角色变得更为重要。传统的大众媒体历来是重要的记忆场所，现阶段，社交媒体作为记忆场所的重要性凸显。对于社会成员而言，主要通过接触媒体内容来记忆。② 公众在接触媒体记忆呈现的内容时，了解的是以前媒体记载的内容，他们难以了解这类信息产生的社会环境和今天的社会环境之间的差异，也未必有精力和能力了解当时媒体报道的框架设计的真实意图。认识媒体报道的框架，也就是认识媒体记忆的框架。

公众对媒体信息的解读习惯于将自己的“个别经验置于先前的脉络中，以确保它们真的明白易懂”。人的思维定式决定着他们以什么方式来认识世界。媒体记忆呈现的是某个历史时期的信息，这些信息对于媒体记忆的解码者而言，需要找到某种因果联系解释相关信息的合理性。然而，媒体记忆的内容由记忆主体（即编码者）负责建构，他们依据各自的职业规定和媒体的新闻理念编码信息。媒体记忆的编码者先于任何个别经验，在他们的“头脑已经预置了一个纲要框架和经验事物的典型形貌”③。对于全球性事件，多数国家的媒体会予以关注。这些媒体的理念并不一致，不同的新闻/记忆理念塑造着媒体从业者的认知能力和个人偏好，这些因素决定了一个有社会影响力的新闻事件的叙事样本必然多样化。媒体机构有自己的叙事角度和叙事方式，它们构成了新闻实践的框架的独特性。报道的框架决定着记忆的框架，对于媒体记忆的解码者来说，“对同一事实的记忆也可以被置于多个框架之中，而这些框架是不同的集体记忆的产物”④。这里，把哈布瓦赫的“集体记忆”替换成媒体记忆，框架决定记忆的论断依然成立。

关于这一点，只要对比历史上对同一事件的报道，再参照不同时期公众对这类事件的评价，就可以清楚地发现框架在媒体记忆中的重要作用。

---

① ［德］约恩·吕森：《历史思考的新途径》，綦甲福、来炯译，上海人民出版社 2005 年版，第 22 页。

② Tirosh, N., “INakba, Mobile Media and Society's Memory”, *Mobile Media & Communication*, 2018, 6 (3): 352.

③ ［美］保罗·康纳顿：《社会如何记忆》，纳日碧力戈译，上海人民出版社 2000 年版，第 1 页。

④ ［法］莫里斯·哈布瓦赫：《论集体记忆》，毕然、郭金华译，上海人民出版社 2002 年版，第 93 页。

以媒体对待计划生育态度为例，在20世纪70年代以前的媒体上，“多子多福”是基本的报道框架；20世纪70年代中后期，随着计划生育政策的出现，媒体涉及生育的报道框架发生变化，这样的框架持续到2016年。此后，生育报道的框架再次悄然改变。自2021年起，“三孩”纷纷在社区的横幅宣传广告、地方政府的文件和新闻报道中出现。同样的话题，不同历史时期媒体所持的态度和叙事方式不同，对公众的影响也非常不同。一般来说，主流媒体（党报）始终坚持方针政策，围绕生育话题的叙事和观点与党和政府的方针政策保持一致；都市媒体的报道框架与党媒基本一致，但在报道角度和叙事方式方面相对灵活。相反，在网络媒体（尤其是论坛和网友跟帖）以及社交媒体上，生育话题的讨论角度和叙事方式显得多元。以互联网诞生为标志来考察主流媒体和网络媒体的生育报道框架，站在媒体记忆解码者的角度不难发现，不同的媒体记忆的叙事框架，为我们还原不同历史阶段的计划生育进程提供着不同的版本。

框架之所以构成媒体记忆的要素，在于框架与事实同等重要。在人们的印象中，以事实为准绳的新闻真实是媒体的生命线，但由此形成的错觉是，媒体报道的仅仅是由社会变动形成的事实。直观地看，以事实为基础的信息的确是媒体内容的核心要素。正如前面所分析的，媒体呈现的事实被融入了媒体理念和媒体从业者的价值观，这样的信息与纯粹的事实有所区别，从事实到信息的转变由媒体的报道框架决定。媒体报道框架不同于建筑工地的脚手架，后者只是按照规定的尺寸固定钢筋材料，前者只是确立一个报道的向度，媒体从业者在媒体实践过程中有自由创造的余地。新闻报道的框架毫无疑问是为当代社会服务，但作为媒体记忆的旧闻只能指向新闻报道承载时的“现在”，对于媒体记忆而言就是过去某个时期的“现在”，也就是媒体记忆解码者的过去。哈布瓦赫在谈到框架与记忆的关系时指出：“一个由观念构成的框架，这些观念是我们可以利用的标志，并且只指向过去。”① 媒体报道的框架规定记忆的向度。许多时候，人们从媒体的历史报道中寻找的不是字面的信息（新闻事实）而是隐藏在报道字里行间的媒体意图。就像今天的人们回看过去几十年间对于生育问题的报道、评论和其他类型的媒体叙事，寻找的是生育观变化的内在原因，而很少拘泥于某则新闻中具体的事实。媒体记忆把我们带到某个特定的历史阶段，指出许多问题的答案就在这“附近”而不是回到这个具体

① ［法］莫里斯·哈布瓦赫：《论集体记忆》，毕然、郭金华译，上海人民出版社2002年版，第304页。

的事实本身。

媒体报道框架首先给报道对象确立了时间的界碑，只有在某个时间段之内的事实可以被媒体缔构，超出时间界碑或暂未进入时间界碑的事实，纵然再具备新闻价值也无法被纳入报道的框架。这样的界碑只是时间框架，按照新闻的时效性原则将不符合这个原则的内容拒之门外。除此之外，媒体报道框架还有隐私框架，在纯属个人事务或隐私与公共生活无关的内容之外筑起一道屏障。相反，媒体的猎奇行为将受到职业道德原则的限制和舆论的谴责。这样的屏障比时间框架更为重要，它可以有效维护社会秩序，避免不必要的社会矛盾。这样的时间框架和隐私框架也给媒体记忆解码者（将来社会的人和回顾往事的人）划定记忆的边界。正是这样的媒体记忆框架，“把我们最私密的记忆都给彼此限定并约束住了。这个群体不必熟悉这些记忆”。历史学家或者社会学家如果对某个历史事件（问题）感兴趣，只有从外部，把自己“置于他人的位置，才能对这些记忆进行思考”。① 普通的媒体记忆解码者出于对某个当下社会事件（问题）的关注，为开阔自己的视野需要了解媒体记忆的框架，寻找到当初报道的时间框架和隐私框架，从其中发掘有用的信息。对于不在同一个时代的媒体记忆解码者或者即便曾是相同时间段的亲历者而言，为他们提供了多方位了解事实的机会，因为“时间在流逝，记忆的框架既置身其中，也置身其外。超出时间之流，记忆框架把一些来自框架的稳定性和普遍性传送给了构成它们的意象和具体回忆”②。

信息和框架，一个是媒体记忆的硬件，一个是媒体记忆的软件，软硬件共同构成媒体记忆的要素。作为“硬件”的信息属于半人工制品；作为“软件”的媒体框架，则是纯粹的人工制品。信息和框架也决定着媒体记忆的特征。

三　协作与创造：媒体记忆的特征

当谈及媒体记忆，映入人们脑海的首先是一个抽象的概念，这样的概念以整体性的方式被认知，而经验性的媒体记忆却是碎片化的。不论是个体记忆还是家庭记忆、集体记忆或社会记忆以及其他形式的记忆，记忆的

---

① ［法］莫里斯·哈布瓦赫：《论集体记忆》，毕然、郭金华译，上海人民出版社 2002 年版，第 94 页。

② ［法］莫里斯·哈布瓦赫：《论集体记忆》，毕然、郭金华译，上海人民出版社 2002 年版，第 302—303 页。

时态属于过去完成时，这决定了记忆无法以整体的形式呈现给记忆的解码者。即便是电视全程录像的活动，这种看似连贯的机械刻录式记忆的时空局限性同样非常明显，它无法全景式连续数日完整记录该活动的始终和全貌。相对于社会事件的连续性，直播类节目或跟拍的纪录片依然属于碎片化的信息组合，只不过这样的碎片在时间的维度上具有一定的延展性。在新闻传播学中，碎片化被视为信息存在的基本特征。在媒体记忆中，虽然也可以套用碎片化来概括媒体记忆的特征，但这样的“拿来主义”未免过于停留在表象层面描述而无法揭示媒体记忆的典型特征。碎片是形式化的显现，记忆则是内隐式的保存。媒体记忆与其他类型的生物性记忆的区别在于，它以机械的形式将信息缔构在某种媒体介质上，而生物性记忆（个体记忆、家庭记忆、集体记忆和社会记忆）归根结底需要通过大脑保存外部信息。在这种记忆的过程中，也可能借助物质载体代为保存信息，但物质载体是辅助性的，生物性记忆是这类记忆最根本的属性。

生物性记忆因纯属个人事务，记忆或不记忆什么由行为主体决定。当记忆主体超越个体的范畴，记忆的性质随之发生变化，哈布瓦赫称这样的记忆具有“一项集体功能”。① 集体性质的记忆意味着妥协与协商，参与记忆的编码者必须达成共识从事记忆实践。媒体记忆与集体记忆有相似之处，却不能混同于集体记忆。媒体记忆无法由个人独立承担全部的事务②，这种集体需要机构或其他组织牵头有目的地从事记忆实践，由此显现出此类记忆的第一个特征：协作。

传统的媒体记忆呈现出显著的协作特征。媒体机构的内容生产依赖工业化的流水线进行，一件媒体产品包含着多个环节的协作劳动。记者与被采访对象协作完成内容的采集，记者和编辑协作完成内容的编码，编辑与印刷/技术制作部门合作完成内容的包装和生产，这些属于显性的协作生产，也是最浅层的协作。隐性的协作体现为采编人员的理论知识与媒体实

---

① ［法］莫里斯·哈布瓦赫：《论集体记忆》，毕然、郭金华译，上海人民出版社 2002 年版，第 304 页。

② 2022 年 2 月 11 日，著名媒体人曹景行去世，他的微信朋友圈在 2 月 8 日停止更新。他本人将自己的微信朋友圈称作“一个人的通讯社”，经常每天更新百余条，最多时可达 400 条。这样的自媒体看似由曹景行独自完成，但是，他选择讯息需要满足受众的需求，别人的跟帖及其互动，这样的讨论也构成自媒体记忆生产的一部分，这种记忆依然具有“集体功能”。参见沈轶伦《逝者曹景行｜“一个人的通讯社”停更》，上观新闻，2022 年 2 月 11 日，https：//web.shobserver.com/staticsg/res/html/web/newsDetail.html？id=451145。

践的协作，这种协作虽然无法直观，当媒体理念和采编人员的价值观、专业知识存在偏差时，协作遇到的麻烦将影响媒体生产（编码）的质量。此外，媒体内容和受众在接触过程中产生的反作用也会影响后续的新闻生产。媒体内容的生产即记忆生产，媒体生产的协作意味着媒体记忆编码的协作。

网络媒体和社交媒体的记忆同样继承了传统媒体记忆的这一特征。网络媒体的开放性强化了媒体生产的协作性。不论是否具有新闻资质，网络媒体的内容将新闻内容和跟帖评论融为一体，这样的协作是传统媒体无法比拟的。网络媒体的这种协作不仅继承了内容生产过程中的协作，更为重要的是将协作与内容的影响程度结合起来。社交媒体记忆具有全球性，它是集合式的记忆。关于这种记忆，阿米特·平切夫斯基（Amit Pinchevski）指出："随着时间和空间的推移，与其他图像、其他声音、其他文本、其他体现的主题和可能是数字和模拟的话语实践相联系并与之断开。"① 网络媒体和社交媒体对不同形态内容的集合程度超出传统媒体的从业者的想象。随着数字化媒体的普及，迫使传统媒体的从业者通过自我转型适应媒体发展的需要，媒体从业者成为社交媒体的用户，不但在为机构生产和传播新闻/记忆内容，同时也在从事社交媒体的生产和传播，他们在社交媒体的活动成为数字媒体记忆编码的对象。社交媒体的开放性给人造成这类媒体的记忆生产不再具有协作性的印象，显然这并不符合实际情况。社交媒体平台上的媒体机构账号是传统媒体的延伸，不论是微博还是微信或者国外有影响力的社交媒体平台，媒体机构账号的社会影响依然不可低估。与此同时，个体账号依然呈现出协作的特征。意见领袖的社交媒体账号虽然名义上是个人的，但团队生产的性质明显。至于普通用户的个人账号，原创的内容生产可以是个人独自完成，在传播环节依然依赖网络人际传播内容，内容生产/传播的时间面向也包括了记忆生产，因此，社交媒体记忆同样呈现出协作的特征。这样的协作生产将海量的碎片信息集纳在一起，以超级编码者的身份绘制着当代社会的生活景观，这幅画像的广度和深度远远超出传统媒体绘制的总和，这样的画像最终以长长的画卷形式呈现给将来的记忆解码者，为后世全面认识当代社会提供着极其丰富的原始素材。

协作是社会发展到一定阶段的产物，媒体记忆的协作也是如此。在个

---

① Pinchevski，A.，*Transferred Wounds*：*Media and the Mediation of Trauma*. New York：Oxford University Press，2019，p. 47.

人记忆中，比如日记的生产基本不需要外部协作。媒体是工业社会的产物，伴随工业化生产所需的媒体记忆，这样的协作建立在某种习惯的基础上。媒体内容来自机构的协作生产，这种协作机制带来的是行业性习惯。伯格森（Henri Bergson）在《社会如何记忆》中区分了“由习惯构成”的记忆和“由回忆构成”的记忆。[①] 媒体记忆属于前一种形式的记忆。媒体理念和新闻实践经验规定着媒体从业者的协作方式，这种协作最终以职业习惯的形式固定下来，成为媒体运转流程的一部分并传承下去。这样的“习惯”与伯格森所谓的“如何做某事的记忆就是‘运动机理’（notor mechanism）的记忆”[②] 相吻合。罗素（Bertrand Russell）指出了“习惯—记忆”和“真实记忆”之间的区别，他认为“真实记忆”属于认知的范畴，“习惯—记忆”则不是。[③] 罗素的这个区分可能为否认媒体记忆与职业习惯提供了借口，因为新闻内容及其生产可以被认知。罗素是在理性的层面抽象分析记忆，这种区分剥离了经验的成分。媒体记忆包括新闻，甚至新闻内容占据了相当的比例，正如前面所说，媒体记忆的内容也包括评论等非事实性信息，后者在价值引领和观念塑造方面所起的作用并不亚于碎片化的新闻文本。媒体生产的协作需要职业习惯的支撑，媒体记忆的编码（生产）建立在由协作而产生的习惯基础上，协作形成的职业习惯带来的是媒体记忆的一致性。报纸版面或者回放电视节目的编码者相对稳定，其专业水准和价值取向使新闻/记忆文本具有历史的继承性。协作为传统媒体的新闻/记忆生产带来一致性，但在社交媒体的内容生产和记忆实践中情况发生了某些变化，跨机构化的协作生产（编码）带来某些不确定性。同一事实因用户的信源不同带来观点的多样性，这种在线的远距离编码可能造成同一个帖子内部结构的错位，对将来的媒体记忆解码者将产生何种影响难以预测。

媒体记忆生产的协作性为公众的创造性记忆提供了可能，创造成为媒体记忆的第二个特征。协作带来习惯，这种习惯使媒体生产和记忆编码具

---

① ［美］保罗·康纳顿：《社会如何记忆》，纳日碧力戈译，上海人民出版社 2000 年版，第 21 页。

② 参见 Schieder, T., “Das Problem der Revoiution im 19. Jahrhundert”, *Historische Zeitschrift*, 1950, 170 (1): 233-272.; Steiner, G., “The Great Ennui”, in *In Bluebeard's Castle: Some Notes Towards the Re-definition of Culture*, New Haven: Yale University Press, 1971, pp. 11-27。

③ ［美］保罗·康纳顿：《社会如何记忆》，纳日碧力戈译，上海人民出版社 2000 年版，第 21 页。

有一致性，协作意味着编码者在合作的过程中可能产生意想不到的新的记忆内容和新的记忆形式。特别是在社交媒体记忆实践中，机构化的记忆编码和私人的记忆编码“在移动中产生沉浸式连接记忆生态”。① 沉浸是用户身心投入的一种状态，这种状态预设了用户间的协作，为创造性记忆提供了可能。在记忆实践的过程中，每个编码者总有其擅长的一面，也有短板的一面。弥补短板，关乎记忆实践的整体质量，也关乎编码者个人的职业声誉。前者关系到个人的物质利益，后者涉及个人的精神利益，不论何者存在欠缺，在媒体机构和社交媒体平台上，编码者普遍会通过模仿弥补短板，而模仿的高级阶段就是创造。媒体记忆实践的工业化程度越高，媒体记忆实践的透明度越高（社交媒体的记忆实践是全透明的），越是要求编码者提高自身的业务能力，刺激他们的创造欲望。随着传统媒体的数字化转型，媒体记忆的创造特征表现得更为突出。“在数字媒体生态中，记忆不仅受到用户共同创造的影响、创造和改变，还受到数字媒体通过空间和时间传输内容的方式的影响。”②

数字媒体的交互性主要体现在媒体内容的传播过程中，用户把他们的观念和辅助性/否定性信息附加在媒体内容之后，互联网的存储功能使用户的再创造缔构在媒体内容上，也成为媒体记忆的一部分。在这种记忆模式下，用户的再创造的影响力甚至超出媒体内容本身，成为公众关注的重点。媒体机构在内容生产中先行将相应的新闻理念和价值取向涵化到内容中，用户的再创造也融入了他们的价值观和价值判断。媒体记忆的编码/解码的双重创造均包含着创造，兼顾事实而不是单纯的观念植入，这样的媒体记忆“看来更有可能是一种构念（construction）而不只是一种再现”③。构念将信仰与记忆相联结，罗素认为记忆包含着某种信仰，“构成‘知识—记忆’的，是‘我们的信仰’，即‘过去事件的意象涉指过去事件’”。④ 这个观点显然也适用于媒体记忆，因为它将这种记忆指向“真实”。在社交媒体时代的媒体记忆实践中，信仰具有双重性质，用户在参

---

① Reading, A., *Gender and Memory in the Globital Age*. London: Palgrave Macmillan, 2016, p. 46.

② Henig, L., Ebbrecht-Hartmann, T. “Witnessing Eva Stories: Media Witnessing and Self-Inscription in Social Media Memory”, *New Media & Society*, 2022, 24 (1): 202-226.

③ ［英］弗雷德里克·巴特莱特：《记忆：一个实验的和社会的心理学研究》，黎炜译，浙江教育出版社 1998 年版，第 268 页。

④ Russell, B., *The Analysis of Mind*, London, 1921, p. 166；［美］保罗·康纳顿：《社会如何记忆》，纳日碧力戈译，上海人民出版社 2000 年版，第 21 页。

与媒体记忆的编码时，他们的信仰转变为“集体的传统或回忆，但也是从对现在的理解中产生的观念或习俗”①。

协作与创造作为媒体记忆的特征是社会环境塑造的产物，社会环境中包含着媒体管理和舆论管理，这两种管理方式也在影响着媒体从业者和公众的记忆方式和习惯。无论是机构化还是社交媒体平台的媒体记忆编码，“只要强烈的、优先保持的社会倾向屈从于任何一种强制的社会控制形式，社会记忆就会有意或无意地表现出一种构念性的和创造性的特征”。② 传统媒体对从业者的规范是一种显性的控制，社交媒体用户也受平台的控制，两种形式的媒体记忆在编码者/解码者的自然倾向与管理方的博弈中，既保持协作的稳定性又提供着创造的动力，从而源源不断地记录着人类社会的变迁。

四 传承与重构：媒体记忆的使命

按照自然界中的质量守恒定律，“物质虽然能够变化，但不能消灭或凭空产生”。媒体生产的讯息一经建模和缔构就成为记忆的对象。在人类发展的历史长河中，壁画、石刻等物质文化遗产传承的年代相对更为久远，文字类卷宗的传承遭遇损害的可能性反而更大一些，由于失火、水灾和战乱以及人为的破坏造成的文字档案损失无法估算。进入工业社会，新闻/记忆文本的安全性得以显著提升，知名报纸可观的日印刷量为新闻/记忆文本的保存提供了保障。大多数国家的公共图书馆和大学图书馆收藏每日的报纸，这样的收藏模式与报纸诞生前档案卷宗的有限复制副本的保存方式有着显著的区别，后者一份损坏即不复存在，前者从概率学的角度保证新闻/记忆文本传承的安全性。只要全球范围内有多家图书馆收藏同一份报纸，媒体内容构成的媒体记忆在人类文明的传承中就扮演着不可替代的角色。

将媒体记忆与人类文明联系在一起，将涉及媒体记忆的历史使命问题。在这里，记忆不再是单纯的讯息编码，而是被置于人类文明大厦中的有机“建筑材料”。今天的人们了解近代社会的变迁，报纸成为重要的历史档案；了解现代社会的变迁，广播电视节目为我们提供着生动形象的历

---

① ［法］莫里斯·哈布瓦赫：《论集体记忆》，毕然、郭金华译，上海人民出版社 2002 年版，第 311 页。

② ［英］弗雷德里克·巴特莱特：《记忆：一个实验的和社会的心理学研究》，黎炜译，浙江教育出版社 1998 年版，第 348 页。

史画卷；了解当代社会的变迁，网络媒体提供着全方位的历史素材。随着机构化媒体和社交媒体平台的不断延续，媒体记忆的使命在于传承人类社会有价值的讯息，使其以镜像的方式为不同时代的人们所认知。从表面上看，作为媒体记忆的讯息是静态的，无法自动与公众接触；从信息传播的角度看，历史上的媒体讯息不会被遗忘，这一点，在历次的重大公共事件中反复得到验证。轰动全国的新闻事件可以将历史上相似的事件激活，社交媒体用户不断从尘封的媒体档案中提供与此相关的各类信息，并将碎片化记忆的讯息重新组合，使原本没有多大社会影响力的地方性新闻在新的重大公共事件中获得远超当时的社会影响力。媒体记忆一旦被激活，历史讯息就处于动态的传承过程中。

媒体记忆如何履行传承讯息的使命？苏格拉底在跟泰阿泰德对话中说道："凡是我们想记住的一切都应该在蜂蜡上留下印刻，只要印记留着，我们就能保存对事物的记忆和知识，我们就能正确无误地谈论它们。"① "蜂蜡印刻"的比喻类似于媒体介质对讯息的缔构。苏格拉底的假设仅限于对事实的记录与被记忆事实日后使用的可能性。他从抽象的意义上假设被记录的信息可以被正确无误地运用，这一点对于媒体记忆的传承未必适用。媒体记忆编码者的"印刻"已经融入媒体从业者的专业理念，媒体记忆的解码者对于媒体历史讯息的使用也很难做到正确无误。毕竟，苏格拉底的标准过于理想化，即便历史学家对媒体讯息的使用也难以做到真正的客观，至于公众对新闻/记忆文本的解码/再编码同样有自己的目的和取舍标准。在媒体记忆的编码/解码过程中，对事实的尊重尚且存在动机是否纯正的问题，媒体记忆对事实的传承更是难以严格按照苏格拉底所希望的方式来实践。

媒体记忆的传承有别于文化传承，后者是通过代际的涵化向将来社会延续某种文化传统或生活方式（如春节的风俗），媒体记忆的传承有两种方式：一是历史研究者出于研究的需要主动寻找或者偶尔发现某个历史讯息，二是公众为讨论当下热点事件纷纷寻找与之相似的历史事件。第一种媒体记忆的传承是个别的，与多元社会的媒体记忆和舆论共识研究主旨不同，在此不予讨论；第二种传承遵循的是社会发展的逻辑，即一种媒体历史讯息的价值在于它的史料性质以及由此衍生出来的佐证价值和镜鉴价值。现代社会，社会热点事件的新闻价值有效性通常不超过 72 小时，但

---

① ［古希腊］柏拉图：《柏拉图全集》（第 2 卷），王晓朝译，人民出版社 2003 年版，第 722 页。

新闻/记忆文本的历史价值并没有时间方面的限制。即便是19世纪报纸生产的新闻/记忆文本，只要某则（当时的）新闻文本对当代社会具有参考价值，就可能以媒体记忆的形式重现在舆论场当中。新闻/记忆文本的再利用即是媒体记忆对历史资讯的传承。这种传承看似具有很大的不确定性，却具有某种历史的必然性。人类社会发展必然需要从历史事件中吸取教训，所有的新闻/记忆可能在未来某个节点重新被发现，这样的传承是大众兴趣和信息检索能力合力作用的结果。它们之所以被记忆，在于公众对新闻/记忆文本的认同，这是媒体记忆得以传承的基础。

媒体记忆的传承不是简单地复制讯息，而是有限地使用新闻/记忆文本。媒体讯息是碎片化的，由此形成的媒体记忆也是碎片化的，这意味着新闻/记忆文本认知价值的有限性。在德里达（Jacques Derrida）看来，记忆的有限性将导致人们始终处于无法安慰的状态。① 这种有限性促使媒体记忆的解码者通过重构新闻/记忆文本以弥补历史资料方面的欠缺。社交媒体上流行的网络段子，在某种意义上可以被看作用户对媒体记忆的重构。伴随着重大公共事件的发生，社交媒体平台上经常可以看到网络版的“故事新编”，这些故事或借用文学名著（如《西游记》《水浒传》）的某个情节，或者套用以前热点事件的报道重构当下的热点事件，这种“新瓶装旧酒”的叙事方式可以视作媒体记忆的特殊传承形式。传承不是照搬，因此必然需要重构。在这样的重构过程中，媒体记忆的解码者变成新记忆的编码者，将一个典型的故事情节赋予更多的可能性，即人物对话和故事解决的多样性。

媒体记忆的重构意味着它并不定格过去。媒体的新闻生产无法给公共事件连续预留版面空间或播报时间，媒体机构连续调查报道一个事件的数量有限，绝大多数新闻需要在短时间内完成采集和生产，这样的生产节奏为新闻的反转提供了可能。调查的广度和深度关系到新闻事实的准确性和可靠性，准确和可靠的新闻本文可以经得起时间的检验，也就是被纳入媒体记忆后，这样的文本具有定格过去的功能。新闻文本并不具备定格事实的功能，反转的实质就是新闻本文的重构。当媒体以“权威发布”的形式传播信息时，新闻生产（编码）和媒体记忆的重构（再编码）几乎在同步进行。重构作为媒体记忆的使命，这样的记忆意味着媒体生产不仅面向现在，也应面向将来，媒体机构应有历史责任感，通过当代的新闻重构

① ［法］雅克·德里达：《多义的记忆》，蒋梓骅译，中央编译出版社1999年版，第44页。

避免将来对当代社会的误读和错判。因此，新闻重构也是对媒体记忆负责的写照。历史记忆与媒体记忆不同。康纳顿主张区分社会记忆和历史重构(historical re-construction)，因为“历史重构不依赖社会记忆。即便历史学家不能根据连贯的传说，从见证人那里得到有关一个事件或者习俗的陈述，他们依然能重新发现被完全遗忘的东西”①。

历史重构仅仅是一种考据意义上的重构，尽管我们相信当代的历史学家比历史记忆的原初作者（编码者）占有的资料更为全面，他们因为与历史事件中的利益攸关者不存在利害冲突可以更为客观地还原历史真相，但是，历史重构的可靠性依然低于新闻反转式的新闻重构。史料的多样性是历史重构的前提，这样的多样性同样具有明显的有限性。与当代社会由社交媒体用户广泛参与的新闻重构相比，历史学家的实践活动要艰难许多。媒体记忆的重构，一方面要通过当代媒体掌握的历史资料修正曾经被媒体曲解的事实，另一方面更要通过社交媒体用户参与媒体记忆的解码/再编码，他们在这个过程中提供的诸多信息足以修正机构化媒体的初级记忆文本（即最初的新闻文本）。当代的新闻反转（包括对历史事件的再讨论）更容易改变舆论走向，促使媒体机构修改先前新闻/记忆本文。有时，修改文本的并非原始报道的媒体机构而是其他媒体机构，这样的修订与媒体机构对待新闻差错的态度有关。社交媒体的兴起，媒体机构的纠错方式发生转变，从传统的媒体机构自我纠错逐渐向网络舆论监督的纠错方式转变。也就是说，媒体记忆的重构并非机构化媒体的自觉行为，而是舆论态势演进到一定程度的产物。这一点，可以从许多新闻反转事件中得到印证。

媒体记忆的重构不仅与媒体生产的质量有关，也跟一个时期传媒业的职业操守以及媒体生态有关。新闻的真实程度与客观程度是媒体机构遵循媒体职业操守程度的产物，媒体从业者的职业操守决定着新闻/记忆文本的品质。真实且客观的新闻基本上关闭了媒体记忆重构的大门（人为操纵的有意篡改事实的重构除外），因为对真实客观文本的重构意味着对事实本身的不尊重。相反，媒体机构对职业操守疏于坚守，并且这样的状态不是某家媒体机构而是一种普遍现象，这样的媒体环境将导致媒介生态的恶化，反过来加剧媒体记忆的混乱。历史记忆与历史重构为媒体的新闻/记忆生产提供了可供参考的样板，历史记忆因为缺乏社交媒体的监督，当

① ［美］保罗·康纳顿：《社会如何记忆》，纳日碧力戈译，上海人民出版社 2000 年版，第 10 页。

代历史学家所做的主要是弥补媒介缺失的事务。当代媒体记忆的重构大大提前，社交媒体用户作为虚假新闻的校正者在新闻传播伊始就已进入校正程序。社交媒体的记忆功能越是强大，媒体机构的新闻/记忆生产就越是规范，因为媒体机构无法经常性承受网络舆论的批评。从这个意义上说，社交媒体既是受众记忆（可以是个体记忆也可以是集体记忆）产生的平台，也是媒体记忆内容重构的平台。社交媒体平台聚集的用户越多，公众就越是可以从这里全面认识过去和现在并强化自己的社会记忆，而这种记忆是媒体记忆的延伸，“社交媒体平台通过媒体将内容牢记于心，为我们提供了审视媒介环境重构的机会”①。

媒体记忆重构的对象并不局限于存在违背事实的内容。康纳顿在论及社会重构时承认：“即便是在社会记忆对一个事件保持直接见证的情况下，历史重构仍然是必须的。”② 将来的媒体记忆解码者对新闻/记忆文本的重构也是如此，即便媒体记忆是对新闻事件的经历者的采访，甚至作为媒体记忆文本编码者的记者也亲历了事件，但这并不等于其所见所闻和所述就完全符合事实的全貌。退一步讲，纵然媒体对过去某一事件的呈现与实际情况并无多少出入，但媒体记忆解码者对这些素材的使用却有自己的标准，这可以从历史学家对史料的重构得到证明，因为历史事件处于不断地阐释之中。媒体记忆的重构既包括对事实的重构也包括对观念的重构。我们无法阻止不同时代不同时期的人们对历史事件的重新解读甚至再编码，前提是禁止假借重构媒体记忆的名义，对并不违反客观事实的新闻文本进行曲解。无论是在现实空间还是在社交媒体的网络空间，人们总是依据某个认知框架利用媒体过去的信息，并在利用的过程中在各自的脑海中重构着过去的新闻。我们需要警惕的是，“在重构过去的行动中，这些群体往往同时也将过去歪曲了”③。

本节通过对事实的建构与框架、建构的协作与创造、内容的传承与重构的考察，较为系统地论证了媒体记忆的内涵、要素、特征和使命。对媒体记忆形成机理的分析，为的是将媒体记忆置于网络舆论场这个更宽广的

---

① Gloviczki, P. J., “Media and Memory on YouTube: An Autoethnographic Postcard”, *Humanity & Society*, 2017, 41 (1): 139-140.

② ［美］保罗·康纳顿：《社会如何记忆》，纳日碧力戈译，上海人民出版社 2000 年版，第 10 页。

③ ［法］莫里斯·哈布瓦赫：《论集体记忆》，毕然、郭金华译，上海人民出版社 2002 年版，第 303 页。

舞台，让记忆理论探讨面向现实问题。

第二节 舆论共识形成的机理

人类社会建立在社会成员相互联系、彼此依赖的基础之上，社会的发展依托于人际认知的接近性，这是社会存在的前提。从古至今，人类整体上保持着向善的趋势。无论社会善的内涵如何丰富，最根本的诉求当属保持社会的稳定与发展，马斯洛（Abraham H. Maslow）的需求层次理论可以间接证明这一点。虽然这个理论适用的对象是个体的需求，个体的需求归根结底也是社会的需求。在五个基本的层次中，处于最底层的“生理”（食物和衣服）和第三层的“社交需要”（友谊）有助于我们认识社会性的共识问题。全社会范围的根本需求应该是生存观的相近性，这支撑着群体间的交往，而生存观与发展观的接近奠定了社会成员交往的可能性。这种可能性的实现离不开特定的交流媒介，那么，社会成员又是通过何种方式交换意见，彼此认同生存发展等根本性的观念呢？这样的交流媒介就是舆论场的公共讨论。不管是原始社会的部落还是随后的家庭和建立在家庭基础上的群体和整个社会，由公共讨论形成的舆论将社会成员联结在一起。通常所说的社会共识，实质上是舆论共识的泛称。舆论共识是如何形成的，其形成的机理是什么，这是需要解决的一个问题。

一 实践与意见：舆论共识的内涵

青年时期的康德对宇宙天体充满好奇，他受牛顿和开普勒（Johannes Kepler）的影响，开始关注和思考天体如何运行等一系列问题，康德从哲学角度揭示了维系宇宙秩序的各种力量。[①] 康德对宇宙秩序的研究，对我们认识人类的社会秩序不无启发。如果说向心力和张力是天体保持平衡的两种不同矢量的力，人类社会也应该存在两种相反的维系着社会秩序和稳定性的力。这样的力无法直观，但我们可以从纯粹理性的显象中直观到。人类社会的正常运行，除了物质世界提供保障外，精神世界才是维系这种运行的根本力量，这样的力量存在于社会舆论场内。在舆论场内，赞成与

① 这一点，可以从李秋零主编的《康德著作全集》（第 1 卷），（中国人民大学出版社 2003 年版）中《活力的真正测算》《地球绕轴自转问题》《地球是否已经衰老》《一般自然史与天体理论》这些书名可以得到证明。

反对两种不同矢量的力在博弈中最终形成动态的平衡，而这种平衡恰恰是社会秩序免于紊乱的原因。在哲学和政治学领域，主要用“社会共识”这个概念来界定社会秩序保持稳定所需的合力；在新闻传播学领域，虽然也使用含有“共识”的概念（如“社会共识”和“舆论共识”），但现有的共识含义过于粗略，以至于无法揭示舆论在社会共识中的真正作用。面对这种状况，要么创造一个新词，要么赋予现有的某个概念以新的义项，满足新闻传播学研究对于这种合力的认识。不论如何选择都面临指责的可能。选择前者，就要听取康德的建议：“在语言对于给定的概念来说已经不缺乏表述的地方去人为地制造新的语词，这是一种不通过新的真实思想、但却通过在给旧衣服打上新补丁来在众人中间出风头的幼稚努力。”① 明智的做法也许是借助已有的“舆论共识”概念，将之视为维系社会秩序的肯定与否定两种意见的合力，有助于我们从另一个角度认识社会秩序和社会共识问题。

传统关于共识内涵的认识主要从同一性和归属感两个方面解释。按照这样的解释，共识的实质是认同，比如，《词海》将“认同”界定为“个人与他人有共同的想法”②；在英语世界中，哲学和逻辑上意义上的“identity”意指“同一性”。同一性蕴含着人的某些“归属感”，是行为主体在与社会互动中“维系人格统一性和一贯性的内在力量”。③ 这样的解释最终将“identity”侧重于指代个体或群体的认知时，最终落脚于区别身份，即“我是谁”的问题。④

将共识理解成“同一性”进而引申出身份的归属感，这样的解释贯穿于整个哲学领域，也为大多数学者接受。但是，这样的解释能否有效理解并把握共识概念，对此我们持怀疑态度。概念具有规则的功能，指引我们理解这个世界为何是这样而非其他性状。如果将共识视作两种不同矢量的力在博弈中获得的动态平衡状态，进而继续将这样的平衡置于社会舆论场内，共识就是指社会舆论场不同意见彼此无法达成一致而形成的某种平衡状态。在社交媒体时代，社会性共识存在于公共领域之中而非现实空间

① ［德］伊曼纽尔·康德：《康德著作全集，第5卷：实践理性批判、判断力批判》，李秋零译，中国人民大学出版社2007年版，第11页。

② 《辞海》，上海辞书出版社2000年版，第466页。

③ 沙莲香：《社会心理学》（第2版），中国人民大学出版社2006年版，第101—102页。

④ ［美］塞缪尔·亨廷顿：《我们是谁？美国国家特征面临的挑战》，程克雄译，新华出版社2005年版，第20页。

的某些大型广场上，非现实空间的共识主要聚集在依托于社交媒体平台而存在的网络舆论场内。在社交媒体舆论场内，两种或者两者以上声音的动态平衡代表着当代社会的共识，我们将这种共识称作“舆论共识”，以区别于政治学、社会学常用的“社会共识”概念。

将“舆论共识”与不同矢量的力相提并论面临两个基本的问题：构成这种合力的不同矢量的力来自何处？它们是如何达成平衡？解决了这两个问题，也就揭示出舆论共识的内涵。

社会是运动的，运动是由各种矛盾推动的，矛盾也是产生舆论的源泉。我们将社会矛盾（问题）作为构成舆论共识的动力，而社会矛盾又源自社会实践。换言之，人类的社会实践源源不断地提供着维系社会秩序稳定的动力。

人类的存在建立在消费的基础上，物质性和精神性的双重消费是人类告别野蛮的标志。物质性消费有大自然的馈赠，但这样的馈赠也是间接的，需要人们通过体力劳动来获得（这其中也包括智慧性的劳动），至于精神性消费全部是人类自我生存的结果。在现实生活中，由于种种条件的限制，两种消费无法平均，生产能力和消费品的不均衡始终困扰着部分社会成员。在社会这个因果链条上，生产是因，消费是果，两者相继发生，社会就处于这样的循环过程中。生产和消费都属于社会实践，生产和消费之间的内在矛盾也必然反映在人际交往中。这些矛盾主要包括：（1）生产能力差但消费欲望强烈（2）生产能力高但消费水平有限。这里，我们没有列举消费欲望低，这是人性的内在矛盾决定的。在康德看来，每个人都具有向善的原初禀赋和趋恶的倾向。人的本性中三种向善的原初禀赋包括动物性禀赋（机械性的自爱）、人性禀赋（比较性的自爱）和人格性禀赋（对道德法则之敬重的敏感性）。这三者“都是原初的，因为它们都属于人的本性的可能性”。① 与此同时，人的本性也包含三种趋恶的自然倾向：人的本性的脆弱（有心向善却没有坚强的意志去履行）、道德动机的不纯正（有足够的向善但还有其他动机）和人心的堕落（心灵的颠倒）。康德认为：“前两种趋恶倾向（脆弱和不纯正）是无意的罪，而第三种（心灵的恶劣）却是有意的罪。”②

---

① ［德］康德：《单纯理性限度内的宗教 · 中译本导言》，李秋零译，商务印书馆 2012 年版，第 xviii 页。

② ［德］康德：《单纯理性限度内的宗教 · 中译本导言》，李秋零译，商务印书馆 2012 年版，第 xix 页。

善与恶两者力量共存于人性之中。在社会实践中，一个人善的力量占据上风，他就理性而遵守社会规则；相反，他就任性且明显自利。社会是由个体组成的，每个人的善恶力量博弈的结果不同，即便在向善的禀赋方面，三种原初的禀赋所占的比重也不会均衡。同样，在趋恶的倾向方面，三种恶的倾向的比重也各不相同。当代社会，几十亿人共处于一个时空框架中，每个人都在以自己的方式参与相应的社会实践，由此带来的问题是：社会成员以何种方式与他人进行正常的交往而不产生激烈的冲突？这样，舆论共识就是一种必然的要求。

维系社会秩序的稳定对社会成员来说都非常重要，人的善恶较量最终以某种形式呈现出稳定的态势。人性的相似性将不同人性的态势分作三个类别：（1）明显向善；（2）明显向恶；（3）善恶特征不显著。从表面上看，三种不同的人性为人们提供了可供自主选择的选项，就人的本性而言，人性无法自我选择，而是个体自我本性内在冲突的产物。不论何种人性的人，只要不参与社会实践，人性只意味着做出某种行为的可能性，它本身并不会给社会带来积极或消极的影响。一旦参与到社会实践中，人性就具有了现实性。社会实践伴随着众多社会成员间的物质和精神交往，这种交往必然带来诸多的矛盾与冲突。这种状况在家庭这个最小的社会细胞中已经无法避免，到了社会空间，人性间的冲突成为必须调和的对象。对社会空间的人性冲突的调和主要借助于各种制度化的规则，除非一个人终生选择离群索居，否则就无法摆脱规则的控制。这样的强制性或准强制性的规则有效地避免许多显性的激烈冲突，由此制造出有序的显象。现实空间的秩序化交往体现的正是典型的社会共识，这样的共识不是所谓的同一性或归属感造成的，而是人性中利己和利他两种对抗的力量调和矛盾的结果。最终，利己和利他逐渐趋于平衡成非显性的均衡态势，维系着现实空间的社会秩序。

网络空间是现实空间的延续，但情况有所不同。在这里，网络用户的远距离交往使许多社会规则失去了应有的约束力。在这个空间里，道德惩罚对于网络虚拟空间的作用存在暂时或局部失灵的可能性，因为网络用户不再以具身形式出现，他们可以规避人际交往的道德惩罚。当这种惩罚的实际作用下降，人性中趋恶的倾向获得更多的自我扩张的机会，善恶平衡的态势趋于不稳将影响到网络舆论秩序，这与虚拟空间的共识度降低有关，而网络空间的公共性对共识度的要求更高。在社交媒体平台上，用户的价值观和道德观多元，这本来有利于通过公共讨论达成一定的共识。在共识实践中，围绕公共事件展开的公共讨论总是存在非此即彼的独断论。

以中医与西医的优劣为例，极力称赞其中一方的用户都不在少数，这种“绝对的多元主义，无论作为一种知识态度，或作为一种生活方式，因其只是各种独特文化的简单共存，也是淡薄了人性的”①。贝克（Gisela Schmirber）所说的“人性的单薄”更多是从人性善的角度作出的判断，实际上他并未真正触及人性的本质。贝克预见到绝对的多元对公共讨论的危害，遗憾的是他却沿袭了类似“性本善”的道德观。人性的善恶从来处于较量之中，社交媒体用户对待公共议题的看法体现的是其人性较量结果的那种力量。公共讨论如此激烈，人性的善恶在这里遇到了挑战，舆论场的冲突因群体性人性冲突的激烈显得摇摆不定，当这样的公共讨论实践常态化，舆论共识的有无以及理性程度就成为社会性问题。

人性的善恶冲突在舆论共识中又是如何具体表现的呢？我们的答案是：意见。关于意见的本质，康德将意见解释为不成熟的知识，而李普曼似乎在有意否定康德的观点。李普曼认为：“意见不是知识，更不是对知识的系统认知，尽管它可能会以某种程度的知识或信息为前提。”② 他在反对将意见视作知识的同时，也承认认知必定以客体为反映对象。客观地来看，康德将意见视作知识的初级形态，李普曼并未将这种形态的形成划分为不同的阶段，他对知识的界定更为严苛而已。忽视了意见是知识的来源，并不利于深刻地认识舆论的实质。这里，我们采纳前一种分析，将意见视为初级的知识，认为意见蕴含着知识生产者的价值取向，这与生产者人性中的向善禀赋与趋恶倾向有关，而“实践理性的惟一客体就是善和恶的客体。因为人们通过前者来理解欲求能力的一个必然对象，通过后者来理解厌恶能力的一个必然对象，但二者都依据理性的一个原则”③。按照康德的观点，在社会实践的对象中已经蕴含着善与恶，这种善恶以他们的判断表现出来，这种判断就是意见（舆论被视为公共意见的集合）。一个人对实践对象的评判归根结底是肯定与否定的态度，这种态度对其他人而言就是意见。在舆论场内，认同（肯定）意味着这种意见是“善”的，认同一方自然将之作为欲求的对象；相反，不认同（否定）意味着这种

---

① ［德］海因里希·贝克、吉塞拉·希密尔贝尔主编：《文明：从“冲突”走向和平·导论》，吴向宏译，中国社会科学出版社 1998 年版，第 7 页。

② ［美］沃尔特·李普曼：《公众舆论·译者前言》，阎克文、江红译，上海世纪出版集团 2006 年版，第 2 页。

③ ［德］伊曼纽尔·康德：《康德著作全集，第 5 卷：实践理性批判、判断力批判》，李秋零译，中国人民大学出版社 2007 年版，第 62 页。

意见是“恶”的，持这种态度的一方必然将之作为厌恶的对象。在舆论共识实践中，群体性的意见——肯定与否定、意欲与厌恶——是构成舆论共识的两种基本成分，至于何者在公共讨论中占据上风，关键在于两种力量博弈的结果。两种意见就其实质而言，是对于公共事件以及蕴含在其中的社会问题的一种解释。在这里，解释可以被看作一种引力，它的价值在于凝聚同样矢量的力，稀释相反矢量的斥力的冲击性。在社交媒体舆论场的公共讨论中，由意欲和厌恶两种态度所代表的引力和斥力都具有凝聚力量的作用。需要强调的是，不能将善与恶理解为日常生活中的好与坏，而必须解读为意欲与厌恶。也就是说，不论社交媒体用户选择何者都不会因此背负道德负担，沦落为所谓的“好人”或“坏人”，而只是意见性的选择。公共讨论是对截然对立两种意见性力量的调和而不是激化，否则，将引发各种语言暴力而导致意见的极化。这种局面的出现，将大大降低舆论共识的可能性。

和其他共识一样，意见具有知识的初级形态。初级形态提供的是知识的表象，至于它能否成为知识，关键在于其被认可的程度。真正意义上的知识必然是一种共识。舆论是意见的混沌状态，对立的意见和中立状态的意见在舆论场的角逐，最终何者凝聚到更多的力量，被公认为具有合理性的时候，也就具备“正确”的合法性身份，达到李普曼推崇的知识标准。作为舆论学的开创者，李普曼意识到意见和知识的联系。为否定意见的知识属性，李普曼有意识地将构成意见的成分予以划分。他指出：“任何舆论在展示着力量和宣泄激情的同时，也会包含着某些成见、偏见、定见、歧见或者门户之见，即使一个汹涌的舆论大潮也难以例外。”① 不难看出，李普曼对构成共识的意见的谨慎态度。他将危及舆论（共识）的意见中的“杂质”一一列出，旨在维护舆论共识的稳定性。李普曼当然也非常清楚，这些“杂质”是人性在社会实践中的副产品，舆论共识自然无法与它们隔绝开来。

实践与意见构成舆论共识的内涵，二者缺一不可。随着社交媒体的普及，公众关于舆论共识的形成很大程度上来源于媒体路径，通过对新闻的认识发表自身的意见与看法，在舆论场域中不断地与其他成员交换意见，这些都是形成舆论共识最普遍，也最为常见的方式，也就是说，媒体实践是形成舆论共识较为普遍的方式。舆论共识的形成对于公众的社会实践与

---

① ［美］沃尔特·李普曼：《公众舆论·译者前言》，阎克文、江红译，上海世纪出版集团2006年版，第2页。

认识又具有强大的反作用，公众会依赖社会共识、遵守舆论共识，并以舆论共识作为衡量准则去判断一切事物的美好与丑陋、善与恶、是与非。

二 交流与规则：舆论共识的建构

当我们把共识理解成舆论场两种相反矢量的力的博弈与平衡，也就为舆论共识提供了构建的方法，康德将自己的研究方法称作“建筑术”，即“以建筑术的方式亦即从原则出发为之设计出整个蓝图的一门科学的理念，要完全保证构成这一大厦的各个部分的完备性和可靠性”。[①] 也就是说，康德把原则体系理解为“建筑术”。在舆论共识的形成机理中也需要提出相应的交流规则，并且从这些原则出发来规范舆论场的公共讨论，这是生成共识必不可少的条件。

与舆论共识相关的实践不是物质生产的劳动，这与建构有形物的共识划清了界限；与舆论共识相关的实践也不是文化生产、科学研究和其他智慧性劳动，这与建构无形物的共识也划清了界限。网络舆论共识的建构不是有目的的生产，而是一种打发时光的消遣。关于这种消遣，最初叫浏览网页，稍后被称作“冲浪”，逐渐演化成多数网络用户的公共讨论。讨论有职业性的，比如辩论赛、开会等，这样的讨论具有职业属性，出于某种目的和消遣而组织小范围的交流。社交媒体平台上的公共讨论，抛却所谓的“水军”（网评员）延续了现实空间职场的目的性职业化的讨论，绝大多数参与讨论的用户与某个公共事件的接触具有偶然的性质，对这些事件发表看法（舆论实践）也是自发性的。非功利性的讨论超越了利益诉求，这样的实践更为真实地体现着讨论者的自由意志。在这种状态下公开发表各自的看法，由此生成的舆论相对纯洁，也是一种自然的舆论状态。自然的舆论状态逐渐将肯定（引力）和否定（斥力）的意见进行分化与融化，通过寻找最大公约数降低两种力量的对抗的尖锐程度。自然的舆论状态围绕公共事件本身（内容）交换意见，这种意见的交换过程也就是内容的重新阐释和组合，不论是阐释还是组合都建立在公共讨论的基本规则之上。

社会科学涉及的公共空间区别于现实的物理空间，这是一种精神交流的虚拟空间，这是大众传媒发展到一定阶段的产物。前媒体时代的社会也有公共空间，但这类公共空间相约在某个特定的现实空间进行聚集。现实

---

① ［德］伊曼纽尔·康德：《康德著作全集》（第3卷），李秋零译，中国人民大学出版社2005年版，第41页。

空间的聚集受制于场所、交通和时间等客观条件，人员数量和聚集持续的时间以及效果，不允许这类空间变成日常性的公共讨论模式。传统媒体时代的公共空间，以报纸版面、广播电视演播厅当作聚集的场所，文字、声音和画面，扩大了公共讨论的频率，现代社会舆论也基本变成了媒体舆论。社交媒体平台为社会成员提供了开设账号的可能性，网络虚拟空间真正实现了公共讨论的全球化和全天候，只要用户有闲余时间且对公共事件感兴趣，就可以在这个平台上寻找到适合自己参与讨论的话题。不论一个人的观点如何平庸或极端，在网络舆论场里他都不会过于孤单，因为这里几乎随时随地都可以发现与自己价值观相接近者。2022 年 2 月 18 日，某网媒为主流媒体对丰县事件迟迟未发声进行辩护。① 这个评论在舆论场引发强烈反弹，但仍有少量用户对这样的观点表示理解。在公共讨论中，类似这种一边倒的舆论共识数量有限，即便如此，偏离人性和常识的声音也绝非始作俑者独家的看法。这是人性在善与恶两种力量的公开对抗中，善的原初禀赋发挥出超凡力量的写照。与此同时，人性中向恶的倾向的斥力也不会消失殆尽，只不过碍于舆论的道德意向失去了展示这种反力的机会。两种力量体现的是自由个性在网络舆论场的充分展示。关于这种个性，马克思在《经济学手稿》中将人类社会分为三种形态：（1）人的依赖关系；（2）以物的依赖性为基础的人的独立性；（3）“建立在个人全面发展和他们共同的社会生产能力成为他们的社会财富这一基础上的自由个性”。② 马克思将人的自由个性建立在人的全面发展的基础上，这与前文我们所说的“消遣”一脉相承。消遣是可供个人支配的业余时间的自主活动，这意味着人摆脱了自然的束缚，满足了自身对物质资料的需求，在此基础上获得相应的闲暇时间，可自主支配这种时间，在社交媒体平台上参与公共讨论，讨论者不必拘泥于外部力量的限制，真实地与他人交换意见，履行作为公民的社会责任。当这样的个体数量足够庞大，网络舆论场的活跃就为网络共识的形成奠定了基础。

舆论共识建构不是抽象的价值观优劣辩论，而是对现实空间某些不可调和矛盾的延伸。在公共空间，公共事件本身蕴含着不可调和的矛盾

---

① 孙鲁威：《借丰县事件该说的事情是什么?》，中国农网 2022 年 2 月 18 日，https：//m. hexun. com/news/2022 - 02 - 18/205321736. html。原帖已经删除，参见 https：//www. 163. com/dy/article/H0J55E350519QQUP. html。

② ［德］卡尔·马克思、弗里德里希·恩格斯：《马克思恩格斯全集》（第 46 卷）上册，中共中央马克思恩格斯列宁斯大林著作编译局译，人民出版社 1991 年版，第 104 页。

(两种相反矢量的力的尖锐对立且无法得以调节)，这些矛盾在现实空间向恶的倾向的斥力过于强大，以至于需要延伸到网络虚拟空间寻求反向的力的支持。网络虚拟空间的公共讨论者不是事件中的利益攸关者，他们以“道德陪审团”成员的身份对事件进行道德评判，这样的评判结果也就是网络舆论的道德“判决书”。公共讨论的判决性质，对公共交流提出了规则性的欲求。

舆论共识是在公共讨论中逐渐形成的一种平衡状态，这种共识具有很强的针对性。共识从来不是抽象的、静止的某种认同，而是针对某个具体议题赞同与反对两种相反矢量的力的较量。比如转基因食品是否安全，围绕这个涉及社会成员食品安全的重大议题，支持或反对转基因的两种声音进行公开的辩论。离开具体的议题，就无法将社交媒体用户聚集在一起，也就无法判断他们对某一议题是否存在观念方面的对立。从某种意义上说，正是舆论共识实践（转基因涉及粮食紧张与通过转基因作物扩大粮食产量）把隐性的社会分歧显现出来，实践中的问题具体可感，因为涉及大多数人的利益，需要通过争论寻求共识。

舆论共识（所需的公共议题）还必须具有争议性。针对性只是建构舆论共识的前提，这个特性避免了清谈和空议，但具体的问题并不必然构成尖锐的对立。在粮食供给轻度紧张但并不明显紧张的情况下，转基因食品优先解决的是可能性的粮食紧张问题，但对于并未感受到粮食供应紧张的讨论者而言，他们优先考虑的是食品安全问题。赞成或反对都有一定的合理性，两种合理性被双方当作肯定自己或否定他人的理由。双方在数量上并不过于悬殊，争议也就持续着。这方面的交流最终以各取所需而趋于达成共识，即销售转基因食品时需要商家标注，供消费者自愿选择。

并非所有的议题都可以通过讨论说服另一方。在社交媒体平台的公共讨论中，看不见的“硝烟弥漫”几乎是常态现象，这与公共讨论缺乏包容度有关。匿名的远距离讨论剔除了友情或亲情以及地缘和学缘等因素的干扰，讨论者的向恶的倾向显现得更为集中。网络暴力伴随着互联网的诞生而出现，网络技术的进步和网络媒体介质形式的增加并未避免这类现象，迄今为止，包容性对于网络舆论场而言还是个远未实现的理想，这导致网络舆论场的撕裂现象严重。包容性是两种相反的力趋于平衡的原则。公共讨论的包容性使人性向善的原初禀赋迸发出应有的活力，这种原则的建立首先应成为公共讨论的重大议题，需要一个不包容造成严重恶劣社会影响的公共事件来激发人们的向善禀赋。

在包容性不够理想的阶段，遵守网络交际的基本礼仪意味着“我可以不同意你的观点，但我要允许你自由表达自己的观点”，这样的礼貌应当可行。在社交媒体上参与公共讨论为的是消遣，这种目的规定着讨论者不是夺取辩论冠军，也不是充当意见领袖或者为别的功利性诉求而自由地讨论。合则交流，不合则退场，这是舆论共识的合作原则。合作把斥力的危害降低到最低程度，把引力的积极作用发挥到极致；合作的求同存异是文明交流的内在要求，通过合作走向共识。

交流是构建舆论共识的一个要素，交流的特性要求相应的共识建构的规则。规则对于舆论共识之所以重要，在于“规则提供的是一种环境，在这种环境的熏陶、训练之下，人们会把习惯转化为自然，把外部的理性之物转化为内部的理性之物”①。康德在开创他的哲学体系时，从哥白尼革命中得到启发，不再从经验出发，而是先从规则的建构出发研究现象。规则作为理性之物，它们要先于实践，这样的规则必然是建立在理性根据之上的想象。泰勒（Charles Taylor）认为：“社会想象是使共同实践成为可能的共同理解，也是大多数人（对社会或国家的）合法性的共识。”② 舆论场的公共讨论作为一种特殊的社会实践，通过想象构建交流的规则更为重要。这是因为，现实空间的社会实践在几千年的人类发展过程中积累了大量的规则，这些规则的合法性基本得到了验证，而网络舆论场的公共讨论的历史尚不足 30 年的时间，社交媒体在中国也仅有十多年的时间，这样的舆论实践看似已经有了管理制度（微博、微信都为公共讨论制定了相应的规则），但这样的规则是建立在经验事实之上，属于事后规范。舆论共识需要的规则是基于对人性的理解，将人性中两种对立的力保持适当的平衡。舆论共识规则建构的难题在于面向的是对社会成员有效的规则，这是一种普遍的人性，其中不乏非理性的人。对于非理性的讨论者，所有的共识理论都显得苍白，因为理论的有效对象是具有理性思维的人，后者可以从理性思维中获得自律的必要性。相反，对于缺乏理性的群体而言，理性的光芒很难普照到这个群体，理论在这里也将失去应有的启发性。

理性与非理性的人同时存在于舆论场，舆论共识的建构需要面向两大群体，需要提出相应的建构规则。这些规则包括限制性、惩罚性、引导性和透明性。

舆论共识与纯形式化的共识概念不同，对象的针对性限制了这种共识

---

① 张洪兴：《社会共识论》，旅游教育出版社 2014 年版，第 13 页。

② Taylor，C.，*A Secular Age*，Cambridge：Harvard University Press，2007，p. 172.

的空间范围，超出该范畴的交流无助于共识的形成。交流是多种矢量的力的碰撞，相向的力汇聚在一起，这是一种共同的力，属于这种力的用户在讨论中扩大的是共同体；相反的力在碰撞中要么寻找到可以汇合的同向度的力，要么退出舆论场。对于与讨论无关的事项，不能当作舆论共识的内容，这样的观点也不能视作有效的力，这是属于干扰正常交流的力，破坏交流的规则也是对共识建构的破坏性的力。在围绕公共议题展开的公共讨论中，有的用户引入与之毫不相关的事项并发表看法，对于转移话题、削弱讨论价值的行为应予以限制，以维系舆论共识建构的单一性，避免因议题内容庞杂降低共识建构的效率。

在舆论共识的建构进程中，限制更多是自发性的，即作为讨论者的网络用户自觉不偷换概念，不无故转移话题，这种自发性质的自我约束仅适用于部分讨论者。在公共讨论中，一个具有重大社会影响力的事件必然吸引众多的讨论者，其中必然包括非理性的人。非理性包括两类：（1）逻辑混乱；（2）素质低下。二者对公共讨论都属于干扰项，但产生的影响不同，前者是搅乱讨论，削弱达成共识的可能性；后者是进行人身攻击，导致公共讨论的逆淘汰，降低舆论共识的品质。舆论共识的建构需要惩罚性规则，这种惩罚不是平台的禁言、销号，而是讨论者的集体不予理睬。漠视是一种变相的惩罚，作为讨论者的用户是平等的，任何人都有参与讨论的权利，但逻辑混乱和素质低下的讨论者的言论无人感兴趣，使这种没有矢量的力失去效力，这是最有效的惩罚。

任何共识一经达成就具有引领价值，因为共识是大多数人所接受的观点，挑战这样的观点意味着挑战世俗。世俗具有城堡的性质，它本能地防守着任何觊觎者。共识本能地对异见有所戒备，但这种戒备是被动的，因为共识从来不是一成不变的，它不是被外部的新观点所取代就是在内部进行自我迭代，将原来的共识自我升级，以维持共识的统治地位。共识的引导性类似于判例法，舆论场一旦对某个公共事件达成基本的共识，以后再出现类似的事件，讨论者将优先从记忆库中调出先前的“判例”。如果这样的观点依然得到多数人的认同，就新的事件进行交流将减少许多的阻力，讨论要调和的是不同意见（斥力），尽快降低持反对意见的规模，引导这些讨论者接受或不强烈反对已有的共识。共识的引导性原则是最经济、高效的一种建构原则，它通过既往事件化解新的舆论冲突。

真正的共识必然是自然形成的社会性意见，共识的自然性是由意见形成过程的透明性所决定。从表面上看，舆论共识建构的透明性并不存在争议，因为社交媒体平台是开放的。即便是相对封闭的微信，其公众号文章的跟帖也是开放透明的。正如宇宙中有物质和暗物质一样，共识的建构从来都是在明与暗两种形式的较量中形成的。网络舆论场的透明也是相对的透明，在讨论过程中，讨论者可以通过私下单独沟通先达成一致性意见，继而共同发声。微博和微信都有私聊功能，一个议题在激烈争论的过程中，我们无法判断有多少讨论者临时以私聊的方式寻求自己的共同体，但这种暗中积聚力量的可能性必然存在。私下沟通达成的一致性意见，可以是符合双方自由意志的意见，也可以是带有功利目的的妥协性意见。对于后者而言，出于“友情”需要在这个议题上“认同”某一方的观点。除了私聊的协商外，社交媒体机器人的出现也可以通过人为强化某种观点(引力或斥力)，增加与异见的对抗力量。这些手段可以加速“共识”的建构，但缺乏透明性的建构无法持久。

共识建构是无数讨论者在线按照既定的规则公开交流的产物。交流是建构的过程，规则是建构的要求，两者共同为舆论共识的建构奠定基础。

三　内聚与动员：舆论共识的追求

所有的共识都闪烁着社会成员某种诉求的光芒，诉求是一种内在的动力，促使行为主体有意识地确立一个目标，并向着这样的目标前行。在网络舆论场内，公共讨论者（用户）有表达自我诉求的愿望，这样的诉求(内在的动力）促使他们表达看法，至于这样的力能辐射多远，涉及舆论共识的范畴问题。范畴是个空间概念，规定着人/事物存在的范围。个体的内在动力只能在范畴内发挥影响，超出这个范畴就失去了有效的影响能力。舆论共识必然有自己的范畴，否则，共识将成为一个伪命题。关于这个概念的范畴，现有的文献很少涉及，他们要么觉得这是一个不言自明的问题，要么觉得认同和归属将共识浓缩为一个点，而共识就存在于某个“点”上，既然仅仅是个点，范畴概念对于共识反而显得奢侈，这两种误识造成了舆论共识概念的边界模糊。从前面的分析可知，我们在不断限定共识的范畴，从社会共识到舆论共识再到社交媒体舆论场的网络舆论共识，将共识从现实空间的共识排斥在外，又将（网络）舆论共识的范畴限制到围绕公共事件展开的公共讨论。通过层层的限制，旨在将我们讨论的舆论共识明确到一个可以感知和直观的有限范围内。这样的舆论共识在社交媒体平台的公共讨论中形成后，首先适用于网络舆论场的用户，如果这样的共识有足够的代表性和普遍性，也可以向其他区域辐射并作用于其他群体、集体组织，甚至超越网络虚拟空间而延伸到现实空间，成为社会共识的重要组成部分或者就是社会共识本身。舆论共识在社交媒体的网络舆论场内形成，这种凝聚了无数社交媒体用户的一致性观点，是通过公共讨论的博弈形成的一种合力，但这种共识在推动公共事件的化解方面有着独特的内聚作用。

网络共识的内聚包括信息、观念、利益和秩序的内聚四种形式，它们是共识本身所追求的目标。

作为社会实践的舆论共识从抽象的共识概念中剥离出来，它以主观性信息的聚合为出发点，并在聚合中将分散的意见进行归类和合并，通过讨论的方式不断压缩不同类型的意见，最终寻找最大公约数的意见，这样的一致性意见作为舆论场公共讨论的最终成果，把公共事件的负面影响降到最低限度。主观性信息的内聚是构成舆论共识的最小单位，异质的意见又是如何在交流讨论的碰撞中实现融合的呢？这要从主观性信息的来源来分析。人是社会性动物，人的认知来自社会实践，而所有的实践都产生经验(知识的初级形态)。换言之，离开社会实践，人就无法获得对外部环境的认知，人类也无法告别蒙昧状态进入文明状态。实践是针对具体客体的活动，它源源不断地提供着事实性信息。网络舆论场公共讨论的议题是某个公共事件的聚焦点，而这样的聚焦点由产生较大社会影响的具体事件提供。对于公共事件的评判，公共讨论者在了解事件的概况时凭直觉作出评判，这是个体主观信息的来源。这样的信息是原始的个人意见，它必须通过交流（在舆论场“发表”）的方式将信息公开分享。在线的匿名讨论者也有信息采集的过程，这样的采集既包括对事件本身的事实性信息的采集，也包括对其他讨论者（网友）意见的采集，后一种采集的目的性更强。人的社会属性决定着需要在社会实践中建立共同体，这是一种联盟性质的松散准组织形式，这种组织形式对于舆论场的公共讨论至关重要，可以帮助讨论者摆脱孤独感。尽管这样的“组织形式”是拟态的，但每个讨论者都在主动寻找与自己意见接近的人。我们不妨将这个过程称作信息内聚的过程，其真实含义是主观信息的内聚，使互不相识的讨论者在公共讨论中完成结盟。

共识的核心是由意见升华而成的观念。意见是混沌的、活跃的，存在于每个人的脑海中，随着外部信息的输入不断冲击着它自身，因此，意见具有天然的动摇特性。相比之下，观念是清晰的、惰性的，存在于有理性者的大脑中，对来自外部的信息的干扰有着相应的免疫力。在公共讨论中，来自相反矢量的力（意见）刺激着讨论者，他们的观念在不断从中吸收来自肯定的和否定的两种声音（力）的冲击，一种力量在强化自己的观念，另一种力量在消解自己的观念。在为达成舆论共识之前，这两种力就一直在讨论者的脑海里聚集并博弈着，迫使讨论者消化它们对自己的影响。这种动态的变化影响着讨论者的情绪，意志力弱的公共讨论者很容易受到舆论场环境变动的影响产生情绪上的波动。在这种情况下，盲目的响应反而是一种冒险。康德曾警告说："如果你们采用的办法不同于一种不受拘束的理性的办法，如果你们高呼叛逆，像为了救火一般召集根本不熟悉如此精微的探究的普通公众，那么，你们就使自己成为笑柄了。"① 共识是观念的接近，而这种接近是在辩论中获得的。相反，舆论场内的讨论者很容易因判断失误而站错队，最终让自己陷入尴尬的境地。从异质的观念向相近的观念的过渡与公共讨论的氛围有关，而这种氛围的营造与讨论者的理性程度有关。研究表明，"社区层面的内聚程度与社区成员的自我意识、社区意识和邻里氛围相关"②。舆论场公共讨论的氛围融洽有利于观念的内聚，否则将导致观念的碰撞的激烈程度。按照康德的建议，在一个充满理性旨趣的讨论过程中，旁观者尽可以"在批判的安全席上平心静气旁观这场争斗，它对于斗士来说是艰辛的，但对于你们来说则是轻松愉快的，而且就一种肯定兵不血刃的结局而言，对于你们的洞识来说结果必定是大有裨益的"③。在观念内聚的过程中，意见领袖扮演着康德所说的"斗士"的角色，对于绝大多数讨论者来说，则是"啦啦队员"甚至是"观众"（这类讨论者的意见是附和性的）。即便如此，观念的内聚对于所有人都是有益的智力活动，他们因追寻共识而走进舆论场并参与公共讨论。

世界观、价值观和道德观是在社会实践中逐渐形成的，这些观念是社会环境塑造的结果。正如马克思所说："人们奋斗所争取的一切，都同他们的利益有关。"④ 舆论共识从来不是社会福利，可以按照分配制度免费领取属于各自的份额，相反，它是社会利益的再分配，这种分配遵循的是博弈原则。公共事件这个概念在字面上给人以温和的感觉，但"骨子里"

---

① ［德］伊曼努尔·康德：《纯粹理性批判》，载《康德著作全集》（第3卷），李秋零译，中国人民大学出版社2005年版，第479页。

② Gan, D. R., Fung, J. C., Cho, I. S., "Neighborhood Atmosphere Modifies the Eudaimonic Impact of Cohesion and Friendship among Older Adults: A Multilevel Mixed-Methods Study", *Social Science & Medicine*, 2021, 270: 113681-113682.

③ ［德］伊曼努尔·康德：《康德著作全集》（第3卷），李秋零译，中国人民大学出版社2005年版，第479页。

④ ［德］马克思、恩格斯：《马克思恩格斯全集》（第1卷），中共中央编译局译，人民出版社1956年版，第82页。

（实质上）却充满着火药味，因为这是正义暂时缺位或处于劣势的写照。所有的公共事件都是利益失衡导致的群体性不满，事件的社会影响超出涉事方可控的范围。类似于丰县这类重大公共事件持续引发舆论强烈关注，并非舆论场的讨论者与这个事件的利益攸关方存在直接的利害冲突，而在于讨论者看到了自己及其亲人遭遇类似不幸的可能性。在社交媒体上发表看法与其说是在替受害人发声，不如说是在维护自己的权利不受剥夺。这种利益的推演很快可以超越内容而变成形式上的概念，这样一来，权利的内涵随之丰富，讨论者发声的动力更为充沛，他们是在为全体社会成员的人身安全保障而发出自己的声音。正是如此，任何违背人性的言论将刺痛公众的敏感神经，这就是某网络媒体评论员的不公正评论导致舆论强烈批评的原因。现实利益对每个人都有不同程度的诱惑力，与此相反，现实灾祸对每个人都有天然的斥力。公共议题表面上是就事件本身的是非曲直进行评判，但是，这样的评判与评判者的利益诉求有关。也就是说，讨论者从自身利益的角度发表意见，这是一种间接维护自身利益的做法。公共事件涉及的利益主体在数量上越多也就越体现出大多数人的利益，由此刺激着公众的利益诉求，对这种诉求满足的程度反过来体现着舆论共识的广度。利益诉求以最直接的方式吸引着公众的注意，从这个意义上说，“内聚的是凝聚力，这种力量本质上可以作为一种累积优势的机制”，在公共讨论中，舆论共识指向“对公共利益的承诺”，使公众“获得内聚力，进而增加全社会的凝聚力”。①

舆论场的公共讨论基于舆论秩序的紊乱而展开，这种秩序的紊乱由现实空间局部秩序的暂时性紊乱而导致。社交媒体用户不是社会治理者也不是公共事件的处置者，而是远距离的围观者，他们从新闻报道中认识到事件导致事发地社会秩序的紊乱，试图从旁观者的角度解读事件，并尝试提出自己的看法。公共讨论的难题在于，如何通过这种讨论在旁观者中形成一致的看法，从而避免因舆论冲突导致舆论秩序的失衡。公共讨论寻求的是舆论共识，希望借助这样的共识（舆论造势）在现实空间对于公共事件形成一致性的认识。获得公共价值仅仅是达成舆论共识的直接目的，通过舆论共识在舆论场形成内聚力并促进社会秩序的恢复，此乃舆论共识的终极目标。舆论共识是社会性共识或者说是真正意义上的社会共识，这种共识有着广泛的公共性，公共性的获得可以平衡社会成员在利益和观念方

---

① Méndez, M. L., Otero, G., Link, F., Lopez Morales, E., Gayo, M., “Neighbourhood Cohesion as A Form of Privilege”, *Urban Studies*, 2021, 58 (8): 1691-1711.

面的冲突。公共性蕴含着价值共识，网络舆论场的价值共识“是由各种不同种类的善构成的”，这些善“所代表的价值内涵不同”①，它们要彼此接受需要借助公共讨论才得以可能。当包含善的公共性为讨论者普遍接受，讨论者的理性得以恢复，讨论者在阐述各自真实看法的同时也在维持讨论的公共秩序。舆论秩序的合规性营造的是良好的舆论氛围，这种氛围为舆论共识的形成积聚力量。尽管这样的舆论秩序有一定的理想色彩却也有着相当的现实性，公共事件就是验证这一理想的试金石。秩序的内聚积累的是网络文明，网络文明塑造社交媒体用户的文明素质，拥有相应素质的用户数量的多少关系到舆论共识的质量。

作为动态的舆论处于各种力量的博弈中，不同力量的变化在公共讨论中反映出来。舆论的力量源于讨论者对公共事件的追问和反思，这样的质疑和思考是个人意志对客观现实产生的一种力量。在舆论场内，得不到任何认同的声音所产生的社会反响（力）可以忽略不计。假若这样的声音和一定数量的讨论者产生共鸣，讨论者的人数达到一定规模舆论释放出影响舆论走势的能量。“对于舆论，边沁坚信公众判断和反思所具有的解放力量，认为正是人们之间的自由沟通促进了共识的形成。”② 思考可以将人潜在的能量释放出来，公共事件为这种能力的释放提供了条件。这样的力量是如何从潜在的力变成现实的力？边沁的建议是自由沟通。想象一下当代社交媒体平台的公共讨论，正如边沁所说，这样的沟通促进舆论的形成。沟通是就交流的本质而言的，舆论场的沟通形式多样，舆论动员是沟通的高级形式。

从公共事件爆发到舆论争论直至达成舆论共识，这个时间段的长短与有无共识动员以及动员的成效如何有关。舆论共识包括：（1）舆论框架的共识动员；（2）感性批判的共识动员；（3）褒贬传统的共识动员。

共识涉及叙事分析框架，动员必须围绕一个可能被广泛接受的框架来付诸行动。在同一个公共事件中不同的讨论者会有不同的观点，这看起来天经地义，原因在于评判者选择从何种视角来分析事件。叙事分析框架不同，产生的见解自然有所区别。从理论上讲，公共讨论者有自己的思维框架，但舆论实践表明，实际的框架数量有限。在讨论过程中，人们很容易

---

① ［美］威廉·A. 盖尔斯敦：《自由多元主义的实践》，佟德志、庞金友、苏宝俊译，江苏人民出版社 2009 年版，第 4 页。

② 徐蓉蓉：《强制性社会背景、公共舆论法庭与价值共识的形成——边沁舆论思想及其现代启示》，《天府新论》2021 年第 2 期，第 72 页。

找到与自己观点接近的讨论者，这样的接近是分析问题的框架相似的结果。价值观和利害关系是最重要的框架，几乎在所有的公共讨论中都可以发现它的身影。舆论场关注的公共事件产生的通常是对抗性框架，即存在尖锐对立的观点的辩论。在这种情况下，共识动员的关键在于框架诊断问题和提出解决方案的能力。① 如果这样的叙事分析框架具有足够的吸引力（能够在舆论场产生共鸣），共识动员的进程将顺利许多。并非每个讨论者都具备有效的适用叙事分析框架的能力，在舆论场内，意见领袖在这方面多有专长。无论他们的价值观如何，选择既新颖又具有感召力的叙事分析框架，运用符合公众心理的语言进行辩论，在辩论的过程中不断地吸引其他人的关注并使其接受自己的观点，这样的叙事分析框架就是有效的舆论动员框架。舆论共识动员针对的是互不相识但共同关注公共事件的社交媒体用户，要引导这个庞杂的群体在议题上朝着相近的方向思考，意见领袖必须用与有争议空间的意义和价值的特定公共概念产生共鸣的术语来证明主张的合理性。② 公共概念，通常是诸如“权利”“正义”等具有高度抽象性的术语，这些概念容易给讨论者以充分的想象空间，在短时间内得到多数讨论者的认可。促进公共事件的尽快解决，不论是公共事件的涉事方还是公众都将此作为共同的目标。在这个目标的驱动下，共识动员自然成为最直接的舆论共识。

舆论共识动员借助公共概念为框架聚集人气、凝聚力量，但并不涉及对公共概念的阐释，通过理性分析展示这些概念的科学性以及其蕴含的力量。整个舆论实践可以说都将理性作为共识的斥力，因为理性的介入需要严格的条件限制。康德强调“理性在其一切行动中都必须经受批判”，认为“理性没有独裁的威望；相反，它的裁决在任何时候都无非自由公民的赞同，自由公民的每一个都必须能够言无不尽地表达他的疑虑乃至否决”。③ 设想一下，按照康德的观点指导舆论实践，达成共识将更为艰难而不是更为容易，这是理性对感性设置严苛的限制条件决定的。康德所说的理性的有限存在者在现实世界从来都属于少数派，并且需要有足够智慧

① Desrosiers, M. E., “Reframing Frame Analysis: Key Contributions to Conflict Studies”, *Ethnopolitics*, 2012, 11 (1): 12.

② Zellman, A., “Framing Consensus: Evaluating the Narrative Specificity of Territorial Indivisibility”, *Journal of Peace Research*, 2015, 52 (4): 494.

③ ［德］伊曼努尔·康德：《纯粹理性批判》，李秋零主编：《康德著作全集》（第3卷），中国人民大学出版社2005年版，第474页。

和道德责任感的人具备这种能力。舆论场是自由交换观点的市场，这里遵循市场交换的规则。社交媒体舆论场的公共讨论跟集贸市场一样，观点的卖方和买方在线即时“讨价还价”，理性声音的“兜售”也需要依照市场规则进行话语的转换，无法用学术语言阐释道理。舆论追求的是共识的结果，理性只能指引讨论者朝着某个方向思考，这样的思考最终主要以直觉的方式进行判断而不是理性思维的严谨表述。因此，感性的共识动员而非理性的共识动员是共识动员的行动准则，为吸引更多人的注意力，舆论场的意见领袖有意采用感性的语言将各种偏好、利益和幸福等颇具市场卖点的东西当作“赠品”送给意志薄弱的讨论者。感性对大多数讨论者感官的满足度高，感性在这里取代理性成为“批判的武器”，这种直觉式批判的价值从理性的角度看也许微不足道，对于舆论共识动员而言却如获至宝，它是公共讨论缓解尖锐对立的有效策略。对于这样的“感性批判”保持足够的清醒即可却无法改变这种状况，除非所有的社交媒体用户具有足够的理性认识能力，否则，期望用理性的自由讨论代替感性的直觉批判，以此来取代舆论共识动员就是空谈。

社交媒体的虚拟空间是现实社会的延伸，从某种意义上说，虚拟空间就是现实空间的浓缩版。对于个人而言，现实空间的范围太大，不借助现代理论就无法想象其全貌。在这个空间里，人们熟悉的环境屈指可数，陌生的外部环境反而不计其数，以至于我们对自己生存的世界竟然如此陌生。社交媒体建造的网络虚拟空间看似无边无际，但只要有新闻的地方就有舆论场。现实空间的人际交往具有显著的选择性，虚拟空间的人际交往却无法选择，这是一个典型的“四世同堂”的空间，原始的、近代的、现代的和超现实的价值观的用户聚集在此，彼此互不相识却可能在一个舆论场参与讨论。这种“四世同堂”现象折射出舆论场的散沙特征，把散沙聚集起来形成较为接近的舆论共识显然是个远景目标。在社交媒体上，对中国传统文化的批判甚至贬低几乎成了群体性共识现象，至少在某些圈层中表现得较为明显。自改革开放以来，现代性概念随之流行开来，这是社会转型社会启蒙应具备的基本理论素养。受这类概念的影响，围绕传统与现代的优劣高低之分就成了舆论场经常争论的话题。比如，2021 年春节前，围绕鞭炮与病毒的关系就有过争论。类似的观念冲突在不少公共事件中都有反映，中国社会的传统习俗和文化究竟该如何评价，公共讨论中的群体极化现象比较突出。围绕一项传统（习俗），要么彻底贬损，要么极力褒扬，寻找中庸之道反而显得困难。传统社会的“价值观以及道德准则已难以在现代人与人之间达成共识，出现了‘传统与现代’的价值冲突与共识困境”①。对传统文化习俗的褒与贬并不难，舆论共识追求的是提供可以被广泛接受的建设性意见，改造传统使其适应当代社会的发展而不是简单的保留或抛弃。缺乏建设性意见的共识必然是片面的共识，或者说是一种通过辩论暂时占据优势的临时性状态，但远非真正的共识。

只有形成内聚力，才能保证社会向前发展；只有形成舆论共识，才能让社会成员有规则可守，有边界可测量。当代社会，通过信息传播和经贸文化等多种形式的合作，人类已经在全球范围内形成通过合作协商达成共识的基本解决途径，由于一些根深蒂固的社会历史文化影响以及不可调和的深层矛盾等综合原因，依然存在着对抗性的矛盾与冲突，但对抗往往也是一种促成谈判、交流和达成妥协共识的手段和途径。友好的谈判与协商、对抗性的周旋与妥协都是形成内聚力的一种手段与途径，凝聚不同的利益主体本就是一道无法满分的试题，彼此能够站在一个阵线上就已经充满了艰难险阻与重重挑战，能够跨越作为个体或者对抗体的属性达成公共利益上的和解，形成相对稳定的社会秩序就是舆论共识形成的当下追求。

第三节　媒体记忆与舆论共识的交互影响

记忆和共识均属于认知的范畴，但二者在社会的时空结构中的不一致导致学术界在关注记忆问题和共识问题时沿着不同的路径进行思考，造成记忆和共识的割裂。尽管不同学科的研究旨趣各有侧重，但在科学共同体中任何知识都存在交融的可能性，这是知识的张力决定的。正是记忆的张力不断拓展其外延，记忆研究获得了在新闻传播领域拓展疆域的机会，使记忆家族接纳媒体记忆这个“新丁”；与此同时，在社会矛盾舆论化的今天，共识的张力同样被激活，开始从哲学探讨走向应用层面，共识研究的触角被引向社交媒体舆论场，舆论共识的概念应运而生，将传统的政治共识、社会共识聚焦为这种新型的共识。社会发展的逻辑将记忆和共识（为表述的方便，后面在出现二者并列时将根据实际语境部分采用“记忆—共识”的叙述方式）在我们这个时代共同显现出来，媒体记忆和舆论共识作为记忆—共识研究的前沿学术问题，为讨论二者的交互影响提供了历史机遇。为便于分析媒体记忆与舆论共识的交互影响，我们选择公共事件为记忆—共识的媒介物，从这个视角分析这种影响。

---

①　王志红：《差异性社会共识理论研究》，社会科学文献出版社 2016 年版，第 63 页。

一　互为主体：媒体记忆与舆论共识的关系

记忆与共识之间是否存在关联，如果断言这种关联的存在是否会被当作一个伪命题，这是记忆—共识研究者应该关注的问题。记忆的功能在于联结过去与现在，共识的功能在于联结现在，二者在时间维度上存在交叉的可能性；人类记忆和信息的机械记录不同，前者不是对客体的全景式刻录而是伴随着筛选、加工甚至创造的成分，这类记忆包含着记忆主体与客观事物之间的改造与被改造之关系，共识的达成也是社会关系总和的产物，共识将不同的价值观和公众对某个具体社会问题的认知融为一体。在这两层意义上，记忆和共识之间显然存在着联结的可能性和必然性。从力学的角度看，不论是自然界还是人类社会，都是依靠不同矢量的力之相互作用来维系其平衡和发展。记忆和共识作为人类社会的两大现象很难不发生联系，而社会就是联结记忆和共识的纽带。在全球化带来的多元社会里，记忆和共识“不仅在集体或个人记忆的位置上发生了变化，而且在空间和时间上分散，相互之间形成了各种关系和纽带”①。承认记忆与共识存在关系，将涉及记忆—共识的主客体问题。

在哲学史上，主体与客体的关系经历了从“主客二分”到“主客一体”的范式变革。关于“主客二分”的特征，伯尔曼（Harold J. Berman）的描述是：“主体全然分离于客体，人疏离于行为，精神疏离于物质，情感疏离于理智，意识形态疏离于权力，个体疏离于社会。”② 这种将主客截然割裂的做法必然导致认知能力和认知效果的下降，因为主客二分法的缺点非常明显，新型的“主客一体”论应运而生。“主客一体”被称为“主客综合范式”，伯尔曼在谈到这种“综合”时认为，“非此即彼”让位于“亦此亦彼”，两者不再是主客对立而是“交互作用；不再是意识反对存在，而是意识与存在同在”。③ 这种“主客一体”的综合范式便于我们理解社会中那些无法截然区分主客体的异质事物，记忆与共识的关系就属于这种情况。同样属于认知范畴的两种事物，当我们承认

---

① Henig, L., Ebbrecht-Hartmann, T., “Witnessing Eva Stories: Media Witnessing and Self-Inscription in Social Media Memory”, *New Media & Society*, 2022, 24 (1): 202-226.

② ［美］哈罗德·伯尔曼：《法律与宗教》，梁治平译，中国政法大学出版社 2003 年版，第 100 页。

③ ［美］哈罗德·伯尔曼：《法律与宗教》，梁治平译，中国政法大学出版社 2003 年版，第 105 页。

记忆与共识之间存在关联，若要对它们的主次排序，按照何者为第一性来确定主次显然并不现实，断然地划分主客体关系也缺乏科学依据。

在否定了存在内在关联的异质的事物之间并不适合划分主客体关系之后，我们将这样的认识用于分析媒体记忆与舆论共识之间的联系。抛开记忆和共识的具体内容不难发现，它们“不是别的，只是一种观念的联系，这些观念包含人身以外的事物的性质，这种在人心中的观念的联系与在人身中的情况的次序或联系正相对比”①。作为观念联系的媒体记忆与舆论共识，在推动公共事件的发展中二者互为主体、相互涵化，共同作用于事件。

在舆论场的公共讨论中，媒体记忆和舆论共识都是引起讨论者兴趣的主体，这种兴趣被康德称作“注意力”。康德在谈到记忆问题时提出“记忆即注意力”的论断，这也是各个时期哲学家提出的记忆观念。② 相比之下，作为注意力，共识比记忆更适合这样的称谓。注意力的实质是印象，新闻文本呈现的事实不过是转述事件见证者对该事件的印象而已，这样的印象在经过一次消费（新闻形式）后转为媒体记忆，多年后再度被提及属于二次消费（记忆形式），这两种消费都不是消费事实本身而是消费事实的印象。在媒体记忆那里，被称作注意力的印象必须与后来的某个事件存在直接的相关性，其参考价值决定着记忆解码者关注的程度。作为观念的舆论共识，观念在公众脑海中以直观的形式被行为主体所感知，人们感知的是观念被具象化后的印象而不是观念本身。康德指出：“所有事物都是这样构成的，即知性首先要跟随感性印象，而记忆力则必须把这些印象保持住。”③ 舆论共识的存在同样是对印象的保持，一旦这样的一致性印象不复存在，舆论共识也就成为一种幻象而失去其现实性。

就主体性而言，作为注意力的媒体记忆与舆论共识并不构成主次关系。直觉告诉我们，媒体记忆是对过去事件的记录，舆论共识是对当前公共事件的认知，历史应该服务现实，这样的判断否认了媒体记忆的独立性，纯粹以现实需要抹杀媒体记忆的这种独立性。在公共讨论中，媒体记忆不会主动介入这种讨论，舆论共识也不是现成的，前者以实然的

---

① ［荷兰］斯宾诺莎：《伦理学》，贺麟译，商务印书馆 2017 年版，第 64 页。

② 杨庆峰：《通过记忆哲学反思人类增强》，《中国社会科学报》2020 年 8 月 25 日，第 6 版。

③ ［德］康德：《论教育》，赵鹏、何兆武译，上海世纪出版集团 2005 年版，第 29 页。

身份被引入舆论场，后者以未然的身份要引入舆论场，媒体记忆的作用在于帮助讨论者通过过去认识现在，舆论共识也需要从历史经验中获取合理性，它们在舆论场的交汇为彼此涵化提供了可能。客体与客体之间不存在涵化关系，我们无法想象一个茶杯和一个台灯之间必须互为主体并彼此影响对方。媒体记忆和舆论共识的主体是人，媒体记忆的解码者也是人，后者在用自己的观念重新编码过去的事实；舆论共识是人与人之间的观念涵化。在社交媒体的在线公共讨论中，媒体记忆和舆论共识的主体是讨论者，虽然他们可能并不是同一个讨论者，但讨论者人格的独立性和讨论行为的独立性决定了媒体记忆和舆论共识不会因为共识形成记忆就失去了其独立性，或者在公共讨论中记忆将新的共识予以取代。这样的事情没有发生的可能性，相反是媒体记忆以主体的身份向讨论者提供历史经验，舆论共识以主体的身份有选择性地接纳或拒绝某些记忆（历史经验）。这样的选择反映的是涵化的过程，共识作为一种现实需要将历史经验从媒体记忆中提取出来，公共讨论的共识生产只是截取某个历史（新闻）片段，用历史经验解释当下而不是用这样的经验作为共识的全部内容。涵化使双方保持着各自的独立性，也为双方赋予了新的内容。就媒体记忆而言，一旦新的诠释被编码到舆论共识中，反过来作为媒体记忆的升级版被纳入新的媒体记忆（社交媒体记忆），它们在未来某个时刻依然可以供重新解码。

媒体记忆和舆论共识在公共讨论中扮演着叙事者的角色。人们习惯于通过形象思维来认识并描述他们所认知的世界而不是相反，否则，康德所称赞的“哥白尼革命”（通过规则认识天体运行规律）也就失去了意义。当直觉印象无法帮助哥白尼解释天体运行规律时，他不得不放弃经验认知的方式；康德对理性世界的解释也是针对其他哲学家从经验出发屡屡遭到失败后，才开始从概念（规则）出发来解释自然界和人类社会。舆论场的公共讨论涉及的媒体记忆和舆论共识毕竟不同于自然科学和哲学研究，只能遵循从经验事实入手，从这里开启研究的大门。媒体记忆和舆论共识不约而同地与媒体发生联系，而媒体又和叙事无法分开。面对变化中的世界，不论是现实世界的新鲜事物还是舆论场对新鲜事物的讨论，“人们有一种‘讲述世界’的自然倾向，更多地从叙事结构而不是逻辑论证或合法形式的角度来思考”①。媒体生产和学术生产无法采用同样的叙事逻辑，

---

① Zellman, A., “Framing Consensus: Evaluating the Narrative Specificity of Territorial Indivisibility”, *Journal of Peace Research*, 2015, 52 (4): 494.

虽然从宽泛的角度说舆论共识生产也有媒体的介入，但舆论共识生产的真实主体不是媒体机构及其从业者而是民众（作为社交媒体用户的公共议题讨论者），记忆生产和共识生产却又有相通之处：它们都对叙事怀有天然的偏好。媒体生产遵循叙事的原则，共识生产则将叙事作为说服的手段以吸引更多人的认同。没有新闻叙事就没有媒体记忆，媒体是新闻叙事的主体，受众参与媒体记忆的解码叙事。这里，我们将解码视为特殊形式的叙事，媒体通过新闻叙事讲述社会最近的变动，媒体记忆是对过去（新闻）叙事的再现和重构。舆论共识的主体以集体众筹的方式通过新闻叙事和媒体记忆提供的历史叙事寻找可以产生共鸣的兴趣点，而这个兴趣点就是公众可以基本接受的叙事。虽然舆论共识的叙事结果不是故事而是从叙事派生出来的意见，但这种意见不同于理论知识而是有浓厚叙事情节的观念。从某种意义上说，这样的叙事是一种集体合作的故事结局，其中包含着思想的火花。媒体记忆和舆论共识是媒体机构（平台）和受众（用户）共同叙事的产物。叙事是记忆和共识的起点，叙事的目标并不仅限于此。萨宾（Theodore Sarbin）认为："人类根据叙事进行思考、感知、想象和道德选择。"道德选择是记忆和叙事的终极目标，它们提供人们"行为的原因以及他们发生的原因"。① 从公众的思考中可以间接理解为什么如此记忆，为什么如此形成共识，这样，媒体记忆和舆论共识就不仅是历史和现在的两个不同的世界的存在物，而是同一个世界（时空）的有机共同体。

如果说"道德共识作为主体间的关联与互动的结果"②，舆论共识则是公共讨论者就公共事件与媒体记忆互动的结果，在互动中孕育着讨论者对历史和现在的记忆和认知。在记忆—共识实践中应谨防记忆与共识的机械一致，机械的记忆与机械的共识应避免康德所批评的"机械的一致"。③ 机械的一致由于缺乏内在关联，为了某种诉求刻意将某一过去的新闻事件与公共事件牵强地联系起来，机械地套用过去的观念解读最新的公共议题。"机械的一致"从字面上看贬义色彩明显，但在记忆—共识实践中，"机械的一致"现象从未消失过。在媒体记忆实践中，媒体生产中习惯于将新闻事实从社会背景中剥离出来，机械地套用某种理念进行叙事

① Sarbin, T. R., "The Narrative as a Root Metaphor for Psychology", in Sarbin, T. R., *Narrative Psychology: The Storied Nature of Human Conduct*, New York: Praeger, 1986, pp. 8-9.

② 甘绍平：《自由伦理学》，贵州人民出版社 2020 年版，第 121 页。

③ ［德］康德：《论教育》，赵鹏、何兆武译，上海世纪出版集团 2005 年版，第 112 页。

并建构成媒体记忆；共识实践也是如此，通过虚假动员取得某种舆论共识。媒体记忆和舆论共识之间也存在机械的一致的可能。记忆需要共识，记忆依赖的是建构记忆时的舆论共识，违背特定社会阶段舆论共识的记忆也很难被媒体记忆所缔构；舆论共识在形成过程中必然从历史经验中寻找论据，媒体记忆提供的信息是舆论共识的素材库，任何公共讨论都不会排斥这种极具参考价值的历史素材。但是，媒体记忆的文本和尚处于混沌状态的舆论共识存在“时差”甚至“水土不服”的问题。“时差”是过去的事实能否与当前的事实性质具有相似性，“水土不服”是彼地的事实是否适合于此地的事实。共识也存在类似的问题。如果不加甄别地把 A 地的媒体记忆用来佐证 B 地现在的舆论共识，当遇到不一致时就会存在曲解的可能性，以达到所谓的“机械的”一致。

媒体记忆与舆论共识共同存在于人类社会，二者在生成阶段可能没有直接的关联，但一经生成就具有关联的可能性和必然性。关于这一点，从网络舆论场网络段子的流行，就能发现媒体记忆和舆论共识经常在这里被汇聚到一起，成为传播的对象。

二　彼此渗透：媒体记忆与舆论共识的作用

媒体记忆与舆论共识的互为主体避免了强势一方主导甚至吞噬与之对立一方的可能性。在社会发展的长河中，记忆和共识的共存是基本的客观事实，这确立了媒体记忆与舆论共识并行存在的秩序关系，这种共存是记忆—共识在社会发展中所起的作用不同决定的。关于记忆的机制，柏格森（Henri Bergson）有个形象的比喻：“它或是将回忆放进一个抽屉里，或是为它们登记注册。”“在现实中，过去被其自身自动地保存下来。过去作为一个整体，在每个瞬间都跟随着我们。”① 按照这样的观点，记忆是一种稳态的客观存在物，经过编码者的梳理，记忆变成了历史档案，为未来社会的需要提供的准备。沿着柏格森的思路，我们可以将共识理解成厨房货架上的菜品，它们或处于半加工阶段或处于刚出锅阶段，不论哪个阶段都需要加工完善，后一种状态的菜品需要添加佐料。就媒体记忆和舆论共识而言，后者好比刚出锅的菜品，媒体记忆就是调味品，媒体记忆的点缀对于舆论共识的最终形成至关重要。按照这样的比喻，记忆必须有限度地融入共识，舆论共识的“味道”才能真正形成。和烹饪不同的是，舆论共识不会仅仅接受媒体记忆的馈赠而是遵循互惠原则，回赠媒体记忆一份

① ［法］柏格森：《创造进化论》，肖聿译，华夏出版社 1999 年版，第 11 页。

礼物，将这种记忆注入当代社会的某些基因。这样，媒体记忆和舆论共识就呈现出彼此渗透的特征。

结合多元社会网络舆论场的状况，我们将媒体记忆和舆论共识的彼此渗透概括为：（1）过去与现在；（2）事实与观念；（3）原因与结果；（4）个体心理与社会心理之间四种彼此渗透的形式。

媒体记忆和舆论共识在时空结构中并不一致，它们的交集只能是间接的。两种并不直接联结的事物究竟是如何发生联系的呢？汤因比（Arnold Joseph Toynbee）研究历史的方法对回答这个问题不无启发意义。在研究历史时，汤因比“始终是脚踩着现在和过去两只船”，“既回顾过去，又展望未来。因为当你研究现在和过去的时候，对未来不可能视而不见”。[①] 汤因比以哲学家的智慧从历史的逻辑中寻找人类社会发展的规律，将历史事件与当代社会和未来社会贯通在一起，这样，我们就会意外地发现天底下没有多少新鲜事，所谓的新事物总可以从历史事件中找到它们的影子。也就是说，过去像影子一直尾随着人类社会，它以无形的穿透力不断地将历史渗透至当代社会，并在这里发挥特殊的影响力。历史上有影响的事件永远不会丧失对后世的影响力，只要人们还需要从历史脉络中获取借鉴，历史事件的穿透力就会发生作用。媒体记忆作为历史事实的记录遵循的是新闻价值原则，它在初次生产中就剔除了低价值的事实。媒体记忆的信息量巨大，只要有1%的新闻具有历史借鉴价值，媒体记忆的穿透力就不可估量。媒体记忆的这种穿透力必然以自己的方式向正处于混沌期的舆论共识渗透，最终对当下社会的认知产生影响。反过来看，舆论共识这种新生的力量必然向外扩张，它在影响现在的同时也影响着将来社会。在这种情况下，舆论共识以新“事实”（主观性事实）或新观念被纳入媒体的新闻生产当中，并以“新闻”的形式被编码为媒体记忆，这是舆论共识对媒体记忆的直接渗透。与此同时，新的舆论共识的张力也可能逆向发挥作用，通过在公众中产生的影响重塑既往的媒体记忆。媒体记忆中被定格在媒体介质上的基本事实不会被改写，但媒体记忆并不仅局限于成为历史档案的报纸杂志和广播电视介质上的信息，也包括在历史传播中不断被赋能的那些附加性信息，这类信息可能被媒体以新闻的形式再度缔构，成为随后某个时刻的“新闻”。可以说，媒体“记忆”的公共事件很少有原封不动地存续下去的，而是往往在存续中被反复地解码和再编码。在这个

① ［英］汤因比：《历史研究·序言》，郭小凌、刘北城译，上海世纪出版集团2005年版，第2页。

解码和再编码的过程中，再编码阶段的舆论共识必然渗透进这种解码/再编码之中，因为人们习惯于用今天的眼光诠释历史。不难发现，舆论共识以其特有的活力对过去和现在同时产生影响，这样的影响是一种穿越时间隧道的双向渗透，在渗透中将过去、现在和将来联结起来，保持社会发展逻辑的连续性和一贯性。

媒体记忆和舆论共识之间的渗透并非相同介质元素的交换而是异质元素间的彼此影响，这种异质集中体现在事实与观念的对立。媒体记忆不同于文化记忆或社会记忆，后两种记忆可以包含的观念成分较多，而媒体记忆虽然也含有某些观念的直接成分，比如媒体的时事评论，但这种评论主要是对某一具体事件的解读，这与独立的观念有很大的不同，真正的观念必须是剥离了经验事实获得某种独立的知识形式。显然，媒体所发表的时事评论只能是构成知识的最初级的形态，这种知识的雏形并不等同于观念本身，因为时事评论无法独立于新闻事件。基于这样的事实，我们将媒体记忆视作事实性记忆，它的主要成分是事实。舆论共识与公共事件存在着天然的联系，甚至说这种共识起源于公共事件，但公共事件与舆论共识属于因果关系，公众靠公共事件提供的事实形成着共识，共识以观念的形式从公共事件这个事实中剥离出来，获得其存在的独立性。这表明，舆论共识的形成过程，也是典型的事实向观念转化的过程。关于事实与价值的讨论很多，关于能否从“是”中推出“应该”的质疑也从未间断过，舆论共识从事实向观念的转换正如食物转化成维系人体生命所需的能量一样，这样的转换本身就是一个奇迹，却是具有现实性和普遍性的奇迹，这样的转换至少在特殊的领域证明事实与观念转换的可能性。尽管如此，这并不能改变媒体记忆的事实特征和舆论共识的观念特征，这种异质的东西之间的联系还具有间接性，二者之间的彼此渗透何以可能，需要进一步的阐明。事实性的媒体记忆对观念性舆论共识的影响主要通过以事实涵化事实，再通过事实升华成观念这样的连续性渗透过程完成。媒体记忆记载的事实对于公共事件的影响只能以局部涵化局部产生相应的影响，而不是以刻舟求剑的方式对应或覆盖公共事件的某个局部事实。古希腊哲学家赫拉克利特（Herakleitus）有个著名的论断：人不能两次踏进同一条河流。媒体记忆的信息同样无法在历史上找到完全同质的内容。媒体记忆对舆论共识的影响只能在公共事件中寻找具有相似性的内容，通过佐证的形式强化公共讨论者的观点，这是历史事实向当代社会的渗透，为公共议题的公共讨论者提供参考。需要注意的是，媒体记忆在编码之初就受到媒体理念和社会观念的影响，事实间的涵化或者渗透显然不是单纯的事实之间的影响，而是过去的事实与观念对现在的事实和观念的影响，后一种观念在讨论者的争论中表现出来。在记忆—共识实践中，事实与观念彼此渗透，事实以量的绝对优势不断强化或瓦解讨论者的原有认知，这种影响不会在瞬间实现事实对观念的渗透。事实和观念的渗透在经验事实层面不难观察到，但在理性认知层面就缺乏这样的直观性。康纳顿注意到这方面的差距："在日常生活行为中社会记忆的渗透性，和现代社会与文化理论特别对社会记忆的较少关注之间，仅就明确的、系统的研究和隐含的、松散的研究在本质上不同而言，存在显著的差距。"① 造成这种差距的原因在于，大多数人习惯于满足对经验事实的认知，缺乏将感性认知继续推进一步的动力。事实与观念之间的渗透，主要通过叙事的方式来实现。人类对于公共事件的认知，始于各自所了解的事实。首先是他们所知悉的现在的事实，即媒体镜像中的公共事件；其次是媒体记忆中的事实，这种事实更多是社交媒体舆论场内传播的碎片化信息，即某个用户将与正在讨论的公共事件具有关联性的历史碎片呈现出来，为讨论者提供赞同或反对的证据。我们将这类历史碎片归入媒体记忆，这样的历史事实成为讨论者向持不同观点的讨论者阐述自己意见的素材。关于事实与观念之间是如何渗透的，罗兰·巴特（Roland Barthes）写道：人类懂得如何将"知道"翻译成"讲述"，使个人和文化之间的思想交流成为可能，否则这些思想看起来是不可理解的或"外来的"。② 媒体记忆提供的是"叙事"，舆论共识提供的是"知道"，媒体按照自己的观念讲述属于自己时代的故事，公众参照媒体记忆提供的历史素材认知当下的公共事件，并形成自己新的"知道"，即舆论共识这种新观念。

在哲学史上，因果联系曾有过举足轻重的地位。虽然因果性遭到康德的批评，但因果性在分析社会问题中的作用依然无法抹杀。只要承认媒体记忆和舆论共识之间存在关联也就将它们置于了因果框架上，我们需要做的是分析二者的因果关系。因果性指的是事物发生先后次序的某种必然性。空间的范畴通常保持不变，时间则是个变量。同一事物的变化遵循相继发生的原则，在事物变化的链条上，前者是后者的原因，后者是前者的

① ［美］保罗·康纳顿：《社会如何记忆》，纳日碧力戈译，上海人民出版社 2000 年版，第 19 页。

② Barthes, R., Duisit, L., "An Introduction to the Structural Analysis of Narrative", *New Literary History*, 1975, 6 (2): 269. White, H., "The Value of Narrativity in the Representation of Reality", *Critical Inquiry*, 1980, 7 (1): 5-6.

结果。媒体记忆也遵循因果性原则，一个事件被媒体记录必然具有报道的价值，事件是原因，报道是结果。A媒体用这样的方式呈现某一事件，B媒体采取另外一种方式呈现同样的事件，同一事件在不同媒体的呈现方式不同必然有不同的原因，呈现方式则是相应原因造成的结果。在舆论共识的因果结构中，公共事件是原因，共识是结果；公共事件是原因，公众对该事件的关注是结果。当我们将媒体记忆与舆论共识置于因果结构中，二者在相继发生的次序上就出现了逆转，即公共讨论是媒体记忆的原因，舆论共识只是媒体记忆的间接结果而不是直接的结果。没有公共事件，公众就不会在某个具体问题上产生重大的分歧，解决分歧需要从媒体记忆库中寻找依据，这种依据又是舆论共识的原因。媒体记忆和舆论共识都以社会事实（事件）为原因，由此诱发媒体（记忆）生产和舆论的共识生产机制的发生。但是，这些事实性原因又是社会问题的结果。也就是说，作为原因的社会问题是媒体记忆和舆论共识的原因，没有问题就没有记忆和共识这两种不同形式的结果。这里，我们仅仅是从感性的层面来阐述媒体记忆和舆论共识的因果性。从理性的层面上，不论是媒体记忆还是舆论共识都是人类认知的产物，不同的是前者的职业属性相对明显而后者的全民属性比较明显。媒体记忆和舆论共识由人运用知识和智慧建构，在这种认知的背后也蕴含着因果性。关于具有自由意志的人，康德指出："意志是有生命的存在者就其有理性而言的一种因果性，而自由则是这种因果性在能够不依赖于外来的规定它的原因而起作用时的那种属性。"① 在这个因果性次序交替变化的链条上，原因与结果的依次出现也是作用与反作用的过程，即原因和结果之间的彼此渗透。作为原因的媒体记忆通过一个与既往相关的事件的因果联系体验现在的公共事件，在这种体验中包含着媒体记忆的编码者/解码者在过去和现在之间开辟的一个狭隘通道，历史和现在可以在这个通道中相互交流，达到渗透的效果。媒体记忆促成的舆论共识，同样是一种新旧交融的因果性体验，媒体记忆在延续历史观念的同时也开辟着未来，前者是舆论共识的原因，后者又是这种共识的结果。这样的体验是原因和结果在彼此渗透中推动社会的发展。

媒体记忆和舆论共识的彼此渗透，也包括个体心理与社会心理之间的渗透。记忆和共识是社会心理塑造的产物，有必要从社会心理角度审视记忆和共识的关系。媒体记录的事实，从小的新闻事实到大规模的公共事件

---

① ［德］康德：《康德著作全集》（第4卷），李秋零译，中国人民大学出版社2005年版，第454页。

均离不开具体的人。新闻是关于人的新闻，公共事件也是因人而发生，所有的问题和冲突最终都可以找到相应的主体。在丰县事件中，如果没有董某在抖音上的活跃引来网友的纷纷献爱心活动，隐藏了 20 多年的秘密也许就不会被曝光。当个体的人尝到了自媒体带来的巨大收益，将广告代言作为创收的来源，个人的求富心理成为这个事件发生的原因。客观而论，求富心理是人性的正常反应，这种心理也是构成社会心理的一部分。社会心理建立在相应的规则基础上，这与任性的个人心理并不一样。对于个体心理与社会心理的关系，我们可以从涂尔干（Émile Durkheim）有关个人和家庭的关系论述中得到启发。涂尔干认为："家庭不同于通过生理纽带结合在一起的人们之间的关系，人们必须清楚地把二者区分开来，从后者当中产生的个体心理感受，在动物那里也同样能找到。"① 根据涂尔干的观点，在家庭这个社会最小的细胞内，夫妇关系和其他家庭成员之间的联系纽带都不同，他强调作为小社会的家庭联结成员的重要性，否定靠本能方式建立的自然联系。在媒体记忆和舆论共识实践中，个体心理必然通过符合社会心理要求的方式表达其诉求，否则，个体心理就无法向社会心理渗透。相反，社会成员需要按照社会心理的思维方式塑造自己，这是一种类似于模仿律的自上向下的渗透。在媒体记忆的编码中，媒体的新闻/记忆优先遵从社会心理的习惯进行生产；同样，舆论共识的生产看似是一个个讨论者在共同建构共识，这样的建构终究还是以社会心理为主线进行。在肯定社会心理向个体心理渗透过程中起主导性作用的同时，也应承认个体心理在媒体记忆和舆论共识中对社会心理的反渗透。哈布瓦赫在分析家庭记忆时认为这种记忆"是在家庭群体各个成员的意识中生发出来的。即使是当家庭成员都彼此生活在一起的时候，每个人也都是以他自己的方式来回忆家庭共同的过去"②。在传统媒体时代，个体心理对社会心理的渗透并不明显，但在社交媒体时代，媒体记忆的"家庭化"现象以及用户在舆论共识中的作用需要重视个体的作用。个体对媒体记忆和舆论共识的影响在增加。在一个数量极其庞大的社交媒体平台上，一个帖子受到关注，记忆—共识实践的走向可能就此发生改变。至于发帖者（公共讨论者）的行为受何种心理驱使并不重要，重要的是让我们看到了个体心理

---

① Ernile Durkheim，Cours inkdiz sur la failie. 转引自［法］莫里斯·哈布瓦赫《论集体记忆》，毕然、郭金华译，上海人民出版社 2002 年版，第 97 页。

② ［法］莫里斯·哈布瓦赫：《论集体记忆》，毕然、郭金华译，上海人民出版社 2002 年版，第 95 页。

在网络舆论场对社会心理反渗透的力量不可被忽视。

多元社会，记忆和共识的主体发生了变化，没有任何人可以垄断媒体记忆和舆论共识的生产。个体借助社交媒体强化个人的表达能力时，碎片化的信息和个人的思想观念在社交媒体上变得活跃，伴随着个体力量的增强，媒体记忆不再由机构所垄断。与此同时，舆论共识生产也不再是主流媒体的舆论引导可以独自完成。个体间的差异在公共讨论中促进彼此的交流，而这种交流是彼此渗透的特殊表现形式。在舆论场中，媒体记忆和逐渐走向共识的舆论也有了汇聚在一起的机会，历史和最新的公共事件交互碰撞，媒体记忆在与现实的碰撞中既发挥出历史的余热也凝聚着新的力量；舆论在聚焦当下的过程中不可避免地从历史事件中汲取营养，由此完成媒体记忆和舆论共识的双向渗透。

三 相互解构：媒体记忆与舆论共识的延续

人类社会的发展是一个不断解构与建构的交替过程，解构在其中扮演着举足轻重的地位。直觉告诉我们，社会发展是一种建构，但理性提供的批判证明，解构才是推动社会发展的动力，没有对现存事物的否定与解构，社会秩序就只能在原来的水平上维系，这样的维持是一种停滞，它阻碍着社会的发展。社会规律遵循发展的逻辑，必然要求通过主动解构现存秩序中不合理的某些成分，在此基础上修复腾出的真空地带，也就是采取补救措施在局部进行建构，以此促进社会的发展。

媒体记忆和舆论共识给人的印象是一种合目的性的建构，媒体生产也是为未来进行记忆生产，舆论共识的建构也是出于恢复舆论秩序的目的而共同努力，我们从这两个合目的性中看到的是建构，似乎与解构刚好相反。这是就一个短暂的过程看出的判断，只要将媒体记忆和舆论共识的时间维度向前后同时延伸，不难发现不论是记忆还是共识均与解构有着千丝万缕的联系。记忆是对既有事实的部分建构，而记忆本身就是一个解构的过程中，媒体记忆的信息容量因为受到诸多限制①而无法将全部信息纳入记忆库中。即便记忆库的容量问题解决后，也不会将全部纳入媒体记忆中，这一点可以从文学史上的自然主义实践中得到证明。媒体生产有自己的专业要求，缺乏认知价值的信息必然要遭到淘汰，而这样的信息占据的比重过高，这就是为何最终被媒体承载的信息量非常有限的原因，媒体筛

① 这在传统媒体中表现得尤为突出，网络媒体的海量虽然解决了容量的问题，但却带来了信息超载导致信息茧房的新问题。

选信息也是解构最新信息的过程。新闻/记忆文本随着时间的推移，能够对将来产生影响的媒体记忆也处于解构之中。也就是说，需要在时间长河中观察媒体记忆才能发现解构是其真正的特征。同样，舆论共识的建构也是在某个时间段的建构，公共事件解构了既往的某个观念需要公众在舆论场讨论中进行建构，新建构的共识随着时间的推移和环境的变化，必然会在后续的公共事件中被不同程度地解构，如此反复循环。媒体记忆和舆论共识的解构并不局限于各自内部，二者之间也处于相互解构之中，这是延续它们存在的特殊方式。

媒体记忆与舆论共识的解构，包括：（1）排斥性解构；（2）强迫性解构；（3）秩序性解构；（4）进化式解构四种形式。

罗素在谈及记忆问题时感慨道："那是一个很困难的题目。"① 究竟是什么原因让这位大哲学家对记忆问题发出如此的感慨。记忆是将原本不属于我们的东西驻留在脑海里，对于那些无法令人感兴趣的信息，大脑本身就有排斥性，在这种情况下要接纳这类信息并使之融入自己的记忆库需要自我战胜这种斥力。这种排斥意味着打破原有的记忆平衡，而记忆也有自己的结构。任何结构一经建构都有保守性质，本能地排拒不属于记忆框架的信息。柏格森认为："如果形而上学就是某种结构，那么就同时存在着若干种同样真实的形而上学，它们彼此之间貌似激烈地相互排斥。"② 排斥是不同矢量的力相互冲击，由此动摇双方的原有结构，导致不同程度的解构。在媒体记忆实践中，媒体在编码的过程中解构着新闻事实的原有框架，只摘取部分事实进行媒体生产；媒体记忆的解码对于受众来说也在解构他们的记忆解构，将某些异质的信息片段重新加工并进行编码或建构在自己的记忆解构中。媒体记忆的这种排斥性解构同样在舆论共识中也有所反映。共识作为松散的观念结合体从来就缺乏足够的纯洁性而充满着异质的元素，只是这些不同性质的元素暂时处于势均力敌的状态，任何一方都不具备打破平衡的能力。在所有类型的共识中，舆论共识是最为脆弱的共识形式，这种脆弱意味着这种共识内部异质元素的活跃迹象明显，它们处于动态的平衡中但随时都可能逃逸或者对异质元素构成威胁。舆论共识的这个特性使其天然地具备自我解构的可能。此外，舆论共识也处于因果性

① ［英］伯特兰·罗素：《西方哲学史》（上卷），何兆武、李约瑟译，商务印书馆 1963 年版，第 83 页。

② Bergson, H., *Matière et Mémoire*: *Essai sur la Relation du Corps a Lésprit*, Félix Alcan, 2012, p. 232.

的历史联系当中，新的舆论共识是对前一种性质共识的解构；随着时间的推移，以解码其他舆论共识重组的舆论共识也终将难逃被后续的舆论共识解构的宿命。媒体记忆和舆论共识的解构并不局限于各自的内部解构中遭遇外部异己力量的冲击产生的斥力，二者之间同样构成解构与被解构的关系。从宏观层面看，媒体记忆和舆论共识共同存在于社会解构体系之中，二者发生直接联系的概率并不高，偶然的相遇所产生的斥力也不至于对其他一方构成彻底解构的能力，但这样的排斥会对各自产生影响则具有现实的可能性。从微观层面看，媒体记忆和舆论共识通属于传媒场域，空间位置关系将二者联系得紧密起来，由此强化着它们之间的相互排斥。特别是在社交媒体舆论场内，媒体记忆的解码变得如此便捷，具备信息检索能力的用户可以在短时间获得相应的历史媒体信息，这种信息并不直接对舆论共识产生斥力，用户会依据需要对媒体记忆的信息进行解构，筛选出符合自己价值观和可以支撑或反对舆论共识建构的信息，将之带入舆论场的公共讨论中，对舆论共识产生直接的影响。不论是直接引用还是经过加工后引用的媒体记忆信息必然遭到反对者的排拒。没有这种斥力，舆论场也就失去了应有的活跃。舆论共识的形成过程也在不同程度地解构媒体记忆，因为一个新闻事件不会只在一家媒体上记载，不同的媒体的记忆文本不同，舆论共识接纳了其中一个就意味着对其他版本的记忆文本的排斥，这种排斥很快会在公众的记忆中产生影响，他们要么接受、要么排斥共识采用的这种本文。媒体记忆与舆论共识的排斥性解构是相互的，解构也是保持二者平衡的一种方式，否则，单方面的解构将导致其中保守的一方的消失。没有记忆就没有共识，没有共识也不会有记忆，记忆与共识的平衡必然要求解构的相互作用。

解构概念提供一种物质瓦解的过程或趋势，就像我们谈论死亡问题但从未参与其中一样，无法感受到解构的暴力性质以及这个过程的阵痛程度。记忆—共识的建构和解构无不伴随着剧烈的阵痛，关于这种阵痛，只要稍微回忆一下数年前学术界感兴趣的“被遗忘权”概念就可以有所感受。记忆的过程是冲破阻力打破平衡的信息植入，这本身已经预示着强迫性。当一种信息被记录到媒体介质或者人的记忆中，因为这样的记忆对某个人或某个群体具有危害性而致力于消除它时，同样会遇到更大的阻力。“被遗忘权”作为一个学术概念颇具诱惑力，但在操作层面很难通过道德自觉和法律强迫将这种权利变成现实，因为这涉及记忆的暴力性质。无论是解构或建构一种记忆或共识，都涉及这种解构或建构的成本问题。关于这样的成本，尼采（Friedrich W. Nietzsche）有过形象的比喻：“每当人们认为有必要留下记忆的时候，就会发生流血、酷刑和牺牲；那最恐怖的牺牲和祭品（诸如牺牲头生子），那最可怕的截肢（例如阉割），那些所有宗教礼仪中最残酷的仪式（所有的宗教归根结底都是残酷的体系），——所有这一切都起源于那个本能，它揭示了疼痛是维持记忆力的最强有力的手段。”① 尼采针对的是为建构社会记忆和社会共识所支付的巨大社会成本而言的。如前所述，建构是对先前记忆或共识的解构，建构的成本也包含着解构的成本。如果建构伴随着强迫性，解构的强迫色彩将更为明显。公共事件是社会矛盾激化的结果，我们可以把这类事件看作对现存事物的某种解构，它粗暴地拆解着人们对事物的认知，其中也包括群体性的记忆和共识。媒体记忆致力于弥合社会矛盾，这种记忆造成后人无法看到完整的社会进程，虽然这种记忆的建构遵循自己的生产规律，但被排除在媒体记忆之外的信息则失去了传播的资格。对于那些渴望将这类信息缔构到媒体记忆中的事件当事人或亲历者而言，他们无法在媒体报道中看到自己认同的内容，这本身就是尼采所说的“牺牲”，只是这样的牺牲在媒体从业者和研究者看来属于天经地义罢了。舆论共识的解构也是强迫性的，舆论场意见领袖的意见看似有众多的支持者，但并非所有的支持者会都无条件地赞同意见领袖的全部观点，这可以从讨论者在胡锡进等意见领袖的微博上或微信公众号上的跟帖中得到证明。在媒体记忆和舆论共识之间的相互解构中，被解码的内容不会自愿丧失自己的合法性地位，也是经过舆论场激烈地争论达成的临时状态。当讨论者集体用一种记忆去解构某种共识，或者用某个共识去解构一个记忆，这种解构的实质是舆论场参与讨论者双方数量的悬殊的产物。也就是说，媒体记忆和舆论共识之间的互为解构依靠的是双方人数的优势而未必是理性的力量，这样的解构就强化的群体规模的重要性而淡化了说理的成分。当理性的批判成为附庸或者象征性的标签，媒体记忆和舆论共识的互为解构的强迫性色彩就相当明显，这样的强迫性解构自然包含着非理性的强制，为新的媒体记忆和舆论共识的再度解构和建构埋下伏笔。

媒体记忆和舆论共识之间还存在一种秩序性解构的关系。关于秩序的重要性，埃德加·博登海默（Edgar Bodenheimer）指出：“秩序在人类生活起着极为重要的作用，大多数人在安排他们各自的生活时都遵循某些习

① ［德］尼采：《论道德的谱系》，毕然、周红译，生活·读书·新知三联书店 1992 年版，第 52 页。

惯，并按一定的方式组织他的活动的空闲时间。"① 秩序包括有形的秩序和无形的秩序两种类型，人们在社会生活中遵循的秩序——比如交通秩序——塑造着他们的生活习惯；相反，无形的秩序因为缺乏直观性需要通过知性进行认识。诸如在媒体记忆和舆论共识这样的概念中，同样蕴含着秩序。换句话说，它们有自己的内在秩序及其构成这种秩序的规则。媒体记忆是对社会变动的模拟，在从客观事实转变成媒体报道的过程中，客观事实所依赖的秩序发生了变化，在媒体生产中被编码者先行解构事物的外部秩序，按照媒体理念重新组合成新的主观认知的事实秩序。也就是说，媒体呈现的事实是打破了客观事实秩序的产物，即媒体生产解构客观的秩序。作为媒体记忆的信息保存的是媒体提供的秩序，这种秩序在媒体记忆的解码者那里再次被解构，解码者按照自己的理念阐释媒体记忆的信息。媒体记忆经过双重的解构后开始对舆论共识阐释影响。如果说媒体记忆的编码和解码可以假设为个体的，舆论共识的生产遵循的是合作原则，它无法不加选择地接纳任何个体性的意见，必然是在公众的辩论中以妥协的方式有限度地采纳某种意见的某些成分，并且被纳入舆论共识的这些成分也不是原封不动地照单接受而是经过解构后的建构。媒体记忆在对舆论共识施加影响时所面临的解构不仅限于讨论者的解构，还包括不同媒体的相同记忆之间的解构。一个有影响的新闻事件，不同媒体报道的角度不同，媒体对该事件的报道并不唯一，当经过若干年甚至上百年的沉寂后，这类差异化的记忆可能同时呈现在当代公众面前，采信何种版本的记忆文本也是一种解构，这样的解构意味着否定其他版本的叙事及其塑造的事实秩序。假设在记忆文本及其秩序认可方面存在明显的差异，将妨碍舆论共识建构的进程。舆论共识内含的秩序比媒体记忆的秩序更为混沌，因为媒体记忆可以是一家媒体建构的事实秩序，也可以是众多媒体建构的共识性秩序，即公众基本认可的秩序。舆论秩序的情况要复杂得多，我们无法断言某家媒体可以形成一种新的舆论共识。同样的话题，在微博和微信两个平台的舆论场，讨论者对同一个议题的倾向性可能并不一致。我们所说的舆论秩序是指超越了舆论场的界限形成的舆论共识，而不能有选择性地把某个平台公共讨论的结果称作"舆论共识"。真正意义上的共识必然是一定时期在全社会范围内对某个公共事件的一致性意见，这种意见是经过巨大辩论形成的动态平衡而不是简单的认可。媒体记忆和舆论共识秩序的解构是认

---

① ［英］博登海默：《法理学法律哲学与法律方法》，邓正来译，中国政法大学出版社1999年版，第223页。

知秩序的解构，解构不是目的而是出于重新建构的需要采取的一种策略，二者相互解构，在解构中寻找建构的路径。

解构和建构无法割裂，假如只有对媒体记忆和舆论共识的解构而没有建构，我们生活的这个世界将会是什么样子？对此，尼采有个大胆的断言："人类的'记忆力'越差，他们的习俗就越是可怕。"① 习俗建立在共识之上，这种共识又是记忆的结晶。尼采敏锐地发现底层级的记忆对人类文明的消极影响。底层级的记忆是缺乏解构造成的记忆的固化，这种固化的记忆把人类社会定格在过去的某个阶段，当人们用现代眼光审视由底层级记忆建构的习俗性共识时，自然感觉到这类习俗的落后。这表明，解构的积极意义在于促进社会由低级向更高层级的进化。人的认知能力与其解构和建构的能力相关。缺乏解构的基本能力，记忆就成了纯粹的存量递增，而缺乏改造社会的功能。正如康德所说："低等能力就其自身来说是没有价值的，比如一个人可能有很强的记忆力，但若没有作判断的能力它就毫无意义。这样的人只是一个活字典。"② 康德否定只知道储存信息而缺乏批判精神的人。在对媒体记忆和舆论共识的解构过程中，解构的特殊作用是促进社会的进化。我们将进化视作特殊的否定之否定而不是消极意义上对原有事物的瓦解。记忆和共识都是一种判断，对它们的解构和建构离不开相应的判断力。解码者对媒体记忆的解构不是毫无章法的裁剪，而是将为重新建构之特殊需要而建构。姑且不论这种解码的正当性，单就判断能力而言，解构的动机在于把过去的有用信息用于理解今天的社会变动。同样，所有的舆论共识都是社会共识的组成部分，这样的共识也在解构着传统的社会记忆，包括影响媒体记忆的方式。这种共识可能在局部短时间有所退步，但从长远来看，舆论共识发展的趋势符合社会规律，即人类社会遵循由低级向高级发展的路径。媒体记忆和舆论共识的进化式解构无法在短时间得到验证，只能从长远来看发现这种进化的证据。以一个世纪前的公共卫生事件中的媒体记忆和舆论共识为例，不论是隔离措施还是戴口罩或者火化，这些科学防疫措施在当时都是离经叛道之举，媒体对这类措施的报道也不是全部的肯定，对于持怀疑或批评态度的媒体报道而言，由此形成的媒体记忆维护的是传统的观念，对科学防疫持肯定态度的报道形成的媒体记忆则是在解构传统观念。当时舆论也是对保守的观念称

① ［德］尼采：《论道德的谱系》，毕然、周红译，生活·读书·新知三联书店 1992 年版，第 52 页。

② ［德］康德：《论教育》，赵鹏、何兆武译，上海世纪出版集团 2005 年版，第 29 页。

赞者众多，随着科学防疫效果的显现，舆论开始发生变化，新的舆论共识提升了群体的低等认知能力，让大多数人开始实现对传统保守观念的自我解构，这样的媒体记忆和舆论共识经过了理性的认知和判断，体现的是进化式解构的积极影响。

媒体记忆与舆论共识天然地存在联系，二者互为主体、彼此渗透，在相互解构中使媒体记忆与舆论共识在更高层次上得以延续。

第二章　媒体记忆与舆论共识的类型、生态与模式

记忆和共识“定义了我们的身份，我们不断地将它用于教育、工作和休闲”①。一个民族和一个国家，如果没有自己的记忆和共识就不可能有属于这个民族和国家的真正成就。记忆—共识研究方面的文献给读者呈现的媒体记忆与舆论共识更多是理论层面的思考，与此同时，媒体记忆和舆论共识还是个实践色彩浓厚的议题，二者广泛地涉及社会生活的方方面面，联结着人和外部世界，并在社会发展过程中起着黏合剂的作用。实践指向的媒体记忆和舆论共识在面向现实问题时，也涉及它们所处的社会场域，这些场域是社会分工的结果，媒体记忆和舆论共识要发挥作用将不可避免地涉及其类型、所处的社会环境以及记忆、共识的生成模式。

第一节　媒体记忆与舆论共识的类型划分

记忆和共识作为客观存在物，有着各自的内涵和外延。随着记忆—共识研究的深入，研究者将记忆和共识划分为若干种类型，媒体记忆和舆论共识分别是记忆家族和共识家族中的一种类型。从认知角度将媒体记忆和舆论共识结合起来分析面临着新的问题：作为记忆分支之一的媒体记忆以及作为共识分支之一的舆论共识，二者还有无可以再次细分的可能？既然媒体记忆和舆论共识都从属于认知的范畴，它们的交叉是否带来记忆和共识的交融？伴随着这种交融是否出现记忆共识的新类型？带着这样的思考，本节尝试从时间、空间、存在以及情感四个维度解析媒体记忆与舆论共识的类型。

① Stainforth, E., “Collective Memory or the Right to be Forgotten? Cultures of Digital Memory and Forgetting in the European Union”, *Memory Studies*, 2021: 1.

一　媒体记忆与舆论共识的即时与延展

记忆和共识的类型通常提供的是单一的划分法，即以记忆/共识为原点，根据各自与社会领域的接触紧密的程度划分出若干个类型，媒体记忆和舆论共识即是各自分支派生而来的类型。随着研究的深入，有必要将媒体记忆和舆论共识置于同样的维度审视二者在类型方面的接近性，以便在保持各自独立的情况下找出具有联结记忆和共识的综合性类型。

媒体记忆和舆论共识与新闻传播的天然联结使记忆—共识具有基本的媒体属性。媒体的基本属性与时间相关，不论是新闻还是记忆、舆论以及在此基础上形成的共识，均不同程度地呈现出时效性特征。媒体记忆的对象属于曾经的新闻，这类信息的时效性在以新闻形式存在时这种特征相当显著，作为记忆存在时依然间接具备时效的要求，即媒体记忆的解码不是因为研究者的偶然发现而是当公共事件发生时，媒体记忆作为历史参考文本被公共讨论者有意识地提取出来，作为记忆文本具有合目的性的特征。这种合目的性反过来限制着记忆文本的有效性，即仅限于与公共事件具有类似属性时，此类记忆文本的历史认知价值凸显。随着公共事件的化解和舆论共识的形成，媒体记忆的参考价值退出记忆舞台，重新作为历史文本存在于媒体介质上。从时间的维度上看，这是即时类的媒体记忆。舆论共识与文化共识、社会共识在时效性方面也有明显区别，舆论共识缺乏足够的稳定性，属于动态类的共识。由新闻衍生出来的舆论，二者的因果性而被称作“新闻舆论”，这个概念强调新闻和舆论之间的生成秩序。传统的新闻理论认为新闻的时效不超过 72 小时，这是在新闻供给不够充分、新闻传播渠道单一的媒介环境下得出的结论。随着社交媒体的普及，新闻的生命周期普遍缩短，时效性特征得到强化，在这种情况下，新闻价值决定着新闻生命的长短和舆论的周期。一般认为，网络舆情事件（公共事件）的周期在 7 天左右。除非社会影响特别深远的事件，比如丰县事件就超过了一个月的时间，大多数的公共事件能够维系一周左右就已经比较典型。舆论共识是公共事件在舆论上引发公共讨论的产物，这种共识的形成标志着舆情事件接近尾声，而舆论共识所产生的社会影响也因此很快降低温度，逐渐退出公众视线。这表明，新舆论共识也具有类新闻的即时特征（72 小时的存活期）。

媒体记忆和舆论共识的即时特征为我们展现出一种新的类型：动态类的媒体记忆与舆论共识（简称“动态式记忆—共识”）。新闻传播研究和历史研究、社会研究不同的地方在于，前者需要在一个充满着不确定性的环境中观察与媒体相关的事物，由不确定性带来的变数增加了观察和研究的难度，这种难度不在于事物变化的速度而在于变量的不确定。自然科学研究在实验条件下通过设定诸多限制开展有针对性的实验，新闻传播研究的问题多数处于动态的变化之中，问题假设的有效性满足的是量化研究之需要，质化研究考验研究者思考问题的周全程度。新闻传播学对于公共事件的关注除了应用型的网络舆情研究以外，当我们尝试从媒体记忆与舆论共识的角度观察时，记忆—共识的动态变化是最为核心的要素。动态类的记忆—共识为我们观察公共事件提供一个相对稳定的类型，从这个类型中我们得到的是“历史的初稿”① 而不是被称作“理论”或“真理”的东西，但这并不降低这种初级知识形态存在物的价值。自从牛顿的力学揭示了物质运动的规律后，这个发现在哲学层面开始引发思维方式的革命，我们不必再对处于混沌期的事物持否定的态度，不必因为认识的困难而对难以把握的客观对象予以轻视。媒体记忆和舆论共识属于意识形态建构的产物，它们是阐述社会性认同的关键要素。② 媒体记忆和舆论共识在形式上具有动态性，记忆的解码/再编码在不断地解构和建构着新的媒体记忆，作为社交媒体舆论场的记忆—共识实践者通过对事实与记忆的加工重塑观念，动态式记忆—共识在公共讨论中以类“新闻+舆论”的方式参与到社会性共识的生产当中。“社会性共识”不同于通常意义上的“社会共识”，前者强调的是共识的新闻性与生成性，是处于形成阶段的舆论共识；后者强调的是具有稳态性的社会观念本身，是一种静态的观念形态。动态式记忆—共识是社会认知的存在方式，既保留了共识的稳定性要求又体现着共识发展的态势；既揭示了共识的时间逻辑也让人们从这种共识中看到共识的历史基础，又从这种历史变迁中可以判断其变化的逻辑。动态式记忆—共识的价值在于向社会成员敞开参与公共讨论的大门，所有用户与公共事件同步，作为社会历史的见证者和参与者参与社会发展的进程，人们可以在这个过程中运用自己的知识积累、凭借自己的媒介素养实现各自的公民权利。动态式记忆—共识是传媒技术发展到一定阶段的产物，离开现代媒介技术也就没有大众传媒，媒体记忆的垄断性和舆论共识的圈层化就难以被打破；社交媒体实现赋予所有用户平等参与公共讨论的可能性，为媒体

---

① Han, E. L., “Journalism and Mnemonic Practices in Chinese Social Media: Remembering Catastrophic Events on Weibo”, *Memory Studies*, 2020, 13 (2): 162.

② Gabel, I., “Historical Memory and Collective Identity: West Bank Settlers Reconstruct the Past”, *Media, Culture & Society*, 2013, 35 (2): 250.

记忆的解码/再编码提供便利，为全民意义上的舆论讨论奠定物质基础，也为舆论共识的迭代提供得天独厚的机遇。社交媒体让记忆—共识的即时性得到充分的发挥，催生出动态式记忆—共识这种新型的认知方式。

在媒体记忆和舆论共识的时间维度上，即时性带来的动态式记忆—共识只是其中的一种形式，媒体记忆和舆论共识还具有延展的特性。时间是人的主观意识虚构的一种存在，当时间借助工具按照某种刻度被规定之时，主观的时间就以这种方式获得客观实在性。时间用来计量事物存在的长与短，它可以是某个具体的点也可以是一条线。记忆—共识首先是作为某个具体的时间节点为人认知。在媒体记忆实践中，媒体呈现的时间主要是一个短暂的过程，这个过程对于人类社会来说充其量是一个节点；舆论共识的持续性相对于媒体记忆要长一些，这样的共识随时面临着被解构的危险，且这种解构也具有某种必然性。跟媒体记忆一样，在人类社会的发展过程中舆论共识面临着存续若干月还是若干年的期限问题。媒体记忆和舆论共识不仅是个单纯的节点，更重要的是它们也在联结着过去和现在，这种联结是时间的延展性驱动的结果。关于这种延展性，让-克罗德·高概（Jean-Claude Coquet）指出："只有现在是被经历的，过去与将来是视界，是从现在出发的视界。人们是根据现在来建立过去和投射将来的，一切都归于现在。"① 沿着高概的这个思路，不难发现媒体记忆的解码/再解码也属于现在，舆论共识更是处于现在进行时的状态。作为社会存在的"现在"并不满足于停留在现在，这种"现在"本身就包含着巨大的张力，它必然以"现在"为基点，向前和向后两个向度同时延展。

媒体记忆和舆论共识的延展首先是向后而非向前施加影响。高概关于"只有现在是被经历的"论断并不全面。现在是正在被经历的，但过去是已经被经历的，相比之下，"过去"这种经历的特殊价值在于它可以检视"现在"，向检视者展示过去与现在两种"经历"的经验与不足。媒体记忆编码的历史文本是否对后世有认知价值，这样的文本是否客观，最初的编码依据的理念是否经得起时间的检验，现在的公共事件引发的公共讨论对媒体记忆的解码/再编码问题，所有这些都属于典型的检视，也是媒体记忆向后的延展，这种延展得到的不是对媒体记忆文本的否定或改写而是对媒体记忆的积累和沉淀，赋予媒体记忆更为丰富的内涵，从而使媒体记忆获得新的生命力。舆论共识的延展也是从向后开始的，为新共识的形成

① ［法］让-克罗德·高概：《话语符号学》，王东亮译，北京大学出版社1997年版，第7页。

需要公共讨论者从历史的参照物中核验这种舆论共识的价值，而不会直接断言这样的共识对未来的实用价值。延展需要资本，经历就是延展的最好资本。在舆论共识实践中，作为现在的经历必然会从某一过去的经历中间接衡量其价值。历史上的公共事件不计其数，只要从包括媒体记忆的历史记忆中寻找例证，不难发现一定数量的类似事件及其产生的舆论共识。新的共识在通过历史镜鉴检视自身之余也是对过去舆论共识的积淀，因为最新的共识是否吸取了历史的经验和教训，通过对比就可以获取答案。对于超越历史认知的部分，这样的成果自然被积淀到同类的舆论共识之中。这样，媒体记忆和舆论共识借助现在和过去的“经历”，在两个不同的“视界”中以重新“经历”的方式延展和积淀，由此构成新型的积淀式记忆—共识。

作为记忆—共识的一种类型，积淀式记忆—共识的延展同样不会满足于仅仅对过去产生影响，这是因为，向后的延展不是目的而只是向前延展的必要手段。人类社会发展需要不断从历史素材中汲取经验，但人类的脚步从不会就此停滞不前，相反，从现在和过去中积聚能量为的是更好地迈向未来。公共事件是贯穿人类社会的一种特殊的联结方式，它联结着人类社会的过去与未来。公共事件的迭代升级是社会文明程度提升的内在要求，对于正在经历这类事件的社会成员来说并非福音，它对现在的经历者提出更高的要求，其中就包括媒体记忆的解码者/再编码者以及舆论共识的建构者（公共讨论者）具备“互联网存储和共享文化资源的能力”。[①] 这样的存储和共享受惠的不仅是现在的经历者也包括将来的社会成员，后者更需要从当代社会对媒体记忆的编码和舆论共识的建构中获知我们这个时代的社会风貌和整体的认知水平。指向未来的延展需要媒体记忆和舆论共识具备相应的未来意识，这种意识使现在的经历者突破利益和观念的羁绊，以超然的姿态看待当代社会的发展进程。我们的记忆和公共讨论既要考虑解决现实问题和书写这样的经历，更要权衡解决问题的手段和出发点是否符合人类社会的根本利益，这样一种摒弃了短视效应的长远利益符合记忆和共识的价值取向，最终有资格成为对未来公共事件经历者而言有参考价值的历史文本，并且是有益的、得到基本肯定的文本而不是被当作反面教材的文本，这样的记忆—共识被归入积淀式记忆—共识而不是被拒绝在历史认知的门外。

---

① Stainforth, E., “Collective Memory or the Right to be Forgotten? Cultures of Digital Memory and Forgetting in the European Union”, *Memory Studies*, 2021: 2.

时间维度上向前和向后的积淀式记忆—共识同时受制于现在。在这方面，高概的见解非常中肯。“现在”是时间的中枢，它以过去为参考规定着未来，现在和过去作为现实的经历赋予积累以实在的内容，未来作为可能的经历为记忆—共识提供经历的可能性。积淀的实在性以社会实践为基础，它遵循的是利益原则和公正原则，在确保自身利益和社会利益的基础上追求基本的社会公正，而符合公正是媒体记忆和舆论共识接纳这种实践的前提；积淀的可能性以媒体记忆和舆论共识的实在性为基础，它遵循的是历史原则和价值原则。记忆—共识实践者无法照搬过去，必须以亲身经历的方式面对他们要解决的公共事件，媒体记忆的解码/再编码以及舆论共识的解码与再建构需要的是借鉴，积淀式记忆—共识满足的是信息的镜鉴，这样的积淀越是符合记忆—共识的原则，其对未来的认知价值也就越大。

将时间维度的媒体记忆和舆论共识划分为动态式记忆—共识和积淀式记忆—共识两种类型，这样的划分以“现在”为出发点，以记忆和共识内在的力为依据，强调公共事件对媒体记忆和舆论共识的动态变化和不断积淀的重要性，并肯定多元化对媒体记忆和舆论共识的积极影响。

二　媒体记忆与舆论共识的平行与重叠

记忆和共识依赖于特定的空间作为存在的条件。相较于共识，记忆的空间属性更为明显，媒体记忆需要相应的媒介形式，不论是纸质媒体还是电子媒体，这些介质为媒体记忆提供着记忆生产所需的物质场所。即便是生命体的生物性记忆，大脑也在为记忆提供着物质场所。共识的空间特征虽不显著，同样无法离开必要的场所。共识给人的直觉印象是观念，至于这些观念所处的空间位置却未必受到关注。共识的载体（存在的场所）更多是各种社会生活的仪式，这样的仪式通过代代相传得以延续；共识存在于书籍、档案和媒体等介质上，也可以普遍地存在于人脑中。作为媒体延伸的舆论记忆跟媒体记忆一样，传统媒体、网络媒体以及未来的数字媒体无一例外全是这种共识存在的场所。“记忆的空间”和“共识的空间”可以理解为“记忆的场所”和“共识的空间”。爱德华·凯西（Edward Casey）认为：“正是凭借场所作为经验容器的稳力撑持，才有力地造就场所固有的可记忆性。”① 媒体记忆和舆论共识的物质载体（媒体

① Casey, E. S., *Remembering: A Phenomenological Study*, Bloomington, IN: Indiana University Press, 2009, pp. 186-187.

介质）的可记忆性蕴含着记忆—共识实践的成果，这些成果的认知价值超越时空的限制，为不同时代的人们对记忆—共识的利用提供了可能。

空间为媒体记忆和舆论共识提供的是存在的可能性，记忆—共识在空间的生成和演化需要相应的形式。时间维度塑造的是动态式记忆—共识和积淀式记忆—共识，这两种形态的媒体记忆和舆论共识满足着时间的即时和延展的需要。时间元素是纯粹的，它可以摈弃杂质为认知提供类似自然科学那些准确的数据；空间元素无法纯粹，除非在实验状态下，否则，现实空间就是一个充满着物质和观念的混杂的场所，空间的这种特性必然对认知造成某种干扰。哈布瓦赫认为："人们通常在社会之中才能获得他们的记忆。也正是在社会中，他们才能进行回忆、识别和对记忆加以定位。"① 同样，人们也只能在社会之中形成共识，是社会而不是个人的纯粹知性和纯粹理性促成的共识。即便是康德，他的思想也是在社会中逐渐形成的，离开牛顿、莱布尼茨、休谟和卢梭，康德的哲学体系也就无从筑起。空间既充满意识形态的分歧，也存在着利益冲突，此外还受到技术的影响。数字技术为人类社会创造出新型的存在空间，这种被称作"虚拟空间"的概念已经从概念变成了人类社会的"第二空间"。2021 年年底，当马克·扎克伯格（Mark Elliot Zuckerberg）将脸书（Facbook）改作"元宇宙"（meta-verse）时，大多数人未必理解这位社交媒体巨头的真实意图。进入 2022 年，"元宇宙"概念正在得到越来越多的认可。从阁楼化的现实空间到"浩瀚的"虚拟世界，人类可以同时在两个完全不同性质的世界里工作和生活，生存方式的这种革命性发展丝毫不亚于"哥白尼革命"对康德思维方式的影响，空间维度的媒体记忆和舆论共识就与空间的这种"革命"天然地产生联系。

在自然科学领域，多元宇宙理论认为这种宇宙涵盖一切的存在和可能的存在，在此基础上衍生出"平行宇宙"（parallel universes）等相关概念。不论是在现实空间还是虚拟空间，空间是各种不同矢量的力的交互作用达到某种平衡的结果。"力"的概念在这里再次被强调，在于空间语境下的媒体记忆和舆论共识也是各种力相互博弈的结果。交互的力有排斥的力也有相互吸引的力，这两种交互作用的力使媒体记忆和舆论共识获得空间维度上的存在方式，我们将之称作"排斥式记忆—共识"和"重叠式记忆—共识"，前者对应的是斥力的力，后者对应的是相互的引力。

---

① ［法］莫里斯·哈布瓦赫：《论集体记忆》，毕然、郭金华译，上海人民出版社 2002 年版，第 68 页。

平行宇宙带来思维方式的再次革命，它正在颠覆统治人类的单一宇宙的观念，承认在地外空间存在多个宇宙的可能性，认为这些宇宙分别独立存在着。这种看似荒诞不经的观念正在得到科学的验证，现在不会再将“平行宇宙”排斥在科学世界的门外。平行宇宙也是宇宙间引力和斥力达到平衡的产物，这对于我们理解媒体记忆和舆论共识的存在方式不乏启发意义。在媒体记忆实践中，多元社会带来不同价值观的对立，不同的新闻理论分歧造成媒体机构间的对立，这种对立是一种普遍性的客观存在。西方媒体所标榜的民主，实质上就是价值观的对立。在2020—2021年的美国总统选举期间，西方媒体的价值观对立现象表现得尤为突出，脸书、推特等社交媒体因与特朗普的价值观不同，可以对他的社交媒体账号进行永久性关闭，这是舆论场排斥力尖锐化的写照。在我国，虽然主流媒体和商业媒体、传统媒体和社交媒体之间的价值观和新闻理念大致接近，但并不等于不存在分歧和排斥现象，这造成新闻理念和事实呈现方式的差异。在2022年的俄乌冲突期间，全球范围内的媒体因为观念的分歧导致事实呈现可能出现迥然不同的情况。在媒体记忆实践中，将来社会必然从我们这个时代的新闻/记忆文本中获取关于这场冲突记忆的史料。媒体记忆是碎片化的，当将来社会在解码今天的这起超级重大公共事件时，呈现在他们面前的将是两种不同风格的叙事，而这样的“叙事”均以新闻事实的形式供解码者评判。新闻文本一经生产出来就作为历史文本向将来的社会传播，两种截然不同的叙事的客观存在为将来社会提供两个对立的记忆版本，这种相互排斥的新闻/记忆文本无论如何被解码者再度编码都无法调和报道逻辑的矛盾，由此造成的“史实冲突”恰恰是多元社会媒体记忆导致的。这样的冲突是斥力达到无法调和程度的产物，它们同时存在于现实空间和虚拟空间，这样的排斥对于将来的旁观者属于“平行文本”，我们从力学的角度将这类记忆视作排斥性记忆。至于形成于社交媒体的舆论共识，斥力堪称是这种共识的基因，共识在形成过程中遭受到的斥力的冲击更为明显。共识的实质是妥协，这种妥协不会出于自愿而是被迫让渡自己的某些权益，这是人作为社会成员的必然选择。在舆论场的公共讨论中，为说服持不同观点的讨论者需要从媒体记忆中寻找与之相反的观念，这类文本将对寻找相反意见的讨论者带来两种影响：要么为反对而反对，要么被这些异见所涵化。涵化是有限度地肯定，肯定是为了共识的形成，有限肯定是理性对讨论者的内在要求，否则舆论场的讨论秩序将受到破坏而失去讨论的氛围。涵化依然是保持各自的核心观念，用艺术的方式找到彼此共存的可能。舆论共识实践寻求的是斥力彼此作用后应该达到的暂时平衡状态，舆论共识的这种平衡状态是不同观念之间的平行存在，这种平行不是数学的两条线的自然平行或者人为假定的平行，而是类似于平行宇宙那样的共存，只不过舆论共识两种不同观念的共存具有阶段性，观念内部之间无时无刻不在相互涵化之中，向我们展示的是一种排斥式的共识状态。媒体记忆和舆论共识之间也有相互排斥性，我们将媒体记忆和舆论共识的排斥性综合起来，称之为排斥式记忆—共识。

如果说不同观念的相互排斥带来的是众声喧哗，媒体记忆和舆论共识也必然有其“静止”的一面，这种“静止”贯穿于两种不同矢量的力不断博弈的全过程。不论是在现实空间还是网络（虚拟）空间，也包括“元宇宙”所描绘的超级虚拟世界，人们对各种知识的普遍接受和对某种观念的基本认同，类似于自然界的吸引力，这决定着社会交往的可能性。维系社会存在的力量再多，引力无疑始终是其中一股不可或缺的力量；人类社会的矛盾再尖锐，在这种引力的作用下最终也可以得到调和。新闻理论强调新闻的客观性，客观性作为一种专业理念以命题的形式对媒体参与者提出新闻实践的规范性要求，但这并不等于媒体机构本身就是这种理念的结晶，恰恰相反，媒体机构是社会观念的代理人，人类社会有多少种主流的观念就必然有多少种代言这些理念的媒体机构。与此同时，作为社会观念代言人的媒体机构依然需要遵循行业的基本规范，这种规范是在媒体发展的历史过程中形成的，这些规范赋予媒体产品的标准化形式，无论价值观如何悬殊的媒体机构，各自所生成的新闻必须按照公认的新闻形式呈现出来。观念可以对立，新闻理念可以明显不同，而新闻/记忆文本需要按照基本的新闻/记忆范式进行生产，两者的冲突带来的不同力的交汇，以至于公众无法从新闻/记忆文本的形式上发现媒体机构之间的观念冲突。仔细审读不难发现内在的冲突，这表现在报道角度、事实选择以及语言修辞的运用和报道的倾向的有所侧重。当这些媒体共同存在于我们这个时代，有关同一公共事件的报道，解读的结果虽有不同但也多有交叉与重叠，这种重叠是一种事实上的“兼容”——将相同的事实和不同的观念糅合在一起，最终公众消费的正是这种兼容的信息。“兼容”并非媒体机构的新闻/记忆文本追求客观于平衡，而是当代社会的受众所接受的信息多元，这种状况的出现源于媒介环境的变化。

当代社会，社交媒体成为真正意义上的大众传媒，公众主要通过社交媒体平台获取信息。社交媒体的开放性为各种信息的传播提供着便利，真实和虚假、客观和歪曲的信息，在这个虚拟空间中共存，用户依据自己接触的信息进行判断，人们相信自己掌握的信息的权威性和全面性，坚信自己观念和意见的正确性，却忽略了信息传播者的目的性。信息发布者“为了进行某种宣传，就必须在公众与事件之间设置某些屏障”，“人们在直接接近他们所看到的事物时可能会产生误解，同时，又没有一个人能够决定他们将如何误解，除非他能决定他们到哪里去看和去看什么”。① 社交媒体塑造的媒介环境将各种信源同时展现在用户面前，这些信息既有当下的社会热点（包括公共事件），也充斥着各种媒体记忆的文本和主观性的意见（观念）。在社交媒体交流群里，几个人的小群就可能因为媒体记忆文本的真实性和观念的对立争辩不休，这些对立的记忆文本和观念交互存在，批评者在质疑与否定与自己看法相左的信息和观点时，也必须承认这些异己的事实/观念是一种客观的存在，记忆—共识实践需要在事与愿违的情况下保持着自己的实在性。只要承认我们无法将自己不相信/不喜欢的记忆文本和公共讨论中的反对者从虚拟空间中彻底清理出去，柏拉图式的“理想国”就只能是个人一厢情愿的想象。不仅虚拟空间是这样，现实空间更是如此，每个人都有自己否定的对象却无法将不受自己欢迎的人从这个星球上抹掉。因此，由既相互对立又相互依存的信息/观念所构成的兼容式记忆—共识就是一种客观的存在。

兼容式记忆—共识源于人类自身的生存需要。人作为有灵魂的生物，决定了这个物种的意志自由，而这种自由赋予了人的自主性，自主包含着天然的排他性，每个人都对他人怀有某些排斥性，这种排斥性在利益攸关的情境下表现得最为突出，比如，缺乏理性者可能因为片面强调自主和独立而导致个人主义。康德指出：“能够与个人主义相对抗的只有多元主义，即这样一种思想方式：不是在自身中把自己作为整个世界来研究，而是仅仅作为一个世界公民来观察和对待自身。”② 在传统媒体时代，社会交流主要通过人际交往的形式进行，媒体记忆和舆论共识受制于人际关系的影响，兼容式的记忆—共识在情感的限制性以形式的兼容而存在，即对记忆—共识的认同屈从于感情的因素。社交媒体放大了用户的个人主义倾向，只有在舆论场的公共讨论中，个人主义受到多元主义的制约，公共讨论者只能作为“用户之一员”来评判世界，这为相互对立的媒体记忆和舆论共识的兼容提供了可能。

兼容式记忆—共识更适宜于在现代社会土壤中生存，这与公共讨论形

---

① ［美］沃尔特·李普曼：《公众舆论》，阎克文、江红译，上海世纪出版集团 2006 年版，第 32 页。

② ［德］康德：《实用人类学》，邓晓芒译，上海世纪出版集团 2005 年版，第 7 页。

成的良性论证氛围有关。在社交媒体诞生前，兼容式记忆—共识同样存在，只是公共领域借助于传统媒体平台，兼容的特征难以得到充分展现。在这种媒介环境下，记忆—共识交汇的频率和冲突的激烈程度并不明显。这个时期的媒体记忆研究尚处于萌芽期，舆论共识被包含在广义的社会共识研究之中。罗尔斯（John Bordley Rawls）倡导的最合乎理性的“重叠共识”（Overlapping Consensus）已经得到广泛的认可。美国耶鲁法学院教授布鲁斯·艾克曼（Bruce Aikman）将重叠共识比作“桥梁”，认为这种理念“致力于解释对不同完备性的观点”，人们“应该努力建造通往自由国家的桥梁。虽然每一座桥梁看起来都不一样”。① 重叠共识是传统媒体环境下社会共识的存在方式，在社交媒体时代，媒体记忆被大量引入公共讨论，媒体记忆与舆论共识需要不同价值观的实践者彼此接受自己暂时无法认同的记忆文本和价值观。舆论共识的达成只能以各种文本和观念的不完善性为前提，在彼此交换信息和辩论中尽可能传播自己的思想，最低限度地接纳与自己相反的记忆文本和对立的观念。接纳的程度所占的比重不必太大，就已经证明自己置身于社会共同体的大家庭内，争论只是手段，最终兼容各种信息和观念才是根本目的。兼容式记忆—共识避免了认知方面的分歧过大所带来的社会秩序的紊乱，这种记忆—共识体的价值的现实意义也正在于此。

空间维度受社会力场的作用，排斥式记忆—共识和兼容式记忆—共识因为力的交汇的方式不同促成两种不同记忆—共识体的存在，它们使媒体记忆和舆论共识获得空间认知的合法性，在推进公共事件化解的过程中二者发挥着各自不同的作用。

三 媒体记忆与舆论共识的任性与理性

在记忆—共识实践中，不论是以符号/音像记载的事实还是观念的物化，它们的“可实现性和可取性可能会随着时间的推移而变化”②，这样的变化以曲线的形式呈现在我们面前。对记忆和共识的认知可能采取的是直线的认知方式，从某本著作或某篇论文的阐述中获取相关知识后因缺乏

---

① ［美］约翰·罗尔斯等：《政治自由主义：批评与辩护》，万俊人等译，广东人民出版社2003年版，第124页。

② Kellermanns，F. W.，Walter，J.，Lechner，C.，Floyd，S. W.，“The Lack of Consensus about Strategic Consensus：Advancing Theory and Research”，*Journal of Management*，2005，31（5）：719-737.

独立的思考导致这样的认知停留在表层，而这种表层的认知带来的是思维的固化和判断的片面。如果实践者无法意识到这个短板，理性的缺失带来的是任性的张扬，而任性和理性也在塑造着媒体记忆和舆论共识的形态。

媒体机构的记忆生产遵循新闻生产的基本规则，媒体记忆的编码和记忆文本的理性化通常不存在太大问题。然而，对媒体机构及其从业者理性构成日常挑战的不是媒体理念和新闻生产流程的摇摆，而是媒体要秉承专业理念所记录的社会变动是自然发生的。被媒体缔构的人/事由于被报道对象间利益诉求的不同而导致他们的非理性，媒体要忠实地报道新闻事实变动的过程，理性要求媒体从业者尊重事实，呈现出来的内容本身就充满着内在的逻辑矛盾。这样的矛盾因"新闻客观性"或者"新闻观点的平衡"等理念的盛行而被遮蔽了，这种专业理念在从业者那里变成天经地义的教条，忽视了受访者和当事人的任性对受众的影响。当媒体报道变成媒体记忆，解码者/再编码者主要是舆论场的公众，他们以任性的方式裁剪记忆文本的事实，这将影响到舆论共识的建构。公共讨论者的情绪化加剧了舆论场的非理性程度，这是任性介入记忆—舆论共识实践的结果。关于任性的成因，康德认为："任性就它以生理变异的方式（由于感性的动因）受到刺激而言，是感性的。"① 从康德的这个通俗解释可知，处于现实环境中的人不论是新闻报道的当事人还是舆论场的公共讨论者，外部环境的刺激使其不可避免地产生某些生理性的变异，这种变异最终以行为的任性表现出来。任性对媒体记忆生产（编码）的影响可以被专业理念所遮蔽，但在记忆文本的解码/再编码过程中，任性的影响变得显性化。在舆论场对公共事件的讨论过程中，自控力弱的讨论者对记忆文本的选择性裁剪、阐释，甚至可能曲解媒体记忆的事实，不能低估这种歪曲对形成舆论共识的消极影响。在涉及重大国际冲突的网络公共讨论中，我国社交媒体舆论场对这类事件的是非曲直解读历来存在多种声音。对立双方均以媒体提供的记忆文本为依据，在此基础上根据个人的价值观进行判断。这其中，不乏观点荒谬的讨论者，这类公共讨论者的任性属于康德定义的"动物性的任性"（arbitrium brutum），它"以生理变异的方式被必然化"，这样的讨论者不由自主地捍卫自己的价值观。对于绝大多数公共讨论者而言，他们的任性则是康德所界定的"人的任性"，这是"一种 arbitrium sensitivum［感性的任性］"，属于"liberum［自由的］，因为感性并不使其

① ［德］康德：《康德著作全集》（第3卷），李秋零译，中国人民大学出版社2005年版，第353—354页。

行为成为必然的”，因为“人固有一种独立于感性冲动的强迫而自行决定自己的能力”。①

任性是人的自然状态，但人的认知能力和意志自由将自己的任性限制在适度的区间，这是理性的胜利。媒体记忆依赖的媒体生产虽然给任性留下存在的合法性，但两种对立的任性（即报道对象间的利益或观念的冲突）共存于新闻文本中，随着时间的推移这种文本成为媒体记忆文本，呈现在将来的解码者/再编码者面前的记忆文本毕竟由理性所主导。同样，在舆论共识的建构中，解码/再编码的讨论者的任性也是对立的，两种任性的碰撞为理性的出场奠定基础，而理性是达成舆论共识的关键。理性是人类文明的使者，康德高度评价理性的作用：“理性只洞察它自己根据自己的规划产生的东西，它必须以自己按照不变的规律进行判断的原则走在前面”，避免“被自然独自用襻带牵着走”。人要摆脱任性的羁绊，需要理性“一手执其原则，另一手执它按照其原则设想出来的实验走向自然”，“以一个受任命的法官的身份迫使证人们回答自己向他们提出的问题”。② 媒体记忆源自理性原则，媒体机构身兼“法官”把关自己所缔构的信息。在媒体记忆文本的解码/再编码过程中，非专业的公共讨论者的任性主要通过舆论场的辩论得到矫正，公共讨论再激烈，舆论秩序所需的原则不会空场，社交媒体对于讨论秩序干预禁止的是动物性的讨论方式，这样的管理原则经过实践不断完善自身（微博、微信的管理制度就是处于不断完善之中）。意见领袖的任性降低他们的权威性，理性是维系意见领袖个人声誉的决定性力量，这个群体在舆论共识的形成中既要充当辩手，同时还要充当自己阵营的“法官”，这要求他们必须给理性留下足够的空间，舆论共识实践所需的妥协正是在这个地带进行交易。

任性和理性并存于每个人的灵魂当中，它们分别代表自己的欲望和自律，由此形成了人的两种自我生存状态：自然状态和公民状态。媒体记忆和舆论共识因为是典型的人造之物，这种记忆和共识也必然呈现两种状态，最终以自然状态式记忆—共识和公民状态式记忆—共识伴随着公共事件演化的全过程。

传媒业从传统媒体时代步入互联网时代，迫使这个行业告别封闭状

---

① ［德］康德：《康德著作全集》（第3卷），李秋零译，中国人民大学出版社2005年版，第354页。

② ［德］康德：《康德著作全集》（第3卷），李秋零译，中国人民大学出版社2005年版，第9页。

态，在信息的发布和传播环节向公众有限开放；随着社交媒体的出现，传媒业的开放程度进一步提升，用户的账户具有媒体的性质并在一定意义上与媒体机构展开竞争，新的媒介环境改变着媒体记忆的类型，也在塑造着全新的舆论共识形态。

社交媒体的匿名性放大了用户人性中的任性成分，用户可以隐匿真实身份在虚拟空间与他人交流（或交际）。单就交流而言，陌生人之间的单独交流并不具有真正的社会价值，参与公共讨论的集体交流才能体现社会价值。在这种交流过程中，讨论者是记忆文本的潜在供应者，他们可以从图书馆、档案馆、私人收藏或者数据库获取古今中外各类媒体资源，这些文献的贡献是随机的，在线检索则具有较强的目的性——用于即时的公共讨论之需。如前所述，作为公共议题的讨论者，社交媒体用户对于媒体记忆文本的使用具有任性的特征，这种任性是人的自然状态的行为状态。自然状态是一种与文明相对立的野蛮状态，康德从法权的角度对之进行界定："非法权状态，亦即其中没有分配正义的状态，叫做自然状态（status naturalis）。"① 在网络舆论场的公共讨论中，讨论者的匿名有助于讨论氛围的自由宽松，管理规则的宽泛只能将极端的言论和观点过滤或阻止在发布前，但对于没有处于极端状态的信息（言论/观点）而言，机器审核（过滤）无法阻止这些内容的即时发布。在自然状态下，讨论者对媒体记忆文本的再编码受到的限制较少，由不同文本的嫁接或同一文本不同内容的拼接所编码出的新文本，可能与原始的记忆文本有较大的出入。另外，媒体记忆文本并不会仅仅被消费一次，就像学术研究中的参考文献使用，同样的文献可以被不同时代的研究者多次重复使用，在这种相互引用中以讹传讹的风险也在增加。学术研究的规范性强尚且存在差错的可能，舆论场即时的公共讨论无法给讨论者以严格考据的充裕时间，除非这是一个可以脱离舆论场单独考证许久的理想主义者，否则错过讨论时机，记忆文本的考据也就失去了论辩的价值。临时性的急需加剧了公共讨论的自然状态，这种刚需刺激着讨论者获胜的欲望，大多数讨论者对论据（原始的记忆文本和再编码的记忆文本）的应用并不考虑自己的行为是否符合正义原则，正义的缺失塑造着记忆文本解码者/再编码者的利己取向。在这里，信息的加工和使用中的利己是一种信息的分发，当这种分发处于自然状态时，就是康德

① ［德］康德：《康德著作全集》（第6卷），李秋零译，中国人民大学出版社2007年版，第318—319页。

所描述的“没有分配正义的状态”，即信息分发的野蛮状态。媒体记忆在公共讨论中所处的这种状态构成另一种新的存在方式，我们将之称作“自然状态式媒体记忆”，指的是个体在社交媒体平台上对媒体记忆文本的使用具有随意性，这种随意受人的本能驱使造成缺乏对事实的基本尊重。不论我们是否愿意看到这种类型媒体记忆的解码/再编码，在社交媒体平台上这都是司空见惯的现象。

媒体记忆新旧文本的价值在于服务公共讨论，这是通往舆论共识的必经途径。社交媒体平台处于自然状态的公共讨论对媒体记忆的影响只是第一步，与此同时它也影响着舆论共识的形成。记忆文本解码/再编码过程中的自然状态影响的不仅是公共讨论秩序，更重要的是将对共识的品质产生影响。舆论场的自然状态塑造着特定的媒介环境，其中所有的元素将被打上自然状态的烙印。由此形成的舆论共识，我们称为“自然状态式舆论共识”。这种共识与文化共识、社会共识、科学共识不同的显著标识在于，它形成得快，存在的时间也缺乏持久性。康德在分析非法权所得的物品时对这类物品的所有权持悲观态度。他认为：“在自然状态下，某物虽然也能被获得，但只能被暂时获得。”① 观念持续的时间与其内在价值相关，舆论共识缘于公共事件对某个公共认知的瓦解，公共讨论的价值在于恢复被瓦解的某种观念秩序，避免造成具有破坏性的舆情事件。从这个意义上讲，我们应肯定自然状态对舆论共识的积极贡献，尽管这种暂时获得的共识无法持久（因为它是两种截然对立的力的势均力敌状态），但它为观念秩序的恢复赢得了宝贵的时间，在一定程度上消解了自然生态式舆论共识的非正义分配的消极影响。因此，对这种形式的共识应持宽容的态度。

自然状态式媒体记忆和自然状态式舆论共识作为公共讨论两个阶段的存在物，它们遵循舆论逻辑规定的次序共同促进公共事件从危机走向结束，我们把这个连体物称作“自然状态式记忆—共识”。因为自然状态信息采集、加工和分发的非正义，再编码的记忆文本和舆论共识一样，均呈现出临时性的特征，由此也决定了自然状态式记忆—共识的临时性。

假若网络舆论场只存在一种自然状态，记忆—共识实践的社会贡献度将受损许多。正如人类社会从低级向高级演化一样，舆论场对公共议

---

① ［德］康德：《康德著作全集》（第6卷），李秋零译，中国人民大学出版社2007年版，第272页。

题的讨论同样经历一个从低级状态向高级状态过渡的过程。所不同的是，这个过程通常只有 7 天左右的周期。人性中包含着任性和理性在总量上应该是均等的。如果两种力量在原初状态的分配就不公平，那么人在刚生下来时就可以被定性为“好人”或“坏人”，于是陷入性善论和性恶论的一元论的旋涡，无法得出符合常理的解释。任性和理性只能遵循等量原则，至于它们如何在一个人的人性中演化，关键在于外部环境和个体利益需求以及人的行为习惯。在未成年人阶段/人处于利益的激烈冲突情境中/匿名状态时，这样的环境有利于任性的存在，人就易于处于某种自然状态当中。这样的状态不可持久，否则社会秩序就像处于成长期的星系一样，结构的不稳定将造成结果的多种变数。关于这种不可持久性，康德指出：“在自然状态中毕竟可能有一种现实的、但仅仅暂时的外在的‘我的’和‘你的’。”他预言，人必然会过渡到一种理性的自治状态，这种状态最终通过法权的形式得到体现。康德继续写道：“在一种法权状态中、在一种公共立法的强制权之下，亦即在公民状态中，才是可能的。”① 舆论场不会只有匿名的讨论者，也必然存在相当数量的对个人言论负责的实名讨论者，同时也有平台的管理制度（类似于法权状态）在维系讨论秩序，所有这些人/制度为确保公共讨论的理性提供了可能。理性反映在公共讨论中，媒体记忆的权威文本和多种可对比文本的提供者以具有专业素质的用户为主，在线的数据检索也需要相应的媒介素养，任性虽然干扰着对媒体记忆文本的解码/再编码，但理性必然按照自己的原则对抗任性的行为。一旦媒体记忆实践具备了相应的理性，它就会指引记忆实践者将这种理性带入公共讨论（因为理性是人向成熟状态的过渡阶段，摆脱任性束缚的人不会轻易再返回先前的任性阶段）。假如没有理性的介入并逐渐压倒非理性（任性）的声音，舆论共识需要的妥协就不会出现。舆论共识实践的理性并非纯粹理性，它包含着偏好；理性也未必全部归属于善的范畴，但不论是向善禀赋还是向恶趋向的理性必然要求讨论者尊重公共讨论的秩序，告诫自己取得阶段性共识乃讨论之目的，自然载体的“你的”“我的”必须通过取舍变成一种“公共的”观念，这是公共讨论进入公民状态的基本条件。理性打造的公共讨论之公民状态体现的是讨论者的责任感，通过讨论求同存异。这样的缩小鸿沟的努力，在媒体记忆的解码/再编码和

---

① ［德］康德：《康德著作全集》（第 6 卷），李秋零译，中国人民大学出版社 2007 年版，第 264 页。

舆论共识的形成中逐渐摆脱自然状态，使媒体记忆和舆论共识分别从自然状态进入公民状态。先是形成公民状态式媒体记忆，在此基础上形成公民状态式舆论共识。从宏观的角度出发，我们将它们并称为“公民状态式记忆—共识”。

自然状态和公民状态的记忆—共识，分别构成媒体记忆和舆论共识的两种混合类型，它们存在于网络舆论场的公共讨论中，分别对公共事件的走势产生影响。

四 媒体记忆与社会共识的肯定与否定

媒体记忆和舆论共识的类型还可以从心理维度进行划分。伴随着思维过程而产生的情感、愿望等心理反应必然在人的行为中可以被直观，媒体记忆和舆论共识的实践者是现实生活中的人，他们的情感、愿望也会直接和间接地被融入媒体记忆的文本和舆论共识的观念之中。休谟关于情感主义的分析对理解记忆—共识与情感的关系颇有启发。在休谟看来，“道德与其说是一种判断之事，不如说是一种感觉之事”。甘绍平接着休谟的话分析道：“能够引发自豪或喜欢的事情，我们就会争取，能够导致羞耻或厌恶的事情，我们就会努力避免。”① 喜欢与厌恶这两种感觉，自然也对记忆—共识实践产生影响。媒体从业者和媒体记忆的解码/再编码者以及公共讨论者的感觉不同，自然影响到媒体记忆的生产和舆论共识的形成。当这种影响不是个别的实践者而是一个庞大的群体之时，社会心理中有多少类型的喜欢或厌恶就会形成多少种的媒体记忆和舆论共识，本书并非研究行为心理的专著，只能粗略地从心理维度分析情感因素对媒体记忆和舆论共识类型的影响。

至于何为情感，在康德看来，“与欲求或厌恶相结合的总是愉快（Lust）或不快（Unlust），而我们将愉快或不快之感受性称为情感（Gefihl）”。为防止将情感简单地理解成“愉快”或“不愉快”本身，康德补充说，“但反过来并非总是如此”。② 心理学研究者希望深入研究类似愉快和不愉快这样的情感，康德从道德哲学的角度出发提出了相反的意见：“我承认，关于快乐和不快、渴望和憎恶以及无数诸如此类的东西的解释，绝不是借助充分的分解所提供的，对于这种不可分解性，我并不感

① 甘绍平：《伦理学的当代建构》，中国发展出版社 2015 年版，第 78 页。

② ［德］康德：《道德底形上学》，李明辉译注，联经出版事业股份有限公司 2015 年版，第 15 页。

到惊奇。”① 将情感分作有限的几个种类，基本可以满足认识情感与行为的关系。就记忆—共识实践与情感的关系而言，可以从积极的情感和消极的情感两种形式中来认识媒体记忆和舆论共识心理维度的类型。这里，我们可以将积极的情感称为肯定性情感，将消极的情感称为否定性情感。在记忆—共识实践中，伴随愉快、勇敢而来的是对某些记忆对象和对某种观念的欣赏；伴随沮丧、愤怒而来的是对某些记忆对象和某种观念的厌恶。因为欣赏，促使媒体记忆的生产者编码者/解码者、公共议题的讨论者保持他们所肯定的对象；相反，厌恶带来的是行为主体对自己所厌恶的对象/观念的否定和逃避。

在机构化的媒体生产中，没有留给媒体从业者直接流露情感的余地，这并不等于情感就可以从新闻/记忆生产中消失，相反，情感总会通过其他方式曲折地反映出来。情感作为一种流动的力，是在压抑与反压抑中矛盾地存在着。斯宾诺莎（Baruch de Spinoza）不无感叹地说：“什么是意志，意志如何支配身体，差不多没有一个人知道，而那些自以为知道的人们设想灵魂有一定的位置和住所，又适足以引起别人的冷笑与厌恶。”② 既然意志在人的灵魂深处没有可以落脚的地方，情感同样也不会在这里以静止的方式被存放，它必然以间接的方式对媒体从业者施加影响。文字和其他表意符号、声调和编辑手段以及版面空间分布和广播电视解码的刊播顺序等，这些涵化手段本身就蕴含着媒体从业者的情感元素。对于行为主体厌恶的对象，情感要么被排除在缔构的大门之外，要么被淡化处理；对于行为主体欣赏的对象，情感将优先获得“生存”的资格，甚至以显著的形式优先被受众发现。当新闻文本变成记忆文本，媒体记忆编码者（初级编码者）的情感就被嵌入媒体记忆文本中，将来的媒体解码者（公众）可以间接感受到媒体机构及其从业者的情感偏向。作为媒体记忆的解码者/再编码者的公众（这里指参与公共讨论的社交媒体用户）可以选择不受专业规范的约束，这为情感在媒体记忆文本的再编码中被放大提供了可能。初级编码和二级编码的记忆文本，这两类编码者的情感（厌恶或欣赏）可能一致也可能刚好相反。二级编码对一致性情感的处理带来的是被重新编码的记忆文本情感特征的显性化，比如，对于过

---

① ［德］康德：《关于自然神学与道德的原则之明晰性的研究》，李秋零译//《康德著作全集·前批判时期著作Ⅱ（1757—1777）》（第2卷），中国人民大学出版社2004年版，第281页。

② ［荷兰］斯宾诺莎：《伦理学》，贺麟译，商务印书馆2017年版，第74页。

去新闻主角的厌恶/欣赏，经过社交媒体用户的加工后，厌恶/欣赏可以在初级文本的截图上插入评语或者在电视节目中以弹幕的形式插入即时的感受，在这类评语中，厌恶或欣赏变得不再隐晦。不同时代媒体记忆编码/再编码者相近情感的叠加让记忆文本的客观性受损，有的再编码者甚至通过篡改关键事实（视频内容可以再剪辑或拼凑），改变某个时期公众对原始的媒体记忆文本的理解。如果两种相反的情感在媒体记忆的再编码中相遇，情况反而显得戏剧性。比如，当过去某则新闻对某种社会现象或者事件、人物持否定态度时，媒体记忆的初级编码者过滤掉某些积极的信息时，媒体记忆的再编码者可能会补充初级编码者遗漏或回避的事实，这样，二级记忆文本的解码者（比如，公共讨论中的社交媒体用户）所认识到的历史事实反而变得相对全面，厌恶和欣赏两种截然对立的情感在文本的再编码中被稀释了，这种稀释类似于化学中的中和反应，最终受益的是“现在的”公众。肯定性情感和否定性情感在媒体记忆的编码/再编码中的影响使记忆文本处于动态的变化之中，我们将这种类型的媒体记忆称作厌恶/欣赏式媒体记忆。

与媒体记忆原始文本情感被压抑的路径刚好相反，舆论共识在建构伊始就是相当情绪化的，直到达成共识之后情感因素才逐渐受到有效的限制。即便如此，不少舆论共识的结果（观念）依然包含着情感的成分，有时这样的情感成分还相当地突出，重度的厌恶和特别的欣赏在不同的舆论场并存，符合自我口味的情感往往是某个特定的公共讨论活动。真正的网络舆论场必然是观念多元的场所，处于争辩阶段的公共讨论不会照顾某种特定的情感，所有的公共讨论者要么厌恶、要么欣赏其中一种情感。对置身于单一舆论场从不涉足异己力量所造就的舆论场的公共讨论者而言，无论是厌恶还是欣赏，这类讨论者在感觉上无疑处于愉快状态，因为不论是对厌恶的自由表达还是对欣赏的自由表达，无不满足了单一舆论场公共讨论者的精神需求（虽然这样的舆论场带有理想性质，但并不排除在特定时期这样的舆论场现实地存在过①）。在社会生活中，单一舆论场不仅出现的次数不多，而且这种舆论场持续的时间通常要久于正常情况下的舆论共识。这与舆论共识所依赖的特殊社会环境有关，它产生于跨地区、跨民族甚至跨国界的尖锐冲突，这种冲突的爆发经历了一个较长的过程，矛盾的解决也不会像普通的网络舆情事件那样因为新的事件很快出现，前一

---

① 在2022年2月开始的俄乌军事冲突中，双方的民众就这种冲突形成的舆论共识显然是严重对立的，即双方的舆论都认定对方的行为是错误的，而己方的行为是正义的。

个事件的讨论者急于从已经持续数日的争论中脱身，不得不匆忙地彼此妥协或者其中一方不再回应，这样的一种逃离是轻度的厌恶（对公共议题的喜新厌旧）造成的群体性离场。相反，跨地区、跨民族和跨国家的重大冲突以压倒性的巨大影响力将普通的新闻事件给湮没掉，这类冲突如果以战争的形式出现，持续的时间通常以月甚至以年为单位，虽然单一舆论场的舆论共识不会与之完全同步存在，但这类共识因为多是民族情感激发起来的爱国热情，这种热情以厌恶或欣赏两种形式平行存在，只是二者泾渭分明，难以彼此渗透。当这样的单一型情感持续存在，所产生的社会效果未必完全积极。由单一舆论场形成的这种舆论共识，两种严重对立的情感犹如一枚硬币的两面，必须同时存在于一种共识之中，所不同的是对自己的爱必然建立在对敌对者的恨的基础上，这与自然情感通常以某一类型的情感为主有关，比如对某个人的欣赏/厌恶，这样的情感不以对立的情感为基础，因此属于正常的道德情感。单一舆论场舆论共识中的情感共同体则不同，是两种不同力的情感在形式的平衡而本质上的绝对不对等（甚至其中一方的力因为被视为极度的恶而处于相对静止状态），这种非常态化的单极情感一旦在舆论场持续的时间超于舆论共识正常的生命周期（7 天左右），单极情感将因为亢奋过度而带来某些消极影响。这类似于神经衰弱出现的精神亢奋，由于群体性的高度紧张而产生的某种病态反应，不论是重度的厌恶还是超级的赞美（欣赏的最高级形式）都可能伴随着某种社会危害。尼采在分析厌恶这种情感的社会危害时指出："造成最大的灾祸的原因不是严重的恐惧而是对人的深刻厌恶和怜悯，这两种情感一旦合二而一就势不可免地立即产出世上最大的灾难：即人的'最后意志'，他的虚无意志，他的虚无主义。"① 舆论共识是群体性情绪（在公共讨论中，群体性的情感转变成可感的甚至是可怕的情绪）处于舆论场这个"火红的锅炉"中，厌恶/欣赏的边界围栏被全部拆除，单极情感把异己的情感欣赏/厌恶仅仅当作一种象征性的情感，后者的作用在于是被彻底抨击的靶子，不再被允许有反驳的力量。这种"大一统"的情感造成的是对异己的全盘否定，与此同时，理所当然地是对自己的全盘肯定，可想而知，这种失去异己的单极情感带来的正是尼采所说的"虚无主义"：不承认异己对象的存在，虽然他们明知自己的这种认知并不属实却坚决拒绝接受现实。尼采用"巨大的灾祸"来形容单极情感长期存在对

---

① ［德］尼采：《论道德的谱系》，毕然、周红译，生活·读书·新知三联书店 1992 年版，第 108 页。

个体的严重危害，这同样也适用于群体的情绪极化。这种情绪必然将媒体记忆的文本仅仅当作维护舆论共识的手段而丝毫不考虑目的正当与否，虚无主义的普遍存在将导致判断的群体性片面，使得整个社会的理性程度在短期内明显下降，因为这是群体性不正常的情感导致情感中的自利倾向，这种自利倾向带来的是公众的立场变化。对这种社会病症的治疗只能倚赖道德。“自然德性是对人工德性所体现的个体自利立场的一种超越，其内容就体现在对善举的爱好、对恶行的厌恶。”① 当德性以德行的方式从人的意志中按照道德法则指导人的行为时，当这种德行首先从意见领袖开始显现并逐渐成为舆论场的公共讨论风尚时，单极情感的热度随之逐渐降温，随着异己的情感重新回到舆论场，我们将上述舆论共识称作“单极式共识”（其实也可以称作单极式记忆—共识，只是记忆在这里是共识的手段和附庸，失去了应用的独立性）。

单极式共识只是情感与行动影响舆论共识的特殊形式，更常见的是厌恶/欣赏作为两种现实的力处于博弈之中。和其他维度的记忆—共识不同的是，情感的博弈首先是在一个人灵魂内部展开的自我博弈，其次是在相同观念的讨论者群体内的博弈，最后是在对立观念的群体之间的博弈。至于厌恶/欣赏的对象，有时候连舆论共识实践者都无法保持逻辑的一致性。厌恶/欣赏这两种感觉极容易受到外部环境的影响，二者的主次缺乏稳定性，对自己和自己对外部的厌恶/欣赏带来的否定与肯定处于波动之中，在公共讨论中这种波动尤其明显。一方占有的媒体记忆文本数量越多，其情感就更容易产生波动，这种波动和情感的强化与异化没有直接关系，因为厌恶或欣赏都是刺激人的神经，情感随之产生量的，甚至是质的变化。在舆论共识实践中，公共讨论者的意见受到的肯定居多，由此产生的是肯定性情感（积极的情感）。怀有这样的一种情感，对于讨论者及其所在群体来说，“激起意志朝着保持它或产生它——如果它是现实地呈现出来的则保持它，如果它只是在观念中再现出来的则产生它——的方向行动”②。在这里，虽然西季威克（Henry Sidgwick）谈论的意志是肯定性的（伦理学意义上的快乐），但意志与行动的关系也适合否定性情感，即我们强调的厌恶。与肯定性情感的保持一样，否定性情感（厌恶）同样会在一种观念中被保持或产生，因为公共讨论中的厌恶情感是讨论者观念产生的感

① 甘绍平：《伦理学的当代建构》，中国发展出版社 2015 年版，第 181 页。

② ［英］亨利·西季威克：《伦理学方法》，廖申白译，中国社会科学出版社 1993 年版，第 65 页。

觉，观念的稳定性决定着某种情感的相对稳定。比如，一个讨论者对某类记忆文本的欣赏/厌恶感觉，虽然不会出现单极式记忆—共识中的极端情况但也相对稳定，除非遇到重大变化导致情感的逆转。在公共讨论中，公共讨论者的情感先行（他们在看到有关公共事件的报道以及对相关媒体记忆的解码时就已经自动启动“情感按钮”），这种情感是厌恶和欣赏的混合体，因为公共事件带给公共讨论者的既有肯定性情感也有否定性情感。正如鲁迅在《摩罗诗力说》中所说的“悲哀所以哀其不幸，疾视所以怒其不争”①，参与公共讨论的社交媒体用户对于公共事件中的受害者/施害者，要么“哀其不幸”，要么“怒其不争”，无论是厌恶还是怜悯（欣赏的最低级形式），必然在他们的言论中表现出来，而这样的情感在舆论场的发酵产生的力量不可低估。正如斯宾诺莎所说：“人的情感如果不能表示人的力量和技巧，但至少足以表示自然的力量和自然的创造的技巧。”② 讨论者观念的分野造成群体性情感的博弈，这些情感通过高情商讨论者的精心表达，在舆论场产生更大的影响。踊跃参与公共讨论的用户一旦从利用情感表达技巧赢得舆论关注这样的好处，他们便会自觉地在随后的舆论共识实践中有意识地沿袭这样的表达方式，进而变成一种发言习惯。西季威克发现：“习惯的作用常常有相反的效果：使一开始无差别的或甚至不合意的活动变得令人愉快。”③ 为形成舆论共识所沿用的习惯，公共讨论者的表达行为中包含着情感的成分，习惯于激将法的讨论，可能从他们所谓的“钓鱼”行为中获得快感。情感，不论是肯定性还是否定性的情感，就这样同时作用于舆论共识的形成，我们将常规状态的情感作用舆论共识的方式称作“厌恶/欣赏式共识”（也可以称作“双极式共识”）。

媒体记忆和舆论共识在公共事件中所处的次序不同，但情感对记忆—共识实践的影响却无处不在，我们将之称作厌恶式记忆—共识和欣赏式记忆—共识。为和前面的表述统一，也可以合称为厌恶/欣赏式记忆—共识。并且，后一种称谓更合乎公共讨论的实际情况，因为厌恶/欣赏无法从讨论者的灵魂中截然分开，它们是连体的情感或感觉，这样的感性看似矛盾实则真实地影响着媒体记忆的再编码和舆论共识的形成。媒体记忆的解

① 李国涛：《怀念随笔文体》，北岳文艺出版社 2017 年版，第 268 页。

② ［荷兰］斯宾诺莎：《伦理学》，贺麟译，商务印书馆 2017 年版，第 214 页。

③ ［英］亨利·西季威克：《伦理学方法》，廖申白译，中国社会科学出版社 1993 年版，第 207 页。

码/再编码和舆论共识所需的公共讨论的质量在于实践者养成良好的情感表达习惯，通过道德行为来矫正片面的厌恶/欣赏的不良习惯，以避免媒体记忆文本被不良情感所污染，促进公共讨论的理性成分，提升舆论共识的品质。

第二节　媒体记忆与舆论共识的生态系统

作为现代社会生活的两个分支，媒体记忆与舆论共识必然存在于人类社会这个大环境之中。人类的存在既离不开自然环境的造化，也离不开自我创造的社会环境的滋养。社会环境有全球和区域之别，区域形成的社会环境既有一定的独立性也受制于全球性社会环境的影响，因为“环境没有国界”，影响一个国家“环境的一切也会影响其周边国家，造成的问题不只是环境的，随后也可能是社会的和政治的”。[①] 社会发展所需要的各个领域毫无例外地也有自己的分支系统，这些系统通常被称作相应的生态系统，比如，传媒业所依赖的行业生态环境就被称作媒介生态环境（简称“媒介生态”），与之紧密相关是舆论生态环境（简称“舆论生态”）。在多元社会中，媒介生态和舆论生态属于上层建筑，是意识形态领域最为活跃的部分，这两种生态环境受到外部环境的影响更为明显。构成媒体记忆和舆论共识的生态环境有哪些，究竟什么样的环境氛围适合它们的发展，这是一个看似简单却相当复杂的理论和实践问题。

一　政治生态：媒体记忆与舆论共识的“当然正义”

现代社会，社会科学成为显学，每个社会领域都有与之相对应的专业学科，取得的成果也有目共睹。至于这些理论建树对社会发展的实际贡献度如何，哈耶克（Friedrich August von Hayek）的结论比较悲观：“社会科学对我们理解社会现象贡献甚少。”[②] 我们无法评价他的这个论断的真实性，但就记忆—共识研究情况来看，哈耶克的判断值得反思。对媒体记忆和舆论共识的认识要帮助公众真正理解记忆—共识所处的社会环境，无疑应该从政治生态系统开始。

---

① ［法］R. 舍普：《技术帝国》，刘莉译，生活·读书·新知三联书店 2004 年版，第 85 页。

② ［美］尼尔·波斯曼：《技术垄断》，何道宽译，北京大学出版社 2007 年版，第 86 页。

从微观层面看，记忆—共识建构的事实和观念是人/机构和公众共同努力的结果，无论是记忆还是共识只是某些人/机构出于某种需要活动的对象/结果。媒体记忆的实践主体是媒体机构及其从业者，在解码和编码环节主体是非确定性的公众（讨论者/研究者）；舆论共识的实践者则是作为公共讨论者的社交媒体用户（公众）。媒体记忆借助的工具是采访、新闻制作设备以及社交媒体，舆论共识所借助的工具主要是各类社交性质的媒介物。微观层面揭示的是有形的记忆—共识实践，但这样的实践活动是在社会环境中进行的，对社会环境影响最大的是政治因素，由政治因素形成的生态环境对社会所有领域产生影响。媒体记忆和舆论共识的意识形态属性使其被置于上层建筑的空间场域，记忆—共识实践不可避免地被打上了时代的烙印，其中政治生态给社会成员和人造物嵌入的基因最为直接和重要，所有的媒体记忆和舆论共识都包含着某个特定历史阶段的政治因素。

政治生态以当然的正义对媒体记忆和舆论共识施加影响。正义提供的是道德的或政治的标准，道德标准遵循的是传统原则，历史上形成的道德规范要求某个国家跨时代的社会成员共同遵守，这种标准的变化相当缓慢。正义所代表的政治标准也具有稳定性，相对于道德标准而言反而显得相对“活跃”，随着社会的发展，这样的标准的生命周期呈现出缩短的趋势。不论这样的标准发挥作用的有效期是长还是短，它们对媒体记忆的影响无处不在，对于舆论共识的影响更为明显。政治标准的力量何以如此强大？通常，人们将其简单地归结于公权力，好像这种权力直接干预着社会生活的方方面面。所谓“当然的正义”，显然是在找不到理论依据下的一种遁词。在伦理学中，只有纯粹的“应然”和作为实践结果的“实然”。至于“当然”，只有在某个对象被认定为理所应当的功利或公设时，这个概念才能获得某种可能的合法性。所谓公理或公设，指的是某门学科中不需要证明而必须加以承认的某些陈述或命题，即“不证自明”的命题。关于公设，康德认为：“所谓公设（Postulat），拉丁语的原意是‘要求’”，因为某个理念不可证明“但却是实践理性的要求，是道德实践的必要条件”，在这种意义上，对该理念的认可“也就不是知识，而是信仰”。[①] 按照这样的思路，政治诉求应该属于实践理性的“公设”，因为这样的诉求具有理想色彩，它具有信仰的性质。媒体记忆是新闻实践的产

---

① ［德］康德：《单纯理性限度内的宗教·中译本导言》，李秋零译，商务印书馆 2012 年版，第 xvi 页。

物，依赖的新闻理念虽然以真实、客观的形式生产文本，但政治生态所包含的政治公设必然影响着记忆的编码者和解码者；舆论共识的实践者表面上看是个体身份的人（讨论者），真正有影响的实践者必然是某种政治诉求的代言人，他们以各自所代表的政治公设——所谓的当然的正义——发表看法或表达诉求。媒体的新闻/记忆生产在遵循新闻真实性原则的同时也间接地接受舆论导向的宣传原则，在新闻/记忆文本中，公设的排他性过滤了某些不符合其要求的内容；舆论共识遵循的是接近性原则，共识是妥协的产物，妥协的实质是部分否定。在舆论场的公共讨论中，过滤某些观点依据的原则是正确性原则，即观点的存在需要具有某种合法性，这种合法性强调的是即时（现阶段）的合法性，否则就会遭到“当然的正义”这种公设的抵制。记忆—共识的文本属于知识的初级形态，而“一切知识都必须根据我们的本能信仰而建立起来，如果这些本能信仰被否定，便一无所有了”。罗素慎重地指出，在由信仰所形成的知识中，“不应该互相抵触，而应当构成一个和谐的体系”，然而，“其中的任何一条都有可能是错误的，因此对一切信仰都至少应当稍有存疑”。① 只要稍微回顾一种重复性发生的公共事件（比如公共卫生事件），从不同历史时期媒体提供的记忆—共识文本中很容易发现对待某个行为的是非曲直的判断可能前后迥异。对于这种现象的溯源，经常发现是“当然的正义”的公设条件发生变化所致。比如，关于卫生紧急状态下是否需要佩戴口罩，半个世纪前的媒体记忆和当代的新闻、当时的舆论共识和今天的舆论共识存在明显的差异。如果将这样的记忆—共识构成的冲突引入政治生态这个评判标准，将意外发现对立的文本居然都有与之相对应的“当然的正义”。

应然塑造的是建立在纯粹理性上符合道德规范的信念，“当然的正义”以公设的形式将媒体记忆和舆论共识分别塑造成一种理所应当的“真实”，后者蕴含着公设所要求无可置疑的正确，并且在某些历史阶段内这样的“当然的正义”在特定群体中成为一种集体无意识。反映在传媒业，媒体机构及其从业者的媒体实践不可避免受到政治生态的影响，当这种生态具有社会性信仰的性质时，作为“把关人”的他们的全部实践活动将自动通过某种公设的审核，将来社会将从当代社会的新闻/记忆文本中看到的是媒体记忆初级编码者“信以为真”的历史，这样的“真实”无论是对于处于新闻阶段的记忆文本还是作为应用阶段的记忆文本，只要政治生态没有出现断层，由某种“当然的正义”形成的公设就继续发挥

① ［英］伯兰特·罗素：《哲学问题》，何兆武译，商务印书馆2007年版，第17页。

作用，媒体记忆将不同历史时期的社会成员以政治性“集体无意识”的方式把一种公设延续下去。舆论共识的生命周期虽短，这样的共识看似个体性，但站在政治生态的角度看，所有的舆论共识（公共事件中多元的群体性态度）却只有两种：合乎政治诉求的“当然的正义”共识和违背政治诉求的“当然的非正义”共识。这样，媒体记忆和舆论共识塑造的社会史和观念史在当然的正义的要求下得到了现实逻辑的统一，这种原则下的历史记忆—共识文本变成了法定的当代史。

政治生态对于社会的存在和发展贡献巨大。社会原本是松散的联结体，如何将异质的观念和冲突的利益组合在一起并使之呈现出稳定性和连续性，需要一种看不见的力量将这个联结体构建成整体。社会学意义上的整体无非部分的集合概念。大众传媒是一种强有力的黏合剂，以媒介的形式将社会成员（包括他们所从属的行业领域）聚集起来，通过提供标准化的“事实”作为历史素材；将新闻形成的舆论进行观念的联合与统一，保持对立观念的动态平衡。假如没有稳定且良性的政治生态，从这种“土壤”中建构的记忆—共识将必然是病理学意义上的文本。从这个意义上说，政治生态是媒体记忆和舆论共识的“护花使者”，这种生态规定着媒体记忆和舆论共识的方向。关于政治生态的这种黏合功能，在孟德斯鸠（Charles Louis Montesquieu）看来，尽管政治生态提供的公设“乃是模糊之物：实乃和之联合，据此，所有派系（toutes les parties），即使他们看似对立，仍能为社会之公益而协力，正如音乐中些许不谐之音却能够和谐于整体”。① 传媒业造就的不会只是一家媒体机构，政治生态依赖的是将部分整体化，通过抽象理念将不同的力量团结在一起。媒体记忆是一个时代的媒体机构共同塑造的历史文本，舆论共识是一个时代的公众共同承认的观念文本，这两种文本体现的由政治生态所肯定的“当然的正义”不过是将政治诉求的理想变为现实。即便如此，这种由媒体机构和公众舆论提供的记忆—共识文本与实际情况存在一定的距离（即不能将新闻/记忆文本当作真正的社会事实/社会观念）。假如时光可以倒流，“过去”（媒体记忆文本中的新闻现场）呈现的情形与记忆文本能否真正吻合，相信是个颇有戏剧性的问题。即便我们无法回到过去，从不同媒体机构、不同国家的媒体档案中对比也可以发现同样历史事实的面貌有较大的出入。关于这一点，同样可以从当代全球范围内不同国家的媒体机构对重大公共事

---

① ［意］G. 萨托利：《政党与政党体制·前言》，王明进译，商务印书馆 2006 年版，第 15 页。

件的新闻/记忆文本中检测上述分析的可靠性。至少，在类似俄乌冲突的伤亡人数方面，不同国家的媒体这类硬事实的披露就让公众难以确信何者更为可信。同样，围绕这类行为的是非曲直，双方都斩钉截铁地宣称自己理所应当就是“正义”的化身。这样的各执一词在社交媒体的舆论场更为普遍，在未形成舆论共识之前，有的用户还将虚拟空间的争执转移到现实空间，发生肢体冲突。① 这表明，建立在“当然的正义”原则之上的媒体记忆和舆论共识给人以实然的公设之印象，但是，这类现实性质的“当然”更适合用“好像”来表示“当然”这个概念。或者说，“‘共识’是一个特别强大的网络的比喻，这个网络允许各种行为者‘好像’他们都在做同样的事情，思考同样的事情（也就是说，‘好像’有统一性）”。②

对于人类社会而言，政治生态就像普照在大地上的阳光一样，如果没有大地对这种能量的接收和储存，它就失去了实存的可能。政治生态为社会生活提供的规则不像法律文本以明令禁止的方式禁止某些行为（事实上没有违规也就没有法律的禁止，这是一对矛盾），政治生态对社会成员的影响是间接的和潜移默化的。政治传播不再像20世纪上半叶一些国家的领袖喜欢定期在广场或者广播电视上向公众公开演讲，而是借助媒体将政治主张和精神隐藏在新闻报道中，通过对事实的涵化使报道的事实具有观念的影响力，这样的影响随着新闻文本变成记忆文本，政治诉求的对象穿越时空，对将来产生间接的影响。在网络媒体和社交媒体诞生前，舆论共识也需要借助大众传媒进行传播，传统媒体时期的舆论共识据此可以被视作媒体生产的一部分，自然也是媒体记忆生产的对象。40年前的记忆文本，解码的内容不纯粹是事实，也包括共识之类的主观信息，它们在经过媒体编码的过程中，原来的政治生态必然被媒体间接地有所改造（过滤和加工）。当代的舆论共识因具备相应的新闻价值同样是媒体报道的对象，由这类共识的宽泛所造成的“好像”正确，在经过媒体编码时，媒体机构及其从业者必然遵循现阶段政治生态的诉求进行专业化处理，使媒体信息被赋予隐形的政治元素。麦克卢汉在分析信息与政治的关系时转述伊尼斯（Harold Adams Innis）的观点：“任何信息传播过程中的变化必然

---

① 《上海复兴公园里，二个退休老人为各自支持的俄罗斯和乌克兰动手打架》，网易2022年3月4日，https：//c. m. 163. com/news/v/VW0N48RTM. html。

② Halfon. S.，“The Disunity of Consensus：International Population Policy Coordination as Socio-Technical Practice”，*Social Studies of Science*，2006，36（5）：783-807.

要引起一切社会模式的调整，教育模式、政治权力的环境都要随之调整。他把新媒介当作基本的经济资源来研究。"① 麦克卢汉和伊尼斯站在信息传播角度阐述信息在传播过程中受到政治生态的影响，我们讨论的媒体记忆、舆论共识和政治生态之间的关系，既包括记忆—共识在编码/建构阶段由媒体机构和社交媒体用户充当把关人角色，自动对相关信息进行的筛选、加工，也包括媒体记忆在传播过程中的解码与再编码，更包括舆论共识在生成过程中的群体性加工。可以说，在记忆—共识实践中，政治生态（超越时空的政治诉求，包括截然对立的这种诉求）以自己的方式对记忆—共识产生影响。也就是说，当我们将政治生态作为研究媒体记忆和舆论共识的一个维度，政治诉求与社会信息之间的塑造与被塑造的关系就很容易被观察到。

纯粹概念的政治生态并不包括任何的质料，当政治生态被仅仅用作研究媒体记忆和舆论共识的一个维度时，需要将经验事实中的政治生态所包含的质料重新填充进来。这种生态体现的政治诉求相当混沌，几乎囊括了全部的政治诉求而且充满内在的矛盾，只是这种矛盾通常以隐晦的方式出现，公众几乎注意不到其成分的复杂性。由于政治生态包含的诉求太多，生态内部的力量并不会始终保持不变，这种内部力量的变化也将影响到记忆—共识实践。受这种变化的影响，政治生态成为媒体记忆和舆论共识发展过程中的一个变量。萨托利将这种变量假定为一个独立变量（independent variable），意在揭示政治生态"塑造了（而不是认为他们只反映了）政治社会"。② 作为媒体记忆和舆论共识的变量，政治生态采取曲折的方式（比如象征）——借助媒体——来强化公众所强调的某种诉求的正当性。报纸杂志的文字、广播节目的声音和电视节目的画面，这些形式的表意符号因为通用而造成公众感官的审美疲劳，难以有效刺激公众的感官。舆论共识所代表的观念也需要借助某些特定的符号来表达，而不是用静态的文本文字阐述群体性的主张。在这种情况下，熟悉信息传播规律的媒体从业者以及具备一定媒介素养的社交媒体用户通过精心选择某些简单和新颖的创意符号，将其赋予某种特定的内涵，引导公众朝着预期的

---

① ［加］马歇尔·麦克卢汉著，斯蒂芬妮·麦克卢汉、戴维·斯坦斯编：《麦克卢汉如是说——理解我》，何道宽译，中国人民大学出版社 2006 年版，第 27 页。

② ［意］G. 萨托利：《政党与政党体制·前言》，王明进译，商务印书馆 2006 年版，第 1 页。

方向思考。至于媒体用何种符号叙事以及这样的叙事可以传递什么样的信息，舆论场的意见领袖用何种方式宣传某一主张以及如何让更多的讨论者站在自己的一边，都离不开精心的策划和艺术性的创造。特定的符号一经创造出来并且得到多数人的注意，这些符号的传播效果增强带来媒体记忆文本传播的可能性，这样的新闻文本不再是明日黄花而具有历史认知价值。同样，舆论共识的形成以及共识的艺术化表达也将在将来发生的类似性质的公共事件中得以延续，引导将来的讨论者继承或在这个共识表达的基础上进行改造，以便将这种观念延续下去。在媒体记忆实践中，新闻生产的规范化限制着创造性表达的自由空间。即便如此，在广播节目和电视节目中，甚至在广告和副刊类版面中，媒体从业者的创造力依然有发挥的余地。至于社交媒体的公共讨论，表达的样式所积累的数字资产，对于语言的效果研究来说将是一笔不可估量的财富。舆论共识需要打破常规的另类表达，这样的表达因为足够刺激而被创造出来。这种创造性可以从每年三八妇女节对女性地位的艺术表达中得到验证，2022 年妇女节期间，连服装表演都可能包含着女性的权利诉求，这种诉求却是以美艳的艺术方式进行展示。由符合政治生态审美的艺术创造而诞生的表意符号同样需要符合“当然的正义”原则，这意味着它们获得了生存和传播的合法性。在波斯曼（Neil Postman）看来，“亵渎是对一个符号威力表示至高礼赞的形式之一”，不同诉求的人们需要“认真对待符号”。①

政治生态的长期性塑造着公众对符合主流政治诉求的媒体记忆文本和舆论共识文本的特殊兴趣。记忆—共识实践培养群体性的兴趣。然而，媒体记忆是以客观事实吸引人，舆论共识以主观性信息（观念）打动人，媒体记忆和舆论共识对兴趣的要求存在差异。怀特海（Alfred North Whitehead）指出：“兴趣和重要性是精确区分感性材料的主要的原因”，“重要性产生兴趣，兴趣导致区分”。② 新闻价值原则强调事实的重要程度，这是在为新闻文本向记忆文本的过渡开辟道路。没有新闻价值的事实以变通的方式被媒体缔构，但得缔构者要向将来进行传播时就失去了力量。政治生态为媒体内容输入爱国的元素，一件原本普通的事情因为爱国这个变量的引入反而可能成为舆论场关注的对象。这样的事例在特定的历史时期受到关注，比如，一个孩子的自立可能成为轰动一时的新闻，甚至

① ［美］尼尔·波斯曼：《技术垄断》，何道宽译，北京大学出版社 2007 年版，第 98 页。

② ［美］怀特海：《思维方式》，刘放桐译，商务印书馆 2004 年版，第 30 页。

被贴上英雄的标签。① 政治生态通过媒体对公众兴趣的培养使这类兴趣也具有“当然的正义”色彩，这样的兴趣由感性材料组成，由于这种兴趣跟政治生态这个变量的指针相吻合，至少在某个时间段，这种兴趣就被认为是爱国主义的象征。政治生态变量的转向带来新闻舆论兴趣的转移，媒体的新闻生产（记忆的编码）以及舆论场的公共讨论随着政治诉求兴趣的变化而作出调整。舆论共识兴趣的转移也许在短时间内不会受到关注，透过媒体记忆文本却很容易发现政治兴趣的历史变迁。同样的主张，由于发生时间的原因，媒体的导向可能南辕北辙，不同时期的舆论必然随着媒体的引导保持兴趣的这种一致性，这种“一致性”在用长远的眼光来打量所产生的“历史时差”需要公众调整自己的认知以适应这种剧烈的变化。比如，关于多子多福、只生一个孩子好，不同时期的媒体记忆文本和不同时期相关议题的舆论共识都是不错的观察视角。对于兴趣与政治生态、兴趣与历史、兴趣与记忆—共识之间的关系，政治生态的功过是非只能通过时间这个新变量来得到解释。正如怀特海所说：“每一个时代的兴趣的详细状况，从这个时代以外的眼光来看，是理解的深度和状况的琐碎的一种粗糙的混合。”②

将时间变量引入政治生态对媒体记忆与舆论共识的影响，在于为将来的研究者提供更为理性的视角。将“当然的正义”作为“公设”，就是承认这种“当然”的主观程度。但是，公设以真理的形式出现（这是一种暂时无法确认的真理），在现实需求和认知难度之间，只有将“当然”假设为真理，媒体的引导和公众的讨论才获得合理性。政治诉求未必介意“当然”与“公设”之间的转换，媒体机构和社交媒体平台需要以专业规范避免将某些明显的虚妄误认作真理，这是媒体机构和平台履行把关人角色所承担的道义责任。对于承担媒体记忆和舆论共识记载的媒体机构（平台）而言，有必要听取罗素的建议：“真理和虚妄是属于信念和陈述的性质，因此，一个纯粹的世界既不包括信念又不包括陈述，所以也就不会包括真理和虚妄。”③ 媒体机构和公众无法脱离现实生活将自己与政治生态隔绝起来，他们秉持将对立的观念兼容并包才是避免导致媒体记忆和舆论共识陷入虚妄的有效手段。

---

① 《爸妈留乌克兰，11 岁男童独自跨境 800 公里到达斯洛伐克，感动世人》，《知识窗》2022 年 3 月 7 日，http://news.sohu.com/a/527854234_121334759。

② ［美］怀特海：《思维方式》，刘放桐译，商务印书馆 2004 年版，第 41 页。

③ ［英］伯兰特·罗素：《哲学问题》，何兆武译，商务印书馆 2007 年版，第 99 页。

二 文化生态：媒体记忆与舆论共识的多元创造

在公众的传统印象中，由于新闻属于易碎品，新闻/记忆文本满足的仅仅是公众对社会最新变动的认知需求，媒体产品没有内在的价值，这样的经验判断否定了新闻文本的历史价值。按照这样的判断，媒体记忆（概念）也就成了伪命题。衡量媒体（新闻/记忆）文本是否具有历史价值，要看文本的认知价值面向的仅仅是现在还是包括对将来社会依然有用，这要从文化维度进行评估。从这个角度审视新闻/记忆文本，媒体源源不断生产的新闻/记忆文本就像筑巢的"燕子"，从选址到"建材"的品质都有自己的标准。新闻/记忆文本也许只是零散的信息（材料），由于媒体属于连续出版物，这些日积月累的新闻/记忆本文逐渐建构成一座大厦——被称作媒体文化的"大厦"，这样的"文化建筑物"本身就是人类文明的产物。具有文化属性的新闻/记忆文本延伸了自己的生命并获得相应的历史价值，同时也给予媒体记忆以合法性。承认新闻/记忆文本的历史价值和文化属性，需要从文化生态角度进一步分析记忆—共识实践在文化创造中的作用。

在日常生活中，电视娱乐节目和社交媒体的短视频产品通常被认为属于大众文化的范畴。文化有雅俗之分，普遍受欢迎的大众文化未必获得相应的社会地位，这类文化所获得的尊严与其得到认可的广泛程度不成比例。如果大众文化无法获得应有的尊严，无疑降低了媒体产品的文化含量，平衡媒体产品的文化性需要理解文化这个概念的内涵。所谓文化，在法律文化学者梁治平看来，"文化或者文明，就其广泛的民族学意义而言，乃是这样一个复杂整体，它包括知识、信仰、艺术、道德、法律、风俗以及所有其他作为社会一员的人习得的能力和习惯"。[①] 文化的外延相当广泛，这增加了定义文化的难度，梁治平将文化与文明并列反而更适合我们确定文化的价值。媒体记忆和舆论共识，前者属于知识（初级知识）和艺术的范畴，后者属于信仰、道德和风俗的范畴，按照前面的定义，它们属于人类文明的产物，文化价值由此得到肯定。记忆和共识均意味着对过去的某种回顾，"有人问马克·布罗克（Mark Brock）：'历史有什么用？'他回答说，历史可以用来解释变化的事物"。[②] 历史的这种作用

---

① 梁治平编：《法律的文化解释》，生活·读书·新知三联书店 1994 年版，第 6 页。

② ［法］R. 舍普：《技术帝国》，刘莉译，生活·读书·新知三联书店 2004 年版，第 13 页。

可以从媒体记忆文本中得到验证。重视媒体记忆实践，在于通过这种实践可以解释社会变动的逻辑。同样地，舆论共识也具有历史的继承性，所谓“太阳下没有新鲜事”，尽管人类无法真正从历史中吸取教训，但历史毕竟是一面镜子，“现在”赋予历史以新的认知价值。

文化涵盖了社会生活的方方面面，我们置身于社会当中无时无刻不受到文化生态的哺育。文化作为社会生活的沃土，它所构建的生态环境以镜像的方式让我们看到精神层面的东西而不仅仅是被物欲所控制。按照苏格拉底的名言，了解文化生态对我们的影响如何，需要学会观察生活，因为文化告诉我们有必要绕过中心进入我们自己的生活。媒体以镜像的方式记录社会现实，舆论共识将杂乱的意见变成可被理解的同一性观念，记忆—共识文本不是社会生活本身，媒体机构通过将有无认知价值的信息进行甄别，重新给人们绘制一幅最新的世界动态变化景观，避免我们置身于这个星球之上却陷入“不识庐山之面目”的尴尬局面；舆论共识也具有类似的功能，公共事件不是公园的假山，我们只要围着它绕上一圈，所有的景观都可以尽收眼底，公共事件无形的部分总是多出有形的部分太多，有形的部分也未必具有审美价值，舆论场对这类公共议题的讨论向公众呈现出一幅观念的图景，舆论共识帮助人们走出现实的迷雾，避免虽然见证重大公共事件却无法理解其意义究竟何在。媒体机构的新闻/记忆文本以及公众在社交媒体平台参与的公开讨论，需要以伽利略观察天体运动的方式摆脱现象对人类直觉的操纵。对于公众来说，既要从媒体记忆和舆论共识中了解历史和现在，也要善于从媒体/舆论镜像中认识世界，同时还能够保持自己判断的独立性。对此，舍普提出过警告：“如果我们不再从图像里走出来，就不再有可能将生活搬到舞台上。”文化生态对于媒体记忆和舆论共识的意义在于，它在生活和艺术之间架起沟通的桥梁，就好比我们每天在现实空间和网络虚拟空间来回穿梭一样，文化的魅力在于它不断赋予人以认识世界和改造世界的力量，这就要求人们清醒地认识到：“不是舞台把生活变成了殖民地，相反，而是生活把舞台变成了殖民地。”媒体记忆和舆论共识无不源自社会生活，记忆—共识实践的结果作为大众文化的重要组成部分，本身就是对媒体和舆论场的控制。将记忆—共识根植于社会生活，作为初级知识和道德等观念的共识才具有指导社会生活的可能。舍普称是“生活战胜了一切，特别是文化”①，这是文化生态的逻辑规定

① ［法］R. 舍普：《技术帝国》，刘莉译，生活·读书·新知三联书店 2004 年版，第 205 页。

着社会生活，也规定着媒体和舆论。在文化的影响下，媒体记忆和舆论共识获得文化的意义，因为“人是一种悬挂在由他自己织成的意义之网中的动物，而我所谓的文化就是这些意义之网”。①

媒体记忆和舆论共识的文化意义由人的自我文化性所决定。媒体的诞生是工业文明的产物。工业文明建立在社会合作的基础之上，合作意味着文明的碰撞和文化的交流来自不同地区的人，为了新闻生产和公共讨论的需要，他们释放出来的不仅是专业知识和专业技能的力量，同时也是各自文化的魅力，前者规定的是新闻和舆论建构的范式，后者规定的是新闻和舆论的人性成分。人们可以直观地认识到记忆—共识文本，而隐藏在文本深层的人性却只能透过解读分辨究竟是人性的光辉还是阴暗面。从历史的角度看，媒体记忆和舆论共识留给将来社会的并非全部是其光彩照人的一面，也不可避免地展示着其有阴暗的成分，关于这一点，从美国新闻史上的“黄色新闻”和不少国家在某些历史阶段非正常的舆论讨论中可以看到文化中人性对记忆—共识文本的影响。人类历史的进程不会永远保持一种姿势，而是不同文化模式的间隔出现。用舍普的话说，“文化就是一再重发的时间”。② 造成这种重复的原因多样，既有从业者和受众迭代的因素，也有媒体和舆论场表达方式新颖的追求，还有社会生活方式的变迁问题，此外还包括技术进步的因素。不论何种原因都与文化生态变化存在关联。无论何时，媒体和舆论都是文化本身，这样的文化只是社会文化的组成部分却无法强调自己的独立性。片面强调独立性，媒体和舆论所建构之物将失去其大众属性，而文化追求的正是大众性。在媒体产品越来越细化的今天，当公共议题盲目地与公众的兴趣相关而忽视文化深层的原因时，记忆—共识文本的大众性的弱化将削弱其历史认知价值，这种可能性在于文化的迭代和公众的迭代。当人们不再对历史文化感兴趣，对历史文化的遗忘甚至背叛也就意味着遗忘了受众，遗忘今天的受众也就意味着难以顾及将来的受众。文化的继承性要求媒体和舆论必须面向大众而不是简单地走分众化或圈层化的路线，这样的媒体经营和舆论管理是在削弱媒体/舆论与社会生活的联系，而社会生活也是文化生态。对文化的选择性建构是一种遗忘，但人为的遗忘是一种背叛，这将造成记忆和共识的断层。我们可以通过媒体机构和公众对传统媒体和传统议题的冷落来感受媒体文化/

---

① 梁治平编：《法律的文化解释》，生活·读书·新知三联书店 1994 年版，第 7 页。

② ［法］R. 舍普：《技术帝国》，刘莉译，生活·读书·新知三联书店 2004 年版，第 205 页。

舆论文化与现实生活的距离是在逐渐拉大而不是逐渐缩小。

媒体和舆论有自己的表达方式，这种表达由社会文化所塑造。文化生态对社会环境的塑造遵循自己的叙事逻辑。就中国近代报纸的发展而言，今天的媒体从业者或新闻研究者翻开 19 世纪的报纸，很快将感受到报纸叙事偏向言论的传统，对于事实的客观叙事相对薄弱，这跟当代报纸以事实叙事为主有着明显的区别。中国早期的报纸靠论政立身体现的是舆论取向的办报理念，尽管这种取向与我们所讨论的舆论共识相去甚远，但这种记忆文本和个体性的舆论文本是历史文化生态的延续，新生的报纸和杂志必然按照本土的文化逻辑进行叙事，这是一个国家文化土壤的创造物。报纸要在新的环境中落地必须照顾到受众的叙事习惯，如果从文化生态角度研究早期报纸，就不难理解波斯曼关于“一切文化都必须有叙事的故事，只要人们愿意，他们都能够找到这样的故事”论断的深刻性。不论是在近现代媒体的新闻/记忆文本中还是在其记载的舆论共识文本中，这些文本的“每一种叙事都有自己的形式和情感特征，都有表达自己形式和特征的符号，这些符号需要人的尊重、忠诚和奉献”。① 我国的传媒业隶属于世界工业文明，不论是报纸、杂志还是电台的媒体叙事都无法由传统文化独自孕育，它们是中西文化合璧的产物。电视媒体同样无法长期延续本土的政治叙事，在改革开放以后，真正面向大众的电视广告和电视娱乐节目相继出现，从此电视文化生态开始融入全球化的文化生态之中。

相对于政治生态，文化生态更具活力和创造性，因而也更具开放性。文化生态的这个特性是文化自身的逻辑使然。作为社会生活方式，包括我们所说的媒介文化和舆论文化也是集体协作的产物。工业文明促进社会经济繁荣，随着城市居民闲暇时间增多，阅读需求催生报纸的诞生。新型媒介的诞生必然从现存之物中寻找灵感，因为文化需要在对某种事物的模仿中被创造出来。正如塔尔德（Jean Gabriel Tarde）所言：“社会的存在走出交换出现之前。从一个人模仿另一个人的那一天起，社会就诞生了。”② 报纸、电台和电视以及互联网的商业化模式，就是通过模仿逐渐扩展成产业。媒体介质的文本形式也是在模仿中逐渐成熟，比如，“倒金字塔体”被创造出来后，很快成为同行模仿的对象，最终成为全球媒介文化生态的一部分。倒金字塔体消息只是媒体记忆文本的一种范式，我们

---

① ［美］尼尔·波斯曼：《技术垄断》，何道宽译，北京大学出版社 2007 年版，第 103 页。

② ［法］加布里埃尔·塔尔德：《模仿律》，埃尔希·克鲁斯·帕森斯英译；何道宽汉译；中国人民大学出版社 2008 年版，第 21 页。

重提这种文体旨在强调文化生态对记忆—共识文本形式的孵化，同时也在肯定记忆—共识文本的创造性。社会文化属于人造之物（旅游景点的自然景观也经过了人的再创造），模仿迎合了受众审美趣味的接近性，否则，文化生态将因为内部要素间无法兼容而导致公众无法理解文化。同样的情形如果出现在媒体文本中，不要说面向将来受众的记忆文本解码相当困难（就像今天对甲骨文的研究一样），就连以新闻形式出现的文本在面向当代受众时，因为文化生态内部要素的不兼容，可能出现受众看不懂新闻，甚至不同媒体的从业者看不懂同行的文本（类似于医生处方因字体潦草而自成体系一样），这是模仿缺位、片面强调编码个性化造成的文本解码困境。当然，这样的困境仅仅停留在可能性的层面，因为文化的大众属性要求媒体考虑公众的现实需求。当代社会，传媒业成为大众文化创造的主体，记忆—共识实践不断在创新信息的收受方式。从媒体/舆论提供的记忆—共识文本中不难发现："一切历史事实都可以追溯到不同的模仿潮流；历史事实就是这些潮流的交点，这些交点本身注定要受到或多或少准确的模仿。"①

文化生态系统的开放性与社会交往的广泛程度有关。假如将书籍作为媒介，或者将更为古老的竹简作为"媒体"，把竹简、书籍作为记忆文本，从早期的竹简和书籍中回顾过去的历史场景和观念冲突，可以感受早期文化生态就像冬天的冻土，因其缺乏松散性导致文化生态的固化。固化的文化生态同样离不开模仿，但这种生态的模仿是许可性的，因为它建立在某种统一的条件之上。现代意义上的文化必然具有巨大的张力，这是文化生态的非标准化鼓励不同文化相互碰撞的结果。文化生态从固化到兼容并包，与媒体介质的现代化进程有关。如果将媒体比作"开放的学校"，不同媒体呈现的内容就是形式多样的"教科书"，媒体文化对社会文化的贡献将不可估量。在传媒领域，"印刷术把口耳相传的教育一扫而光"，短短数十年的光景，"印刷术就结束了历经 2500 年的教育模式"，"新媒介的寡头政治篡夺了印刷术长达 500 年的君王统治"。② 不同风格的媒体培养着受众的审美趣味，大众传媒颠覆着传统文化的标准化模式，这种变化影响到记忆—共识实践。传媒业的发展遵循的商业逻辑绝非简单的

① ［法］加布里埃尔·塔尔德：《模仿律》，埃尔希·克鲁斯·帕森斯英译；何道宽汉译；中国人民大学出版社 2008 年版，第 9 页。

② ［加］马歇尔·麦克卢汉著，斯蒂芬妮·麦克卢汉、戴维·斯坦斯编：《麦克卢汉如是说——理解我》，何道宽译，中国人民大学出版社 2006 年版，第 4 页。

盈利能力，商业逻辑对媒体产品的品质要求更为严苛。媒体创造的大众文化的生命力在于塑造时代精神和社会思维方式，它们的塑造无法以强制的方式进行，而是以人性化的方式满足不同时代的普遍性需求为条件。大众传媒在登上人类历史舞台后迅速攻城略地，除了这种媒介本身的差异化发展外，也与媒体的生产及其对社会舆论的服务有关。在媒体实践中，绝大多数的新闻产品不被著作权法/版权法认可，这种状况在 21 世纪有所改变。著作权法保护的对象是文化创造的成果，新闻文本向记忆文化的转化依靠的不仅仅是时间的自然流逝，关键在于这种文本的文化价值是媒体竞争的产物。自广播诞生以来，报纸要与电子媒体以及当代的网络媒体和社交媒体竞争，所有介质的媒体要适应现代社会的生存就必须根植于文化生态中，从传统文化和当代流行文化中汲取养分，这种努力与媒体追逐商业利润有关，也正是商业竞争增加了媒体产品的文化含量，为当代新闻文本向将来记忆文本的转变奠定了文化基础，这也改变着著作权立法者对新闻文本（创造性）的印象。新闻文本的独创性是受到法律保护的基础，媒体出于商业竞争需要而重视为新闻生产注入某些文化成分，这样的行业共识是在为传媒业开辟道路。文化生态对媒体新闻/记忆文本提供的丰富养分，可以从新闻标题对诗词、谚语和哲理名言的创造性借鉴中得到验证。翻开 20 世纪上半叶的报纸，可以从不少时政新闻标题和叙事中感受到这一时期传统文化对媒体的滋养，正是这种滋养为记忆本文注入文化（文学）的基因。我们在解码这类媒体记忆的本文时，钦佩文化生态所提供的文化养分对媒体从业者的影响，他们的文化素养最终使媒体/舆论的记忆—共识文本的文化性得到提升。

文化生态对舆论共识的影响也非常明显。媒体机构出于商业利益不得不重视文化和创造，社交媒体公共讨论的维系也有文化方面的要求。支撑公共讨论的是合作原则，公共讨论要求社交媒体用户具有基本的文化素养。如果用户/公共讨论者的认知和文化素养不在一个层次上，可以想象这种大规模在线讨论的艰难和场景的混乱程度：一方面是低素质造成的非理性及其常见的亢奋、狂热和蛮不讲理的征兆，另一方面是高素质坚守的理性自制和论证严谨、言语文明等文明特征，当两者存在于同一个讨论时空当中，舆论共识的达成将是何等艰难。假若这种状况无法得到改善，理性被迫向非理性妥协，由此达成的舆论共识将自然降低这种共识的品质。然而，低品质的舆论共识是一种颇具当代特色的共识，这种共识是观念的统一与分歧的混合体，媒体要客观地呈现这种共识形成的过程以及主要观点，这样的记忆—共识文本显然是多元社会文化多元的产物。对于这种结果，有人可能感到沮丧，不愿意接受这种现实。置身于多元化的时代的人们只有充分认识到多元社会的特征，才能抚慰自己的沮丧情绪。在这种情形下，也许可以看看萨托利对多元文化的分析："多元主义文化指的是一种世界观，从根本上讲是建立在相信差异而不是统一、歧见而不是共识、变化而不是僵化造就美好生活的这样一种信仰。"① 接受萨托利的观点，便于我们避免对多元文化的误解从而导致新型的无知，这种被称作"多元无知"的概念"指的是一种信念，即一个人的私人思想、感情和行为与其他人不同，即使一个人的公共行为是相同的"。②

当代社会，各种风险因素的叠加造成社会关系的全面紧张，舆论场的撕裂导致舆论共识受到格外关注，就与这种社会性紧张（说全球性紧张）有关。文化生态作为社会生态的一部分，同样呈现出某种内在的紧张关系。包罗万象的文化不可避免地要同各个领域发生联系，社会性紧张必然渗透进传媒业和网络舆论场，社交媒体用户对待公共事件观点对立造成的紧张必然反映在新闻/记忆文本和舆论共识中，甚至记忆和共识这种不同时空的文本也存在冲突，这些"不一致造成了一种紧张状态，让我们感到难过和痛苦"。③ 对于当代社会成员而言，新闻文本的事实呈现的矛盾和舆论场的撕裂现象及其共识文本的无奈，需要媒体机构、社交媒体平台以及所有具备公共讨论能力的公共讨论者用文化中固有的人性来协调行动，保持记忆—共识文本的人性和理性，不能因为无法与多元共处选择逃避，包括对传统文化和现代文化的舍弃。现实社会并不存在这样的乌托邦，即便在未来的元宇宙中，虚拟人的社会同样需要人类文化的哺育。

三 技术生态：媒体记忆与舆论共识的变革力量

人类和动物的区别在于人会制造并使用工具，通过工具来满足自己的愿望。工具是技术的物化形式，当我们从哲学层面探究技术的实质时，不难发现技术本质在于"不懈地改造世界和人类以便它们能相

① ［意］G. 萨托利：《政党与政党体制》，王明进译，商务印书馆2006年版，第34页。

② Monin, B., Norton, M. I., "Perceptions of a Fluid Consensus: Uniqueness Bias, False Consensus, False Polarization, and Pluralistic Ignorance in a Water Conservation Crisis", *Personality and Social Psychology Bulletin*, 2003, 29 (5): 559-567.

③ ［法］R. 舍普：《技术帝国》，刘莉译，生活·读书·新知三联书店2004年版，第207页。

互适应”。[①] 技术与人类相互适应的过程也是技术社会化的过程。从这个意义上说，人类历史上所有出现过的技术无不是经过社会改造过的结果。换句话说，技术本身就构成了人类社会的一部分，与人一样乃是人类社会的造化之物。

技术的价值在于满足人的需求，而人的需要在不同的历史阶段有着不同的特点。原始社会为群体的生存而发明工具，器物类的器械解决的是人的温饱问题。直到今天，技术在满足人的衣食住行方面依然扮演着非常重要的角色。假如技术的作用仅限于此，它虽然重要但也无法与人的精神活动发生直接的联系，而只与人的物理性器官有关。技术发展的历史表明，技术在满足人的物质生活需求之后很快成为人的思维助手，致力于保存和刺激人的想法和创意。在这方面，可以从早期的书写工具的发明及其历史演进得到证明。关于这方面的研究，可以参考伊尼斯和麦克卢汉等学者对媒介技术的考证和分析。技术提供的书写工具解决的是人的记忆问题，这种记忆超越了行为主体的个体记忆，借助书写工具的记录，有关个体/群体社会活动的记忆文本可以向将来传播。书写工具包括了记忆的容器（即记忆的载体），其中，我们所熟知的造纸术就是人类记忆的“容器”之一，从书刊到报纸，这类介质的记忆文本容纳了20世纪以前人类的绝大多数记忆。随着广播、电视登上人类历史舞台，书写工具和记忆容器出现了革命性的变化，电子媒介改写了纸质媒介的静态特征，这类媒介的诞生标志着记忆的书写方式和记忆容器步入动态化记忆的时代。互联网技术将大众传媒的书写和社会记忆的存储带入全民化时代，这种技术将广播电视的有限互动向前大大地推进一步，网络媒体在满足群体在线交流的同时也将交流信息全部储存（至少理论上是这样）。当我们惊叹于网络媒体对记忆实践的巨大贡献时，很快发现这种技术对舆论和舆论共识的生成能力超乎想象，记忆—共识在网络技术的促成下实现了真正的携手并进，这种联动与传统媒体时代的记忆仅仅是对舆论及其共识的记载、存储有着本质的区别，网络媒体的在线讨论和舆论共识在成为媒体记忆对象的同时更是舆论的原材料，记忆—共识在这种技术生态下变成了真正的连体。人工智能技术在传媒业的应用带来媒体记忆和舆论共识的再次革命，使过去媒体记忆文本和正在编码的媒体记忆文本进入自动状态，也赋予了公共讨论的自动化功能。通过对技术如何影响记忆—共识的溯源可以发现，技术在增

---

① ［法］R. 舍普：《技术帝国》，刘莉译，生活·读书·新知三联书店2004年版，第3页。

进人类深度精神交往方面所做的贡献相当巨大。马克思在评价技术对人类社会的贡献时指出：技术造就“交流的条件”。交流的介质除了书写工具，还有记忆和共识所必需的语言材料。关于语言材料、（作为记忆的）书写以及舆论共识之间的关系，语言材料至关重要。在维特根斯坦（Wittgenstein）看来：“语言不仅是思想的载体，而且是思想的驱动器。”①

当书写技术不再是简单的工具而是连接语言、媒体和舆论的工具之时，这类技术就被纳入人类社会的技术生态体系之中。技术生态是人类智慧的创造物，它是人类技术的总和。技术的新陈代谢使技术生态具有历史的继承性，通过技术迭代不断优化这种生态，因为“人们从来就不曾置身于一个纯粹的技术体系：一个旧体系的某些因素继续存在下去，而另一些因素或许宣告着下一个体系的诞生”。② 不论是纯粹的书写工具还是传媒业为记录信息所使用的特殊记录、承载工具，这样的记录工具必然受到技术生态的影响。至于媒体选择何种工具从事新闻/记忆生产，舆论借助何种工具进行讨论，制造工具的技术一旦发生了变化，记忆—共识实践也将发生变化。比如，数字技术对录音带和录像带的颠覆，就改变了电视媒体的记忆和音视频信息存储的方式。从印刷媒体到电子媒体，从互联网媒体到智能媒体，媒介技术变革带来媒介技术生态的改变，媒体记忆和舆论共识实践与技术发展保持同步以适应技术生态的演进。关于技术对于媒体生产和舆论形成的作用，研究者习惯于沿用两分法来思考新旧技术之间的关系。至于两分法是否科学合理，贝特朗·吉勒（Bertrand Gilles）指出：“一次技术体系的改变意味着以前体系的彻底消失，还是并入新体系?”③ 这个看似简单的问题之所以被提出来，在于吉勒追问的是技术生态演变的逻辑与规律，而不是仅仅从已知的经验事实中得出的科学判断。媒体记忆的编码和解码形成舆论共识所依赖的媒体介质，我们真正能谈论的历史只有数百年的时间，并且是基于报纸、广播电视解码可以被转换成数字资源而言的。这期间，媒体介质的形式发生了天翻地覆的变化，人类实现了将媒体记忆文本追随技术生态变化的脚步，舆论场从社会空间的人际对话变成利用报纸、广播电视进行有限的对话，顺利过渡到今天的社交

① ［美］尼尔·波斯曼：《技术垄断》，何道宽译，北京大学出版社 2007 年版，第 7 页。

② ［法］R. 舍普：《技术帝国》，刘莉译，生活·读书·新知三联书店 2004 年版，第 10 页。

③ ［法］R. 舍普：《技术帝国》，刘莉译，生活·读书·新知三联书店 2004 年版，第 9 页。

媒体平台在线讨论。媒体和舆论、记忆和共识无不适应着技术生态的变化。这样的事实使人们从历史演进和直观经验的吻合中得出技术旧体系与新技术存在兼容性的结论。承认新旧技术之间存在兼容的空间，既不能得出旧技术彻底消失也不能得出旧技术全部被并入新体系的绝对性结论。技术迭代的兼容是新技术对旧技术的否定性肯定而不是在旧技术基础上简单扩容，否则，技术的新就仅仅意指技术适用对象、技术功能和技术存在空间的增加，而不存在质的变化（本质的新颖性）。显然，不能将技术的改进和技术的革命相提并论，前者的新在于同一技术由于量的变化呈现出来的“新”，后者是由于技术质的飞跃产生的品种的新。报纸与电视，同样作为媒体记忆的工具和舆论共识的论坛和载体，由于技术在本质上的差异，旧的体系难以全部被新体系所接纳。可见，革命性的技术对于技术生态的影响如此深远，它不仅重新界定“自由”“真理”“智慧”“事实”“智能”“记忆”以及“历史”等词汇的意义，更重要的是也带来了“深刻的生态学”，影响着“自然界的权利”变化。① 当代社会，技术赋予“记忆”和“舆论”新的意义，记忆不再是人的生理能力而是技术能力所主宰的时代，搜索功能瞬间获得的信息可能超过生理记忆终身的积累；舆论从纯粹的人的观念开始出现社交机器人的“声音”，虽然后一种“声音”（观点）并无真正的创造性，但我们无法预计在几十年或几个世纪之后，这种“机器观点”在未来舆论场所占的比重。技术生态的革命性演变对未来的记忆—共识实践的影响无法避免，这提醒人们应重视技术因素在当代记忆—共识实践的互动中将扮演何种作用。

由于互联网和社交媒体的出现，媒体机构对记忆—共识的编码—解码垄断地位不复存在。在社交媒体平台上，印刷媒体和电子媒体同时开辟第二传播平台，这意味着媒体机构的新闻—记忆生产向用户有限度的“门户开放”，允许用户参与媒体信息的解码/编码，用户对于信息的解码/编码最终以数据的形式纳入传统媒体的记忆库，成为传统媒体舆论场的新数据。正像电视需要从纸媒中接纳文字和图片一样，网络媒体需要接受传统媒体的符号形态，社交媒体对传统媒体的接纳体现的是媒介技术间的适当兼容（即新旧衔接），这折射出技术的尊严——每个时代的技术自有其存在的合法性，都在服务人类社会的发展，由此获得技术的尊严——在新技术接过自己的接力棒后，旧技术的尊严需要得到某种方式的维护而不是被

① ［法］R. 舍普：《技术帝国》，刘莉译，生活·读书·新知三联书店2004年版，第4页、第159页。

彻底剥夺。在这方面，我们与以舍普为代表的技术研究者的看法有所不同。他们承认技术的尊严这种事实，与此同时却相信“真正的生态学只能是工艺学”①，也就是说不会存在所谓的尊严。技术是一种技艺，这样的理解在智能技术出现前可以这么理解。智能技术（比如 AI 主播）就不再是简单的技艺，而是包含着一定创造成分的自动化新闻/记忆的生产活动（AI 主播可以进行媒体生产）。这种技术带来社会的智慧化（即人们所说的“智慧社会”），而这样的生态学显然就不能被说成“只能是工艺学”。

技术生态与政治生态和文化生态一样，对社会生活的影响全面而深刻。当技术在促进传媒业的现代化转型之时，也就意味着传媒业适应了时代的需求。当代社会的商业化程度高，而技术的商业化程度被免费的软件服务所遮蔽。技术的免费更多是象征性的，只要稍稍向前迈出一步，技术的商业属性就呈现在我们面前。关于技术的商业属性，早在麦克卢汉时代，信息的生产和消费已成为那个时代主要的产业。② 技术对社会需求的满足包含着商业动机，这也是技术进步的动力所在，正是这种动力推动着人类社会的全面发展。从活字排版到报纸的运输，从绘画技术到摄影技术，媒介技术在被应用于印刷媒体的新闻/记忆生产过程中，也在无意中改变着新闻/记忆的信息编码方式，从单纯的文字到插图技术，摄影术将事物以静态的形式“搬运”到报纸版面上；摄影也丰富着报纸的广告内容，这些商业化的内容同样成为媒体记忆的另一种文本。伴随着媒介技术的进步，新闻/记忆生产的编码水平同步提升，记忆文本的内容随之丰富。技术促进媒体记忆的速度在不断加快，以图像记忆为例，这种文本的技术含量显然高于文字符号，而摄影技术距今也不过一个多世纪的时间。根据莫尼克·西卡尔（Nick Seakal）的考证：“摄影技术的诞生更确切地说不是在 1854 年而是在 1839 年，这一年弗朗索瓦·阿拉戈在科学院正式宣布了摄影技术的诞生。”③ 建立在计算机基础之上的数字技术，与摄影技术相隔一个百年的时间（以 1945

---

① ［法］R. 舍普：《技术帝国·导言》，刘莉译，生活·读书·新知三联书店 2004 年版，第 8 页。

② ［加］马歇尔·麦克卢汉著，斯蒂芬妮·麦克卢汉、戴维·斯坦斯编：《麦克卢汉如是说——理解我》，何道宽译，中国人民大学出版社 2006 年版，第 4 页。

③ ［法］R. 舍普：《技术帝国》，刘莉译，生活·读书·新知三联书店 2004 年版，第 94—95 页。

年第一台全自动电子数字计算机“埃尼阿克”问世为代表），建立在数字技术之上的数字产业正在成为全球经济的增长点。计算机带来了数字图像，媒体的数字化为媒体对社会生活进行画像提供了可能。需要指出的是，“数字图像不只是图像制作史上的又一项新技术，它还是一种新的书写方法，可以与印刷术的发明和字母表的诞生相提并论”。[①] 只要了解计算机在信息录入方面所占的比重，就不难理解这种技术对新闻/记忆生产的巨大作用，而录入速度的提高意味着记忆量的成倍增长（数字技术还突破了媒体记忆库的容量限制，它在某种意义上可以被视作无限的）。数字技术也改造着当代社会的舆论生成方式，它所提供的网络虚拟空间彻底打破现实空间的距离难题，在将“天涯若比邻”的愿景变成现实的同时还造就了“天涯若比邻”的网络社会景观。在这种亦虚亦实的“面对面”交流中，舆论生成的方式发生了颠覆性的变革，网络舆论共识成为真正意义上的社会共识，这类共识的数量远远超出历史上任何一个时期（我们无法统计每天有多少个公共议题的讨论场所）。这是技术奠定了“平行网络平台”（类似平行宇宙），为全球用户在线讨论世界性话题提供支撑。数字技术蕴含的多维的高效促使“人们开始怀着焦虑的心情审视信息技术及其对未来的通讯‘高速公路’的影响在政治和文化上的重要性”。[②] 在这里，“文化”显然也包括（数字）媒体文化。当分布在世界各地的用户在网络平台发布他们的见闻时，这些海量的数据为新闻/记忆实践提供着前所未有的便利条件，伴随这种数字技术而带来的新闻“风格是你就在现场”。[③] 当然，这样的“你就在现场”也适用于网络舆论场的公共讨论，每个公共讨论者都在“现场”，虽然讨论者之间熟识的可能性微乎其微，但技术支持着这些讨论者的一对多的在线交流，在线的观点阐述跟现实空间的交流对话不同，前者可以保存一个人发布的任何信息（包括表情符号）。记忆—共识实践方式的改变也是社会生活方式转变的写照。当代社会，技术全面浸入社会生态，塑造着当代的社会方式，其中就包括对记忆—舆论的塑造。

---

① ［法］R. 舍普：《技术帝国》，刘莉译，生活·读书·新知三联书店 2004 年版，第 98 页。

② ［法］R. 舍普：《技术帝国》，刘莉译，生活·读书·新知三联书店 2004 年版，第 2 页。

③ ［加］马歇尔·麦克卢汉著，斯蒂芬妮·麦克卢汉、戴维·斯坦斯编：《麦克卢汉如是说——理解我》，何道宽译，中国人民大学出版社 2006 年版，第 138 页。

技术成为推动社会发展的最大变量，其蕴含的力量远远超出人们的预计。如果说“在20世纪的前半叶，人与技术的关系发生了深刻的变化，也许可以说是质的变化”，比如，当互联网全面深刻影响人类社会生活时，一些人觉得这是技术发展的终点，随着人工智能和元宇宙的出现很快就颠覆了这种“终结论”，显然，“如此彻底的改变并没有结束，还在激烈地进行着”。① 传媒领域的情况更是如此。不论是媒体从业者还是研究者对技术生态这个变量的认识，同样习惯于注意有形的变化而忽视了技术对社会生活的内在影响。随着生活方式的变化，技术对社会生态的塑造必然培养着新的思维习惯，而思维方式和思维习惯的变化使技术与政治在这里相遇。“塔斯姆发出这样的警告时，心中想到的就是意识形态变革。其意思是，新技术改变我们的‘知识’观念和‘真理观念’，改变深藏于内心的思维习惯，一种文化对世界的感觉就是这种思维习惯赋予的。”② 传统媒体的新闻/记忆实践和以传统媒体为介质的舆论共识实践，与网络媒体以及社交媒体的记忆—共识实践不同的是，媒体记忆实践正在由机构及其从业者垄断变成机构领唱、用户“修改歌词”的双轨制生产，舆论共识的生成则由社会精英演变成全民性的大讨论，这样的改变带来的是新闻舆论思维方式的转变。媒体机构和意见领袖同时强调互联网思维的重要性。所谓互联网思维，这里可以理解为“多元社会思维”，或者说多元社会所需要的思维方式，这种方式颠覆着公众对权威的信任，比如，主流媒体的新闻/记忆文本权威性受到严峻挑战，社会权威的意见在社交媒体舆论场随时可能面临着被批评的可能。在这种多元模式的记忆—共识实践中，技术成功地将社会上原本存在的不同矢量的力给释放出来，社会转型期的人们可能有点不大适应。这种不适应是信息技术对社会意识形态催化的结果，只要一个人想表达某种观点或者不认可某种观点，就可以解码并再次编码新闻/记忆或舆论共识的文本。个体行为的解码/编码可以忽略不计，随着这样的行为具有普遍性，就会发现这是多元社会观念的群体性表达，这样的表达恰恰是一股不可低估的社会性力量。这样的表达无时无刻不在公众的脑海中绘制新版的图景，将过去与现在、新闻和舆论联结在一起，也将技术和意识形态相联结，使记忆—共识实践反过来对技术本身提出批判。20世纪80年代出生的一代从小就受到数字技术的熏陶，他们

① ［法］R. 舍普：《技术帝国·前言》，刘莉译，生活·读书·新知三联书店2004年版，第4页。

② ［美］尼尔·波斯曼《技术垄断》，何道宽译，北京大学出版社2007年版，第6页。

显然“已经习惯于数字这种技术，因而看世界的方式和他们不一样”，这个群体难以体验20世纪40—50年代出生的人对印刷媒体的倚重，而媒体介质形式的变化也必然影响到这个群体对社会生活的态度，对新闻/记忆文本的理解和对公共事件的认知与判断。从报纸、杂志、广播、电视到互联网再到社交媒体，“每一种工具里都嵌入了意识形态偏向，也就是它用一种方式而不是用另一种方式构建世界的倾向，或者说它给一种事物赋予更高价值的倾向；也就是放大一种感官、技能或能力，使之超过其他感官、技能或能力的倾向”①。当新闻/记忆文本被不同时代的编码者和解码者再加工时，当舆论场的空间转移和公共议题讨论的主体及形式发生转变后，不论是记忆所提供的客观性信息还是舆论所需要的主观性信息都被嵌入了编码者的观念成分，信息的这种变化表面上看是媒体介质形式发生变化造成的，实质上是技术生态涵化的结果。

技术生态对媒体记忆和舆论共识的影响不利于传媒业的长远发展，或者说，技术所塑造的思维方式损害了媒体记忆的客观性，可能误导公共讨论偏离方向。关于这一点，只要留意一下短视频网站每天生产的可视化文本即可发现，策划、虚构的东西以“媒体产品”的形式推销给受众，当这些产品以媒体记忆的视频文本向将来传播时，将来的解码者从中“发现”的21世纪的社会图景是否就是我们所真实经历的社会现实？同样，在社交媒体舆论场对一些公共议题的讨论中，当低品质的主流意见（舆论共识）以记忆文本形式呈现给将来的解码者时，他们是否发自内心尊重我们这个时代的“主流”观念？显然，这是一个涉及历史真实的严肃话题。关于媒体记忆和舆论共识的真实性，需要从技术中立以及技术生态如何保障技术中立的角度进行思考。多米尼克·亚尼科（Dominic Yaniko）认为：“技术既是中立的，又是非中立的：说它是中立的，是因为它本身无所谓好还是坏，人们可以以某种方式引导它。”“技术又不是中立的，因为事实上技术彻底改变了我们对真实的探索方式。”② 技术应用的多种可能性导致技术对于媒体记忆和舆论共识也是利弊同在。记忆—共识实践面临的真实性问题归根结底是流量以及流量造成的圈层化问题。不可否认，当代社会“正从一个控制流量的时代，过渡到一个通过对现象的合乎

---

① ［美］尼尔·波斯曼：《技术垄断》，何道宽译，北京大学出版社2007年版，第7页。

② ［法］R. 舍普：《技术帝国》，刘莉译，生活·读书·新知三联书店2004年版，第191页。

逻辑的等级划分来掌握决策层次的时代"①，舆论场通过对跟帖、点赞和转发的数量进行统计，判断一种意见或事实被认可的程度，而媒体则依据流量进行生产，讨论者根据流量作出判断。也许媒体机构和社交媒体用户明知这样的判断受到技术操纵，他们却并无扭转这种状况的能力，社交媒体的圈层化带来流量的依照圈层而增加供给的行为，这将加剧新闻/记忆和舆论共识文本受到流量的塑造。技术规定着媒体和共识实践的主体如何思考，这反而要求必须从对历史负责的态度出发，对媒体记忆和舆论共识对未来社会的影响进行思考。担忧本身就是特殊的反思，担忧也可以理解成对待事物的态度。只要以批判的态度看待技术对传媒业的影响就必然涉及技术对记忆—共识实践的影响，而这样的反思恰恰是为记忆—共识实践有着真正的未来（不被当作垃圾历史信息走到否定）而努力。

第三节　媒体记忆与舆论共识的生产模式

媒体记忆与舆论共识是由媒体机构、社交媒体平台以及用户共同建构的结果。前面两节主要从媒体生产流程和舆论场的公共讨论对记忆—共识实践做了初步的分析，从这些阐述中可以大致了解媒体记忆和舆论共识的生产概况。媒体记忆的生产流程既包括传统媒体时代也包括当代的记忆生产，不同时期的记忆生产间接决定着舆论共识的形成。多元社会作为一个特定的概念，强调的是信息技术发展到一定阶段由于媒体介质的多样性和社会成员的相互交流的普遍性形成的社会状态，在这种状态下观念真正得到表达而呈现出的实然的多元，这有别于在社会的信息化程度不高阶段的观念多元，后一种社会状态的多元是相对的多元或者说应然的多元。当代社会的记忆—共识实践带有浓厚的数字化色彩，数字技术带来媒体记忆和舆论共识实践的数字化转型，图式化和自动化成为多元社会的媒体记忆和舆论共识的主导性生产模式。

一　媒体记忆与舆论共识生产的数字化转型

世界上的一切事物以续存的方式保持自身。与无限存在物相比，人及其所创造的东西可以视作有限的存在物，这其中也包括由人创造的全部作

① ［法］R. 舍普：《技术帝国》，刘莉译，生活 · 读书 · 新知三联书店2004年版，第12—13页。

品。这种“有限存在”是相对于永恒的宇宙而言的，也是相对于个体的人甚至地球上的高等智慧动物而言的。尽管人类只是一种有限生命体，但是其创造物续存的时间却通常要超过创造主体续存的时间。续存意味着记忆，如前所述，柏格森将“记忆”看作“绵延”的特殊方式，因为记忆是在变化或运动中生成的。与记忆相似，共识也具有延绵的特征，这样，共识必然续存在社会成员的记忆中，借助群体记忆将观念向将来绵延。在传统社会，记忆—共识的延绵主要通过档案、书籍、报纸、杂志或广播电视节目的形式向将来绵延。在互联网出现前，人类社会的记忆主要以物的传递方式向将来绵延，这种绵延侧重于信息的保存，在绵延过程中信息的内在价值并不发生变化。在历史信息的传递过程中，虽然也伴随信息的增益现象，比如，学校的教学活动中教师搜集、整合多种同题资料，并向学生阐发自己的发现，这种口语式的教学活动无法带来记忆文本的价值增值，除非这类发现以论文或著作的形式发表出来，否则，随着课堂教学的结束，教学使用的文本和新加工的文本也就随之消失（课堂教学很少被录音并整理成文献资料）。然而，传递并非记忆文本向将来绵延的唯一方式。在记忆—共识实践中，记忆（包括对舆论共识的记忆）不会永远停留在被作为物的保存式记忆，它同时也蕴含着内在变化的可能性，这种可能性是从哲学层面而言的。“记忆的哲学意义在于它是更深层的自由联想。它不是建立在同一性基础上的再现或表象，而是‘内于彼此又异于彼此’的精神状态。”① 所谓“内于彼此又异于彼此”，意指媒体记忆（包含作为记忆文本的舆论共识）在不可避免地被解码和再编码的过程中，解码者不是简单地记忆或照抄这些文本记载的信息，而是对已有的记忆内容创造性地使用，赋予记忆文本更多的信息量。柏格森不无感慨地指出：“我们越是研究时间，就越是会领悟到：绵延意味着创新，意味着新形式的创造，意味着不断精心构成崭新的东西。可续区分出来的那些系统之所以延绵，只是因为它们被与宇宙的其余部分紧紧地连在了一起，不可分离。”② 柏格森认识到被置于时间之中的事物具有被重新创造的可能性。哲学家永远走在世界变化的前面，这是哲学研究的价值所在。从哲学意义上的可能性到现实的可能性需要一个漫长的等待过程。长期以来，媒体记忆以及依附于这种记忆而得以传播的舆论共识——二者本身所具有的被再

① 尚杰：《柏格森哲学如何摆脱了康德与胡塞尔——读柏格森的〈物质与记忆〉》，《哲学动态》2017 年第 7 期，第 63 页。

② ［法］柏格森：《创造进化论》，肖聿译，华夏出版社 1999 年版，第 16 页。

创造的可能性——就长期处于这样的等待状态。随着互联网的出现，人类社会许多潜在的可能性由于互联网而具有了现实的可能性。现在，这样的现实可能性正在变成数字化的社会实践。

互联网技术塑造的“网络社会”将人类置身于数字化生存的新状态。从历史上的典籍到各种档案和媒体记忆本文以及保存在各种介质中的舆论共识，甚至包括自然景观，在网络时代都具备了被数字化塑造的可能。在新闻实践中，印刷媒体和电子媒体的新闻/记忆文本可以通过数字化方式被保存在网络平台上。媒体档案的数字化以两种方式被重新生产出来：(1) 文本原版的数字化：这种形式的数字化主要是对报纸期刊的文本进行扫描，保持报纸和期刊文本的原貌；广播电视节目从磁盘到电脑的数字化转换，这种转换同样保持原貌。(2) 再编码文本的数字化：根据数字化行为主体的审美判断和特定需要，利用数字技术对某些文本的内容进行加工，比如，有些报纸的原版内容或录音录像带的部分内容遭到损害，通过运用技术手段修复、还原；或者考虑到某些内容不适合公开传播，在数字化转换过程中对文本内容有所改动。数字化浪潮不仅影响媒体记忆实践也同样作用于舆论共识实践，数字技术不仅将历史上的舆论状况给再现出来（比如，以全息影像的方式再现某些社会讨论的场景），更为重要的是数字化也在创造着新型舆论场，使公共讨论不再受到时空的限制，大规模的即时在线交流被同步保存，这使舆论的动态变化以原始档案的方式生成。记忆—共识的数字化实践也在推动着这一领域的学术研究。数字记忆研究的成果不断涌现，研究者开始思考数字技术对社会生活的塑造与影响，其中包括关注数字记忆实践对数字技术的依赖性问题，涌现出“数字记忆”“经调节的记忆”（mediated memories）等概念，这些概念有助于理解数字报纸、网络跟帖等数字信息如何成为公众与过去进行“交往”的主要介质形式。传统社会对媒体记忆文本（包括对舆论共识的记录和报道）的利用主要是作为历史文献进行解码，这种“交往”可以被理解成一种特殊的“历史会面”，解码者以“认识对方”为目的，很少出于某种目的擅自对这位“历史友人”进行改造。对记忆文本的尊重究竟是出于人类对历史的敬畏还是人性的善良，围绕这个问题的讨论可谓众说纷纭。随着数字技术在记忆—共识实践中的广泛应用，这种技术正在以感受得到的巨大力量不仅在挖掘并根据使用者的需要改造着记忆—共识的文本，而且也在创造着当代社会的记忆—共识文本。记忆—共识研究的不平衡更多地呈现出记忆研究领域的新成果，数字化对包括舆论共识在内的社会共识研究反而没有出现同样的繁荣景象。我们不必因此而沮丧，毕竟记忆研究领域的新成果也可以深化对舆论共识的认识。在“经调节的记忆”概念的提出者何塞·范·迪克（José van Dijck）看来，为了创造和再创造个体在过去、现在、未来相对于他人的意义，行为主体可以使用新的媒介生产或占有物品，而“经调节的记忆”是一种用来探索这些物品的方式。① 也许，迪克所说的“物品”让人感到困惑，按照我们的理解，“物品”不能仅仅被理解为实物形式的物品，也包括被纳入媒体文本的符号式“物品”。在印刷媒体的记忆文本中，新闻事件中的“物品”可以通过图片形式直观地呈现，也可以通过文字符号抽象地呈现，读者通过解码依然可以“直观”到媒体所建构的“物品”。同样，广播文本中的“物品”也可以通过声音符号被编码，听众可以“直观”其性状。至于电视文本，大多数“物品”可以被直观。运用文字、声音等符号对记忆文本的抽象物的内在直观，这样的直观能力是每个具有知性的人都可以具备的能力。当代社会，随着数字技术参与记忆—共识实践，调节的对象不再是单一的人体感觉器官，也包括数字技术和数字媒体，这样的调节在促进认知方面作用巨大。本杰明·雅各布森（Benjamin Jacobsen）认为：“随着社交媒体平台纷纷推出‘记忆/回到过去’功能，‘经调节的记忆’成为挖掘、分析、分类、排名的数据点，并最终投放给用户。”② 在新的媒介环境下，社交媒体平台的用户数据具有“记忆”的性质，并且这样的“记忆”过程可以被“直观”。经过统计的数据被社交媒体所调节，用户可以自行建构记忆，这样的记忆建构不再依靠传统的媒体机构，也不再由媒体从业者来主导。从这个意义上说，记忆的这种数字化转型也是媒体记忆生产方式的转型，这种生产由机器和用户集体创造。

“经调节的记忆”给我们带来的启示在于，舆论共识实践过程中是否也存在类似的“经调节的共识”现象。显然，这是个非常有趣的假设，其学术价值远甚于记忆研究。记忆既不是目的也不是终点，只是人类社会发展所需要的一种手段。记忆是对过去的认识，这样的认识是为了更好地理解现在，舆论就是动态的“现在”。当代社会，大量的热点事件很快被呈现在社交媒体平台上，吸引用户展开争论。在现实空间，利益攸关方掌握的公共事件信息相对滞后，信息的占有量不足以影响人们的判断。社交

① Van Dijck, J., *Mediated Memories in the Digital Age*, Stanford, CA: Stanford University Press, 2007, pp. 46-47.

② 转引自王悠然《社交媒体正在自动生产“记忆”》，《中国社会科学报》2021 年 9 月 13 日，第 3 版。

媒体的海量数据成为分析事件发展态势的重要依据。对于用户来说，对公共事件的关注就是数据生产的过程，他们可以从在线的公共讨论中找到大量的“志同道合者”。数字技术的在线统计自动标注跟帖的点赞、转发等数据信息可以自动将观念相近或对立的帖子分类对比，这种直观的动态数据具有一种无形的力量，调节着公共讨论者对于公共事件的态度。讨论者可以根据所掌握的数据进行自我调节，比如，判断先前的判断是否符合事实，所持的立场是否符合主流，哪种意见在本次公共讨论中居于不利地位，为什么会是这样，等等。同样，公共事件的利益攸关者也在根据事态变化调整应对策略，这样的调节在网络舆情研究中已经成为常识，此处无须赘述。在公共讨论中，数据为讨论者的自我调节提供了可能并明显影响着舆论共识的生成。当前的网络舆论是在数据的调节之下不断演化，网络舆论与传统的社会舆论的生产方式发生了显著变化，这是数据化转型在舆论生产中的体现。既然舆论的演化受到数据（技术）的影响，公共讨论的结果——舆论共识——自然也经过数据的调节而形成共识。讨论者在相关数据被在线投放的过程中不断修正自己的看法，当这种修正不再是个别现象而成为普遍性的舆论现象时，“经调节的共识”就从纯粹的假设获得了现实性。

“经调节的记忆”和“经调节的共识”是媒体记忆和舆论共识生产数字化转型的产物，这种“数字化调节”的积极作用不言而喻。不可否认，这样的调节也有其消极影响，在一定程度上造成“记忆—共识的中断”，可能使记忆—共识实践偏离正常轨道“走上岔道”。汉斯—乔治·梅勒（Hans-George Mailer）将这样的记忆看作一种“失踪”（Verschwinden）或是“沉入黑夜”（In-der-Nacht-versinken），认为这仅仅是记忆的“内面”（Innenseite），即记忆仅仅走出第一步却并未造成记忆的破灭，而是黑格尔所说的“扬弃”，“扬弃记忆的结果就是一种‘新生’（Neugebunt）。这样，弯曲的记忆之路——亦即知识之路——是一条从光亮到黑暗，再从黑暗回到更光亮的路”。① 梅勒借助黑格尔的扬弃概念，用一种高度乐观的方式为我们评价“经调节的记忆/共识”开启了一扇大门。虽然数字技术和社交媒体的历史还非常短暂，对媒体记忆和舆论共识实践却影响明显：从积极的方面而言，“媒体生产和消费的数字化转变对调解过去记忆的实践产生了明显的影响，从而对理解当前世界产

① ［德］汉斯-乔治·梅勒：《中西哲学传统中的记忆与遗忘》，《时代与思潮》2000年第6月，第216页。

生了影响"[①]；从消极的方面来看，数字技术对记忆—共识生产的调节可能导致记忆—共识的某种迷失，甚至影响公众对公共事件的正确判断。数字技术也促进记忆文本的多样化，加速共识文本的自我革新，记忆—共识实践的活动轨迹将保存在社交媒体的数据库中，最终成为面向社会开放的公共数据，记忆—共识文本的丰富性和开放性恰恰符合多元社会的内在要求。公共讨论者占有的数据越丰富、视野就越是开阔，其判断也就会越是趋于理性，有利于这个群体接近真相和真理。沿着这样的思路，从"经调节的记忆"出发，经过数据的对比和筛选，通过扬弃最终得出的共识可以在中途短暂地迷失方向并走过一些弯路，但最终依然会形成比封闭社会更具认知价值也更为公正的舆论共识。在这种模式下，尽管"数字化调节"增加了记忆和共识的变量，但与此同时也为辩证的扬弃奠定着基础，从而规定"媒体记忆—扬弃—舆论共识"的生产逻辑，这是"经调节的记忆—共识"的价值所在。

数字技术为媒体记忆和舆论共识实践带来巨大的活力。媒体的新闻/记忆生产和公众的舆论生成本来就具有主动性，前者受制于商业逻辑或政治逻辑，后者受制于兴趣逻辑的驱动，记忆—共识实践将碎片化的信息和零散的意见通过某种方式予以汇编。在记忆—共识实践中，商业/兴趣的驱动要求媒体从业者和公众尽其所能占据信息，记忆—共识的文本质量在很大程度上依赖于数据的挖掘能力。早在 1932 年，瓦尔特·本雅明（Walter Benjamin）就提及过记忆"挖掘"（excavation）的问题。在他看来，记忆需要积极行动，从持续堆叠的日常生活碎片中挖掘记忆需要记忆主体多次往返同一地点，用"铲子谨慎地试探黑暗的肥土"，将过去的某一时刻定义为记忆。[②] 在本雅明所处的时代，为实现记忆而进行的挖掘更多属于人工行为，当代媒体机构的新闻/记忆实践依然离不开媒体从业者主动搜寻信息，舆论共识所需的公共讨论也离不开讨论者从知识储备和资料库中寻找资料，但人工挖掘在记忆—共识实践中所占的比重正在悬崖式下降，取而代之的是互联网以及社交媒体的信息数据库。搜索引擎为互联网和社交媒体通过技术手段聚集信息提供了可能，这些公司拥有雄厚的数据资产，大卫·比尔（David Beer）将社交媒体平台收集的用户生活痕迹

---

① Gambarato, R. R., Heuman, J., Lindberg, Y., "Streaming Media and the Dynamics of Remembering and Forgetting: The Chernobyl Case", *Memory Studies*, 2021, p. 1.

② 参见王悠然《社交媒体正在自动生产"记忆"》，《中国社会科学报》2021 年 9 月 13 日，第 3 版。

称作“传记性信息库”，这样的数据库具有档案的功能。[①] 由于这类档案数据体量巨大，用途广泛，现阶段媒体机构的新闻/记忆实践已经广泛利用社交媒体平台的数据，越来越多的新闻报道从社交媒体平台的热搜中选题，受用户广泛关注的帖子获得相应的新闻价值成为媒体报道的对象，进入热搜的话题同时成为舆论共识生产的对象。这表明，媒体记忆和舆论共识的生产主要通过社交媒体平台挖掘有价值的信息。社交媒体无时无刻不在快速积累数据信息，这种动态变化为信息的重复利用（包含着新旧信息的混合利用）奠定了基础，记忆—共识的生产恰恰是过去—现在信息的混用，而不会单单选取最新或过去的某类信息。

数据的广泛应用在于自身的有用性。在记忆—共识实践的生产主体中，除了媒体机构及其从业者和社交媒体用户（公共讨论者），也包括社交媒体平台。对于新浪、腾讯、今日头条和百度等商业机构而言，平台意味着流量和广告。为赢得流量和广告，平台必然重视信息的数据库建设，所有的数据全部具有相应的商业价值，平台通常根据不同类型信息的商业价值将其排序，而这些经过度量并用于投放的数据就涉及记忆生产和共识生成。在比尔和雅各布森看来，度量（metrics）以及基于度量的社会排序（social ordering）扩张释放的是“度量的力量”（metric power），这种力量将有价值的数据用于目标受众投放（targeting），随着这种投放的大规模扩张，其也在推动着社交媒体平台的记忆—共识生产。[②] 数据的度量和投放在于自身的价值，这种价值源于社交媒体将用户作为数据的生产者。在社交媒体上，所有的数据由于量的累积获得价值。如果说媒体记忆主要针对碎片化信息的度量和整合使之具备被纳入记忆的价值，形成舆论共识的观念同样属于数据的对象，这涉及人的数据化和观念的数据化。社交媒体使用户的主客观信息均转变为平台数据，一个用户长年累月在平台上活动的轨迹被平台整理分析之后足以对之数字“画像”。在舆论共识实践中，公共讨论依赖于讨论者集体性的智慧劳动，这样的劳动是用户延续世界观和价值观产生的“数据”。用户可以经常参与不同的公共讨论，他们的观点可以不同，但思想的逻辑规定着其态度和讨论的习惯。在舆论共识实践中，平台可以依据参与讨论者的身份数据预测本次讨论的共识趋

---

① 王悠然：《社交媒体正在自动生产“记忆”》，《中国社会科学报》2021 年 9 月 13 日，第 3 版。

② 王悠然：《社交媒体正在自动生产“记忆”》，《中国社会科学报》2021 年 9 月 13 日，第 3 版。

向，而不必像篮球比赛那样等到比赛全部结束才能确认结果，舆论共识的基本结论在舆论实现数字化转型后，可经由平台凭借数据资源而被提前预测。随着人与观念的数据化，舆论共识也成为被度量和投放的客体。在安德里亚·穆比·布莱恩蒂（Andrea Mubi Brighenti）看来，度量“不仅是我们手中的工具，还是我们生活的环境”。[①] 在这样的媒介环境下，媒体记忆和舆论共识可以被反复衡量，并依据度量的结果不断被“估价”。

记忆—共识实践的数字化转向使记忆—共识的生产实现了升级，传统的媒体生产的流程依然保持，信息挖掘的方式正趋于自动化；舆论共识的生成方式也保持着互联网开辟的“传统”，社交媒体舆论场和最初的网络论坛（BBS）的讨论却不可同日而语。记忆从盲目寻找数据到所有人拥有数量可观的数据，公共讨论从少数人的聊天室到社交媒体舆论场的“超级舞台”，这样的转变是数字技术发展到一定阶段的产物。当一切皆可被数据化时，一切都可能被纳入媒体记忆，一切都可能被用于舆论共识所需的公共讨论，这对记忆—共识的生产模式提出了更高的要求。

二　媒体记忆与舆论共识的图式化生产

数字化转型带来社会生活的数据化，在一切即可为数据的同时也改变了媒体记忆和舆论共识的生产方式，使记忆—共识实践进入新的阶段。媒体记忆依赖的事实、舆论共识借助的观念本身是不同性质的事物，事实存在于现实空间，观念存在于每个人的内心世界，这些事实/观念转化成记忆—共识生产所需的数据需要将事实/观念进行图式转换，这样的转换可以称作媒体记忆与舆论共识的图式化生产。

图式可以理解成直观。人对于世界的认知主要借助观察和思考两种途径，直观是一种图式，思考可以视作间接的直观，认知必须是观察和思考的综合。图式概念源自柏拉图的理念论，他所说的“理念”指的是“心灵的眼睛看到的东西”。康德继柏拉图之后提出“图型论”。在他看来，“图型自身在任何时候都是想象力的产物”“由于想象力的综合并不以单个的直观、而是仅仅以规定感性时的统一性为目的，所以图型毕竟要与图像区别开来”。[②] 康德有关图型的阐释有助于我们理解数字时代的媒体

---

① 王悠然：《社交媒体正在自动生产“记忆”》，《中国社会科学报》2021 年 9 月 13 日，第 3 版。

② 李秋零主编：《康德著作全集》（第 3 卷），中国人民大学出版社 2005 年版，第 129 页。

记忆和舆论共识的生产实践。媒体机构的新闻生产通常被理解为对客观事实的描摹或呈现。受众的新闻消费并不满足于对事实的表象认知，而是希望看到隐藏在事实表象背后的意义，这也是新闻的价值所在。获取事实的意义需要借助媒体从业者的想象力来挖掘，这是新闻文本转变成记忆文本的前提。一则新闻报道是否具备记忆的价值关键在于新闻报道是否揭示出新闻事实意义的程度，这种意义首先由媒体记忆的编码者用“心灵的眼睛”直观得到，然后再根据想象力进行建构。同样，舆论共识的生成越发需要公众的综合能力，象征着舆论共识的观念必须跳出个体的直观（这种个体哪怕是有相当影响力的意见领袖也不行），因为共识需要具有观念的统一性，将大多数人的意见组织在一个相近的区间。由此可见，记忆—共识的生产必然与可见的东西相联结。正如康德所提醒，不能将这种图型（“可见”）理解为肉眼即可直观的“图像”。图型与图像虽一字之别但含义相去甚远。当代社会尤其倚重视觉，媒体为适应公众的偏好强调图像对于新闻/记忆实践中的重要性，报纸可以用一张图片占据整个版面的空间，电视和短视频更是图像的世界，这些媒体文本几乎没有给需要心灵和想象力综合生成的图型预留独立存在的空间。特别是在记忆—共识的数字化转型之后，文字叙述也呈现出“图像化”的倾向，类似“××，加油”的接龙，因为这样的“图像”相当模糊，解码者难以借助想象力建构结构完整、内容丰富的图型。究其原因，在于图型需要借助因果联系以及质/量关系重新建构一个对象，这是认知的需要而不是“看到”。媒体记忆面向的是具有不确定性的“将来”，舆论共识属于无法被直观但可以被理解的整体性观念，这决定了记忆—共识的文本必须将事实或零星的观点进行想象和综合，而不能满足于眼睛的直观。

从理念论到图型论，再到当代所用的“图式”概念，基本的意思是指用以组织、描述和解释人类社会经验的概念/命题网络，经验的概念包括“具体”和“抽象”。杰罗姆·凯根（Jerome Kagan）认为：“称之为‘具体’的语义网络总是包含着各种图式（即一个苹果的可感知的表达通常是水果的语义网络的组成部分）。像‘形而上学’之类的抽象概念的网络，即使有什么可感知的图式（schemata），也是很少的。”① 按照凯根的

① ［美］杰罗姆·凯根：《三种文化——21世纪的自然哲学、社会科学和人文学科》，王加丰、宋严萍译，格致出版社2014年版，第27页。

观点，构成新闻/记忆的事实因为“具体”而属于可感知的图式，媒体发表的观点评论以及舆论共识等涉及抽象概念的网络也就无所谓真正的图式。如果这样的论断站得住脚，柏拉图的理念论和康德的图型论就不属于可以被间接直观的图式范畴。显然，康德不会赞同这种断言。他认为：“经验性的概念在任何时候都是按照某个普遍的概念直接与作为规定我们直观的规则的想象力的图型发生关系。”① 新闻/记忆文本涉及的事实只要涉及意义的挖掘就必须借助经验性的概念，这是事实判断向价值度量不可缺少的环节。媒体的新闻/记忆实践不可能全是具体事实的描述，就像凯根以苹果为例说明语义网络，当苹果从实物变成抽象的经验概念时，作为概念的“苹果”已经融入认识主体的想象，这个“苹果”与绘画、照片或者电视画面中的苹果影像有着明显的区别。即便如此，绘画和影响中的苹果同样也借助了人的某些能力（摄影、摄像也需要影像器材设计者和操作者运用其想象力和专业技术），因而“图像是生产的想象力的经验性能力的一个产物”。② 只能说，媒体记忆文本的图像与媒体从业者的经验性能力直接相关，而图型是将客观事物抽象成可视化的直观物，抽象的概念通过想象具象成可视化的图型。当事实和观念（概念）同时成为图型的一部分，媒体生产的新闻文本从而真正获得记忆的价值，将各种介质的文本转变成记忆文本。建立在新闻文本之上、更具抽象的舆论共识与普遍性的概念和图型存在联系，适宜于用同样的概念来讨论媒体记忆和舆论共识的图式化生产。

图式化生产意味着从现实到非现实的转化。媒体构建的是符号世界，这样的“世界”可以直观但不能将之等同于现实世界，而是媒体建构的“镜像世界”。在记忆—共识实践中，对事实的记录要求的是局部和整体的真实，舆论共识需要的是代表全体社会成员的意见而不是舆论场的主流看法，这两种真实都涉及部分和整体的关系。媒体机构和公众（包括社交媒体上公共议题的讨论者）建构的事实/观念是经过审美后的真实，这是典型的局部真实（个体媒体的或部分群体的），这样的事实/观念在媒体上呈现后与媒体和舆论场所建构的事实/观念并不一致。在沃尔夫冈·韦尔施（Wolfgang Welsch）看来，“对传媒—现实的这一态度，也越来越扩展到我们日常的现实，这是因为日常现实日益按传媒图式被构造、表述和感知”，长此以往，“真实日渐失去其操守、本真和严肃性，它似乎变

① 李秋零主编：《康德著作全集》（第3卷），中国人民大学出版社2005年版，第130页。

② 李秋零主编：《康德著作全集》（第3卷），中国人民大学出版社2005年版，第130页。

得越来越轻，强制性和必然性都在减少”。[①] 韦尔施的分析提醒我们，如果媒体实践（也包括舆论实践）的图式构成不能正确地揭示事实之间的因果联系，不能准确地把握一种事实的量比关系，新闻/舆论的图式将脱离现实生活而损害记忆—共识文本的内在价值，这样的非现实化显然并不符合记忆—共识图式化生产的目标。

记忆—共识实践必须根植于现实生活，按照社会生活的逻辑进行专业化生产。记忆强调过程的累积，共识既是累积的结果又是累积过程的节点。媒体作为连续出版物，从形式上看，媒体记录的社会变化是点状的（我们可以将具体的新闻文本理解为一个“点”），新闻事实是社会变动的组成部分，媒体报道刻画的社会面貌犹如一幅社会画卷，这幅“画卷”作为媒体记忆的文本体现的正是媒体生产和媒体记忆的连续性特征；由新闻衍生的舆论也具有类似的性质，单一的新闻文本与单一的舆论事件形成的舆论共识同样具有点状的特征，层出不穷的新闻带来的是舆论事件的波浪式延展，每次公共讨论达成的共识也是构成社会观念史“画卷”的一个“图案”（点状）。媒体记忆和舆论共识的“点+面”特征与巴特莱特（Frederic Charles Bartlett）的记忆图式结构化表征理论不谋而合。巴特莱特将记忆视为一个主动建构的社会化过程，在他的记忆理论中，“图式”指的是过去反应或过去经验的主动组织作用，这样的图式是一种持续但不完全的安排形式。[②] 巴特莱特从心理学角度研究记忆问题，记忆活动的主体是个体的心理活动，这与媒体记忆和舆论共识有着明显的区别。尽管如此，巴特莱特的理论仍不无启迪意义。媒体的新闻理念和舆论共识涉及的脑中图像是过去经验的产物。媒体记忆遵循媒体机构秉持的理念建构事实，这样的建构是主动组织而非被动的记录。传统媒体建构的记忆文本在社交媒体上被解码和再编码时，个体化的用户成为解码—再编码的主体，他们对记忆文本的解码建立在过去经验和个体心理的基础之上，按照自己的方式进行记忆图式的建构和再建构。媒体记载的舆论共识是媒体依据事实加工的结果，媒体记忆文本中的这种共识已经融入媒体从业者的理解和经验而不是（也不能）对舆论讨论过程和结果的精准呈现。在社交媒体舆论场的公共讨论过程中，舆论共识也是遵照用户过去的经验和心理反应

① ［德］奥尔夫冈·韦尔施：《重构美学——品味新美学》，陆扬、张岩冰译，上海译文出版社 2006 年版，第 97 页。

② 参见周振华、魏屹东《记忆的认知哲学探究》，《人文杂志》2015 年第 3 期，第 17、20 页。

进行建构，用户的积极组织对于舆论的走向影响显著。这表明，记忆—共识的图式化建构必然以社会为轴心而不是媒体机构或公众任性的建构。记忆—共识是媒体机构和公众（公共议题讨论者）有目的的主动建构，这使媒体记忆和舆论共识的本文呈现出社会化过程的特征而不是点状的事实/观念。

媒体记忆和舆论共识的主动建构需要经历一个社会化的过程，至于记忆—共识究竟是并列还是递进的关系，以及二者在社会化过程中的作用有待进一步地讨论。在本书的前面章节，出于表述的简洁需要，多采用"记忆—共识"的表达，这种表述是基于表达的效率，并不意味着媒体记忆和舆论共识在时空结构中可以被理解为一个统一体。即使已经纳入媒体记忆的舆论共识，这种以共识为记忆对象的记忆本文也不能就此断言记忆和共识融成一体。对于媒体记忆中的舆论共识而言，记忆只是手段，共识则是结果。关于记忆和共识的关系可以从黑格尔在《精神现象学》中对记忆概念的分析予以说明。黑格尔分析记忆为的是阐释哲学学说的基本结构，他通过"道路"（Weg）和"目标"（Ziel）两个德语概念进行分析。黑格尔将"知识"（Wissen）放在目标的位置，将记忆（Erinnerung）看作"道路"。[①] 将记忆理解为道路，与巴特莱特将记忆理解为社会化过程在本质上并无太多差别，将"知识"设定为"记忆"的目标反而颇有远见。虽然可以将记忆的内容作为知识的初级形态，但媒体记忆的对象毕竟以事实为主，即使事实可以上升为经验性的概念而成为知识，但这样的质变只能建立在大量同类经验事实的基础之上，构成媒体记忆的事实只是具备成为经验性概念的可能性而不是知识本身。与此相反，作为观念的舆论共识（观念）来自事实（新闻事件）却超越了事实而成为经验性概念，是大量同类事实升华的结果。按照黑格尔的"记忆道路说"和"知识目标说"，可以用"媒体记忆"替代"记忆"、用"（舆论）共识"替代"知识"来分析记忆—共识的图式生产。媒体记忆以日积月累的量的积累为社会认知铺平道路，公众通过新闻报道了解环境的变化，形成世界景观的概念。舆论共识实践所需要的公共讨论通过公众的集体讨论实现从事实向观念的转变，这样的舆论共识虽然只是普遍的观念（通常是普通的观念）却是媒体记忆长期追求的目标。在这个主动建构的社会化过程中，媒体记忆扮演的是"筑路工人"的角色（媒体从业者和公众），对新闻事

① ［德］汉斯-乔治·梅勒：《中西哲学传统中的记忆与遗忘》，《时代与思潮》2000年6月，第215—216页。

实的编码和解码的过程是在为统一社会认识铺路，共识只是这条道路中的一个节点。从这个意义上说，媒体记忆是通往舆论共识实践之路必不可少的过程，记忆和共识是因果关系的产物。只要这样的因果联系续存着，媒体记忆的“筑路”行动就不会停止，舆论共识的目标同样处于节点的不断推移状态周而复始下去。

当媒体记忆作为通向共识（知识）的“道路”、舆论共识成为媒体记忆的目标之时，记忆—共识的图式化生产不在于对事实本身的客观呈现，而在于在事实和观念（知识）之间铺架一条通道。媒体生产的文本，无论是过去的记忆文本还是现在的新闻文本，事实的意义蕴含在文本的字里行间而不在事实的表象之上，作为观念的舆论共识的知识性也不是将现成的理论照搬过来，而是对既有理论知识（观念）的再创造。换言之，舆论共识不是现成的知识而是众筹的知识，这种共识的不确定性使之具有更多的可塑性。事实的媒体建构需要阐释，舆论共识的建构更是观点竞争的结果，竞争的过程也就是阐释的过程中，被阐释得最完善的观点最终有资格被广泛接受并成为“舆论共识”。对于事实和基于具体事实（新闻事件）见解的阐释，构成记忆—共识图式化生产的一种类型：阐释的图式化生产。阐释是以事实/观念为基础对事实/观念的分析和认知，阐释者依照自己对事实/观点的理解重新建构出符合其价值观和审美标准的事实/观念。媒体记忆实践具有阐释的图式化的特征。媒体机构在建构事实的过程中，媒体机构及其从业者的观念已经被嵌入其中；媒体记忆解码者和编码者（均为将来意义上的公众）对过去的新闻文本的利用的目的性更为明显，当这类事实的当事人和记录者已经不在人世，解码者只能依照个人的理解和用意重新组织记忆文本；即便新闻的当事人或记录者健在，解码者依然可以忽略他们的存在而独立对记忆文本再编码。离开对事实和文本事实的阐释，事实就只能以硬事实的形式被公众所认知，这样的事实类似于童蒙读物的事实描述，公众并不真正需要这样的简单事实。对事实的阐释增加事实的价值含量，这是媒体记忆的价值之所在，事实的价值无法直接传递给公众，需要媒体记忆编码者的阐释抵达目标受众。舆论共识的生成更是阐释的图式，一个复杂的新闻事件本身并不会主动告诉公众事件的来龙去脉及其蕴含的观念冲突，只有当媒体报道（新闻文本）成为舆论场公共讨论的对象，这些事实的观念形态才逐渐被揭示出来。这样的观念形态并非终极的观念，它们必然经历一个从笼统的观念逐渐向清晰的概念过渡的过程，而观念的这种清晰化依赖于多次的阐释。当观念从朦胧走向清晰，共识变成可感的图式，直到这样的图式为舆论场的讨论者普遍接受，舆论共识的图式化生产至此告一段落。媒体记忆和舆论共识并非大自然对人类的免费赠品，必须经历一个社会化的建构过程，从现实问题到符号化的事实再到对现实问题的认知（观念），这样的过程就是记忆—共识的图式化生产过程。

随着媒体记忆和舆论共识的数字化转型，阐释的图式在记忆—共识生产中的作用更为重要。单一事实/事件的阐释已经对媒体机构和公众提出要求，面对海量数量聚合而成的事实以及公共事件发生后舆论场产生的海量的讨论数据，信息量的剧增增加了对新闻/记忆和舆论共识阐释的难度。正因为这个缘故，阐释在图式化生产中的作用凸显，这是当代社会记忆—共识实践面临的新挑战。

图式不是二维空间的信息流动或知识观念的铺放而是社会生活结构的立体化呈现，是社会结构的可视化显现。在媒体记忆和舆论共识的生产中，阐释也是按照社会结构不同部分的内容及其意义进行的，阐述的立体化带来记忆—共识图式化生产的第二种类型：树冠的图式化生产。这种类型的生产可以从新闻评论写作的立论（论点的提炼）进行说明，立论需要从新闻事实这个点状出发，通过发散思维把与该事实可能相关的知识显示出来，这样得到的是一个类似树根的图式。在社会生活中，这种结构图式因具有普遍性而受到学术界的关注。比如，“人类学会把一株树的树冠的图式与关于未来和上帝的语义网联系起来，把树的根部的图式与关于过去和魔鬼的语义网联系起来”，把人的感觉状态按照善和恶的不同进行分类，从中寻找关于公平和正义的语义网，那些“首先发展起来的各种可感可知的经验的表达，常常被用作脚手架，以扩大抽象的语义术语的意义”。[①] 人类学的树冠图式和前面提及的评论立论的树根图式有着共同之处。在媒体记忆的图式化生产中，对事实的道德判断被分配到事实的相关环节中，所有的事实都是善与恶的共同体，媒体从业者的道德判断通过根据事实性质的善与恶的分类，最终构建成一个统一的叙事框架。在这个结构中，记忆—树冠图式就是善恶的可视化呈现，善与恶不可能均衡出现，突出的一面就是“树冠”，统摄全部事实的其余部分。舆论共识也具有这样的结构类型。公共事件是社会问题累积到一定程度的产物，在爆发初期以恶的形式出现在公众面前，舆论场对于恶的厌恶激发讨论者的公共兴趣，对恶的谴责和反思带来对善的期待和寻觅，讨论者可以从信息数据

---

① ［美］杰罗姆·凯根：《三种文化——21 世纪的自然哲学、社会科学和人文学科》，王加丰、宋严萍译，格致出版社 2014 年版，第 29 页。

库、自我经历以及理论知识积累中发现善的存在及其根据。通过舆论场对善和恶的支持/反对力量的较量。善必然从树干的底部逐渐上升到树冠，成为构成树干的主导性力量。媒体记忆和舆论共识实践的树冠图式避免了对新闻事件的扁平化认知，使记忆—共识文本获得真正的历史的和理论的认知价值，这是树冠图式的记忆—共识生产的价值之所在。

传媒媒体时期的记忆—共识生产，记忆的编码者/解码者以及公共讨论者通常需要借助历史资料进行编码/解码，由于受信息检索技术条件的限制，记忆—共识的建构者可能遇到因记忆模糊而造成的无可适从状态。康德曾描述过这种情形："当某人相信他记忆中有某件事，但却不能把它呈现在意识中时，他就说，他记不清这件事了（不是想不起，因为这是指失去了意识）。如果他仍然要努力去记，这种努力就十分伤神，人们最好还是用另外的思想使自己分散一下注意，而逐渐地、只是轻轻滑过地对那个对象回头一瞥，这样他往往就会碰上一个可以唤起那个观念的相关的观念。"① 随着记忆—共识实践的数字化转型，数字技术帮助人们摆脱生理原因导致的"记不清这件事"的无奈和尴尬，记忆—共识实践所需的信息可以通过检索技术很快"碰上"它们，这样的偶然性不再像康德时代主要靠运气或灵感，因为数字检索技术造就的是检索的必然性，这是我们这个时代的幸运，也是媒体记忆和舆论共识的图式化生产之幸运。

三　媒体记忆与舆论共识的自动化生产

日常生活所提供的经验事实似乎表明，记忆的生产具有被动性，即先有记忆的动机再有记忆的行为，这有点类似于我们观察到的太阳东升西落变化规律，科学研究早已证明这种直观印象并不符合事实，而终结这种直觉判断的是哥白尼，他采用"向自然提出问题，要求自然答复"的方法，终结了地心说的权威地位，康德用"哥白尼革命"高度肯定哥白尼的贡献。记忆生产领域也需要这样的"哥白尼革命"，向记忆提出问题，记忆实践来回答自动记忆的可能性。汉语的"情不自禁"和"灵感说"就归纳了不由自主的类似行为。记忆也有类似的无意识记忆，比如，饮食习惯就是由胃器官自动帮助人从小开始"记忆"，直到成为一项难以改变的自动选择。类似的情况还有不少，人体的许多器官都具有自动帮行为主体记忆信息的功能，正如比尔所言："记忆从不限于记忆的主体，也不限于生理器官。"在他看来，"人可以通过气味、声音、特定经历回想起被遗忘

---

① ［德］康德：《实用人类学》，邓晓芒译，上海世纪出版集团2005年版，第72页。

的事件”“这一切似乎表明，记忆存在于大脑、社会关系、事物、技术以及更广阔社会的交界点”。① 生理方面的无意识记忆揭示了一个值得思考的问题：除了人工“操作”的记忆，是否还存在自动化记忆的可能性？只要不否认饮食习惯是一种自动化的记忆，就可以从习惯性动作（选择）中找到更多的这类“自动化记忆”，就连我们的思维方式也具有类似的选择性习惯。

在媒体记忆和舆论共识的生产中，是否也存在自动化记忆的现象？人的记忆可以与外部环境自动关联，在媒体的新闻/记忆生产中，生产者（作为编码者的媒体从业者和作者再编码者的公众）出于记忆生产和再生产的需要，不可避免地从各自的经历和知识储备中自动关联某些信息。自动关联的普遍存在，间接证明记忆的自动关联伴随着媒体记忆和舆论共识实践的始终。在媒体新闻的生产阶段，媒体从业者的新闻理念一经形成就会以行为准则的形式规定着媒体从业者的内容生产，这种规定不以人的意志为转移而具有某种自动性质。同样，这样的“准则”在媒体记忆文本的解码和再编码过程中也得到贯彻。不论记忆文本的解码者/再编码者是否具备相应的媒介素养，世界观和价值观已经成为驱动解码—再编码记忆文本的力量，这些观念也具有准则的性质，将本能地（自动地）依照观念的指引解码并重新编码记忆文本。舆论共识需要大多数人开动自己的“记忆机器”，从各自的记忆库中搜集可以佐证自己主张正确的信息。自动关联是人的思维器官功能之一，它从不提前预警，甚至也不解释，经常会帮助人们自动解决燃眉之急。

思维器官赋予行为主体自动联想的能力，自动联想将伴随个体的记忆—共识实践始终。随着算法技术的应用，数据的自动挖掘、筛选、分类和推送也进入社交媒体，开启机器自动化生产的记忆实践。2021 年，英国学者比尔和雅各布森出版的《社交媒体与记忆的自动生产：对过去的分类、排名和排序》一书，比较全面地揭示了社交媒体记忆的自动化生产的状况。② 在他们看来，社交媒体平台承载着大量关于用户日常生活的传记性数据，每隔一段时间，这些数据就会被平台的算法重新归类、包装，这些被算法自动加工后的数据将获得传记的性质，它们被作为“记

① 参见王悠然《社交媒体正在自动生产“记忆”》，《中国社会科学报》2021 年 9 月 13 日，第 3 版。

② Jacobsen, B., Beer, D., *Social Media and the Automatic Production of Memory: Classification, Ranking, and Sorting of the Past*, Bristol University Press, Bristol, 2021, p. 116.

忆”推送给可能感兴趣的目标用户。[①] 社交媒体对记忆的自动化生产也影响到记忆—共识实践，使之具备自动化生产记忆的可能性。

在传媒领域，自动化新闻写作已经广泛应用到地震报道和证券新闻报道中。本书将媒体机构的新闻与记忆实践视作同一种生产，新闻、记忆犹如一枚硬币的两面无法割裂，因为所有的新闻将成为历史的文本，也就是将来的记忆文本。当机器写作被引入传媒业，每天在自动记录并报道国内外发生的地震[②]和股市资讯，这些由机器自动生产的新闻文本自然也是媒体记忆生产的一部分。自动化的记忆生产与人体的生理性自动记忆不同，后者以本能的方式被自动“生产”出来，算法技术驱动的自动化记忆生产是由人设计、机器自动完成的生产活动。人的动机，准确地说，是少数人（或机构）的商业动机被编程记忆自动化生产的程序，机器只是执行程序的指令，按照程序制定的目标生产。这样的记忆生产应该区分新闻媒体和社交媒体的记忆生产。这是两种不同性质的记忆生产，前者是一个从无到有的生产，借助机器自动生成新闻文本，就像地震的自动化写作和推送一样，相关地震的数据之前并不存在于社交媒体的数据库中，只有新闻机器写作根据即时捕获的信息将其按照新闻的格式自动生成并传播出去，使这样的即时信息变成数据，被社交媒体的自动搜索程序所捕获或者被用户转发到平台上，这样的新闻/记忆文本属于机构的自动化生产。比尔和雅各布森在讨论社交媒体记忆的自动化生产时，强调的是存在于社交媒体信息数据库中并无直接逻辑关联的碎片化数据被算法软件进行筛选、分类，在此基础上重新包装，以某些有用的信息向目标用户推送。社交媒体记忆的自动化生产可能具有原创的成分，但这样的原创仅具有象征意义，因为原始数据的创造并非平台所为，平台及其所提供的算法软件只是根据数据的商业逻辑进行自动加工，这是一种从有到有的生产。此外，社交媒体自动生产的数据也具有历史认知的价值，即它们也是记忆文本。从媒体记忆角度看，这类文本的新闻属性相对较弱且缺乏时效性，其价值在于帮助记忆的实践者把握宏观的社会变化，算法主导的记忆自动化生产完成庞大的数据加工任务，因此，这种记忆文本的认知价值并不亚于由新闻自动

---

① 王悠然：《社交媒体正在自动生产“记忆”》，《中国社会科学报》2021 年 9 月 13 日，第 3 版。

② 比如，2022 年 3 月 14 日广东省惠州市的地震，就是由中国地震台网自动推送的消息，参见《惠州市惠东县海域发生 4.1 级地震，广东多地网友称震感明显》，光明网 2022 年 3 月 14 日，https：//m. gmw. cn/baijia/2022-03/14/1302842910. html。

过渡到历史档案的记忆文本。应该说，媒体记忆文本和社交媒体记忆文本各有存在的合法性。

算法不仅实现了记忆的自动化生产也促进了舆论共识的自动化生产。除非媒体机构的新闻/记忆文本全部发布在社交媒体平台上，否则由用户转发的只能是具有一定认知价值的文本，因为没有认知价值也就失去传播价值，难以成为社交媒体的数据。相反，现实空间发生的公共事件不论是否变成新闻文本都会被用户呈现在社交媒体平台上，用户通过平台的资讯分类标签选择各自感兴趣的内容，参与相应的议题讨论。算法在公共事件从普遍资讯变成关注焦点的过程中，"驱动的社交媒体平台对记忆的自动化识别、分类、排名和投放，我们想了解人们对此有何反应，以及经过包装的记忆如何影响个体对其人生记录的理解"①，这样的反应和理解将影响讨论者的情绪和态度。算法面向社交媒体用户，但这种面向并非将同样的信息进行无差别的传播，而是根据用户的兴趣偏好进行个性化的传播。也就是说，算法推送不同于大课堂的老师授课，可以向数百人甚至上千人讲授同样的内容，算法的自动推送属于"精准推送"，这是基于了解目标受众的针对性传播，内容的精准提高了其传播效果。用户在社交媒体上的活动轨迹为算法为他们"画像"的根据，算法通过坚持不懈的数据积累和分析，用户的行为偏好就以统计的方式被自动测算出来。社交媒体平台上参与公共议题讨论的用户信息全部可以被平台掌握，算法自动为用户提供推荐服务。社交媒体将多元社会从理想变成现实，在这个平台上，用户的观念（态度）不再是简单的赞同、中立或反对而是呈现出更为丰富的观念形态，这样的多元我们无法进行准确的统计，但对算法而言这类难题将迎刃而解。算法的个性化服务使用户在讨论中可以从平台的记忆数据中发现有用的信息，不论是赞同还是反对的数据，作为支持或反对的论据无形中在强化自己的观点（态度）。算法服务自动完成，舆论走向在这种自动化的提醒中促进舆论共识的生成。同样的讨论如果发生在现实空间，讨论者要达成共识需要经历一段时间，而借助算法并不会加速舆论共识的形成。实践表明，在社交媒体舆论场的公共讨论中，舆论共识的生成依然要经历差不多同样的时间，这是否表明算法的自动化推送服务对舆论共识实践没有多大影响？如前所述，现实空间的多元是相对的

① 王悠然：《社交媒体正在自动生产"记忆"》，《中国社会科学报》2021年9月13日，第3版。

多元，因为现实空间讨论的人数难以超过万人，否则讨论将不可想象。就像每年全国“两会”上的公共讨论需要分作若干个组，在不同的会议厅同时进行，最终再汇总意见。社交媒体的公共讨论通常都是数千人或数万人的在线讨论，这种讨论是真正意义上的多元讨论。算法为多元的公共讨论提供服务恰恰极大地提高了讨论的效率，缩短了这种讨论的时间，为舆论场迎接新的议题提供了可能。如果没有算法的自动化服务，多元的公共讨论将陷入无休止的争论泥潭，这将大大降低舆论共识的生成效率。

算法在媒体记忆和舆论共识生产中自动定义数据内容性质的“好”与“坏”。在新闻/记忆实践中，媒体从业者根据自己的道德判断对报道对象进行评判，这种判断在新闻文本中不会直接流露出来，但可以通过被采访对象的态度间接地表达报道者的情感倾向，也可以在评论版/频道借助与新闻事件不相关的评论作者进行评判。这种模式的媒体记忆人工生产，所有参与者以署名或被署名的方式被纳入新闻/记忆，媒体从业者承担相应的责任。舆论共识的生产更是如此，不论是广播电视节目安排的辩论活动，还是报纸版面或网络频道安排的辩论，辩论者的个人信息同样非常直接。在社交媒体记忆的自动化生产中，算法依照编程者定义的语义色彩自动标识词语感情类型。借助机器学习算法，平台越来越多地在定义什么样的记忆是“好的”、哪些痕迹值得被记住或不应被记住，并向用户呈现自动生产的“预制记忆”。① 平台基于词义自动定义的“好”“坏”跟新闻生产或现实空间面对面讨论所评判的好与坏有着质的区别，新闻/记忆评判的依据是事实——已经发生的可供他人直观的行为及其后果——这样的道德评价包含着个人偏好，但行为及其结果是道德评价的基础。在舆论共识生成的过程中，讨论者个人的情绪和态度已经有所流露，但公共讨论要求以事实为出发点，不能背离事实随意表达看法。算法依据数据的表面语义进行分类，区分的“好”“坏”与事实并无直接关系。社交媒体平台上的数据是用户描述或评论的事实，至于数据的真实性和客观性平台无法知晓，算法仅仅基于数据的字面意义进行好/坏界定。被界定的数据被再度包装推送后，用户难以区分这些数据跟自己的关联，在这种情况下，“‘好的’记忆的理解可能也会随之变化。社交媒体平台通常只想展示积极的、令人振奋的记忆，‘负面的’记忆是否会被越来越多地掩藏？这些

① 王悠然：《社交媒体正在自动生产“记忆”》，《中国社会科学报》2021 年 9 月 13 日，第 3 版。

问题现在还无法回答”。[①] 负面的记忆未必会被掩藏，只要看看社交媒体公共讨论中贬义色彩的词语量就可以作出判断，除非编程员先行将所有负面的情绪类词语作为屏蔽对象，否则，“负面的”记忆将作为社交媒体的数据资产而存在。在公共讨论中，当用户经常使用这类词语时，算法照样可以向其精准推送，优先提供可以参考的负面记忆。

当算法对社交媒体数据的“好”“坏”分类被用于媒体记忆和舆论共识实践时，这将造成用户的不同反应。一则记忆文本在被用户解码时，算法可以推送与之相关的内容，对于希望全面了解信息、客观认识某个历史事实的用户而言，希望看到的是多种态度的文本，对相关事件既有赞成也有中立或否定的文本。算法推荐满足的是同质化的内容需要用户变换检索关键词获取相关数据，当算法推送无法让用户满意，媒体记忆的自动化生产将产生负面效果。在雅各布森看来，“记忆的自动生产会带来冲突，用户作出了各种各样的不同反应”，“社交媒体平台希望用户感到这些‘记忆’是原生的，其自动生产过程是流畅的”，但“事实并非如此。社交媒体平台不是总能准确预测用户希望看到的过往内容”，平台向用户提供“某些‘记忆’令他们感到不适甚至毛骨悚然”。[②] 在不擅独立思考的用户那里，社交媒体的自动化记忆评价不会造成这个群体的不适反应，理性的用户可能产生评价悖论，怀疑平台推送的信息与实际情况是否吻合。这样的悖论在社交媒体的舆论场表现得更为明显，因为公共讨论属于高强度智力劳动而需要算法的帮助，但算法推荐是否公允关系到公共讨论的品质。讨论需要的论据必然涉及正反两个方面，观点的表达涉及语用技巧，如果正话反说或者为诱导对手沿着自己希望的思路辩论，可能有意顺着对方的话往下说，待时机成熟时再回归己方立场，这种被称作“钓鱼”的辩论术在舆论场屡见不鲜。智力正常的讨论者不难分辨正话反说是一种策略，也可以很快发现“钓鱼游戏”是一种陷阱，算法并没有这么聪明，仅仅依据词汇语义的常用项进行分类。当讨论者不加区分地援引算法免费赠送的信息时，可能适得其反。尤其在数据造假门槛越来越低的今天，数据造假者可能出于恶搞也可能出于其他用意，这样的动机通常是暂时现象，而算法搜集这类数据时无法识别真伪，识别度不理想将导致数据的天

---

① 王悠然：《社交媒体正在自动生产“记忆”》，《中国社会科学报》2021 年 9 月 13 日，第 3 版。

② 王悠然：《社交媒体正在自动生产“记忆”》，《中国社会科学报》2021 年 9 月 13 日，第 3 版。

生缺陷并加剧记忆自动生产的悖论程度，干扰公共讨论并影响舆论共识。令人欣慰的是，这种状况已经引起注意，算法的自动化纠错机制在一定程度上可以弥补这方面的缺陷。“实践的过程不可能一帆风顺，必然伴随着大量的错误，让实践者付出代价。”“社会实践需要合作，实践的过程也是不断发现问题、解决问题的过程。”①

算法对社会生活的渗透超出想象，它以类似“全知全能”者的角色窥视着我们的生活。这样的角色使算法在某种意义上可以预测用户将要做什么，操控着我们的生活。早在电视媒体的黄金时代，已经出现我们将被操控的预言：“电视因此成为与其它武器系统一样的武器，这一武器以公众舆论为目标，目的是操纵公众舆论，甚至控制公众舆论。”② 技术哲学以非凡的远见注意到大众传媒对公众舆论的巨大控制力。媒体实践表明，电视媒体确实对公众舆论产生过很大的影响，但与被算法控制的社交媒体相比，社交媒体平台对用户的操纵与控制是电视媒体无法企及的。如前所述，记忆和共识处于同样的因果链上，舍普和他同时代的技术哲学家看到的是这个因果链终端的舆论（共识），而在这个链条前端的媒体记忆反而被技术哲学家给忽略了。一般来说，能够控制结果就必然可以控制原因，媒体记忆的社会价值在于提高人的社会认知能力，这种能力反过来又作用于舆论。算法对社交媒体的操纵与控制使其也具备操纵记忆的能力，关于这个问题已经做过分析，此处不再赘述。算法对社交媒体舆论场和媒体记忆的操纵与控制实质上是在用隐形的手段塑造用户，也在塑造媒体机构及其从业者，并塑造着这个时代的记忆。在雅各布森看来，“记忆确实造就了我们，人就像一张由过去和现在的关系、事件、经历连接而成的网”，与此同时，他也承认现阶段“还难以预测‘自动化记忆’将如何改变关于自我和身份的概念”。③ 沿着这样的思路，可以更进一步思考在算法的影响下，媒体记忆和舆论共识之间是否也存在着被塑造的可能性。自动化生产对记忆和共识同时产生影响，既塑造着我们这个时代的媒体也在塑造

① Islam, M., Benjamin - Chung, J., Sultana, S., Unicomb, L., Alam, M., Rahman, M., ... Luby, S. P., “Effectiveness of Mass Media Campaigns to Improve Handwashing-Related Behavior, Knowledge, and Practices in Rural Bangladesh”, *The American Journal of Tropical Medicine and Hygiene*, 2021, 104 (4): 1546.

② ［法］R. 舍普：《技术帝国》，刘莉译，生活·读书·新知三联书店 2004 年版，第 176 页。

③ 王悠然：《社交媒体正在自动生产“记忆”》，《中国社会科学报》2021 年 9 月 13 日，第 3 版。

着媒体如何记忆。尽管主流媒体的黄金时代已经结束，社会影响力呈下降趋势，但主流媒体依然是社交媒体信息传播的重要来源，在舆论场对公共事件的讨论中，新闻来源更多取之于主流媒体的报道。主流媒体要获得更大的社会影响力必须借助社交媒体将媒体内容进行二次传播，基于这样的目的，新闻/记忆生产需要考虑社交媒体的传播效果。当算法在暗中操纵社交媒体并塑造社交媒体的记忆时，算法对主流媒体的间接影响也具有可感性。因此，算法主导的自动化记忆生产，自然也在塑造着主流媒体的新闻/记忆实践。主流媒体的影响力在于新闻报道受到关注的广泛程度，这是新闻通向舆论、以舆论反证主流媒体公信力的一个量化指标。算法向用户推送的记忆数据，数据被接受程度影响舆论的走向和共识的生成，这样的推送也在塑造着舆论共识。就媒体记忆和舆论共识的关系看，二者也处于相互塑造之中，只不过这样的塑造是一种延展性的塑造，即上一次舆论共识塑造着媒体记忆，而这样的记忆又影响着下一次公共讨论，在这样的因果链上不断循环。

第三章　媒体记忆与舆论共识的原则与定律

人类社会依照从简单到复杂的原则向前发展。在社会发展的进程中，对过去事实的重提强化着社会成员的记忆，这些记忆通过代代相传塑造着社会习俗，具有支配地位的社会（舆论）共识塑造着社会的思维方式。人类的记忆能力及其效用影响社会的开放程度，当代社会，随着传媒业的快速发展，多元化的信息推动新闻舆论的活跃，共识对社会发展的重要性超出历史上任何一个时期。研究多元社会发展的保障条件需要进一步认识规定媒体记忆和舆论共识的基本原则，以及建立在相关原则之上的记忆—共识定律。

第一节　媒体记忆的基本原则

众所周知，媒体需要全面真实地呈现社会生活的风貌，但是社会生活丰富多彩，媒体往往很难记录发展全貌。不过，新闻/记忆文本却可以供不同时期的人们客观认识人类社会的全部历史。获得媒体记忆资格的必然是超越时空限制的新闻文本，这就要求媒体机构的新闻/记忆实践多视角地记录社会生活，使社会成员在对比中认识历史。相反，“当人们只从一个角度去看世界展现自己，公共世界也就走到了尽头”①。多视角观察记录生活需要新闻/记忆实践遵循相应的原则。舒尔茨（Franz Albert Schultz）指出：“明确的原则、清晰的概念、以经验为依据的判断论证以及严密的逻辑推理，是理性思维的哲学准则。”② 这也是对媒体记忆提出

① ［德］汉娜·阿伦特：《人的条件》，竺乾威等译，上海人民出版社 1999 年版，第 45 页。

② ［德］曼弗雷德·盖尔：《康德的世界》，黄文前、张红山译，蒋仁祥校，中央编译出版社 2012 年版，第 29 页。

的要求，在媒体记忆实践中需要有与之相对应的基本原则。

一　媒体记忆的事实原则

历史与新闻以事实为素材，不同的是一个指向过去，另一个指向现在。同样以事实为根据的两种文本，长期以来，所受到的待遇并不相同。在传媒领域，新闻被当作商品销售，媒体机构并不特别在意这种“商品”的生命周期，这种根深蒂固的观念建立在新闻产品日复一日大量生产的基础之上，数量优势使媒体机构对新闻的生命力并不真正感兴趣。特别是受新闻时效性概念的影响，在业界，一则新闻的生命不超过 72 小时似乎成了天经地义的法则。既然新闻的生命周期如此短暂，只要能为媒体和平台带来流量和收益，新闻产品实现即时的互惠后也就失去了利用的价值。这种观念导致媒体在选择新闻事实时缺乏未来意识。历史学家对新闻文本也缺乏应有的重视，这是基于历史研究的兴趣而偏好“未知的过去”，对“新知的现在”反而有所怠慢。历史研究需要一脉相承，重视新闻文本就是在为未来的历史学家积累素材。假如历史学家提醒媒体机构未来的世界可能对当代社会的哪些事实感兴趣，这是在为新闻生产指明方向。媒体机构可以借鉴历史记忆的遴选标准改进新闻实践，使新闻在生产环节就开始重视记忆的价值，通过延长新闻文本的时间轴线使之具备向将来传播的潜力。历史研究有多少种方法，媒体机构就应从多少种角度重视新闻/记忆的生产。黑格尔将历史分作“原始的历史、反省的历史、哲学的历史”三种类型，其中以“原始的历史”最为根本。① 这一类型的“历史”是观察社会变迁的原始素材，虽不是某个事实本身却是最接近事实本身的记录。正如情报界并不嫌弃生活垃圾甚至对之充满另类兴趣一样，历史学家对看似无关痛痒的新闻也不应抱有成见，因为普通的新闻事实对于将来也有认知价值。树立未来意识，需要媒体机构重视新闻文本的历史价值，责成从业者为将来提供“原始的历史”文本，并将之作为一项义务去从事新闻实践。

每个时期的历史都有独特之处。史前社会没有文字，石化的物质就是这个时期的“事实”，通过自然进行“记忆”，由考古学家还原这段不会说话的“原始的历史”。有文字记录的文明，文字档案记载的事实片段就属于“原始的历史”。自大众传媒诞生以来，媒体档案（新闻/记忆文本）记录的社会变动事实无疑是相当丰富的“原始的历史”。大众传媒提

① ［德］黑格尔：《历史哲学》，王造时译，上海书店出版社 1999 年版，第 1 页。

供的并非唯一“原始的历史”（个人日记、书信和政府公文等也具有类似的性质），但与媒体提供的“社会日志”相比，其他介质对社会事实的记载显得相形见绌。媒体机构提供的社会日志主要是区域性社会变动事实的“日志”，全球媒体机构逐日记录的社会变动就像马斯克的“星链”一样，实现了宽泛意义上社会事实变动的“无缝连接”。由这种无缝连接建构的镜像社会不仅仅让当代社会成员可以全景式观看，将来社会成员依然可以发现这样的镜像。媒体镜像缔构的是每天全球范围内的重要事实汇总，媒体记忆几乎囊括了所有的重大社会事件（一个重大事件，某些地区/国家的媒体机构可以回避，但其他地区/国家的媒体不会错过，从而避免了新闻媒体对重大社会事件的遗漏）。按照维特根斯坦的理解：“世界是事实的总体，而不是事物的总体。”① 依据新闻理念建构的镜像社会显然超越了“事物的总体”状态，达到了“事实的总体”，因为这样的总体是由媒体从业者自觉建构的社会状态，与史前文明由物质自然沉淀而成的“事物的总体”有着质的区别。

媒体呈现的镜像社会遵循的是事实原则，这种镜像也就是我们所说的媒体记忆文本。媒体生产的不仅是当天的新闻也是明天的历史，构成新闻/历史文本的主体是有价值的事实。媒体记忆的事实原则要求将客观事实转化成被公众记忆的事实，这些事实在被转化成公众“内在的档案”② 之后具有了记忆的性质。媒体记忆作为超越不同历史时期的社会档案，需要媒体从业者具备相应的新闻审美能力。新闻审美的客体是事实，一个事实是否具备新闻价值，可以按照新闻价值理论的价值要素逐项甄别。当代的新闻价值在乎的是新闻流量的问题，流量体现的是当下的公共趣味，但这并不意味着将来社会会沿袭同样的审美趣味。内在的档案要求新闻审美者超越审美的时空框架，寻找符合人类共通趣味的事实，使今天的新闻事实跨越时空面向不同时期的受众。符合这种趣味的必然是既符合当代新闻审美价值标准也具备长效认知价值的事实，对这类事实的筛选要求媒体机构及其从业者承担起历史把关人的责任。新闻/记忆文本“内在的档案价值”需要媒体从业者掌握心理历史学的知识，将自己置于历史长河的“小船”上，回首既往并遥望未来，将人的根本性欲求作为新闻/记忆生产的立足点，选择真正反映社会内在冲

① ［奥］维特根斯坦：《逻辑哲学论》，贺绍甲译，商务印书馆2005年版，第26页。

② Mandolessi, S., “Challenging the Placeless Imaginary in Digital Memories: The Performation of Place in the Work of Forensic Architecture”, *Memory Studies*, 2021, 14 (3): 622-633.

突的事实，将之作为新闻/记忆生产的重点对象。隐含着内在冲突的事实所蕴含的力量使其超越时空的束缚，适合不同历史时期的社会成员将之作为认知对象。媒体所记忆事实的内在档案价值并不是要求媒体每天重现如同全球重大军事冲突或类似国际金融危机等爆炸性新闻事件，这样的事实所具备的外在的档案价值可以被世界上所有的媒体作为报道对象，而内在的档案价值的事实之作用类似于地球仪上经纬点，它由无数个这样的经纬点共同构筑起“社会日志”的全部内容。显然，这样的“经纬点”需要传媒业日复一日的集体协作，在筛选事实这个环节按照新闻事实的内在的档案价值的标准严格把关，使新闻文本自动获得媒体记忆文本的资格。

社会生活从不缺少具备内在档案价值的新鲜事物，这需要媒体从业者有一双随时可以发现美的眼睛，从事物的表象看到其内在价值并将这种表象的最新变动作为新闻/记忆的对象。新闻不是全景式摄像机可以全天候地记录社会的全部事实，新闻事实只能以马赛克的方式拼凑出一幅全新的社会景观。这个经纬点（马赛克）呈现的事实具有内在逻辑的一致性，但事实本身无法保持形式的连贯性。这样，媒体记忆文本绘制的历史就“不是一连串的事实，历史著述也不是对这些事实的叙述”，记忆文本的不连贯性要求媒体从业者像“历史学家与其他人类世界观察家一样，必须做到让人能够理解事实。这就要求他们不断地对什么是真的、什么是有意义的，作出判断”①，并依据自己的判断从事新闻/记忆实践。

事实原则要求新闻/记忆实践以事实为准绳。传统的新闻理论通常将事实解释为“存在”或者“有”，这是确认事实客观存在的基本条件。至于事实究竟是什么，现实世界的事实与媒体镜像/历史档案（新闻文本/记忆文本）中的事实是否一致，主要由新闻学者来定义。媒体记忆所说的事实，必然涉及历史事实，因此，关于“事实”究竟是什么，有必要了解一下历史学家眼中的“事实”。根据汤因比的考证，英语的“事实”（face）是从拉丁文派生出来的。在他看来，“事实”即拉丁词 facta 所说的“被制造出来的东西”，是“虚构的”而不是“实际的”的东西。汤因比强调，即使将之称作“资料”（赠送品），依然无法掩盖这种“资料”的人工性质。他指出：“无论我们称这些现象为‘数据’还是称之为

① ［英］汤因比：《历史研究》，郭小凌、刘北城译，上海世纪出版（集团）有限公司2005年版，第421页。

‘事实’，我们都承认，它们是由某个人赠送或制造的。”① 从这个概念中，不难发现新闻学者和历史学家所理解的“事实”存在不同之处。新闻学者强调新闻文本尊重客观现实，要求媒体从业者以模拟的方式将现实生活场景“搬到”媒体介质上，以彰显新闻就是事实本身；历史学家承认历史（记忆）文本被制造的性质，这样的差异源于传媒业的历史不过数百年而历史学家面向人类社会的全部历史进程，在原始的历史档案奇缺、主观描写甚至虚构的文本充斥历史档案卷宗的现实面前，历史学家必须对各种事实记载保持本能的警惕。强调事实“被制造”，在于大量的历史事实无法对证，只能以怀疑的姿态审慎地对待每一件进入历史学家视野的“事实”。相反，新闻理论关于新闻真实的阐述基本上解决了汤因比的后顾之忧，全球的媒体机构众多，没有媒体机构可以垄断对重大社会事件的报道权。孤立的新闻/记忆文本可以“制造”事实，当对比事实核查成为传媒业自律的基本手段时，“被制造的事实”面临的就不是历史的惩罚而是即时的舆论惩罚。舆论惩罚作为善的力量势必对“被制造的事实”这种恶的力量构成现实的威胁。当新闻/记忆“被制造”的空间日渐缩小，新闻学者也需要听取历史学家的建议，后者对事实可能被制造的担忧并非短视或者杞人忧天。特别是在数字技术强势介入传媒业的今天，传统新闻理论对事实的界定面临着技术的威胁，一个可能更高级更广泛的“被制造的事实”在“元宇宙”中重现。

媒体记忆要求在新闻实践中，事实不能仅仅满足于不被制造还应将新闻事实置于公共领域，使“媒体机构代表公众对社会事件进行记忆”，使媒体记忆“更加明确地聚焦于记忆与公共领域之间的关系，以及记忆工作（memory work）具备何种干预和影响公共话语的潜力”。② 公共领域是测试新闻事实内在价值的试金石，这是新闻文本向媒体记忆文本转换的第一个关卡。当代社会，传统媒体出现局部的衰落迹象，当媒体从业者和新闻学者将这种现象归咎于传媒技术时，他们同时忽视了新闻文本进入公共领域的核心要素。《焦点访谈》将“用事实说话”作为宣传口号，表明创办者意识到事实在言论节目中的特殊作用。新闻价值在于全社会的关注，要求每则报道所选择的事实“自己会

---

① ［英］汤因比：《历史研究》，郭小凌、刘北城译，上海世纪出版（集团）有限公司2005年版，第425页。

② Asen, R., “A Discourse Theory of Citizenship”, *Quarterly Journal of Speech*, 2004, 90 (2): 189-211.

说话”，而不是像史前社会遗留的“不会说话”的化石需要考古学家解码其中蕴含的信息。“自己会说话”的新闻具有的传播力量，借助媒体传播进入公共领域而不是纯粹依靠媒体的强力推送，除此之外再无任何张力可言。一旦媒体机构认识到事实内在的传播力（自己会说话）不仅关系到媒体切身利益，也关系到媒体的公信力和话语权，更关系到媒体记忆文本作为历史档案的内在价值，媒体机构自然会重视事实的选择。这个因果链联系着新闻/记忆文本的现在和将来，“现在”联系着媒体机构的生存状况和兴衰，“将来”联系着新闻/记忆文本的生命体，测试“现在”和“将来”这些可能性的是新闻事实在公共领域的反响程度。公共领域从来不是一个静止的想象空间，而是一个充满巨大活力的现实的思想空间。这个空间以开放和包容的胸怀容纳一切新闻事实，遗憾的是许多新闻文本早在抵达这个近在咫尺的公共领域之前，仅仅因为缺乏基本的传播力就已经“殉道”在通往公共领域的大道上。这并非新闻文本的过错而是媒体生产的问题，把缺乏内在价值的社会变动当作具有认知价值的新闻事实，这是新闻审美能力缺失的必然结果，也阻碍了新闻文本向媒体记忆文本的自然过渡。没有内在价值的事实反过来印证了汤因比对于事实被制造的担忧。就媒体生产而言，无法进入公共领域的新闻文本（这里无法将之与媒体记忆文本并列）显然可以被归入“被制造的事实”，即便这样的“事实”符合“存在/有”的要求，充其量也是一种表象的“存在/有”而非哲学意义和历史视野中的“存在/有”，后者意味着存在/有的持续性而不是瞬间的存在/有。新闻文本要兼具媒体记忆文本的资格就必须具有进入当代公共领域的传播力，在这个思想的空间受到关注，获得内在的话语权（被议论的可能性），为此需要媒体机构及其从业者在新闻生产环节就已经树立未来意识。“虽然新闻在记忆研究中的重要性在学术研究中经常被忽视，但媒体话语可以在主动和被动层面上被认为是‘记忆的先决条件’。”① 媒体话语的社会承认，首先从在公共领域获得话语权开始，引起公共领域关注的新闻事实将自动获得被二次生产的机会，从而增加这种事实被将来社会关注的可能性。

媒体记忆的事实原则蕴含着事实的唯一性，但这种唯一性始终面临着挑战。历史学家担忧事实被制造，要么出于对无法核实的事实之怀疑，要

① Prendergast, M., “Witnessing in the Echo Chamber: From Counter-Discourses in Print Media to Counter-Memories of Argentina's State Terrorism”, *Memory Studies*, 2020, 13 (6): 1036.

么是不同记忆文本之间对某一事实记述相互矛盾。按照逻辑的矛盾律两个矛盾的事实不能同真的规定，对立的历史事实必然困惑着将来社会。类似的情形在每个时代都不同程度地存在着，只是当代社会这种情形尤为突出。例如，媒体关于燃油调价的报道涉及民众对油价调整的态度，在不同的媒体报道中呈现的“事实”可能存在对立现象，这未必是媒体机构在制造“事实”，也可能与受访者的利益考量有关，后者可能为自身利益向媒体提供虚假信息。当两种截然对立的新闻文本同时向公众传播时，受众无法判断事实的真伪，如果没有更多的后续新闻披露，将来社会面对相互矛盾的媒体档案可能无所适从。假定一种文本在历史传播过程中被人为过滤，只有一种文本得以缔构和传播，这种单一文本的“事实”可能就落入汤因比担忧的“被制造的事实”陷阱之中。强调新闻事实进入公共领域就是将对这种事实的评判权交给公众（社交媒体舆论场的用户），他们作为“新闻事实法庭”最广泛意义上的“陪审团成员”，可以有效地弥补媒体机构采集事实时可能遇到的盲区，因为未能及时采集到全部事实而导致新闻文本的不全面。公共领域对新闻文本进行事实审查和价值判断，监督媒体是否人为过滤或者歪曲事实，对师生的尊重程度关系到媒体机构的公信力。具有尊重事实良好传统的媒体机构因配享媒体公信力，他们的新闻文本在公共领域给“陪审团”的第一印象自然良好。公共领域及其“陪审团”客串着将来历史学家的角色，依据自己的观感质疑并修正事实，这是一种集体智慧对新闻文本的公开核查，在这个过程中媒体机构很少有自证清白的机会。一个人可以歪曲媒体的报道，公众会按照自己的逻辑强化已有的新闻文本，这个庞大群体具有对任何事实进行判断和归摄的能力，“而这种归摄和裁判的标准就是逻辑上的不矛盾性、同一性，也就是一种逻辑计算能力”①。

公共领域“评审团”对媒体记忆事实原则的捍卫具有相对性。数字技术对媒介生态的塑造包括对事实的塑造，新技术具有的“修饰”事实能力值得警惕。当公众从新闻文本提供的事实与公共领域（社交媒体平台）“核实”的事实存在出入时，将增加事实核验的难度。媒体机构和社交媒体在争夺话语权的同时也在争夺记忆权，这是一种向将来延续的话语权，通过强化某种事实将拟被公众“记忆的事实”合法化，至于这种合法化背后是否存在操控的因素，作为局外人的公众并不知情。

---

① 邓晓芒：《从一则相声段子看国人的思维方式》，搜狐网 2020 年 11 月 12 日，https：//www. sohu. com/a/431316491_237819。

这种“合法化”提供的记忆可能是一种反记忆——通过屏蔽某些事实制造“反记忆”。① 当代社会，数字技术具有改变记忆方向的能力，可以提供合成的或简化的“被压缩的事实”，通过技术手段裁剪或修饰的“事实”提供的是与记忆的事实相左的“反记忆”。反记忆也具有事实的表征，它通过伪装来误导公众的视线，这样的事实如果不能被及时纠正，会增加将来社会认知的难度。记忆与反记忆是矛盾的统一体，它们以事实为主体，前者出于对事实的尊重而合理地使用事实以造福大众，后者出于对事实的操纵服务特殊利益群体（而不可能是某个具体的人）。媒体记忆的事实原则以事实的内在价值为准则，反记忆提供的事实仅仅具有外在的价值，而剔除了这种事实的内在价值，使之以一种有价值的表象迷惑公众，甚至迷惑公共领域作为“陪审团”的事实核查和事实判断者。对于反记忆的事实的警惕需要经历一个曲折的过程。在一个被称作所谓的“后真相”的时代（这是一个反事实逻辑的命题，因为事实的真相只有一个，真相不可能走在事实的前面而只能在曲折的博弈中浮出水面，人类社会从不存在所谓的“后真相”时代，而只有尚待揭示的真相与已经揭示的真相两种状态，这两种状态的逻辑顺序不可倒置），记忆与反记忆的博弈实质上是充分事实与不充分事实之间的博弈，是何种状态的事实垄断话语权的博弈。对于媒体机构和公众来说，新闻/记忆的事实必然是一种不断增补的事实。新闻文本一经建构且无法再编码，记忆文本则可以重复编码，每个时代可以依据需要重新缔构媒体记忆文本却不能篡改新闻文本（除非一个人/机构有能力在同一时间将所有档案馆、图书馆、媒体机构和民间收藏的某一天的媒体文本全部替换），因为新闻文本经过大量的复制而获得不可逆转性。既然新闻文本无法被改变，重复编码的记忆文本的事实原则需要以新闻文本为母本，并且这样的母本在当代已经相当普遍地存在，在将来也更易于被发现。随着数字技术的普及，新闻文本被民间收藏变得容易且普遍，人们每天可以轻松下载并保存各种新闻文本，这导致媒体机构也无法自行改动新闻文本（在每年的中国新闻奖评选过程中，任何篡改原始文本的行为都可能被曝光）。民间收藏的新闻文本作为媒体机构的“数据影子”（data shadow），这些新闻文本“副产品”如同影子一样伴随媒体机构及其受众

① Barthes, R., *Camera Lucida: Reflections on Photography*, NY: Hill and Wang, 1981, p. 91.

的左右。[①] 这种数据影子也为媒体记忆文本的事实核查提供便利。它们作为新闻文本的副产品，为将来社会追寻一则新闻事实的历史踪迹培育着丰富的“文本土壤”。当事实广泛地被保存，也是在捍卫媒体记忆的事实原则，因为将来有足够的证据核验当代的新闻事实。

二 媒体记忆的沉淀原则

我们可以将人类文明理解成人类创造的全部历史，只要人类社会续存着，这样的文明创造活动就不会终结，文明就依然处于动态的累积过程之中。从新闻传播角度看，文明即信息，不论人类创造的何种成果（物质的和精神的）都可以被转换成供媒体编码的信息。人类文明涵盖了人类诞生以来全部的成果，对于这些成果的记录经历一个从个体偶然的、随意的记录逐渐到机构化必然的、专业的记录再到二者交互存在的过程。当代社会，社交媒体为用户提供记录社会变动的公共平台，所有的社会变动成为用户的记忆对象。从未来的视角观察，当代社会的全部讯息都是历史的素材，属于供将来社会记忆的对象。讯息要对将来有价值，需要媒体从业者和公众听取巴普洛夫（Ivan Petrovich Pavlov）的“三要”建议：“要养成严谨和忍耐的习惯。要学会做科学中的细小工作。要研究事实，对比事实，积累事实。”[②] 巴普洛夫强调严谨的重要性同样适用于媒体记忆实践。媒体作为社会历史的“书记员”，对事实的核查和呈现必须忠于事实，以严谨的态度对待媒体所记录的事实。公众应树立未来意识，对事实记录负有诚实的义务，避免因疏忽而干扰将来社会对同一事实的认知。巴普洛夫强调细小工作，对照媒体记忆实践就是注重事实的细节，细节最具感染力也最能折射本质，这本应是新闻/记忆实践活动中最重要的部分，实然的实践状况并不乐观，新闻/记忆文本的现场感把握与标准的文本要求尚有距离。从历史文本中还原历史事件，不论是《左传》《史记》还是《资治通鉴》，精彩的场面为还原历史事件提供清晰而生动的画面，给人身临其境的感受，这样的现场感与史家对历史事实细节的重视有关。要做到这一点，就需要记录者研究、对比并积累事实。人类社会需要媒体机构和社交媒体用户通过对有认知价值的事实的精细加工，使新闻/记忆文本具有更

---

① 王悠然：《社交媒体正在自动生产“记忆”》，《中国社会科学报》2021 年 9 月 13 日，第 3 版。

② 参见何尚主编《撬动地球的人们：20 世纪科学大师思想随笔》，广东经济出版社 1999 年版，第 7 页。

高的欣赏价值，不断将这样的文本积累下去，使之成为公共记忆。

人类文明需要经历一个不断累积的过程。每天的新情况、新变动不计其数，传媒业再发达、社交媒体再普及，人类也无法将社会的全部信息纳入记忆库，这就需要媒体记忆有所记录有所不录，淘汰大量没有认知价值的事实。即便是媒体报道的事实也并非全部具有记忆价值，媒体记忆的过程也是对新闻事实再淘汰的过程，将那些对将来社会依然具有认知价值的事实作为记忆对象，媒体记忆的沉淀原则需要媒体从业者（包括参与记忆工作的社交媒体用户）不断地“光顾事实”“决定哪些事实可以有发言权，按照什么顺序和在什么情况下发言”①，通过艰辛的努力使新闻文本具备向现在和将来社会“宣讲自己”的能力。事实“说话的过程”，也就是事实获得被社会记忆的过程，或者说获得的是被社会记忆的资格。媒体记忆沉淀的过程需要媒体从业者（和社交媒体的业余记录者）具备“伯乐相马”的能力，向公众讲述事实的特殊认知价值，公众对这些价值了解的过程也就是汤因比所谓的事实“说话的过程”。这样的“说话”在媒体记忆文本中积累得越多，一个时代被将来社会认识得也就越为全面，这得益于记忆文本沉淀的量和质。媒体记忆沉淀质量的关键在于记忆生产者对待记忆实践和未来的态度。在媒体记忆实践中，实践主体对事实的取舍是一项艰辛的工作，因为“事实并不是像卵石那样，单纯由于自然力的作用而分离出来，经过冲刷磨损而成型，最终积存在那里”，等待媒体从业者或非专业人士（社交媒体用户）使用。真正被累积在历史档案中具有内在价值的事实，“就像是经过打磨的燧石或烧制的砖，人的活动对事实的形成起一定作用”，换句话说，“如果没有人的活动，事实也就不会有人们看到的样子”。② 这表明，在从新闻文本向记忆文本（历史档案，不是单纯的媒体档案）过渡期间离不开人的作用。换句话说，新闻事实的积淀并非一个自然的过程，不经专业人士长期的努力累积起来丰富的资料，就无法自动建立起一座“历史大厦”。人，准确地说，是媒体从业者和具备记忆实践能力和历史责任感的非专业人士，经过他们孜孜不倦地加工和解读，这些事实最终被积淀起来，为将来社会认识（评价）当代社会提供一座事实的宝藏。

---

① ［英］汤因比：《历史研究》，郭小凌、刘北城译，上海世纪出版集团 2005 年版，第 425 页。

② ［英］汤因比：《历史研究》，郭小凌、刘北城译，上海世纪出版集团 2005 年版，第 425 页。

沉淀原则要求媒体在选择、解释事实时避免文本事实的同质化现象。所谓同质化，就是新闻事实、新闻呈现形式和报道角度的雷同，同质化的好处也许在于强化某一事实的传播，弊端在于造成媒体版面资源的巨大浪费，减少公众对外部环境变动认知的全面性（即“信息茧房”），造成公众思维的僵化。新闻报道和评论文章的同质化现象在于新闻/评论思维的僵化。这里，可以将思维僵化理解为新闻/评论思维缺乏艺术的思维方式，艺术要引领时尚就必须求新求变，要求艺术家以出人意料的方式表达自己的观念。在汤因比看来，“一种艺术风格就是一种历史关系的敏感指示器”，有多少种风格就能呈现出社会关系的复杂性。“在任何一种文明的范围内，各种风格‘之间有一定的趋同倾向’，‘各种风格正是文明历史所采取的各种动态形式的化身’。”① 汤因比的这段论述对于理解媒体记忆的沉淀原则颇有启迪意义。同一样的事实，风格不同的新闻文本有助于公众从多角度审视事实背后潜在的意义，新闻解读角度和呈现方式的不同、评论的角度和见解的差异，便于公众多维度认识同样的事实以及对事实的多重解读，各具风格的新闻/记忆文本经过时间的沉淀保留的是一个时代五彩缤纷的面貌，相比于同质化的千篇一律的新闻/记忆文本造成的审美疲劳，这样的“五彩缤纷”对新闻/记忆实践提出更高的要求。也许，有人担心同一事实的呈现、解读和评论的多样性可能造成公众解码的混乱。多样性带来的是认知的全面性，同质化造成的单一性反而增加了解码事实的难度。同质化的文本使公众失去对比的机会，事实的全面与否、是否反映事物的本质以及语言的形象/僵化，因缺乏对比使公众降低鉴赏的能力。多样性作为记忆积累的必要条件增加了认知的维度，尤其减少了将来社会考证事实的麻烦。多样性也不会干扰将来社会对记忆文本的解读，因为沉淀不是不同叙事文本的简单堆积而是在积淀的过程中不断被重新组合，只有真正经典的文本最终被置于沉淀层的核心层，相反，风格不够独特或者相似风格的文本在沉淀的过程中会被融合，即汤因比所说的风格的“趋同倾向”。也就是说，沉淀原则已经考虑到将来社会阅读的效率性，本着阅读时间的经济考虑自动淘汰或合并一定数量的记忆文本，这样的积淀既保证了独特风格文本存在的合法性也照顾到累积数量的限度。从这个意义上说，媒体记忆的积淀过程也是一种艺术化的“自然累积”，媒体机构的从业者和社交媒体用户只要尽其所能按照自己擅长的方式参与新闻/记忆

---

① ［英］汤因比：《历史研究》，郭小凌、刘北城译，上海世纪出版集团 2005 年版，第 21 页。

实践，他们就是在为历史积累档案素材。

媒体记忆文本在沉淀的过程中文本内容将发生相应变化，文本不再是单纯的信息而演变成某种意义上的“文化”。人们从历史卷宗中看到的历史事件跟这些事件亲历者的认知并不一样，后者经历的是事件的演变过程，其中的利益纠葛和认识能力限制了这个群体对事件的客观判断，作为旁观者的人们不仅看到历史事件的经过更注意到历史事件同期的社会生活方式，这也是社会文化的重要组成部分。从文化角度反观历史事件的本质，比单纯认知事件的表象更具认知价值。同样，从新闻文本过渡到记忆文本，记忆文本的解码者（即将来的社会成员）也将从多元化的新闻事实中感受到21世纪的中国社会风貌，虽然每则新闻只能展示时代的一个“经纬点”，但只要有足够的耐心，将来社会就不难还原21世纪上半叶的社会文化景观。相对于我们对当代社会的理解，将来社会人们的认知广度和深度应该超出我们这代人的认知水平。当新闻变成记忆也就成为时代的符号，成为“历史可被认知的一面”。① 在记忆文本的沉淀过程中，文本价值获得增殖，就好比钱币在流通时仅仅是货币，当它们退出流通领域就变成文物一样，退出传播领域的新闻/记忆文本逐渐显示出某种文化意蕴。媒体记忆沉淀过程中的增殖源于记忆文本的“部分繁殖的”，它们被“保留了一个事件特有的一些细节，部分重建”，当相同事实不同记忆文本表述不一，“当事件复杂或模棱两可时”，解码者（历史研究者）用自己的方式塑造文本，“导致对意外物体或事件的生动记忆”。② 在解码过程中变得“生动的记忆”，也就是记忆繁殖因增殖的结果。媒体记忆的增殖可以从对历史事件记载的对比得到证明。我们可以从不同的历史学家讲述过去某个历史事件中发现比书上更多的内容，这些溢出的内容是他们长年收集资料的结果，使事件逐渐变得更为清晰，也更为形象生动。假如记忆文本的沉淀不发生增殖，历史档案将像被规整在一个档案架上，记忆文本之间无法获得某种关联性，在这种情况下，记忆的沉淀尚处于归类保存阶段，记忆文本暂未转换成历史文化，有待历史学家的创造性重组。

媒体记忆的沉淀需要经历一个复杂的运动过程，这种运动呈现出不规则的特征。这里，可以借助地震波（seismic wave）阐释记忆文本的沉淀。

---

① ［英］汤因比：《历史研究》，郭小凌、刘北城译，上海世纪出版集团2005年版，第19页。

② Brewin，C. R.，Andrews，B.，Mickes，L.，“Regaining Consensus on the Reliability of Memory”，*Current Directions in Psychological Science*，2020，29（2）：121.

地震波以震源为中心向四周辐射出能量，它包括纵、横和面三种波动形式，不同方向的波动立体交互作用，释放出的巨大能量对地表造成巨大的破坏力。媒体记忆（文本）的沉淀既不会如此剧烈，更不会造成明显的破坏性，但在沉淀的过程中不同媒体的记忆文本间因为叙事的对象、角度、世界观和价值观不同，这些差异在历史沉淀中同样存在内在冲突，这可能让历史学家感到困惑，促使他们为还原史实不断扩大搜寻面。比如，对于同一事件，媒体采访到的受访者说法迥异，新闻文本可以客观呈现两种对立的陈述，将来的历史学家（记忆文本的解码者）不会满足于对记忆文本的字面阅读，他们需要从宏观的社会背景中综合全部历史资料，以把握历史事件的全貌和隐藏在背后的深层问题。人们对社会历史的认知不会一蹴而就，而是需要不同时期的历史学家反复研究，逐渐还原历史事件。媒体记忆的沉淀原则意味着沉淀是个连续的过程，记忆文本的沉淀需要被反复核查并编码，这是记忆文本逐渐被完善的过程，这体现的是记忆文本沉淀的连续性，这种连续性也在见证着记忆文本的“成长”。汤因比指出：“成长的连续性不是表现在空间的延续，而是表现为累加的形式。”① 汤因比否定空间延续与成长连续性的关系，这个论断同样适合理解媒体记忆在沉淀过程中的“成长”。静止的空间本身不会发生变化，变化的只是空间中的人以及由人的社会实践产生的事件，空间历史的叙事必然是断断续续的，因为同一空间的主角很快发生变化导致这种叙事的中断。每个地方随时都有新闻事实涌现出来，但新闻的类型和主角却经常变化。因此，媒体记忆文本沉淀遵循的是时间累积原则，并且这种累积呈现出某种连续性因为解码者随时可以对记忆文解码并再编码，这种看似意外的解码/再编码其实具有必然性。只要记忆文本没有遭到破坏，静止状态的存在也是沉淀的常见形式，它表现为“静止的绝技”，或者说“不动即是生存”。② 这种沉淀类似于尚未启封的历史卷宗，有待未来客人的光顾。

记忆的沉淀不仅历史学家感兴趣，哲学家对这个问题同样表现出浓厚的兴趣。当然，哲学家的兴趣在于记忆的“保存”问题。“根据胡塞尔（Edmund Gustav Albrecht Husserl）对由保留和保护构成的时间性意识的描述，斯蒂格勒（Bernard Stiegler）将思想的物质化，即思想和身体之外的

① ［英］汤因比：《历史研究》，郭小凌、刘北城译，上海世纪出版集团 2005 年版，第 120 页。

② ［英］汤因比：《历史研究》，郭小凌、刘北城译，上海世纪出版集团 2005 年版，第 113 页。

‘第三记忆’”，对于胡塞尔来说，“初级记忆是直接意识中经验的固定。二次记忆是将各种记忆内容交织在一起，构成我们所谓的记忆”“施蒂格勒将‘三级保留’作为二级保留的技术外部化。然而，由于我们出生在一个已经充满了技术对象的世界，‘第三次保留总是先于第一次和第二次保留’”。① 哲学家基于人的意识来理解记忆的“保存”/“保护”问题，施蒂格勒的“第三记忆”和记忆的“三级保留”有助于我们进一步理解媒体记忆的沉淀原则。施蒂格勒将技术因素引入记忆的保存/保护，有助于我们从技术层面思考媒体记忆文本的沉淀问题。在印刷术垄断记忆的时代，记忆文本的沉淀是同介质媒体的沉淀。这种沉淀具有悠久的历史传统，直到今天，历史学家依然习惯于从纸质档案卷宗中寻找不引人注目的历史踪迹。将来的历史学家未必这么幸运，他们面临的将是多介质的记忆文本。这样的文本，今天的历史学家已经开始接触，只是尚未成为研究的重点。比如，唱片、光盘和录像带形成的电子档案已经成为现代社会的档案介质，这些档案距离我们这个时代相去不远，技术解码的难度虽有但还不至于无法克服，电子档案与报纸期刊的共同存放和平行沉淀并不困难，交叉沉淀开始遇到麻烦。举例来说，报纸文本和广播电视文本、网络文字文本和网络音视频文本的交互沉淀就面临着技术方面的问题。当施蒂格勒注意到技术先行对记忆的保护时，表明这位哲学家对记忆沉淀认识的先见之明。如果将视线转移到技术之维，不得不承认技术先于媒体记忆。假设没有报纸这种介质的媒体，社会生活的最新变动就无法变作新闻文本，以此类推，广播、电视、互联网直到社交媒体，每种介质的媒体无不是技术的产物，先有技术再有媒体，进而产生媒体记忆。从书籍类纸质档案到报纸再到电子和网络媒体，媒体记忆的沉淀呈现出层级的特征，虽然这样的层级与施蒂格勒所说的“第三记忆”/“三级保留”并非一个意思，但正是他的思想深化了我们对媒体记忆沉淀原则的理解。媒体记忆的沉淀并不仅是抽象的文本内容沉淀，也包括不同介质文本的沉淀。纸质文本的信息所具有的直观性，只要语言文字持续使用就将被优先沉淀；音视频文本的信息缺乏直观性，这类文本的解码需要借助专用的设备，我们无法预测某种介质的记忆文本在将来社会是否可以被正常使用。这好比播放一个世纪前的唱片需要借助专门的设备，至于这样的古老设备能延续多久，只要民间还有唱片收藏，设备的老化或不再生产可能对电子/网络介质记忆文本

① Kinsley, S., “Memory Programmes: The Industrial Retention of Collective Life”, *Cultural Geographies*, 2015, 22 (1): 164.

的沉淀带来影响。我们无法预测这类文本在未来传播的情况。这表明，技术在促进人类记忆的同时也应充分考虑各种介质的长期保存问题。技术缺乏历史意识，将面临沉淀方面的难题。

在人类社会的发展过程中，传统美德也是经过记忆得到传承，这是将社会风尚作为记忆的对象，经过历史的累积得以保存。自改革开放以来，我国社会的转型带来新旧传统之间的碰撞，如何记忆并保存中国传统文化一直困扰着我们。每年春节前夕，在外漂泊的人难免怀念家乡的过年习俗，当他们忘记从父辈或者祖辈那里养成的年俗传统时，需要借助互联网获取相关的记忆文本。这样的时间节点促使部分社会成员追寻过去的传统，继承这样的传统却必须借助媒体记忆的帮助。这样的时间节点被称作“时间紧张性”，也就是在新媒体生态中，当社会遇到某个重要的时间节点呈现出的一种群体性的紧张感，通过媒体和人类行为之间的互动塑造记忆。① 时间紧张性是由于某种记忆文本的匮乏或开放程度不高导致的群体情绪的短暂紧张。客观而论，春节仪式的记忆构不成真正的时间紧张性，相反，在诸如公共卫生事件的初发阶段，这种时间紧张性由于过去的大流行文献的相对缺乏可记忆性，公众亟须从媒体记忆中寻找资料。2020 年年初，上海等地档案馆的微信公号陆续介绍历史上的防疫措施，在一定程度上缓解记忆文本匮乏造成的时间紧张性。媒体记忆的时间紧张性客观上促进记忆的沉淀。一项原本处于静止状态的文本在某个特殊时期得到特别关注，通过新媒体与公众的互动使这种记忆在全社会范围内得以激活，媒体报道和社交媒体关注使这种静止的记忆文本从沉淀的边缘地带进入记忆的核心地带。如果没有时间紧张性的不定期出现，许多被沉淀的记忆文本因处于沉淀状态而丧失使用价值，真正的记忆是在与社会的互动中不断得到塑造并重新进入新的沉淀阶段。在这样的重新的沉淀过程中，记忆的内容得到精炼，使之获得新的认知价值和新的生命力。当时的媒体记忆文本表明，新发明的隔离措施饱受质疑，我们愈发敬佩率先通过隔离防疫医生的伟大，并对为这种措施辩护的媒体机构和公共讨论者表示由衷的敬佩。

媒体记忆的沉淀不是全盘接受的沉淀而是经过过滤的优化过程。媒体记忆记录的社会事实在将来社会可能产生负面的影响，这样的文本在沉淀过程中可能成为批判和淘汰的对象。比如，类似《二十四孝图》这样的

---

① Adams，T.，Kopelman，S.，“Remembering COVID - 19：Memory，Crisis，and Social Media”，*Media*，*Culture & Society*，2022，44（2）：266-285.

记忆文本，在历史沉淀过程中曾长期受到推崇，进入现代社会，这样的记忆将成为反记忆的对象。从媒体机构到社交媒体平台，对这类记忆的反记忆大大压缩了这类记忆的生存空间，这种沉淀与筛选体现的是媒体记忆库的纯洁性和道德考量。“用杰斐逊（Thomas Jefferson）的话说，上帝把人们的胸膛‘作为他的特殊仓库，用来寄存那些真正名副其实的美德’。”① 当人类选择将媒体作为记忆仓库，存储的将是符合伦理道德标准的记忆内容。伦理道德可以超越时空，它的时间轴如此之长，空间范围也相当广泛，媒体记忆的沉淀原则在伦理道德的审视协助下促进媒体记忆仓库的纯洁性，保证媒体记忆沉淀内容的品质。

三　媒体记忆的教化原则

文明不仅包括人类社会所创造的一切成果，也包括对社会欲望的适度限制，这种限制即通常所谓的禁忌，这是文明的重要保证。社会性的禁忌是家庭、学校和社会教化的结果。当“智能（机器）教育”成为社会讨论话题时，机器能否成为教育的对象以及这种教育的可能性暂未形成共识。在康德看来，“人是惟一必须受教育的被造物”，他将动物和机器以及自然物排除在教育的范畴之外，自然也没有给人工智能接受人类“教育”留下合法的空间。康德“所理解的教育，指的是保育（养育、维系）、规训（训诫）以及连同塑造在内的教导。据此，人要依次经历婴儿、儿童和学生这样几个成长阶段”。② 显然，这与当代的学校教育和职业教育显然不同。不过，将教育划分为保育、规训和教导三个阶段，为理解媒体记忆遵循的基本原则提供了一个有价值的视角。

传统的记忆研究感兴趣的是人如何记住或回忆曾经经历过的事情或者接收到的外部信息，这样的兴趣具有浓厚的心理学取向。记忆研究延伸到传媒领域，媒体介质与人所具有的生理/心理属性有着本质的区别，传统意义的媒体概念既没有生物属性也没有心理属性，媒体记忆应该被归属于机器记忆的范畴，虽然记忆的内容由人类提供，但记忆内容的存储与人类记忆将大脑作为记忆仓库有着质的区别。记忆作为一种普遍的存在，在于人需要从过去经历中总结经验/吸取教训，记忆的这种取向包含着记忆的教化作用。因为人无法将进入大脑的全部信息长期存储，信息在大脑内外

---

① ［美］沃尔特·李普曼：《公众舆论》，阎克文、江红译，上海世纪出版集团 2006 年版，第 135 页。

② ［德］康德：《论教育》，赵鹏、何兆武译，上海世纪出版集团 2005 年版，第 3 页。

的流通需要借助外力存储有价值的信息，媒体的信息存储功能奠定了媒体记忆的社会地位。媒体记忆将人类的生理记忆和信息产业的机器记忆相结合，这种记忆的价值在于向当代和未来社会提供信息。媒体记忆提供的不是类似“信息银行”的存储和支取而是对当代尤其是将来社会的教育，我们将这种教育称作媒体记忆的教化，以区别于狭义的学校教育。教育强调集中传授，而教化强调全过程的潜移默化，这是一种无声的教育，需要的是教化主体和客体长期的默契配合。

媒体记忆的教化是通过媒体长期的涵化，维系社会文明所需的行为规范。这类似于康德划分的教育初级阶段，即“保育（养育、维系）”式教化。教育始于家庭，父母在以“保育员”身份履行养育后代的同时也致力于维系家族传统的连续性。家族传统指的是家族形成的思维方式和行为准则，其中也包含着各种记忆的刻板印象。家族的刻板印象是家族共识，作为特殊的记忆维系着家族的传统。尽管学术界对刻板印象共识的研究经历了从充满兴趣到20世纪80年代这种兴趣显著下降的过程，但是，把这种理论遭遇冷遇归结于“缺乏解释力”或和缺乏“深刻的见解”，这显然是一种浅薄的认识。研究表明，“刻板印象共识可能是群体间摩擦的产物”①，“群体间冲突的加剧导致刻板印象共识的增加”。② 家庭提供的刻板印象一经被纳入记忆当中就会发挥作用，成为对抗异己共识的力量。家庭/家族的刻板印象（记忆）各有特点，媒体记忆以教科书方式向当代/将来的社会成员提供类似于“参考答案”的选项（媒体机构数量众多，任何媒体记忆的指导仅具有参考性质），这样的“参考答案”（行为指南）是媒体记忆的初级教化形式，它以“社会保育员”的身份维系着符合现在/将来社会的公共价值。以公共卫生事件期间佩戴口罩的记忆为例，20世纪初期的报纸对口罩从怀疑到肯定的转变，这类记忆打破的是对口罩表示厌恶的刻板印象，维系的是公共卫生观念的科学性。这样的记忆通过不同历史时期媒体的报道将社会成员从狭小的家庭空间转向广阔的社会空间，记忆的空间转换瓦解了家庭/家族对个人观念刻板印象的塑造，

---

① Sherif, M., Harvey, O. J., White, B. J., Hood, W. R., Sherif, C. W., *Intergroup Conflict and Cooperation: The Robbers Cave Experiment*. Norman: University of Oklahoma. 1961, pp. 111-112.

② Haslam, S. A., Oakes, P. J., Reynolds, K. J., Turner, J. C., "Social Identity Salience and the Emergence of Stereotype Consensus", *Personality and Social Psychology Bulletin*, 1999, 25 (7): 809-818.

通过媒体记忆维系社会的公共家族。没有这个环节的教化，人就无法从家庭走向社会。

媒体记忆对公共价值的维系只是教化的第一个阶段。“维系”是一个相当含蓄的词语，它遮蔽了这种状态背后两种力量的博弈。刻板印象（共识）也是一种维系，它本能地排拒任何异己观念的入侵。公共价值的维系借助大众传媒的社会影响力，以“科学”的名义对形形色色的刻板印象进行对抗，我们将这种对抗称作媒体记忆教化的中级形式，这与康德所说的教育的“规训（训诫）”阶段（第二个阶段）相对应。媒体记忆的教化原则要求媒体向受众提供行为的许可与禁止，这类似于城市道路的“斑马线”，它规定着行为的路径。一个人的潜能无限，潜能的发挥需要被唤醒，媒体是唤醒人之潜能的工具。在潜能中包含着善恶两种成分，社会希望唤醒人之善的潜能，如何遏制恶的潜能被一并释放出来需要来自家庭、学校和社会的规训。媒体记忆是这种教化的最佳介质。按照康德的解释，“人类应该将其人性之全部自然禀赋，通过自己的努力逐步从自身中发挥出来”，这里的“自己”应该理解成“全人类”，每个人都可以借助媒体缔构的全部信息为发挥个人的潜能（自然禀赋）创造机会。假如没有记忆、没有媒体记忆，我们只能从当代社会学习有限的知识、接受有限的规训，这显然不符合人类的整体利益。为此，规训必须打破代际界限，从人类历史中挖掘出全部有价值的记忆，通过媒体实现教化的无缝衔接。媒体记忆开启的是承前启后的教化，沿着康德的逻辑，这种“教育是由前一代人对下一代进行的。对此人们可以到生蛮状态中去寻求第一开端，也可以到完满的、有教养的状态中去寻找”。① 媒体记忆教化中的规训实质上是群体性质的矫正，媒体通过倡导和批判告诫公众行为的可取与否，这种教化借助舆论的力量监督违背公序良俗的行为、限制人性中恶的潜能，帮助人们发挥全部的自然禀赋。规训不是简单的说教而是媒体旁征博引，从不同历史时期某类行为的对与错、得与失中，让实践者自行评判行为选择的利与弊。媒体可能有偏颇、记忆可能有不当，整体而言，真正意义上的媒体记忆必然摆脱了刻板印象（共识），以准教科书的形式出现在公众面前，通过训诫的方式劝说社会成员接受这样的规训。这样的训诫发挥作用在于媒体记忆同样提供了违背规训的反面教材，两害相权取其轻，促使实践者选择符合其根本利益的选项。

---

① ［德］康德：《论教育》，赵鹏、何兆武译，上海世纪出版集团2005年版，第3—4页。

媒体记忆对社会成员的规训建立在群体性的心灵感应基础之上，这样的感应在时间造就的紧张性之际作用最为明显。在常规社会状态下，这种规训需要通过较长的时间方可感受得到，媒体记忆提供的规训不同于直接的惩罚，后者是可感的而前者却只能通过舆论间接地施加影响。规训与外在的限制有关，教育的高级阶段需要通过塑造在内的教导使大多数人将规训变成自觉的行动，这样的教育属于媒体记忆教化的内在教导形式。媒体承担的社会教化功能与功利性的学校教育不同，正如涂尔干所说，这样的教化“不在于制造出数学家、文学家、物理学家和博学家，而在于以文学、历史、数学和自然科学为媒介来开发心智”。① 当代媒体越来越像一所开放大学，几乎囊括了所有学科的社会教化。无论是机构媒体（各种专业版面/频率/频道）还是社交媒体（B 站、慕课网站等），将越来越多的精品教学资源免费向公众开放。跟学历教育不同的是，社会性的教化重在开启民智、陶冶情操。媒体的教化资源作为特殊的记忆文本，以多种介质形式面向民众进行心智方面的开发。这样的教化有利于公众的自我提升，在没有外力强迫时，实践者纯粹为了个人素质的提升而把从媒体的记忆宝库汲取营养当作乐趣。这类教化由外向内进行，通过媒体信息的刺激产生兴趣，在兴趣的驱动下主动将媒体记忆（的资源）当作精神养分来吸收。媒体记忆的内在教导对心智的开发是终身的，这种教化不会因为个人年龄达到某个节点而自动终结，终身教化使人意识到自己的不足，为达到圆满性而主动寻找资源——媒体成为最理想的资源提供者——并将这些资源当作“营养品”予以吸收，使之赋能自己。在心智开发方面，科普节目和历史节目更具影响力。《百家讲坛》属于后一种形式的教化，在扩大栏目和媒体影响力的同时，受益更多的是节目的受众。比如，关于汉字起源的系列节目，让公众了解到中国汉字的悠久历史与汉字的艺术魅力，汉字文化通过电视节目为公众所了解，领略到汉字文化的影响。媒体记忆的内在教导功能在于启导公众的心灵、范导社会成员的行为。教化不是纯粹的道德说教，必须用合适的方式进入人们的心灵，影响他们的行为。康德将实践性教育划分为三个部分：“（1）在技能方面是校园的—机械性的塑造，因此是传授性的（由传授者进行）；（2）在明智方面是实用性的（由家庭教师进行）；（3）在伦理方面是道德性的。”② 应该承认，康德的

---

① ［法］爱弥尔·涂尔干：《教育思想的演进》，李康译，渠东校，上海人民出版社 2006 年版，第 12 页。

② ［德］康德：《论教育》，赵鹏、何兆武译，上海世纪出版集团 2005 年版，第 15 页。

这个划分并不完全适合当代的中国社会，不论是技能还是明智方面的教育，教师的身份界限变得模糊，媒体在无形中承担了实践教育的职能，在技能方面，机构媒体的烹饪节目通过名厨的现场讲解和示范，将中国传统的菜肴烹饪技术传授给公众；至于日常生活所需的生活技巧在网络平台的主播间几乎涵盖了生活的方方面面，只要一个人有这方面的需求，网络主播就会尽可能满足公众的需求。明智教育也不再由家庭教师垄断，家庭伦理影视剧和其他电影/电视剧多具有教化功能。只要坚持观看百余部不同时期的著名影片，从这些影片中学到的知识不亚于在社会实践中长期积累的社会经验，而影视剧用典型的情节教化观众明智地应对各种突发状况。媒体机构的电影频道/电视剧频道、网络平台的影视资源足以满足公众的观赏需要。影视作品的教化提供的不仅是明智，也包括了伦理范导。这是康德倡导的一种内在教导，受教育者从影视作品中的人物身上习得社会行为规则，学会过上道德的生活。

媒体记忆的教化改变公众对媒体的印象，使他们不再将媒体仅仅当作获取新闻资讯的渠道。媒体记忆在过去与将来之间架起一座桥梁，从这里既发现过去也可以预见将来。随着时间的贯通与连续，媒体记忆“不仅将会使我们有能力与我们自己的原则交流，而且也会使我们时不时从我们先辈那里，发现我们必须纳入考虑的一些至关重要的东西，因为他们是我们的先辈，而我们是他们的传人”。[①] 教化是将社会伦理道德原则变成行为的指南，这些原则不会在人的心灵中自发形成，它们是人类实践经验的结晶。家庭、学校和单位对一个人应遵循的伦理道德原则的教育有限，需要人们从“社会大学”接受教育。涂尔干所说的我们与先辈的对话可以理解为人们通过解码媒体记忆了解处世的原则和处世的艺术，这样的“隔空对话”以媒体叙事的方式向后世传授传统的为人处世之道。所谓“至关重要的信息”，也就是那些经典的、能够满足人生向前迈进“一大步”的实践经验。假如媒体所提供的只是资讯而不具有记忆生产和传承功能，媒体也就失去了联结过去和将来的资格，正是媒体具备贯通古今的能力，媒体在记忆的同时也在塑造共识，也就是塑造指导社会行为的原则。相反，媒体记忆向公众提供“可靠的共识被忽视了，而是强调记忆的可塑性和不可靠性”，事实上，我们“没有理由放弃由记忆塑造的那些

---

① ［法］爱弥尔·涂尔干：《教育思想的演进》，李康译，渠东校，上海人民出版社 2006 年版，第 19 页。

可靠的传统共识”。① 从某种意义上说，社会共识就是社会教化之物，社会共识提供社会行为的原则，要求社会成员按照相应的原则从事社会实践。

媒体记忆具有教化的功能，并不意味着所有的记忆文本都将产生积极的社会影响。回溯历史，在文学和电影的发展史上，先后出现过记忆文本不具备教化功能的先例，或者说提供了反社会的文本，小说《金瓶梅》以及成人电影（俗称“三级片”），这些作品在传播过程中经常遇到社会阻力。严格意义上的记忆文本必须符合公序良俗的要求，可以当作育人的教材。汤因比称雅典是“全希腊的学校”②，在于雅典的民主在伯里克利时代达到古希腊的巅峰。这里所说的“学校”是个比喻，其真实的含义是雅典民主对于古希腊具有示范作用。沿着这样的思路，我们追寻当代社会是否存在这样的“学校”。多元社会，类似雅典这样的“民主偶像”已不复存在，将来也很难出现这样的巅峰，我们也不必为巅峰难觅而焦虑，因为大众传媒早已接替了“全社会的学校”之角色，比古希腊时期的这所“学校”更为可信。历史空间中的雅典具有传奇或理想的色彩，大众传媒虽然并不完美，但它的自我修正能力使其成为无可替代的“全社会的学校”。如果说伯里克利时代的雅典只是历史长河中的一个瞬间，大众传媒将具有永久的色彩，随着科学管理引入传媒业，媒体开始作为“全社会的学校”面向全社会“办学”。媒体提供的拟态环境主要是对现实环境的复制，所不同的是这种环境将现实环境中善/恶的东西典型化，通过善恶对比引导公众的道德判断。在这所“全社会的学校”中，媒体机构的作用类似于“教师”，缺乏完善性的“教师”只能以其擅长的方式对公众实施教化，与此同时，其自身的缺点也可能误导公众（“学生”）。全世界的媒体机构数以万计，所有的媒体机构都是这所“全社会的学校”的分支机构，一家媒体机构的缺点对拟态环境的影响可以忽略不计，因为媒体间的竞争和监督足以修正这样的缺点。当媒体机构以“社会教师”的身份参与教化实践，媒体汇集的信息基本涵盖了人类社会的主要信息，这所“全社会的学校”自然“有属于它自身的道德生活，道德环境，渗透着特定的信念与情感，而这种环境也紧密围绕在教师周

① Brewin, C. R., Andrews, B., Mickes, L., “Regaining Consensus on the Reliability of Memory”, *Current Directions in Psychological Science*, 2020, 29 (2): 121.

② ［英］汤因比：《历史研究》，郭小凌、刘北城译，上海世纪出版集团 2005 年版，第 17 页。

围，其程度不逊于学生"。[①] 新闻/记忆文本作为"全社会的学校"的活教材，塑造的是具有理想化色彩的社会环境，这种环境必然被打上历史的烙印，媒体总是将过去的典范作为范本向公众推荐，媒体塑造的理想社会状态也将成为媒体记忆向将来传播。这种状态下的社会必然由道德环境规定社会生活，这种环境由媒体这位"公共教师"打造，它包含着一个时代所特有的信念和情感，塑造着全体社会成员。

媒体记忆的教化主要以视觉方式进行。文字、图片、电视文本属于视觉媒介，几千年来，视觉一直是教化的主导方式，师范院校标榜的"身正为范"也是视觉教化的表现形式。广播媒体是一种内视觉的媒体，在人的灵魂深处将声符转换为视觉符号，以不可见的视觉方式观察声符所传递的信息。韦尔施认为："视觉为先原则从古希腊开始就形构着欧洲文化，到电视时代更是达到它的顶点。"[②] 何止在欧洲，东方社会也同样遵循视觉为先原则。视觉的统治地位之所以能延绵几千年，在于它展示的并非波澜不惊的历史而是充满着冲突的画面。回顾人类历史，从来"没有平静的记忆"[③]，真正的记忆和教化无不借助冲突达到其目的。电视节目呈现的冲突教会人们识别是非，塑造公众的世界观和价值观。其他介质的媒体教化同样借助于冲突，报纸的文字叙事、广播的声符叙事，如果没有恶的东西作为善的反面、没有善与恶的较量，教化也就失去生命力。关于这一点，只要看看课堂说教的实际效果就不难知道，虽然教化可以在多种场景实施，但冲突是教化取得成效最为理想的工具。冲突造成感官刺激，媒体呈现的冲突以公共事件报道为主，通过调查事件的来龙去脉和舆论反响，影响公众对事件的评判。这样的视觉教化不会照搬道德原则却时刻向公众展示丧失原则的社会危害。媒体塑造着我们的观念也在间接地影响着将来社会，因为将来社会同样需要从当代社会的媒体记忆中汲取营养，媒体记忆文本成为面向将来的主要"教学内容"。

媒体记忆的教化忌讳将公众当作被灌输的工具。工具只能被动地接受

---

① ［法］爱弥尔·涂尔干：《教育思想的演进》，李康译，渠东校，上海人民出版社 2006 年版，第 36 页。

② Mandolessi, S., "Challenging the Placeless Imaginary in Digital Memories: The Performation of Place in the Work of Forensic Architecture", *Memory Studies*, 2021, 14 (3): 623.

③ Mandolessi, S., "Challenging the Placeless Imaginary in Digital Memories: The Performation of Place in the Work of Forensic Architecture", *Memory Studies*, 2021, 14 (3): 623.

外部信息，以机器或者机器人的方式按照指令进行行动。在新闻实践中，多数媒体机构有过将公众当作机械、被动的受教育者的错误做法，误以为通过反复宣传就可以达到社会教化之目的。实践表明，不论这样的记忆（宣传）文本如何精雕细刻，这类文本的记忆价值相当有限，自然也缺乏应有的教化价值。道德（教化）“并不是我们历来所以为的，似乎就等于一种习惯或风俗，需要人从小被动地去适应和服从”；相反，媒体（记忆）的教化只提供范本或建议，真正的“人性并不是天地自然或神的产物，人是人自己造成的”。① 媒体记忆提供一种“应该的”选项，最终由公众自主选，这是因为，教化归根结底还得依靠自我的完善而不是外力的强制。

第二节 舆论共识的基本原则

在多元社会环境下，公众获得信息渠道的多元带来观念和见解的不同，这在客观上加剧了网络舆论场的冲突，降低了传统社会舆论共识的稳定性。公众对公共事件的关注促进社交媒体舆论场的活跃，传统社会的共识在舆论场遭到解构，新的舆论共识的妥协性和滞后性反过来对舆论共识实践提出更高的要求。面对信息多元的客观事实，满足公众普遍诉求的舆论共识需要具有契约精神，以友善的合作维系社交媒体舆论场的公共讨论秩序。

一 舆论共识的诉求原则

对于共识概念，研究者通常从认同的角度来理解这个概念，这是基于讨论的最终结果而得出的结论，这样的定义忽略或有意掩盖了达成共识过程的艰难。共识源于观念秩序遭到破坏，这种秩序有别于空间秩序的错乱，后者通过调整很快恢复到原状。意外交通事故导致的交通堵塞、桥梁垮塌带来的车辆受阻，甚至肢体冲突造成的混乱场面……所有这些均属于现实空间常态秩序的局部紊乱，需要社会治理部门协助恢复秩序。舆论共识源于发生在现实空间/虚拟空间的公共事件导致的社会观念冲突，这种共识本身就是冲突的产物，它作为

① 邓晓芒：《从一则相声段子看国人的思维方式》，搜狐网 2020 年 11 月 12 日，https：//www.sohu.com/a/431316491_237819。

“民主的共识不是共识而是冲突”①，或者说，这种共识是冲突的特殊表现形式。这种特殊性表现在冲突的诉求是第三方的诉求，对这种诉求的满足无法通过强制达成妥协，责成其中一方无条件放弃自己的诉求。即便在紧急状态下，空间秩序的改变相对容易，观念秩序的调整相对艰难。观念冲突的实质是利益诉求之间的冲突，既包括现实利益的也包含精神利益的诉求，舆论共识的诉求通常是以混合的诉求形式出现，诉求成分的多样性增加了达成共识的难度，这与异质的诉求在碰撞中不断寻找诉求归属的阵营（范围）有关。在社交媒体的公共讨论中，讨论者（用户）提出某项诉求并不难，但是，多元的诉求将增加诉求识别的难度。在公共讨论中，诉求的认同或归属需要经历一个自然过程，在表达与寻求支持中扩大诉求的影响力。当诉求汇集成两大对立的类型后，真正的舆论冲突由此正式拉开序幕。

舆论共识是不同诉求主体讨价还价的产物，调和诉求是舆论共识要解决的问题。基于舆论共识的这个特点，我们将诉求作为舆论共识的一项原则，从这个原则出发考察诉求与共识之间的关系。

人类社会的存续蕴含着经利益调和之后达成的秩序平衡状态，正是这种平衡维系着社会的运行。现实空间的冲突以及公众诉求的变化威胁着社会的动态平衡，这种平衡的恢复只能通过利益的调和降低冲突的危害程度，而调和面对的是舆论场错综复杂的诉求。达成舆论共识前的公共讨论是公共讨论者所代表的共同体的诉求论争，这是一种宏观、务虚的意见协商而非利益的交换和切割，否则公共讨论就与商业谈判没有实质的区别。舆论场的公共讨论看似各抒己见，实质上是公共讨论者在间接地表达着各自的诉求。由于这种诉求的隐蔽性，“公众在任何问题上的‘舆论’几乎都随着提问的方式而发生变化”。② 诉求表达涉及语言艺术的应用，这是语用学关注的问题，讨论者看似在围绕公共事件发表看法，实则在趁机曲折地表达各自的诉求。

诉求原则须兼顾诉求的正常表达与舆论共识的最终达成，二者不可偏颇。诉求原则要求诉求的表达和公共讨论以理性的方式进行，这个原则建立在“对共识的追求是我们（理性）人类本性的一个基本特征：理性和共识是联系在一起的”，正如哈贝马斯所说，“如果我们放弃寻求共识，

---

① ［意］G. 萨托利：《政党与政党体制》，王明进译，商务印书馆 2006 年版，第 35 页。

② ［美］尼尔·波斯曼：《技术垄断》，何道宽译，北京大学出版社 2007 年版，第 79 页。

我们也会失去理性，这使我们明白他将寻求共识视为一种规范性原则（而不仅仅是一个实践目标）”。[①] 人类的诉求和动物的本能需求不同，后者依靠本能的驱使去索取而不考虑后果。人也有类似动物式的本能欲望，这种欲望也是一种诉求。在常态情况下，理性有能力控制非分的欲望使之保持在合理的限度之内。相比之下，超越本能的社会性诉求，满足人们生存之外的欲望是社会环境塑造的，理性可以对这样的诉求自主管理，避免因诉求的过分而造成行为主体与外部环境的紧张。当个体的人意识到自我利益调节的重要性后理性就开始发挥作用，就像前面马索内（Michele Marsonet）和哈贝马斯所说，共识和理性紧密相连，二者相互依存，必须以理性的方式追求共识。对照舆论场的公共讨论，讨论的形式可以充满火药味，舆论共识的生成过程可能颇费周折，但只要争论双方不放弃追求共识，非理性的讨论就是暂时现象。理性促进公共讨论范式的规范。假如理性在公共讨论中缺场，非理性的讨论方式最终将让所有的讨论者成为受害者，这种状况将导致利益共同体成员的互害。虽然共同体成员的诉求相近，仅仅因为表达缺乏理性和艺术性，造成共同体成员的相互伤害。倘若公共讨论者之间的互害普遍存在，社交媒体舆论场的萎缩将不可避免。因此，积极寻求舆论共识，为达成共识所进行的公共讨论促进的是社会团结而不是社会撕裂。

社会团结是涂尔干多次使用的术语，尽管这个概念已不再流行，但在舆论共识研究中，这个概念非但没有过时，反而比涂尔干所生活的那个时代更为紧迫。自从互联网将世界联结在一起，社会团结就成为一个比传统社会更为紧迫的现实难题。传统社会的团结由精英主导，他们就重大社会问题意见一致就意味着团结的形成，这标志着社会进入一种大范围的“共识状态”。互联网时代，精英/权威的社会影响力从虚幻状态进入“现实状态”，在社交媒体上，他们同样面临着舆论的公开质疑，这个群体在引领舆论方面的作用与传统社会相比呈下降趋势，多元社会的媒体无法以单向度的形式宣称社会处于“共识”之中。社交媒体从形式上进一步削弱了共识的形式，舆论场的质疑和批评随时让虚假的舆论共识陷于尴尬境地。当社会团结/共识集中表现为舆论共识，当团结局面难以维系之时容易形成对舆论共识的群体性焦虑效应。为减少这种焦虑，舆情应对不但成为新兴产业也成了显学，实践表明这些努力并未收到令人满意的效果。舆

---

① Marsonet, M., “Pragmatism and Political Pluralism-Consensus and Pluralism”, *Academicus International Scientific Journal*, 2015, 6 (12): 47-58.

论共识的时代难题恰恰是社会进步的写照，因为“所谓进步，无非一个基本原理使用范围的扩大”。① 在互联网诞生之前，社会舆论对民间诉求的满足度有限，媒体对舆论诉求的呈现受到客观条件的限制，公众诉求的表达渠道多限于媒体的采访，未纳入新闻/记忆的诉求被媒体滤掉了。社交媒体时代，个体诉求和公共诉求的表达渠道多样化，看似充满“噪声”的舆论场实则扩大了表达公众诉求的渠道，社会舆论场从现实空间和新闻媒体转移到社交媒体平台，将公共讨论从有组织的小范围的对话变成自发的、不受时空限制的全过程公开讨论。当主持人从公共讨论中退场，当公共讨论变成真正意义上的全民讨论，社会舆论变成网络舆论，网络舆论的内涵和外延全部扩大，这是一种真正意义上广泛、充分的民主讨论，诉求的多样化证明了社会的进步。假设公共诉求仍由社会精英/权威人士操控，这种“代议制”的公共讨论满足的只是形式的民主而不是实质的民主。社交媒体平台将个体诉求的平等表达变成现实，将舆论共识推向人类历史的一个巅峰，这是由技术推动、平台支撑实现的社会巨大进步。这种进步以“社会非团结”的表象呈现在公众面前，实质上却是社会团结的新形式，或者说这是一种“新型社会团结”，社会成员广泛地团结在社交媒体平台舆论场内，他们的争论是在设法调和形形色色的诉求，对公共事件的关心、网络舆论场的认可、热衷于参与讨论本身就是舆论共识的特殊表现形式，就像太阳这颗恒星在表面“团结”的背后内部各种能量剧烈运动一样，太阳内部能量间的剧烈运动丝毫并不影响这个星体（共同体）的存在。社交媒体犹如太阳（恒星），只要这个舆论平台存在，围绕公共议题的争论就只是微观层面讨论者意见的剧烈冲突，无论它们如何冲突都是以维系舆论场的统一为前提。这样的大舆论共识与小舆论冲突共同构成网络舆论场的典型画面，内部的冲突恰恰是网络舆论活跃的体现，这丝毫不妨碍社交媒体的巨大磁场效应，社交媒体的用户不仅并未流失反而呈现出持续扩大的趋势。假如不是这种新型社会团结形式，不是新型舆论的进步，真的就像某些研究者的描述：社交媒体舆论场内的撕裂令人痛心疾首却又无可奈何。当我们转换了观察问题的角度不难发现，原来汉德（Billings Learned Hand）大法官“将有敌意的批评也列入言论自由范畴，并将之视为民主社会中的‘权利最终根源’”真的是一项了不起的创举，因为

① ［法］路易·若兰斯：《权利相对论·译序》，王伯琦译，中国法制出版社2006年版，第1页。

他“把言论自由当做最大的社会利益”。[①] 舆论共识的诉求原则保障的就是各种合理的诉求，只要这样的诉求可以自圆其说并理性地表达，就是对社会利益的促进。

媒体平台最大限度地满足公众的诉求表达面临的挑战是，网络舆论场群体诉求的即时、充分表达可能造成某些消极影响。关于这种影响，孟德斯鸠早有预见：“所谓极端平等是真正平等最危险的仇敌，所以过分的自由结果亦要成为暴虐的。”[②] 平等是权利的平等，权利在很多时候体现为某些诉求。权利是抽象的，可以通过理念以平等的形式实现；诉求是具体的，可以是抽象的也可以是实际的。作为权利的诉求可以平等，这样的权利须获得合法性并受到法律的保护。个体诉求在公共平台上的公开表达很快会招致反驳，因为舆论场的公共讨论总是充满火药味。公共事件是外在的，对于外在公共事件的诉求却是自我的（内在的），两种本不存在直接关联的东西被裹挟在具体诉求中，这样的诉求总是被贴上“公共诉求”的标签，这加剧了诉求间的冲突，因为真正的公共诉求数量必定有限，多元化诉求不可能是真正的公共诉求。孟德斯鸠能够从平等的权利中预见到暴虐的不可避免，这是诉求表达渠道和机会绝对平等带来的负面效应。诉求作为表达的权利是自由的，但这种表达建立在对诉求合理性的自我审查，也就是在自己的心灵中设立一个解决利益争端的道德法庭，把自我诉求置于道德的天平上，当这样的诉求能够成为普遍的权利时，在公共讨论中获得支持的可能性将大大增加。相反，当表达的渠道和机会均等化，而诉求的“道德法庭”尚未在每个讨论者（社交媒体用户）的心灵世界建立并正式“运行”，每一种诉求都希望以所向披靡之势压倒其他诉求成为唯一合法的诉求，舆论场的暴虐现象也就不可避免。舆论共识的诉求原则倡导诉求的理性表达，但更强调表达前个人的理性为每个人先搭起这样的“道德法庭”，待通过裁决并获取表达的资格后，这样的诉求充分考虑到可能遭遇的相反诉求的调和办法，公共讨论的激烈程度自然随之降低。

舆论共识的诉求原则在公共讨论中经常会遇到“落错偏差”现象。关于落错偏差，卡菲·马赫迪（Kafaee Mahdi）设计过一个实验，使用意识研究的掩蔽范式在利益冲突、中立和利益一致三个条件下，参与者的利

---

① ［美］安东尼·刘易斯（Anthony Lewis）：《批判官员的尺度——〈纽约时报〉诉警察局长沙利文案》，何帆译，北京大学出版社 2011 年版，第 84 页。

② ［法］路易·若兰斯：《权利相对论》，王伯琦译，中国法制出版社 2006 年版，第 193 页。

益冲突会导致更多的错误感知。① 在公共讨论中，诉求表达因为某些利益冲突容易产生错误的感知。不同文化背景、学历层次、语言表达能力的讨论者就同一公共事件发表看法，在表达权平等的情况下，因为个体表达能力的原因，不同诉求的舆论反响可能悬殊。以意见领袖级用户和一个默默无闻的普通用户的诉求表达为例，前者懂得如何博得粉丝的认可，注重诉求的表达方式让粉丝认为这样的诉求也是自己的诉求，对这类诉求的认可促进意见领袖意见的受关注度；相反，缺乏舆论心理学知识和语言艺术能力的诉求表达，给人的印象既缺乏新意也缺乏代表性，这样的诉求将很快淹没在众多的诉求中。在动辄数十页的跟帖讨论中，真正受到关注的是那些点赞量、转发量、跟帖量高的诉求，平台按照量化标准将这类主题讨论自动置顶，缺乏反响的跟帖（诉求）的主题则逐渐被沉淀下去，这样的诉求也难以引起研究者的兴趣。诉求表达舆论反响的这种“落错偏差”使意见领袖误以为自己代表的就是大多数讨论者的诉求，而那些被冷落的诉求（帖子）表达者误以为自己的诉求受到限制，这显然是一种错觉。真正的舆论共识来自真正的民意，这是诉求表达最大化的产物，但每一种表达都有其独特的价值。对于平台和社会治理部门而言，诉求表达的帖子具有数据资产的性质，它们将成为社交媒体的记忆文本，代表着当代社会具体的意见/诉求，将来社会将通过这样的记忆认知我们这个时代。“落错偏差”反映的是满足诉求的程度，这是一种暂时的心理现象，因为舆论共识中的诉求更多是精神利益的诉求——诉求表达（帖子）的舆论反响（点赞、转发和评论的次数）而不是诉求的社会实现程度（该建议在现实社会中被采纳的程度）。当意识到“落错偏差”的这种心理效应并不真正涉及切身利益或者公众利益，诉求表达是一种新型舆论共识的原材料，公共讨论者只要参与公共讨论履行个人的社会责任，只要这样的诉求充分考虑到大多数人的合理需求，自我的精神满足感就不需要通过量化标准被平台认可而只需自我的“道德法庭”的认可，“落错偏差”现象就仅仅是个人情绪的本能反应而不会导致个体有所损失。理性对待舆论场公共讨论中的“落错偏差”现象可以利用这种偏差促进自我反思——我为什么要参与讨论、讨论要表达什么、表达是功利的还是纯粹的爱好——确定参与公共讨论的出发点和归宿，这样的理性省思将净化讨论者的灵魂，提升公共讨论和舆论共识的品质而不仅仅把公共讨论当作情绪的宣泄。

---

① Kafaee, M., Kheirkhah, M. T., Balali, R., Gharibzadeh, S., “Conflict of Interest as a Cognitive Bias”, *Accountability in Research*, 2021: 1-18.

舆论共识的暂时性决定着公共讨论的反复性。舆论实践表明，没有任何一种公共讨论可以一劳永逸，因为公共讨论包含的诉求相互抵触且多数诉求充满着情绪和私利，如果不是异质的新公共事件发生，围绕某个事件的公共讨论原本可以持续下去。现实社会不可能只有一个真正的问题，公共事件的层出不穷中断了许多舆论场的公共讨论，后者以“插播”的方式取代了正在进行的公共讨论。这种被中断的公共讨论意味着某些诉求在未能得出是否合理的情况下就被“掐断”，外力阻断将问题暂时搁浅，等待另一起同性质的公共事件发生，相关的诉求将被再度提起。降低舆论共识诉求的反复性应考虑将个体诉求转变为群体诉求，通过共同体强化诉求表达的力度。“在我们现代的社会里，最紧要的权利：一种是个人自由权”“另一种是团体自由权”①，这两种权利在舆论场的公共讨论中，个体的讨论者首先维护个体诉求表达的自由，“落错偏差”现象让个体的讨论者很快会发现群体表达的重要性。公共讨论不仅仅意味着利益的公共指向也包括诉求的群体指向，多元的诉求被整合成若干共同体的群体性诉求，诉求以利益共同体的形式集体表达将增加个体诉求的维权意识，激发他们支持本利益共同体的积极性。当诉求从个体过渡到群体，共同体的诉求表达不同于个体的表达形式。利益共同体总是将少数个体诉求包装成群体利益，这既是宣传动员的需求，也是证明利益共同体合法性的需要。在利益共同体间展开论争之前，个体和群体的诉求将经过一个妥协的过程。共同体是利益取向的群体，共同体的形成在于大多数人“受古典功利主义‘最大多数’价值诉求的影响，认定大多数人的权利高于个别人的权利，因此在群体利益与个体利益发生冲突时，倡导个体做出牺牲——即所谓‘功利主义的牺牲’”②，这种“牺牲”的实质是诉求所包含的权利的让渡，因为共同体必须有自己的代言人（意见领袖），代言人的角色类似于当下的“直播带货”，只不过他们所带的“货”是群体性的诉求，二者都是向公众宣讲、推销某种东西，说服的过程也是引导他人改变主张、让渡自己诉求的过程。

当代我国社交媒体的舆论共识遇到的挑战，在于公共讨论经常偏离话题，朝着与事件无关的方向延展。经验表明，当有些讨论者无法通过理性讨论说服他人，习惯于将辩方论点与意识形态问题勾连起来，这也许是一

---

① ［法］路易·若兰斯：《权利相对论》，王伯琦译，中国法制出版社 2006 年版，第 131 页。

② 甘绍平：《人权伦理学》，中国发展出版社 2009 年版，第 8 页。

种惯性思维导致的论题转移，他们本人未必意识到这是超纲的讨论，当然也不排斥这是一种公共辩论的工具，通过唤起公众的政治敏感性将持相反意见者标签化，通过舆论场的道德审判制造影响，道德审判也只有在虚拟空间舆论场才有这样的奇特效应。正如曼海姆（Karl Mannheim）所言："集体无意识动机变成有意识的过程，并不是在一切时代都有可能发生，而是只有在十分特殊的环境中才能变成可能。"① 所谓特殊，是指匿名的讨论者在以远距离方式讨论问题时，彼此的互不认识为展开某种攻击提供可乘之机，特别是当以群体力量针对个别意见领袖或者讨论者通过标签化进行指责时，"集体无意识"就成为群体诉求表达的利器，借助任性向理性发起攻击，最终将舆论共识异化成徒具形式的共识。面对这种屡见不鲜的"舆论利器"，当部分用户被迫退出社交媒体或者保持缄默时，舆论共识诉求原则对理性的强调就显得尤为重要。在这种情况下，公共讨论者有必要正视汤因比的忠告："敌人正好在你身内，你犯错误的原因就在那里边，所以我要说管好你自己。"② 诉求原则要求公众在表达诉求的过程中始终约束自己，当公共讨论者越是能够自律，也就越是容易达形成真正的舆论共识。

二 舆论共识的阐释原则

不同于历史学家对历史事件的长期考证和深入分析，舆论场的公共讨论者面对的是新近发生的社会热点事件，这些事件看似是非分明，依据人们的经验事实和价值判断不难进行解读。站在历史角度看，这样的解读可能缺乏真知灼见甚至漏洞百出。比如，面对空难事故很快就有铺天盖地的解析文章，在原因尚未开始调查的情况下，所谓的解读只能依据航班飞行信息和作者的航空知识。作为科普文章，这样的解读自有传播价值，若从影响舆论、形成共识的角度看，这类热帖在一定程度上可以缓解公众的焦虑情绪，但很难成为共识的来源。多元社会，信息爆炸带来资讯的相互抵牾增加了公众认知社会问题的难度，由此将造成群体性的困惑，导致公众难以判断何种信息更符合事实。在公共讨论中，讨论者的文化层次和认知能力参差不齐，真正具有专业知识的人士未必参与讨论，讨论者的信源不

---

① ［意］卡尔·曼海姆：《意识形态与乌托邦》，黎鸣、李书崇译，商务印书馆 2000 年版，第 6 页。

② ［英］汤因比：《历史研究》，郭小凌、刘北城译，上海世纪出版集团 2005 年版，第 135 页。

一、看法南辕北辙，这种状况在公共讨论中普遍存在。改变这种状况需要权威人士参与到公共讨论之中，这样的权威人士不等于新闻传播学语境下的意见领袖，后者依靠的是个人影响力或人格魅力吸引用户，这些被称作“粉丝”的仰慕者对意见领袖抱有某种先天的认可（崇拜）而不在意其观点是否经得起推敲。这里所称的权威人士，是指在与公共讨论主题相关的领域具有较高的专业威望，且具有道德人格魅力的专业人士。“在每一个社会中都会有一些社会群体，其任务在于为其社会提供一种对世界的解释。我们称它们为‘知识界’。”① 曼海姆从一般意义上将知识界与解释世界相提并论，在他所处的那个时代，知识界权威人士对公共事件的解释经媒体报道后即形成舆论共识。社交媒体时代，知识界依然选择在主流媒体上发表看法，但在社交媒体平台的公共讨论中，知识界反而没有成为网络舆论场真正的权威，这是专业解释对社会环境限制的原因决定的，不能简单地归咎于专业权威的缺场。相反，意见领袖更适合于在网络舆论场活跃，因为公共讨论不同于严肃的学术讨论，而是具有消遣性质的社会生活方式，知识界的话语体系和影响力难以适应复杂的网络舆论环境。准确地说，具备这种适应能力的专家数量有限，无法满足公众对热点问题认知的即时需求。社交媒体汇集的最新资讯太多，引起普遍关注的热点话题对于大多数人来说都站在同样的起点上，对于这个暂时陌生的起点需要具有影响力（更仅仅是权威的）的公共阐释。

阐释在形成舆论共识中具有至关重要作用。同样的事物，公众的审美判断无法一致，审美判断的差异在特定环境中需要统一认识，这种统一就是舆论共识。共识是消除个体既有的认知模式，个体认知一经形成就天然地具有抵制异质观念入侵的特性，改变已经存在的认知单靠说教难以达到预期的目标，因为说教很难将特定的观念抵达受者的内心世界。如果说改变个体认知已经颇为不易，改变群体认知面临的困难之大更加不言而喻。奥尔特·徐阿齐（AI Djaouaziah）曾经说：“意思是行为的灵魂，是行为的心和支柱。”② 徐阿齐所说的“意思”，真实的含义是“观念”或“意见”。改变人的认知，不论是个体的还是群体的认知，需要观念的改造者（专业权威人士）具有网络场意见领袖的巨大社会影响力和驾驭语言的高

① ［意］卡尔·曼海姆：《意识形态与乌托邦》，黎鸣、李书崇译，商务印书馆 2000 年版，第 10 页。

② 参见［法］路易·若兰斯《权利相对论》，王伯琦译，中国法制出版社 2006 年版，第 188 页。

超能力，再结合专业知识和独到的见解向公众阐释改造者对公共事件的洞见，当洞见从内容到形式具有无法让人拒绝的魅力之时，也就具备通向公众灵魂深处的巨大穿透力（传播力）。在这里，重要的不是洞见本身（这是专业权威的基本素质）而是将洞见用公众听得懂的语言和他们感兴趣的表达方式阐述出来。在这种情况下，洞见就具有了徐阿齐所说的“意思”之含义，而这种“意思”可以被用作向公众有效阐释的东西。舆论共识是一种集体的社会认知行为，这种行为不易于直观却可以从用户在舆论场的活动轨迹中感受到行为的变动。这是一种来自灵魂深处的心理反应，它决定着个体的思考和行为，而这样的行为符合个体意志的规定而具有命令性质，个体不得不按照自己的意志去行动。舆论共识的阐释原则强调的是触动大多数人的心灵，使外部观念融入公众灵魂深处并成为行为指南的艺术化的阐释。有了这样的阐释，公共讨论者从内心里乐于接受某种观念，这是形成舆论共识的标志。

艺术化的阐释不同于通常意义上的讲解或评论，而是将公共事件置于一个立体的时空中，以公共事件为轴心提供多维度的分析，揭示出事件的前因后果，得出能够反映事件本质的见解（洞见）。关于这种阐释，可以参考汤因比在解释历史事实客观性时提出的要求。在他看来，历史的客观性“不可能是事实的客观性，而只能是一种关系的客观性，事实与解释之间关系的客观性，过去、现在和未来之间关系的客观性”①。舆论场的公共讨论是基于特定事实（公共事件）的讨论，讨论的角度、价值取向的不同决定着讨论者的立场，立场直接影响他们对事实的态度，专业权威人士要说服大多数人接受他们的分析判断，不是将结论和盘托出以“答案”的方式要求讨论者接受，而是将事实与个人结论的关系做出充分的阐释，在阐释的过程中不可避免地要旁征博引，以现在为中心将事实与过去和将来的逻辑关系阐述清楚。这样的阐述需要充分的准备和深入的思考，所以舆论共识的阐释不会像新闻报道在公共讨论的前半场出现，而只能在下半场接近尾声时隆重登场。这样的登场不是人为选择时机或者制造噱头，而是阐释原则的舆论共识之内在逻辑作出的要求。专业权威的阐释在占有充分的资料和对公共事件进行周密的考察后逐渐形成认知判断，这种认知判断的“科普文本”也需要精心准备而不是意见领袖的即兴演讲，这样的阐释建立在耗费大量时间和经历的基础之上。即便在数字技术的辅

---

① ［英］汤因比：《历史研究》，郭小凌、刘北城译，上海世纪出版集团2005年版，第426页。

助下可以缩短时间但仍需要数日的认真准备，而公共讨论的周期性刚好为专业权威的艺术化阐释预留了时间，基本满足了舆论共识阐释原则的时间要求。

舆论共识的阐释原则需要从纵向和横向两个维度全面阐释公共事件。纵向的维度既包括时间维度也包括社会关系的维度，横向的维度属于常见的空间的位置。如果注意到公共事件的突发性和舆论反响的炽热程度，就该意识到无论是纵向阐释还是横向阐释被置于公共讨论中时，不同维度的阐释将各有特点。舆论场的公共议题全部呈现出时间关系的紧张性特征，也就是说，公共议题必然涉及一个紧急的事项，不立即启动公共讨论程序将引发更为严重的社会后果。从这个意义上说，舆论场就像医院的“急诊室”，这里不需要对全部社会问题具备精准透视并开列有效药方的能力，但它必须是全科的、有能力在最短时间内付诸行动，对之展开网络舆论的“紧急救援”。时间关系的紧张性是公共事件及公共讨论的基本特征，这种紧张性要求通过有效的阐释在最短时间内改变社会成员对某一事件的普遍看法。缓解这种紧张性需要阐释者具有渊博的历史知识和一定的前瞻意识，能够在纵向的时间轴上谈古论今，将所涉议题确定在几个关键的时间节点之上，对时间的浓缩有助于向公众展示时间节点的重要性，而当前正在进行中的公共议题所处的时间节点可以通过时间轴的延伸判断事件发展的趋势。纵向的解释还包括公共事件所涉利益攸关者的社会地位，这个维度的阐释通常也会引人注目。对此，曼海姆曾有过形象的比喻：“在社会地位的上升或下降意义上的阶层之间的迅速变动时，人们对于自己的思维方式的普遍的、永恒的有效性的信念才会动摇。”① 这种纵向关系不同于时间轴的上下延伸，而是公共事件中某个利益攸关者身份（地位）的快速变化颠覆了公众的传统观念，比如，一个 90 后的年轻人被公示拟任某个行政岗位的职务，或者某个官员的职位发生断崖式下降，或者某个公众人物（偶像）的负面新闻……这些都是曼海姆所说的社会地位急剧变化对公众认知的强烈冲击。这类事件涉及社会地位的纵向变化，舆论场的褒贬不一需要得到有信服力的阐释方可形成舆论共识。与此同时，横向的解释基于对比展开论证。公共事件涉及的人/事必有具体的空间范围，公众更想了解类似事件在空间范围中是孤立的个案还是普遍的现象，以空难为例，这样的重大灾难虽然很少发生，但每次发生必定成为举世关

---

① ［意］卡尔·曼海姆：《意识形态与乌托邦》，黎鸣、李书崇译，商务印书馆 2000 年版，第 8 页。

注的焦点，在公众心中留下一定的心理阴影。空难事故的数量有限，但它与其他地区、国家的空难有何异同点，为何这样的灾难每隔数年总会出现，对这些疑问的解释往往是公共讨论争议的焦点。类似这样的阐释需要专业权威人士发表看法，阐释者掌握的信息越是全面，从中总结的教训也就越为深刻。如果没有横向的阐释，就事论事的解释可以满足缺乏专业知识的普通民众，但无法得到专业人士的认同。当纵向阐释与横向阐释能够集中在对一起公共议题的阐释中，阐释的综合性更有利于说服公众，促进舆论共识的生成。

舆论共识阐释原则提供的是理想状态的阐释模式，在舆论实践中，艺术化的阐释并不总是按照理想状态进行，这与社会大环境对舆论环境的影响有关。自大众传媒诞生以来，以媒体（新闻）舆论为代表的公共舆论“只出过两个源头，即开放的舆论生成与流通系统和封闭的舆论制造与灌输系统，尽管它们都会产生一个复杂程度不相上下的舆论过程，但是结果却大不一样”①。社交媒体代表的是开放的舆论生成与流通系统，在这个没有围栏的舆论场内，来自世界各地的用户可以参与任何一个公共议题的讨论。对于阐释者来说，开放的舆论生成需要用开放的心态和开放的视野向用户（公众）阐释他们对事件的看法，我们面临的问题：在不同的阐释者之间，究竟何者属于适格的阐释者？学历、职称、阅历是具备这一资格的条件，更重要的是阐释者具备独立的思考能力，这种能力比前三项指标更为重要。即便如此，在流动系统的舆论中理想的阐释者也不会只是一个人或者几个人，相反，他们的意见也可能不同，也需要展开争论。在争论中求同存异，形成舆论共识。在开放的舆论生成与流通系统之外，社交媒体舆论场是否存在“封闭的舆论制造与灌输系统”？显然，这是一个看似矛盾却有讨论价值的问题。社交媒体的开放性并不意味着封闭的舆论制造与灌输系统就无法在社交媒体舆论场找到立身之地。当前，新闻传播学界关注社交媒体的圈层化现象，圈层就具有封闭的特征，一个不符合进入圈层资格的用户就无法在这个次级舆论场内发声；圈层又不能被经验性地理解为几十个人或者几百人的小圈子，社交媒体的圈层同样可以成千上万个用户聚集在一起。当这样的圈层不是孤立现象而是普遍存在时，“封闭的舆论制造与灌输系统”就不是纯粹的臆测而是客观事实。在这样的圈层（系统）内部，为维护圈层的“神圣性”同样需要相应的权威人士；

① ［美］沃尔特·李普曼：《公众舆论·译者前言》，阎克文、江红译，上海世纪出版集团2006年版，第2页。

圈层也在关注公共议题，也在试图解释，圈层内部形成舆论共识后也可能"出征"（跨圈层干预）开放的舆论系统。因此，当舆论的开放与封闭系统的阐释并存之时，广泛意义上的舆论共识阐释将面临着更多的困难，这涉及舆论共识的验证问题。舆论共识的阐释可以通过三种方式进行验证：（1）支持某一立场的用户规模；（2）共识形容词的使用规模；（3）社会地位标签（如多数和少数）。① 不论是圈层内外的阐释，通过大数据搜集的公共讨论信息的统计，基本上可以评价一种阐释对形成舆论共识的贡献度。

在社交媒体的舆论实践中，舆论共识的阐释效果并不理想，这从舆论引导项目的课题指南多年来反复发布可以得到间接的说明。课题研究的对象通常是社会的热点和难点问题，相同类型的课题持续性的发布恰恰证明既往研究的理论价值和实践价值未能满足现实的需要，这就需要反思舆论研究难在何处。舆论引导的实质是阐释，只是这样的阐释很容易被当作一种独家权威解释忽视了舆论的开放性。圈层的封闭是半公开的，舆论的阐释要求的是全方位的开放，在这种情况下，舆论共识的阐释需要经得起公开的质疑和辩论而不是将阐释置于一种拟态的无辩驳的状态下，这是一种虚拟的阐释而很难在舆论实践中得到验证。舆论共识的阐释原则是一种实践的原则，要求任何阐释经得起时间的检验而不是仅仅满足于在公共讨论中暂时处于优势地位。在这方面，麦克卢汉为舆论场的阐释者做出了表率。他选择汤姆·伊斯特布鲁克（Tom Easterbrook）教授作为自己的辩论对手，他们"有一个绝对一致的意见：在一切问题上都要抬杠"。② 我们可以将这种"抬杠"视作一种不可行性论证，即每当 A 抛出一个命题并坚称该命题绝对成立之时，B 将否定该命题的必不成立。这种有意为之的"抬杠"（辩论）与舆论场部分非理性的讨论者不讲逻辑的争辩（胡搅蛮缠）并非同一个概念。前者基于确认一个命题是否成立、从逻辑上寻找破绽并不断完善命题的必要环节，这样的"抬杠"旨在让命题获得更多的科学性。经受住专业权威人士质疑的命题，再将这样的命题投放到舆论场的公共讨论中，因

---

① Gardikiotis, A., Martin, R., Hewstone, M., "Group Consensus in Social Influence: Type of Consensus Information as a Moderator of Majority and Minority Influence", *Personality and Social Psychology Bulletin*, 2005, 31 (9): 11634.

② ［加］马歇尔·麦克卢汉著，斯蒂芬妮·麦克卢汉、戴维·斯坦斯编：《麦克卢汉如是说——理解我·译者序》，何道宽译，中国人民大学出版社 2006 年版，第 1 页。

为它已经经受住了预设“论敌”的考验，逻辑上的严谨性提供更多安全保障从而使其获得更多的传播力，这样的命题（观点）在舆论场赢得广泛支持的可能性也会相应增加。经得起质疑的命题必然是遵循逻辑规则的命题，真正的辩论也必然不能是非理性的只争输赢的逞能或者强制性的灌输。关于舆论共识的命题及其限制条件，邓晓芒有关康德对命题问题的重视分析可供参考：“一个命题如果有它的限制条件，它就是一个有限命题；但如果把这个限制条件加进去而形成一个命题，那么这个加了限制的命题就成为一个无限的命题了。而读者如果没有注意到这个限制条件……”“那么这个有限的命题就被误以为是一个无限命题了。”① 康德对有限命题和无限命题边界的强调，也是对舆论共识阐释者的忠告：在阐释观点时，必须考虑公共议题的性质，不能超越公共事件随意添加其他条件。社交媒体舆论场内存在的所谓舆论撕裂现象，归根结底，就是逻辑思维在公共讨论中的缺失现象比较严重。真正按照逻辑原理思维的讨论者数量太少，造成讨论者随意将个人认定的标准当作法定的标准（正确的标准）用来要求其他人的同意。在舆论实践中，大多数意见领袖也未必肯于遵循逻辑规则阐释个人的观点。当一个有限命题无法形成共识，通过随意增加某种限制条件（如贴道德标签或其他标签）将原本有限的命题上升为无限命题，因为无限，所以只能用某种表象证明这种命题的正确，类似这样的共识阐释在舆论实践中具有一定的普遍性。

当舆论场充斥着无限命题，这种看似绝对正确的命题对缺乏逻辑思维和媒介素养的讨论者颇具迷惑性，使他们很容易从这类命题中受到情绪的刺激，误以为这就是唯一正确的观点。特别是当代表不同利益共同体的阐释者在竭尽全力为自己所代表的共同体阐释观念时，不同立场阐释间的冲突反而使原本并不困惑的讨论者变得困惑起来——他们试图搞清楚观点对立或者观点看似接近双方却依然争论不休这些辩论双方的是与非——但对于缺乏专业训练的人来说，仅凭围观舆论场的公共讨论实在难以真正从中提高自己的判断力。这是因为，公共讨论者的构成复杂，虚拟空间的互不接触增加了彼此增进了解的难度，或者说能在这种环境中结识志同道合最终成为知己的可能性非常小。当所有的阐释者都标榜其专业权威性而事实上却未必如此（真正在舆论场活跃的专业人士毕竟只占很少的一部分）时，他们提供的观点往往缺乏麦克卢汉式的事先自我测试，即兴的

---

① 邓晓芒：《从一则相声段子看国人的思维方式》，搜狐网 2020 年 11 月 12 日，https：//www. sohu. com/a/431316491_237819。

发言所形成的观点更是一家之言，与舆论共识阐释原则要求的科学阐释尚有距离。特别是一些专业权威人士在向公众阐释某种观点时也可能夹杂着个人或者利益共同体的诉求，如果再综合考虑公共事件本身的复杂性和群体心理的偏向，讨论者想从观摩中发现公共讨论背后隐藏的多种利益共同体的较量绝非易事。对于舆论环境的复杂和达成共识的种种困难，李普曼给出的忠告是："舆论面对的是一些迂回曲折。看不见摸不着而又令人困惑的事实，而且根据不可能一目了然。舆论所知的环境不过是一些被了解到的意见。"① 舆论环境的隐蔽性增加了公众认可的难度，任何意见只是在试图阐释个人对公共事件的看法，正因为在舆论实践中无法发现谁是真正权威的阐释者，在等待公共讨论得出结果之前必然要经历一个"阐释反转"（意见反转）的过程，甚至这样的反转远不止一次而是反复多次，大多数人基本接受的意见（共识）逐渐浮出水面。李普曼所谓的"迂回曲折"是舆论共识阐释与反阐释博弈造成的必然现象。认识并承认这种现象可以降低公众的舆论（共识）焦虑，可以在自己处于迷雾之际不至于因为对舆论场的公共讨论过于失望而选择逃避。我们置身于社会生活之中，舆论场是每个成年人无法躲避的公共场所，一个人可以选择沉默却无法选择逃避，因为公共议题涉及全体社会成员的利益，逃避就是对个人权利的放弃和对自我合法利益的漠视。

参与公共讨论，从公共事件中发现社会问题，通过在公共讨论中积极发出自己的声音，这不只是专业权威人士的社会责任。假如不是公共事件引发网络舆论的高度关注，社交媒体舆论场将公共事件自觉纳入新的公共议题，也不会引起专业权威人士对这类议题的兴趣。对于公共事件及其引发的舆论反响的关注可以激发人们发现问题、思考问题的兴趣，通过舆论场的通力合作促进事件的解决。阐释是意见的生产，共识是高质量意见被广泛接受，阐释与共识是公众履行社会责任的体现。身为社交媒体用户，当我们置身于社交媒体舆论场时，应通过作为共识的阐释躬身自问是否属于汤因比批评的这类人："把自己的弊病归咎于某种外来的东西而不是归咎于自己的责任。"②

---

① ［美］沃尔特·李普曼：《公众舆论》，阎克文、江红译，上海世纪出版集团 2006 年版，第 20 页。

② ［英］汤因比：《历史研究》，郭小凌、刘北城译，上海世纪出版集团 2005 年版，第 293 页。

三　舆论共识的合作原则

共识只存在于文明社会，维系动物世界的却是丛林法则，后一种法则可以理解成依靠本能调节行为。丛林法则也有“文明”的表征，比如，动物会养育并保护自己的幼崽，这可以视作最原始形式的合作，只是这样的“合作”是单向度的动物式义务的本能反应，与人类社会的合作有着天壤之别。人类社会的合作也经历一个从本能的合作向有意识的自觉合作的漫长过程，这与合作要求双方意识到合作的重要性进而愿意彼此配合所达成的共识状态有关，母亲与婴儿之间并不存在文明语境下的“合作”，充其量只存在婴儿的“配合”，这种配合是偶然的也是暂时的，后者可以随时中止这种状态且意识不到中止本身的利害。当合作变成双方的主动意识，彼此明白合作的意义并促进这种状态的实现，合作就从任性进入理性阶段。理性阶段的合作是人类社会的存在方式之一，但理性的合作还有合作动机的善恶区分。我们所说的合作将恶的动机促成的合作排除在外，对于合作道德性的强调在于讨论大规模公共讨论的特殊需要。理性的、具有道德性的合作超越了任性和反道德的有害于人类文明进程的合作形式，我们将这种纯粹的合作称作出于共识、合乎道德的合作，这种合作本身就是人类文明的体现。这种纯粹的合作是在人类社会发展进程中逐渐形成的，迄今为止，尽管这种形式的合作在现实生活中所占的比重尚不理想，但这种合作毕竟符合社会的主流价值观和社会的根本利益，因而这样的合作代表着人类社会发展的方向。特别是在网络虚拟空间中，超出空间范畴的远距离陌生人之间的交流，理性的、道德性的合作成为这种环境中最为符合大多数人利益的合作形式。虽然自互联网诞生以来，争吵、谩骂、威胁甚至攻击从未在网络空间消失，也正因如此，在每个人经历过网络交流所带来的伤害后，将愈发认识到理性的、道德性的合作对于网络舆论场的重要性。与几千年的人类历史相比，互联网的历史不过半个世纪，而社交媒体的历史尚不足 20 年的时间，这种新型社会空间的文明化进程虽已开始但尚处于初始阶段，换句话说，网络舆论文明尚在襁褓之中。所幸的是，这种新型社会空间不是由另外一种智能生物创造的崭新文明，而是由人类文明自行复制的一种文明，不论是在形式上还是内容方面，网络舆论文明不过是人类文明的翻版，我们从这里可以看到自己真实的一面——人类自身还有许多非理性的、反道德的东西。现实空间的狭小和人际交流被置于熟人小社会，导致人会本能地掩饰了自己不愿意被人看到的另一面。互联网及其所提供的网络舆论场解放了人的本能，从而让网络空间的文明含量偏低，网络文明成为令管理部门、学术界和网络用户颇感头痛的事情。互联网的历史是文明演进的历史，网络舆论也只有在文明的演进中逐渐受到全社会的尊重。当网络舆论的文明成为社会性共识，理性的、道德的合作也就成为舆论共识的一项原则。

我们对社交媒体的定义已经不适合将其视为单纯的媒介工具，而应将之看作一种新型社会生活方式，以强调其对于当代社会的重要程度。社会生活以人际合作为前提，社交媒体从个体获取资讯到扩大交际再到参与公共讨论，这看似是个体的行为选择，但当几十亿人以同样的方式在社交媒体上活动时，使用这种媒介就变成新型生存的方式。社交媒体作为现实生活的延伸，在这个平台上“生存”也离不开合作。这样的合作并非出自用户的意愿而是在交际和交谈中逐渐寻求的合作。与现实空间的合作不同，后一种合作可以出自被迫也可以出自自愿。比如，疫情防控限制居民外出的次数和所去的场所，这是一种类似霍布斯所说的强迫性力量要求的合作（配合），这种配合虽然包含着“一种无条件服从的伦理”，但在这种状态下“共识是不可能的”。在网络虚拟空间，在参与公共议题讨论中需要洛克（John Locke）所倡导的合作的模式，这是一种“来自我们有能力的理性和良好的判断”，虽然这样一种模式“对标准的真正共识仍然难以实现，自我约束也不够”①，但毕竟这是一种可行的合作模式，因为这里对理性作出了要求，只是道德性尚未被提及。在舆论场的公共讨论中，“无条件的服从”即便在圈层化的次级公共讨论中也难以实现，因为意见领袖可以有足够的人格魅力和强大的号召力，却无法发布具有强制性的命令要求追随者必须如何。真正的合作从来都是有条件的，它以利益共享为目的，但利益有共同体、个体以及核心与非核心之别，合作必须以保证个体核心利益不受损害为条件，否则理性就将从合作状态中退出，取而代之的任性将构成对合作状态的破坏。只要考察一下正在社交媒体平台上进行的公共讨论，从词语的文明程度就可以判断理性在讨论中的应用情况，或者到知名意见领袖的微博或微信公号下浏览网友的跟帖评论，想发现清一色的点赞确实并不容易（除非这些跟帖被意见领袖人为过滤）。舆论场的公共讨论需要所有参与讨论的用户认可合作并理性地主动寻求与他人的合作，当合作被共识化，这种形式的共识为内容的共识（围绕公共议题的讨论）提供了保障。在这里，舆论共识从属于内容的共识，这种共识属

① Jos, P. H., “Social Contract Theory Implications for Professional Ethics”, *American Review of Public Administration*, 2006, 36 (2): 140.

于显性的共识，受到讨论者、管理者（社会智力部门）和研究者的共同关注。这样的关注具有较强的功利属性，就像观众看一场球赛，他们真正在意的不是球队之间和球队内部的合作而是比赛的结果，这种功利取向迎合了比赛的商业目的，但也损害了体育赛事遵循的奥林匹克精神。同样，在舆论场的公共讨论中，无论是场内的讨论者还是场外的围观者（公共事件的涉事方、社会治理部门以及研究者）关注的是舆论共识是否生成以及各自对这种共识的满意度，至于公共讨论的合作问题只是注意到表象而习惯性地将之作为一种“现象”而不予去真正思考。当我们将社交媒体视作新型社会方式之后，也应将社交媒体的公共讨论当作这种生活方式的具体内容。对于生活满意度的向往，也应包括公共讨论中的合作状态。合作原则强调理性和道德性是新型社会生活方式得以延续的保障，因为生活方式依赖于公众的积极参与，理性和道德保护的是公众参与其中可以受益而不是受到心理的/情感的伤害。

聚集着集体智慧的舆论共识是众多讨论者经过反复争论得出的结果，公共讨论的过程可以缺乏理性，但舆论共识是理性的产物，这是哈贝马斯的“交往理性”的胜利。他通过强调“交往理性”使个人理性具有兼容性，使协商共识成为可能。[①] 应该说，哈贝马斯发现了社会交往的一个秘密：理性以独特的方式从个人内心里说服自己与外部环境做出适当的妥协。这样的意念也许出于偶然，人们并不总是喜欢采用理性的方式跟自己谈判，相反，任性在个人的心灵状态中具有强大的影响力，可以给行为主体带来意想不到的好处，但任性毕竟受偶然性的统治，任性给行为主体带来的好处更多具有运气的成分，无法保证自己的主人在所有时候都从它这里受益。理性是对任性的矫正，通过知性来判断一个行为承担的风险。在公共讨论中，一句有意的冒犯对于讨论者将造成什么影响，在作出这样的表达前必须评估风险。相比于任性，理性总是姗姗来迟，有时候任性总是跑到理性的前面，当它惹祸后落荒逃回来后理性的地位得到提升。理性作为人的自我风险评估师，会像法官那样以公正的方式对主人的每个决策权衡其利弊。在网络舆论场内，有的讨论者总是彬彬有礼，有的讨论者总是充满攻击性，有的讨论者时而鲁莽时而礼貌，这是理性在一个人身上所处的阶段不同造成的不同状态：前者是理性的成熟状态，第二种情况是理性的未开化状态，后者却是理性的萌芽状态。理性一旦显现，哪怕只是萌芽

---

① 陈毅：《“自我实现伦理”：达成共同体共识所依赖的自我哲学基础》，《江苏行政学院学报》2019 年第 6 期，第 90 页。

状态，很快就会给主人带来更多的益处，即便是第三种状态，表明这样的讨论者已经意识到理性在公共讨论中的好处，只不过他还对任性的投机抱有幻想，偶尔将之作为投机去冒险。理性是普遍的，它不是某个人的专利，这也是哈贝马斯认为理性具有兼容性的依据所在。当大多数人意识到理性的作用并将之应用到交往中，交往理性也就开始向舆论共识的合作原则迈进了一大步。

也许，有人担心理性将降低舆论场公共讨论的质量，因为理性顾及个体的利益，当大多数人抱有这种态度时，明哲保身反而成为人际交往的哲学。在现实生活中，明哲保身的思想确实普遍存在。社交媒体在一定程度上瓦解了这种传统，因为虚拟空间避免了现实空间的人际束缚，在这里没有现实空间意义上的“熟人”，而实现了宽泛意义上的平等。在这种网络环境下的舆论场，用户不必担心直言不讳会冒犯亲朋、领导、同事，明哲保身的顾虑得到消解。在这种环境下参与公共讨论，保持个性，准确地说是以理性的方式保持个性不受约束，可以激发人的内在创造力，使其在精神自由的状态下与他人交流，这是一种理想状态的交流，人的睿智和才华通过交谈可以得到最好的发挥。当所有的讨论者保持这样一种状态，公共讨论就是充满着个性化的交流。个性化是新型社会生活方式被广泛接受的先决条件，假如社交媒体一如现实生活波澜不惊，不允许用户保持个性，公共讨论跟现实空间的讨论会就不会有多大区别，严肃的氛围造成讨论者的思维僵化，这是当代人对社交媒体甚至元宇宙等虚拟空间保持兴趣的原因所在，因为在虚拟空间用户可以轻松地找回真正的自我。所以，个性是寻求公共讨论的基础，哈耶克指出：“个人在能够自由加入复杂的合作结构之前，必须变得与众不同。进一步说，他们还必须结成一个性质独特的实体：它不仅仅是一个结构，它在某些方面类似于有机体，在某些重要的方面又和它不同。”① 哈耶克预见到社交媒体用户在进入公共讨论前的状态，从用户的昵称、身份标签和语言表达的方式无不经过精心装扮，以颇具个性化的方式参与公共讨论。个性是公共讨论的基础也是合作的要素，只有在保持个性的情况下讨论者才可以不断发现志同道合者。哈耶克注意到有个性的人进入公共领域时面临着社会成员结构的复杂性，因此，他强调成员结构对于合作的重要性。舆论共识的合作是个体与个体、个体与群体之间的合作，以诉求的接近性和彼此支持为条件。合作从个体合作开

---

① ［英］F. A. 哈耶克：《致命的自负》，冯克利、胡晋华等译，中国社会科学出版社 2000 年版，第 90 页。

始，逐渐向群体合作过渡。舆论场的合作可以是临时性质的一次性合作也可以是相对固定的合作伙伴，前一种合作是后一种合作的基础，通过一次公共讨论双方达成默契，临时合作就可以进入固定伙伴阶段，这样的伙伴通常不是一对一的伙伴而是类似于圈层化的利益共同体，每当有重大公共事件发生，共同体成员就会相约加入公共讨论。对于结盟的合作团队（共同体）来说，合作伙伴间的世界观和价值观相近，彼此对待社会问题的态度接近，说话的方式也相互认可，这就是哈耶克所说的“性质独特的实体”。从外层观察，实体成员有着相似的审美趣味，从几个人的发言水平和特色就大抵可以推断出一个共同体的性质；从内层来看，结盟的合作团队（共同体）依然是保留着合作者的个性，在内部也会有争论甚至会出现叛逆者脱离共同体。在社交媒体上，每过一段时间就会遇到此类“叛逆者”的恩怨。这种局内人“揭黑”现象，反映的正是合作对个性的认可。关于这一点，可以参照大学生辩论赛组队的规则或者足球队的组队规则，辩手（队员）在辩论赛（足球比赛）中承担的角色不会一样。队员的个性与角色有关。反之，合作共同体的成员缺乏个性，同质化将损害共同体的利益，合作也就不是承认彼此个性的合理性反而变成了同质化的融合，这样的融合性合作在舆论场并不存在。

舆论共识的合作原则强调合作的开放性，这有点类似于舆论场的“统一战线”。共识寻求的是最大多数人的最大认同，合作的规模越大，观念/观点得到的认同度越高，也就越接近于共识的达成，或者说“观念统一战线”的形成。个体间的合作主要通过协商解决，两个人的磨合也是彼此的相互适应，双方的认可进程可以加快。共同体合作需要通过公共讨论者的舆论实践逐渐适应，并在舆论场找到各自的合作团队（共同体）。这样的共同体既能够以“群”的形式独立存在也可以团结在意见领袖的麾下。由合作而形成的“圈层化”是在保护合作的成果，圈层（群）起着弥合观念鸿沟、维护舆论秩序的作用。舆论共识可以理解为舆论秩序的共识，这是社会秩序在观念层面的延伸也是社会观念通过舆论的形式显现。哈耶克认为：“秩序的重要性和价值会随着构成因素多样性的发展而增加，而更大的秩序又会提高多样性的价值，由此使人类合作秩序的扩展变得无限广阔。”① 对照舆论秩序，愈发使人们认识到公共讨论的合作对于舆论秩序的特殊价值。多元社会，统一社会成

---

① ［英］F. A. 哈耶克：《致命的自负》，冯克利、胡晋华等译，中国社会科学出版社 2000 年版，第 7 页。

员的思想观念堪称世界上最为困难的事情，因为观念秩序的维护需要将个性化的用户团结到统一的秩序性结构之中，既尊重个性的合法性又要寻找到维系个性的平衡之策。构成秩序的个性因素越多，多样性的意义就越是重要。所谓君子和而不同，反映的正是观念秩序结构的分层化，当每种观念在这个结构中找到合适的位置之后，观念秩序（也就是我们所说的舆论共识）随之形成。这意味着，共识是在多层结构的观念相互依存而不是水平状态的一致性。舆论共识的结构有效地将不同性质的合作固定在共识的结构中，使其在合适的结构位置发挥作用，以此维护观念/舆论的秩序。秩序的开放性意味着观念秩序敞开大门，包容不同的观念成为这个“建筑物”（结构）中之一员，秩序的包容性在于舆论共识的合作可以无限大的基础之上。

通常意义上的“合作”是指狭义的人与人、团体与团体之间的合作。合作也有广义的，这种合作的主体不再局限于人，而有着更为丰富的内涵。共识研究者张洪兴认为：“共识思维是基于社会合作，双赢理念的思维，是社会主体在共同实践的基础上取得认识一致性的思维方式。”① 在社交媒体舆论场中，合作的对象也可以是历史与现在、国际的合作，甚至还可以将不同观念之间的碰撞视作特殊形式的“合作”。广义的合作由舆论共识合作原则的开放性所决定，因为公共讨论中的合作除了现在的人与人的配合，也离不开无形的古今中外之“合作”。观念的出现必然是社会的产物，随着社会发展这些观念也在通过不断自我完善保持自身的延续性。在公共讨论中，年轻的公共讨论者可能是第一次遇到某个公共议题，但放眼过去，许多所谓的“新鲜事”不过是历史的变相重复。舆论共识寻求观念的融合需要在当代观念和历史观念之间架起一座“桥梁”，促成新旧观念的接触或“合作”（在这里，“合作”只是个比喻的说法），也包含着东西方观念的“合作”。在文化共识中，不难发现历史与现在、国际的看不见“合作”的样态，中国传统的春节和中国化的圣诞节就是这方面的例子，这样的大众节日仿佛与过去的仪式（春节拜年的磕头变成微信电话的问候）达成某种默契，虽然春节还是春节，但是，春节无论在形式还是内容方面已经发生了显著变化，我们与古代（国外）所合作的仅仅是节日的名称和喜庆氛围而不会拘泥于对过去仪式的亦步亦趋，否则，新共识就成了伪命题。

在合作过程中，合作者在公共讨论中的关系可能会出现局部的紧张

---

① 张洪兴：《社会共识论》，旅游教育出版社2014年版，第72页。

性，甚至中断合作关系。只要合作者之间的价值观没有发生逆转，合作关系通过修复可以得以延续，这反映出舆论场合作关系的反复性。合作从来不会一帆风顺，良好的合作往往需要“患难见真情”。公共讨论的紧迫性加速讨论的进程，我们使用“讨论”概念意在淡化公共讨论的冲突性而强调讨论本身的观点竞争，讨论蕴含着辩论和争执，辩论的激烈程度影响着讨论的效率。哈耶克指出：“竞争是个发现的过程。”“我们是通过进一步的竞争，而不是通过合作，逐渐提高了我们的效率。”① 哈耶克就竞争和效率的论断适用于市场竞争，舆论实践中的公共讨论中情况刚好相反。公共讨论者的合作可以加快形成舆论共识的进程，因为讨论者之间的相互合作可以提高公共讨论的效率。合作的基础讨论者彼此在观念中的局部认同，共识是经过讨论形成的整体上的认同，合作的规模影响到共识区域的变化。在公共讨论中，就公共议题展开辩论的双方同时在寻求扩大合作的范围，当公共讨论从多元观点逐渐形成两大阵营时，实际上正趋于接近共识的达成，需要通过求同存异消弭分歧形成最终的共识。在舆论实践中，公共讨论争论的并非绝对的观念对错，而是对待问题的态度或者看待问题的偏差。公共讨论中辩论的双方各有一批支持者，是理性使观点相近或可能接近的讨论者聚集在舆论场。双方只要承认合作的道德性，就不难找到公共讨论的最大公约数，而道德性对于辩论双方来说不可或缺，道德规范是最大的社会共识，在舆论场公开与这种观念相抗衡，将成为舆论谴责的对象。和而不同是公共讨论中辩论者按照道德性处理分歧的结果，在两种对立观念的中间地带存在着合作的可能性，这也是形成舆论共识的公共区域。假如没有合作，公共讨论因处于胶着状态而降低了这种讨论的效率，这显然不符合舆论发展规律，公众也会对公共讨论失去兴趣。这表明，合作可以提高公共讨论的效率，推进形成舆论共识的进程，这是合作原则对舆论共识实践的贡献。

第三节　媒体记忆与舆论共识的定律

当我们将媒体记忆与舆论共识作为共同的研究对象并将二者置于广阔而又复杂的多元社会环境中，媒体记忆和舆论共识遵循各自的实践原则与

---

① ［英］F. A. 哈耶克：《致命的自负》，冯克利、胡晋华等译，中国社会科学出版社 2000 年版，第 17 页。

社会发生联系，在社会中交汇并形成新的“记忆—共识”模态，这种新的模态反过来再次作用于媒体记忆和舆论共识，我们从中概括出三种作用，将之称作定律（即命题）。记忆—共识的定律立足于社会发展的时代变革，具有一定的稳定性和普适性。本节从整体层面分析媒体记忆和舆论共识的坐标系问题，从中概括出导航定律，立足于当下探讨媒体记忆和舆论共识的彼此依赖关系而生成共生定律，最后着眼于未来的媒体传播提出媒体记忆与舆论共识的反思定律。导航定律、共生定律和反思定律是我们认识媒体记忆与舆论共识的关键一步，便于跨越时空从整体上更为全面把握记忆—共识的运行机制。

一 导航定律：媒体记忆与舆论共识的坐标系

在媒体记忆的解码/再编码和舆论共识的生成过程中，思维发挥着得天独厚的作用。思维的机器一经启动，在任意驰骋中总是试图摆脱理性的束缚。对于思维的这种快速游动的状态，汤因比发出过预警：“对具有发散特点的人类思想来说，现象看上去简直无以计数，宇宙则无边无涯，这种既无航海图又无罗盘针，在渺无边际的大海中随波逐流的体验，对于力量有限的人类是件可怕的事情。”① 摆脱理性限制的发散思维利弊兼有，不论是作为记忆的解码者还是网络舆论的公共讨论者，当一个人在借助想象对记忆—共识实践施加影响之时，如果脑海中不将理性作为“导航地图”或者“罗盘针”，记忆—共识实践就面临着迷失方向的可能：即它们从哪里来、现在所处的位置以及未来究竟要到哪里去。如果媒体记忆和舆论共识迷失了前行的方向而社交媒体解放了人（用户）的想象力，理性对想象的约束力在下降，迷失航向的记忆—共识实践可能造成新的社会问题。在数字记忆研究领域，空间位置的迷航问题已经显露，有研究者将数字（媒体）记忆称作“无地的想象”，断言“记忆在数字媒体的影响下所经历的变化之一是与地点的重要联系的丧失”，也有研究者认为，“数字记忆不是无位置的记忆，相反，位置是数字记忆工作的中心”。② 相比之下，共识研究领域的哲学思考传统没有发扬光大，对于共识与虚拟空间引发的共识位置变化较少思考。确定媒体记忆和舆论共识在社会生活中的位

① ［英］汤因比：《历史研究》，郭小凌、刘北城译，上海世纪出版集团2005年版，第23页。

② Mandolessi，S.，“Challenging the Placeless Imaginary in Digital Memories：The Performation of Place in the Work of Forensic Architecture”，*Memory Studies*，2021，14（3）：622.

置，需要把握构成记忆和共识的成素（最小的要素）。记忆的客体是主客观的信息，共识的客体是主观性信息，而信息涉及存在的时空问题。当数字记忆带来位置（空间）有无的争论时，社交媒体平台上的公共讨论及舆论共识也同样涉及空间位置的变化，边界消失的公共讨论所生成的共识之归属地（适应区域）成为一个无法回避的问题。寻找共识的归属地，不妨将媒体记忆和舆论共识相联结，既思考二者在数字社会的空间位置，也思考其的时间问题。当记忆—共识、时间—空间被置入人之“想象的宇宙”，如何确定其“宇宙位置”需要找到“导航”的根据。这里我们借助数学中的坐标图，通过将记忆与共识、时间与空间作为一个坐标的四种象限来阐述四个象限的变化原理，依据这些象限的变化认识媒体记忆和舆论共识实践，在想象的宇宙和社会中分别获得“导航”的方法。

导航定律（命题）的意义在于确立媒体记忆和舆论共识对社会生活的作用。理性指引我们审视整个人类文明并从中发现记忆—共识的身影，但它们仅是构成这种文明的成素。作为构成人类文明的成素，记忆—共识如何被编织进这个文明体系，需要通过“想象的宇宙”帮助人们打开一扇窗，以便认识记忆和共识的“文明化生产”过程。汤因比在分析人类历史网络是如何形成时，作过一个形象的比喻：“在编织人类历史网络的各种力量运行的过程中，我们能够发现一种纯粹重复的现象，它的准确是明摆着的事，但在时间织机上始终在前后飞动的梭子，却一种在编织一块织锦，那上面明显有一个趋向于完成的目标，而不是像梭子自身运动那样只是‘无休止的往复循环’。”① 汤因比道出了碎片化的历史事实被编织进人类历史网络的事实，遗憾的是，他强调了时间的“织机”功能却忽视了空间也具备同样的功能，因为同样的历史事实碎片在不同地区/国家所产生的认识并不一样，当时间和空间共同作为人类社会的“织机”，这两部同时高速运转的“织机”编织的就不仅是历史事实碎片这样的客观性信息，也包括历史上的舆论共识碎片；被编织出的“织锦”就不是汤因比所说的“人类历史网络”而是我们所说的“人类文明”。尽管如此，我们依然赞同汤因比强调这是一个“趋向于完成的目标”的观点，而不能将历史事实碎片当作人类历史网络本身。媒体记忆和舆论共识仅仅是构成人类文明的几个成素而不是人类文明本身，并且记忆—共识在时间和空间的“织机”穿梭，只能趋于完成被编织进文明的目标而不会实现这样

① ［英］汤因比：《历史研究》，郭小凌、刘北城译，上海世纪出版集团 2005 年版，第 133 页。

的目标，因为媒体记忆和舆论共识只是织成这块“织锦”的原材料，它们本身永远处于被解码和再编码的循环之中。当我们把“人类文明”作为媒体记忆和舆论共识这个坐标系的轴心，就可以全面观察记忆与共识、时间与空间四个象限在社会生活中的连续互动过程。

导航定律规定媒体记忆和舆论共识的终点（即将去向何方），需要指出的是，这个终点具有假说的性质。所有的命题都是假说，我们在社会生活中可以发现记忆—共识的身影，但它们将在何处定居，对于有限理性存在者来说，客观条件没有为他们与记忆—共识的无限期结伴旅行提供可能，也就是说，任何人都无法观察到记忆—共识从诞生到消失的全过程。对于我们的认知来说，这种既无起点亦无终点的阶段性记忆—共识（实践）显然缺乏全面性和客观性，如果就此得出某些结论，可能闹出类似盲人摸象的笑话。这样的笑柄一直存在着，这与人们不习惯从哲学角度观察历史有关。避免在认知记忆—共识的过程中闹出笑话，需要假定一个坐标轴，人类文明就是我们的假说。确定这个坐标轴避免我们在低层次上观察媒体记忆和舆论共识，这种观察积累的只能是对经验事实的感性认识，如果这样的认识不能上升到知性阶段，媒体记忆和舆论共识就无法被称作“知识”，也不会受到理性的青睐。这表明，探究记忆—共识的规律离不开相应的假说（命题），而假说是针对某一问题而给出的可能性答案。借助假说，可以跳出仅仅将媒体记忆和舆论共识归结为信息这样的结论就再也无法向前延伸的困境。如果说“历史是探讨问题的框架，而问题是由特定时空背景下的特定的人所提出来的；人提出问题，然后援引证据来支持自己的回答，在这两种情况下，人都是利用假说来‘发现’事实”①。将媒体记忆和舆论共识假定为构成人类文明的成素，从这样的假说（命题）出发，在想象的“坐标图”中自动剔除反社会、反道德和非客观的记忆—共识成分，这样的成素清理非常必要，因为并非所有的记忆—共识都符合文明建构之要求。媒体生产的新闻文本和人类社会的全部舆论共识（包括前大众传媒时期的社会舆论共识）作为客观存在物有其特殊的任何价值，但这并不意味着记忆和共识的价值均等。在记忆—共识实践中，媒体记忆和舆论共识不可避免地包含着非理性的成分，有关农作物产量的媒体记忆和对产量记忆的一致性称赞（舆论共识），这类记忆—共识文本的研究价值与这类文本是否可以被时间—空间“织机”将其编织进人类文

① ［英］汤因比：《历史研究》，郭小凌、刘北城译，上海世纪出版集团 2005 年版，第 426 页。

明并非一码事，至于曾经被认定符合文明特征的记忆—共识成素，随着时间“织机”的穿梭，逐渐将与现代文明价值观格格不入的成分排除在文明的大门外。同样的事实和观念（记忆—共识）在相同空间“织机”的穿梭中，同样也在淘汰侵蚀文明的成素（如，女性裹足退出历史舞台）。时空“织机”对记忆—共识的改造使其在淘汰与重构中符合人类的文明特征，这样的“编织”既符合媒体和舆论共识的沉淀要求，也保留了记忆—共识的精华使之成为文明“织锦”的成素，导航定律正是基于这样的（文明）假说，避免人们迷失在社会生活的表象中，满足于（生产）记忆—共识实践的经验事实积累而不知其究竟通向何处。

以文明为坐标轴的导航定律绘制出两幅相对独立又相互联系的坐标图——它们分别是媒体记忆和舆论共识的坐标图。两个坐标各有时空轴线，媒体记忆和舆论共识分布在各自坐标的象限区域内。这样的记忆—共识“坐标”并非静止的图像，而是无时无刻不处于变化之中的“文明织锦”编织状态。我们分别来看时间轴线和空间轴线分析这两种轴线对媒体记忆和舆论共识的影响。汤因比在谈及空间变化对人的影响时指出：“猎人居无定所的生活解散了人类的思想，而农业却把人变成了土地的囚徒。”① 这里，汤因比从空间位置角度揭示出人与空间的关系。作为历史学家，汤因比通过对比发现游牧民族和农业民族在创造力方面的差异：前者由于迁徙的缘故需要不断熟悉并适应新的环境变化，而农耕民族以土地为生，主要通过定居在固定的地方代代相传，后者虽然也能创造出可观的文明，但与前者相比，空间位置的不确定性与确定性对民族思维方式的影响明显。沿着汤因比的思路，我们来分析时间对个体思维方式的影响。老年人喜欢将自己带进往事以重温过去，年轻人喜欢通过丰富的想象描绘未来。回忆过去，让老年人因沉浸在昔日的业绩中而陶醉不已，这带来的是故步自封的保守思维；展望未来，让年轻人放飞思想探测将来人生的无限可能，他们在这种想象中做出选择并为理想而奋斗。创造未来生活离不开创造性思维，这样的思维必须不受经验羁绊，呈现出开放的特征。时间轴线和空间轴线同时在塑造着思维方式，随着时间/空间轴线的向前/向上或向后/向下的移动，人们思考问题的方式及其创造力随之发生变化。当一个人处于静止/相对静止状态时，将造成个人思维的固化；反之，带来的是思维的活跃。假定时间为水平方向的横向轴线，空间为垂直方向的纵向

① ［英］汤因比：《历史研究》，郭小凌、刘北城译，上海世纪出版集团2005年版，第28页。

轴线，在媒体记忆的坐标图上，老年人代表着向过去延伸的时间向量（面向过去，假定为负值），年轻人代表着向未来延伸的时间向量（面向未来，假定为正值），媒体记忆生产（编码）代表着某个可以溯源的空间向量（已经发生，可以“预言”），被解码/再编码代表着无法预测的空间向量（尚未发生，无法被预测）。从媒体记忆的坐标图中，我们可以观察到媒体记忆在过去和不同空间（地点）被生产（编码）和多次生产（编码）的过程；在未来的时间向量区域，可以根据未来媒介环境的变化趋势来预测媒体记忆在不同媒介环境下（空间）和不同媒体介质（空间）的影响下，记忆文本可能产生的变化。同样，指向将来的时间向量必然是正值，通过人的思想解放改进记忆文本。在这里，指向过去的时间向量囚禁媒体记忆，指向未来的时间向量解放媒体记忆；空间轴线代表着媒体介质的变化和记忆文本事实的本地与向外地延伸，指向单一媒体介质或记忆内容所在地的媒体记忆是对思维的囚禁；与之相反，指向多媒体的记忆将带来文本内容的空间扩散，内容所在地随着媒体介质（如互联网、社交媒体平台）的变化不再拘泥于指代记忆文本所涉事件的空间（对其他空间的人们产生新的影响），这样的向量解放着人之思维。舆论共识与媒体记忆的坐标图也有相通之处。在这个坐标上，向过去延伸的时间向量代表着传承与保守（秉承传统观念，负值），时间轴的相反向量预示着思想观念的开放与进步（未来社会可能的新观念，正值），空间轴线的向上延伸代表着空间的具体化（实际的空间、封闭性的），与之相反的空间向量代表着空间的非具体化（开放的、无限可能的）。时间轴线指向过去的舆论共识，如对习俗和文化传统的继承，指向未来的舆论共识只能推测更加开放和文明而无法具体预测；空间轴线的舆论共识，指向前媒体时代和传统媒体时代的信息介质形式以及供个具体空间的观念（如南北习俗的变化），指向媒体融合/人工智能/元宇宙的媒体介质的空间轴线代表着思想观念的变化趋势。在舆论共识的时间/空间轴线的两端同样是预测代表着解放人的思维/思想，另一侧是禁锢人的思维/思想。如果将这两个坐标综合而不是简单地叠加或者并列，将媒体记忆和舆论共识统一用“信息”来指称，这样，就构成一幅综合的主客观信息坐标图（客观信息代表媒体记忆，主观信息代表舆论共识），这样的坐标图可以被称作记忆—共识的坐标系，这个概念既承认媒体记忆和舆论共识坐标的独立性也强调两类坐标原理的一致性，共同构成记忆—共识的“坐标系”。居于两个坐标轴心的是人类文明，综合产生的坐标系之轴心同样是人类文明。导航定律预示着：媒体记忆/舆论共识以人类文明为核心，不论是过去、现在还是将来，无论媒体的介质形式和主客观信息所在地和影响区域如何变化，必须以人类文明为轴心对社会生活产生影响而不能游离于文明之外。

记忆—共识坐标系的轴心（人类文明）不是一个静止的概念或者一个抽象的数学坐标的圆点，而是由不同矢量力的冲突形成的暂时平衡状态。换句话说，文明的形式是静态的，但构成文明的力量永远处于变化之中。对于构成记忆—共识的信息，公众的认识和意见很少统一，这贯穿于人类文明的始终。在冲突社会，空间的封闭性限制着人们对文明的观察，媒体发展造就的多元社会为观察文明提供新的契机，社交媒体对记忆文本的解码/再编码以及舆论场激烈的公共讨论和舆论共识的不稳定性，在社交媒体环境下变得如此直观以至于可以从中看到人类文明各种成素之间的动态变化。社交媒体对研究记忆—共识的最大贡献并不仅限于提供一个观赏的舞台，更在于将围绕记忆—共识的是非较量同时展示出来，当我们从这里看到善（肯定）与恶（否定）两种力量在参与媒体记忆的解码与编码、舆论共识的撕裂与弥合之时，再将两种相反力量的冲突与平衡置于记忆—共识的坐标系，从而更为深刻地认识人类文明的复杂性并懂得文明之于人类何等弥足珍贵。记忆—共识的坐标系不同于完美的数学坐标，后者展现出来的是抽象的数字之美。媒体记忆和舆论共识无法完美，它们作为人类文明之成素注定包含着杂质。记忆—共识坐标系的价值在于确立人类文明的相对完美性，但在媒体记忆和舆论共识实践向文明不断接近的过程中，必然伴随着各种干扰因素。汤因比曾对神学“想象的宇宙”提出质疑：“上帝的宇宙如果是完美无缺的，就不可能有一个处在宇宙之外的魔鬼。如果这个魔鬼存在，那么他要破坏的完美就会因它的存在这一事实，而称不上完美无缺了。”① 记忆—共识坐标系提供类似完美无瑕的“宇宙”，承认这种坐标的不完美性在于社会生活中充满着干扰记忆—共识的因素（类似于“魔鬼”的杂质），使我们从中发现记忆—共识中的问题。媒体和公众的职责在于，过滤掉记忆—共识文本中遮蔽事实真相和自由接触主流价值观的干扰性信息。在净化记忆—共识文本的过程中必将招致强大的反对力量，这正是文明的伟大之处，她代表着人类德行，在克服了巨大阻力之后结出的果实，否则，文明就成了某种超自然力量的赠品。认识媒体记忆和舆论共识的坐标系，借助时间—空间与记忆—共识提供的象限区变化，从中发现各种力量的冲突与平衡，了解这些力量对记忆—共识文

① ［英］汤因比：《历史研究》，郭小凌、刘北城译，上海世纪出版集团 2005 年版，第 77 页。

本的解码/编码的阻力（魔鬼），进而真正感受到这个坐标系轴心（人类文明）的伟大（而非完美）并发自内心去崇敬这种文明。

坐标系的导航定律为我们提供认识媒体记忆和舆论共识的原理，指引人们透过记忆—共识实践的繁杂表象，避免因沉迷其中而将某些经验性知识当作导航记忆—共识的原理。邓晓芒认为："你要确立一个事物发出声音的原理，就必须在各种场合下记得这个原理，如果场合一变就可以随意改变甚至忘记了先前的原理，那就不是真正的原理，而只是想当然的意见。"① 导航定律的作用在于，使我们避免媒体记忆在编码/解码的反复过程中以及公共讨论中根据情境的变化不断变换原理，或者把与先前原理相反的东西也给贴上"原理的标签"。按照逻辑原理，一个事实/观念不可能既真实又虚假，这样的命题在字面上并不难理解，但在记忆—共识实践中，新闻/记忆生产的编码/解码、舆论场公共议题的讨论的是非标准并不能总是保持一致。新闻的真实性原则也适用于媒体记忆实践，但真实的相对性在短时间内可能难以发现，随着时间的流逝，如果媒体或者公众对这样的历史碎片依然保持同一态度，就保持了真实性的连贯性，这是新闻/记忆真实性原则得到贯彻的体现。反之，如果一种事实在时间轴上发生逆转，意味着媒体记忆的某个环节存在着问题，这是原理失灵或原理本身就是虚假的写照。20 世纪八九十年代，媒体报道以 GDP 数字论英雄，回避 GDP 增长背后忽视生态保护的问题，在这个时期的新闻/记忆实践中，破坏生态环境所带来的经济效益也成了政绩。随着生态文明理念的提出，媒体对破坏生态环境的行为进行舆论监督，同样的事实，在不同时代的媒体记忆文本中，两种截然相反的做法都曾受到过肯定。在舆论共识实践中也存在着类似现象，媒体倡导也必然在新闻文本和舆论场公共讨论中受到过肯定。"原理"反映的是事物的规律性，规律是客观的不以人的意志为转移，原理不会因为时间或空间的变化而扭曲自己。相反，将"想当然的意见"当作原理标签的新闻/记忆或舆论共识，以虚假的形式把主观意见当作客观的原理。对原理的人为改造与文明背道而驰，记忆—共识的坐标系不会给这类"原理"预留位置。客观原理与文明相互兼容，记忆和共识的兼容以尊重客观原理为基础，时间和空间可以变化，记忆和共识可以在不同的时期、地区发挥不同的作用，在形式上也允许存在变化，但作为人类

① 邓晓芒：《从一则相声段子看国人的思维方式》，搜狐网 2020 年 11 月 12 日，https：//www. sohu. com/a/431316491_237819。

文明的产物，必须符合文明成素的要求，获得被“织机”编织进人类文明“织锦”之资格。记忆—共识要具备这样的资格需要遵循媒体生产规律和舆论发展的规律，不把外部的杂质（魔鬼）带入记忆—共识的坐标系，避免干扰媒体记忆和舆论共识迈向人类文明的进程。

尽管媒体记忆和舆论共识的坐标系是个假设，却反映着记忆—共识发展的规律。认识社会需要从记忆—共识文本中获取帮助，避免被歪曲事实/观念的媒体记忆和舆论共识误导，应将坐标系当作记忆—共识实践的“导航仪”，在记忆—共识坐标系的相应象限区域就近向人类文明进军。导航定律只能自然发挥作用，不需要有专门的培训机构或导游（老师）引导。导航需要专业知识也需要时间，更需要对真理的执着追求。当我们对记忆—共识文本养成质疑的习惯，通过反复对比核验记忆—共识文本的可靠性，当道德意识帮助我们将善作为积极追求的目标，媒体记忆和舆论共识就成为我们驰往人类文明的“皮艇”，载着我们驶往文明的岛屿。

二　共生定律：媒体记忆与社会共识的相互依存关系

以人类文明为坐标系轴心，媒体记忆和舆论共识被置于坐标系的相应象限内，导航定律的根据在于记忆—共识的信息属性，使其共存于坐标系中。这面临新的问题，这就是在客观性事实的记忆和作为主观性信息的共识之间，横亘着事实与价值（观念）的巨大鸿沟，不同性质的信息在坐标系中的统一问题。

在哲学史上，围绕从“是”能否推出“应当”的“休谟难题”争论已久，其间也不断有研究者试图破解这个难题。① 在媒体记忆和舆论共识研究中，同样存在类似的“休谟难题”。两种存在明显差别的事物如何共同作用于社会生活，可以对记忆和共识的特性予以分析。媒体记忆是对社会变动（事实）的记录，舆论共识是对公共事件（事实）与公众以及社会治理部门之间的关系。事实和价值并不兼容，尽管哲学界就“休谟难题”提出过不少变通方案，但在社会实践中事实与价值之间毕竟隔着一堵“墙”，这由事物性质的差别所决定，不会因为阐述或者变通而消除这个障碍。在记忆和共识之间同样存在着事实与价值无法直通的问题，随着我们引入“人类文明”概念，记忆和共识就在这个旗帜下找到了各自的

---

① 王海明：《休谟难题：能否从“是”推出“应该”?》，《湖南师范大学社会科学学报》2007年第1期，第32—36页。

位置。相反，困惑休谟和其他哲学家的事实与价值推论问题，在记忆—共识实践中有望得到调和。在这里，不是从媒体记忆中推论出价值合理性的问题，也不是要将客观存在的价值（观念）还原出对应的事实（历史上的新闻事件），我们尊重事实（媒体记忆）和价值（舆论共识）的独立性，承认记忆—共识在构建人类文明中的不同作用，通过设置统一的坐标系，采用有效的导航方法将媒体记忆（事实）和舆论共识（价值）引向编织人类文明的“织机”上，这是通过实践的智慧变相回应休谟难题，在坐标系中将记忆—共识有机地统一起来。换句话说，媒体记忆和舆论共识可以在社会生活中和睦相处，共同作为人类文明的成素促进社会发展，这样的和睦相处状态可以称作媒体记忆和舆论共识的共生定律（命题）。共生定律并非记忆—共识领域的独有现象，相反，不论是在自然界还是人类社会，“共生性关系”① 具有相当的普遍性。生物学揭示的食物链表明，每个物种都有其存在的价值，它们既从其他物种中获益也为其他物种提供帮助；人类社会在本质上就是人类命运的共同体，所有的人和事物都是共生关系，这也是康德感兴趣的天体间不同力量的相互对立和支撑以及道德世界善与恶的对立统一，这是宇宙万物的存在规律造就的结果。相比之下，记忆—共识只是人类社会的两个普通成素，媒体记忆和舆论共识在人类文明链条上联系相对紧密，通过相互独立/依存就能够获得各自的最大价值。

社会生活是个有机体，事物之间既彼此共存也相互联系，共生定律意味着不同特性的事物在保持各自独立性的同时还存在互生的必然性和可能性。前面提及的食物链，动物吃草，有的动物和人吃肉，食物链上的共生可以理解为互生式共生。在记忆实践中，范戴克（José van Dijck）发现“记忆不是由媒介介导的，而是媒介和记忆相互转化”。② 有证据表明，记忆和媒介通过地点相互塑造。③ 这个发现，从一个微型的窗口向我们提供了思考记忆—共识相互依存关系的新视角。媒介和记忆的相互转换，类似于麦克卢汉关于“媒介即讯息的论断”，将内容和盛放内容的“器皿、容器”画上“等号”。需要指出的是，这个“等号”仅具有比喻的性质，麦

① ［英］伊冯·朱克斯：《传媒与犯罪》，赵星译，北京大学出版社 2006 年版，第 181 页。

② （José） van Dijck, J., *Mediated Memories in the Digital Age*. Stanford, CA: Stanford University Press, 2007, p. 21.

③ Özkul, D., Humphreys, L., “Record and Remember: Memory and Meaning-Making Practices Through Mobile Media”, *Mobile Media & Communication*, 2015, 3 (3), 355.

克卢汉的贡献在于发现了媒介和信息（事实）之间的转换关系。或许，范戴克受到麦克卢汉的影响，将讯息浓缩为具有记忆价值的信息，指出二者的依存和转换关系：记忆具有媒介的性质，舆论共识变作“讯息”，共识成为记忆的客体。其实，麦克卢汉和范戴克的发现并不完全相同，麦克卢汉站在传媒领域审视其内部的问题，而范戴克将传媒领域和记忆领域结合起来观察。可以在范戴克的基础上再向共识领域跨出一步，将媒体、记忆和共识综合在一起，讨论媒体记忆和舆论共识的依存问题。记忆—共识以媒体为介质，与公共事件发生联系，具体而言，公共事件是媒体报道/记忆的对象，也是公共讨论的对象和舆论共识的来源，这种共生关系摆脱了麦克卢汉热衷于对媒介关系的想象，而是将记忆—共识带入社会实践领域，以公共事件为纽带，这样，记忆和共识的依存与共生需要围绕公共事件展开。随着空间的变化，媒体对事件的呈现趋于中立，随着时间的推移，与公共事件关系密切的涉事者减少也促进公众对事件的认识趋于客观。同样地，时空变化也对公共讨论产生影响，舆论场对于历史事件和当下社会热点事件的关注程度不同（这于公共讨论者于不同时期公共事件的利益远近有关），本地讨论者与域外讨论者的利益紧密度也不一样，这些变化反映出记忆/共识与时间/空间元素的关系。相应地，媒体记忆为舆论共识提供佐证的素材，记忆文本影响着公共讨论及最终的舆论共识，而舆论共识反过来在社交媒体舆论场影响公共讨论者对待历史事件的认知，他们通过对记忆文本的解码/再编码改造记忆。一般来说，新的记忆文本（尤其是数量成规模的记忆文本）将塑造或改写历史记忆，因为记忆的文本数量在很大程度上对将来社会产生影响。记忆和共识的依存（共生）不同于盛满水的玻璃容器里的石块和铁块，如果没有融化它们的化学元素，石块和铁块将仅仅处于不相兼容的共生状态，并不存在融合的可能性。媒体记忆和舆论共识均以媒介为载体，这样的共生关系与石块和铁块的共存不可同日而语。

在媒体记忆和舆论共识的相互依存关系中，情感的依存占据着重要的位置。媒体记忆文本脱胎于新闻文本，新闻的客观性原则限制着情感因素对新闻生产环节的影响，这间接决定着媒体记忆文本的情感成分。但是，客观性原则是新闻专业主义倡导的一种新闻理念，这种理念的诞生还不到一个世纪的时间。即便是在新闻专业主义产生较大影响的今天，也不是所有的媒体机构承认或真正秉承这种原则。对于并不认可新闻专业主义的媒体机构而言，客观性违背了人性中情感的巨大力量，在新闻实践中也难以真正贯彻这个原则。至于口头承认但并不肯真正将客观性作为新闻生产原则的媒体，新闻文本中的情感成分明显增多。即便真正秉承客观性原则的媒体机构，也是通过平衡被报道对象的利益保持媒体的中立态度，即便如此，新闻文本中也隐含着媒体的态度倾向。随着时间的推移，当新闻文本转换为媒体记忆文本，在解码这类文本的过程中，由专业主义精神建构的记忆文本所蕴含的情感可能遭到曲解。一旦记忆文本的情感被释放出来必然会反映在解码者的情绪中，如果解码者就是舆论场的公共讨论者，记忆文本的情感在舆论场“复活”，这种历史的情感力量重新获得生命力使其重新影响公共讨论。相对于媒体记忆，舆论共识的情感因素具有更多的正当性，这由共识的观念性质所决定。共识作为情感较量的妥协之物，在某种意义上类似于新闻专业主义所倡导的观点平衡而不是对情绪（情感）的彻底否定。在舆论共识实践中，公共讨论过程中“爆发出来的集体情感”反而“具有一种来源于集体的特别力量”“如果大家都产生了共鸣”，将“同一的力量把大家引向同一个方面。每一个个人都受群体的熏陶”①，这种情感将直接影响到公共事件的发展态势。舆论场越是活跃，媒体的新闻/记忆生产也就越是关注（情感对公共讨论的影响）。情感是记忆—共识的媒介物，新闻/记忆与舆论共识在感情中具有一致性，舆论场存在的情感类型以及情感的强度与新闻文本中的情感大体相当。新闻生产对特定类型情感的肯定或否定将被缔构到新闻文本中，将来社会可以从记忆文本中将这样的情感还原出来。媒体记忆（文本）所体现出的情感与舆论共识折射出来的情感可能一致/不一致，一种是历史情感在舆论场的暂时复活，一种是新观念包含的情感，这些情感（抵触的/相向的、过去的/现在的）反映着相互依存的共生关系，影响着公众对公共事件的认知以及舆论共识的生成，也影响着新闻媒体对公共事件和公共讨论的报道。

情感是人对自己的存在与外部环境变化的反应。情感的表现形式是情绪，真正主导情感的力量来自灵魂深处的信念。在情绪、情感和信念三者之间，信念居于最底层也是最为核心的区域，情感居于中间区域，情绪处于表层。在人际交往中，我们观察到的只是情绪反应。联结信念和情绪的情感究竟是积极的还是消极的并不仅受制于人与外部环境的关系，更为重要的是关涉一个人/群体信念的性质。崇尚公平正义并将之作为追求对象的人，情绪、情感体现的是这种信念与外部环境的协调程度，当二者不协

---

① ［法］E. 迪尔凯姆：《社会学方法的准则》，狄玉明译，商务印书馆 2007 年版，第 31 页。

调甚至发生冲突时，情绪/情感必然是负面的，因为这危及个人的信念。媒体从业者和舆论场的公共讨论者之信念影响着媒体从业者对待公共事件的态度、影响着公共讨论者对待公共事件的态度。信念影响情感通常并不通过情感直接显示自身（否则，这样的人必然是缺乏理性能力的人），而是通过观点表达间接地反映信念。媒体报道的受访者对待事实的态度、组织和判断包含着情感及其所代表的信念，受访者只是将信念融入对新闻事实的评价中。同样地，在公共讨论中，讨论者也不会直接宣讲自己坚持的信念，而是在发表对公共事件的看法中包含着信念对实践的“裁决”。公共讨论者将形形色色的观念聚集于公共讨论中，“在这个过程中，个人的观点被协调起来，从而转化为共同的信念”，这些信念“代表了一种普遍的、仿佛是客观的观点”。① 事实并非如此，其中可能夹杂着偏见，这是刻板印象的产物。在舆论场内，当多数讨论者具有某种刻板印象，这种印象本身反而就成了特殊的共识，这是“将刻板印象转化为主观有效的信念（这些信念被认为是客观有效的）”。② 信念和情感呈现出复杂性的特征，这决定了存在多种性质的信念。不同性质的信念同时存在于社会生活（特别是舆论场）中，间接影响公共讨论，通过这种方式成为新闻/记忆的对象。在新闻/记忆（文本）和舆论共识（文本）中，不同性质的信念以特殊的方式存在着。假设信念是同质化的，人类社会将进入传说中的“仙界”，因为信念的一致性减少了社会矛盾（冲突）。中外神话故事表明，所谓理想状态的“仙界”也充满着纷争，也存在着正义和非正义的较量。就人类社会而言，不同性质的信念构成了真正的多元社会。传统社会并非社会成员的信念不够多元而是缺乏信息的大众传播渠道，多元的信念因为缺乏经常性的碰撞而难以产生显著的社会影响。换言之，任何时代的信念都是多元的，只不过是现代传媒业拉开了多元信念传播的序幕，社交媒体使这种传播处于白炽化状态。舆论场的公共讨论造成典型的信念冲突，这样的冲突成为新闻/记忆的对象，不同信念的相互依存也就在记忆—共识的实践环节得到体现。在媒体记忆与舆论共识彼此依存的过程

① Hardin, C. D., Higgins, E. T., "Shared Reality: How Social Verification Makes the Subjective Objective", in Sorrentino, R. M., Higgins, E. T. E., *Handbook of Motivation and Cognition*, New York: Guilford, 1986, pp. 28-84.

② Haslam, S. A., Oakes, P. J., Reynolds, K. J., & Turner, J. C., "Social Identity Salience and the Emergence of Stereotype Consensus", *Personality and Social Psychology Bulletin*, 1999, 25 (7): 811.

中，不同信念之间也有相互融合的可能。公共讨论者在阅读文本和参与讨论的过程中，部分人的信念可能发生变化，这类似于“润物细无声”的潜移默化，当事人自己未必觉察得到，但旁观者却可能感受到这样的细微变化。信念共生和转化的可能性将媒体记忆和舆论共识相联系，使社会处于有机的运动状态，避免观念的僵化和社会的停滞。

媒体记忆与舆论共识的相互依存还涉及不同介质媒体的共存。相对于情感和信念等人体内感官的相互依存，记忆生产（媒体记忆）和公共讨论（舆论共识）所依赖的媒体介质对记忆—共识的影响也不能被忽视。同是记录信息的载体，书籍、报纸、期刊、广播、电视、网络媒体和QQ空间、微信群、微信朋友圈以及微对公众的影响各有特点。同样是机构媒体，广播媒体记忆文本的非直观和保存的专业性增加了这类媒体记忆解码/再编码的难度，限制了公众参与热点话题的积极性。电视媒体的直观性可以吸引更多人的注意力，同样存在记忆文本解码/再编码的难度。作为传统的公共讨论平台，电视节目安排的讨论限于在演播厅或者直播有限时间段的广场讨论，这样的讨论以少数人的对话形式为主。QQ空间和朋友圈这类私人性质的媒体可以记忆却无法生成共识，报纸、期刊以及书籍更适合于作为记忆的文本却无法成为真正的论坛。社交媒体的用户规模和发起话题讨论的便捷，使公共讨论在社交媒体时代成为可能。不论是个人媒体还是机构化媒体都有记载社会变动的功能，所有类型的记忆文本均有一定的认知价值。虽然个人媒体和机构化媒体不适合作为公共讨论的平台，但这些媒体数量众多，零散的记忆在人际传播过程中也可以获得进入公共议题的机会（一个知名人物的朋友圈或QQ空间的叙事或观点，可能引起媒体关注成为公共议题，如2022年6月中下旬某大学教授关于新闻采访权的“定义”）。这表明，在记忆—共识实践中，正是媒体介质形式的多元化扩大着媒体记忆的范围，影响着公众对社会的认知。随着机构化媒体和个人媒体在社交媒体平台上开设账号，由此带来记忆—共识所需的“媒体融合”。我们可以将这种融合称作不同介质的媒体软融合，无须借助技术手段即可将社交媒体的各种媒体文本移植（复制）过来，不论是音视频媒体还是文字媒体，文本内容在社交媒体上通过自由流通实现“融合”。这样的软融合可以整合记忆素材，也可以影响公共讨论（讨论者可以通过转发音视频的内容支持或反对某种观点）。假如不同介质的媒体无法共生（依存），人们只能从单一介质的媒体上获取信息反而限制了记忆—共识实践。进一步说，假设未来的社交媒体实现了不同介质媒体的大一统，社交媒体的信息来源也将随之减少而失去记忆文本的多样性，并降低公共讨论的质量。从某种意义上说，由技术公司所主导的媒体融合与媒体介质多样性相背离，这既是对记忆—共识依存关系的破坏，也是对共生定律的否定。如果不能证明这个定律的错误，在记忆—共识领域，只有媒体的软融合可行而必要，硬件的（强制性）融合则起着相反的作用。

伴随媒体介质相互依存而来的是事实与想象的共生。记忆致力于呈现社会变动，而共识致力于对剧烈变动形成一致性的观念。印刷媒体靠文字描述事实和观念，广播媒体靠声音叙事，电视将文字和声音画面立体呈现出来，互联网将传统媒体的优点综合在一起并将用户作为媒体文本的最大变量引入其中，这样一来，记忆/共识实践就构成了多介质媒体和公众的相互依存关系。从理论上讲，受众与媒介的共生似乎天经地义。新闻实践的历史表明，在传统媒体时代，受众与媒体的共存具有被动性和象征性，大众的参与更多具有象征意义。互联网使公众告别了被动接触媒体的历史，社交媒体让用户具有了自主性，受众与媒体关系的变化影响到记忆—共识实践。当社会成员普遍可以参与到记忆—共识实践当中，记忆—事实、共识—观念的既有平衡被打破，他们一旦以主动的方式介入记忆—共识实践之中，传统媒体时期新闻/记忆的事实的权威性受到挑战，社交媒体用户随时可以质疑/消解新闻/记忆的事实，他们以想象的方式质疑并解构事实。在公共讨论中，想象可以毁掉事实也可以虚构事实，事实与观念在群体性的想象中被用来消费，这样的媒介环境对媒体记忆和舆论共识造成影响。康德认为：“不能把幻想、即创造性的想象力混杂进来，因为那样一来记忆就会是不真实的了。”① 受到群体想象冲击的不仅是记忆的真实，也包括舆论共识的可靠性。关于创造的来源，汤因比认为：“创造是一种遭遇的结果。起源是一种交互作用的产物。”② 社交媒体实现了最广泛意义上的交互性，随着公众从现实空间转向网络虚拟空间，所有的现实力量都可以在这个空间相遇。媒体记忆和舆论共识注定将与公众想象相互依存，不论这种想象对于记忆—共识实践究竟是利大于弊还是弊大于利。

三　反思定律：媒体记忆与舆论共识的自由精神

随着媒体资源的数字化，以电子数据形式存在的文档被称作“数字资产”（Digital assets）。现在，越来越多的老报纸、期刊被扫描成电子版，

---

① ［德］康德：《实用人类学》，邓晓芒译，上海世纪出版集团 2005 年版，第 72 页。

② ［英］汤因比：《历史研究》，郭小凌、刘北城译，上海世纪出版集团 2005 年版，第 86 页。

以前的广播电视节目也在转换为电子资源，当代网络舆论场的公共讨论所留下的全部痕迹被平台保存下来，这些新旧媒介资源的电子数据成为名副其实的数据资产。相应地，媒体记忆（过去和现在）和舆论共识（网络舆论场的公共讨论）的信息也成为数据资产。这样的资产每天都在快速增长，数据资产构成人类文明的原始素材。对于媒体的数字化实践，媒体记忆和网络舆论研究者的职业使命有何变化？我们认为，对媒体记忆和舆论共识的文本进行反思，重点反思记忆—共识实践中存在的问题，应是学术界的职责所在。所有的数据资产不仅是物质性资产，更应成为我们反思的对象，即便是舆论共识也应是反思的对象，因为这样的观念未必符合人类文明建构的标准。将这样的反思贯穿记忆—共识实践的全过程，我们将其称作媒体记忆和舆论共识的反思定律。反思定律要求将记忆—共识实践作为自己的对象，客观评价历史的、现在的记忆—共识实践，使媒体记忆和舆论共识实践沿着各自的规律进行。

反思定律是媒体记忆和舆论共识的最高定律，指引实践者从经验事实走纯粹理性，以自由意志重新审视记忆—共识实践，摆脱繁杂的内容（质料）束缚，从中看到一般的形式的东西，把握记忆—实践的规律。从实践到对实践的反思，再到实践理性，需要经历两种精神状态："自己的精神"与"自由的精神"，前者是反思的精神，后者是理性的精神。从某种意义上说，媒体记忆和舆论共识实践已经含有反思的成分。在媒体记忆环节，媒体生产的把关就是初级的反思，通过把关将违背公序良俗的信息拒之门外，避免这类新闻文本玷污公众的餐桌。从新闻文本到记忆文本，被纳入记忆的文本再次经历被历史学家反思的过程，没有历史认知价值的新闻文本只能作为历史的原始素材继续保存在媒体介质上而不具有被解码/再编码发挥历史档案作用的机会，新闻文本的价值只有在超越新闻价值的时效性标准而兼具历史性价值标准之时，这样的新闻文本才能晋级为记忆文本。从新闻文本到记忆文本的认定是历史学家的事务，记忆文本作为"'反省的历史'是历史撰写者以'自己的精神'即主观偏好对历史素材资料的理解与整理"，而记忆研究者在记忆文本基础上通过"哲学的历史""将历史理解为自由精神的生长史"①，这是对记忆文本的再度精练和升华，使媒体记忆作为真正的媒体历史档案进入人类文明的建构之中。从反省的历史过渡到哲学的历史，媒体记忆的文本数量将大幅减少，因为

---

① 高兆明、洪峰：《"哲学的历史"：事实与叙述、记忆、理解》，《探索与争鸣》2015年第8期，第42页。

文本中低文明价值含量的内容已经被排除在文明的大门之外。反省是对记忆文本的第一次过滤，而哲学是对记忆文本的再次过滤。反思的历史是历史学家对记忆文本逐一审查，哲学的历史要求媒体记忆研究者具备哲学的思维能力，并再度精练经过历史学家审查后的文本。哲学的批判没有止境，这样的精练同样不会终止。反思的历史需要历史学家秉持“自己的精神”，相反，哲学的历史超越历史学家个别的审查，通过自由的精神将这种审查上升到普遍性的阶段，它超越了时空界限和利益的影响，得出的是最具一般性的判断。在哲学的自由精神的驱使下，媒体记忆从反思到批判最终获取文明建构的资格。相应地，舆论共识也需要经历“自己的精神”与“自由的精神”两种状态，前者对应的是反思的舆论共识，后者对应的是哲学的舆论共识。舆论场的公共讨论原本就具有反思的性质，反思的主体适宜于个体的用户，参与舆论场公共讨论的只能是群体性的人，反思需要借助理性思想，公共讨论最缺乏的恰恰是理性。当感性的、情绪化的用户在就公共议题发表看法时，理性反而显得“不合时宜”或者有点“另类”，当理性处于弱势地位，公共讨论就不再是严格意义上的讨论而异化成争论甚至争吵，争吵加剧情绪的激化，谩骂和恫吓在这样的情境中反而具有常态性，由此造成舆论场的撕裂现象，这恰恰是群体性情绪化“反思”的产物。这样的“反思”由于反理性可以被称作“虚假反思”，这种反思以强制性传播观点（观念）的方式达到观点（观念）的垄断性目的。关于这种非文明的反思，可以从古斯塔夫·勒庞（Gustave Le Bon）的《乌合之众》中发现更多的分析。舆论场公共讨论的非理性反思在当代社交媒体平台上得到淋漓尽致的体现，至少在中文社交媒体的公共讨论中具有相当的普遍性。这种所谓的“反思”是公众将“自己的精神”不受限制地应用于网络舆论场的议题争辩，结果导致“自己的精神”变成“群体的精神”，复杂的情感和不受理性控制的情绪被倾泻出来，在很大程度上破坏了社会学家所倡导的理性的公共讨论。相比之下，反思的共识比反思的记忆更需要回到真正意义上的“自己的精神”状态（阶段），当舆论场的讨论者具备自我抑制的能力，“自己的精神”带来的是讨论者的人格独立和意志自由。当大多数讨论者具备这样的资质时，真正意义上的公共讨论随之形成，讨论的结果——舆论共识——具备真正的观念形态的资格。在“自己的精神”尚且处于理想阶段时，哲学的共识就只能被当作远景目标来讨论，这需要讨论者具备相应的“自由精神”。这种自由不是当代社交媒体舆论场的“自由”（这是一种自在的或者说任性的状态）而是具有哲学批判精神的自由，并且是超越了利益的纯粹的批判。

舆论场具备“自己的精神”对舆论共识的真正反思已经难能可贵，哲学的（舆论）共识只能作为理想来追求而不能指望这种共识在舆论共识实践中具备现实性。如果宣称（断言）哲学的（舆论）共识可以实现，反而是一种不负责任的态度。也许，有人会觉得这是在贬低舆论共识的地位，这显然是对舆论规律缺乏真正认识形成的错觉。非理性是舆论实践的“标准形式”，当舆论场变得相当理性，公共讨论也就失去了活力；当善与恶的力量较量处于僵化状态而不是平衡状态，这将损害公众对善恶的识别能力以及创造能力。与此相反，舆论共识研究者需要具备哲学的自由批判精神，经常对舆论场公共讨论中反社会的言行发出预警，为此，需要通过对哲学的共识理论研究来指导舆论（共识）实践。

当代社会，记忆—共识实践的技术含量在增加，特别在人工智能可以自动生成新闻跟帖评论的今天，对智能化记忆—共识实践的反思显得越发重要。在媒体融合过程中，媒体机构对技术迭代的重视超过了对新闻满足受众的关注，社交媒体平台追求聚集人气和创造流量的能力而未必在意流量中的道德含量（没有道德含量的流量所产生的跟帖或公共讨论也就失去了真正的社会价值），新兴媒介带给公众（媒体记忆的解码者和公共议题的讨论者）的是信息呈现方式对的感官刺激（如微信朋友圈可以把静态图片自动转换成视频形式的动图），技术向媒体机构、社交媒体平台和公众展现出一幅“进步”的景象。真正的进步必然包含着时代精神而不仅仅是形式的丰富多彩。正如汤因比所说：“人类的关键装备不是技术，而是他们的精神，如果人类没有想象力，没有创造和持之以恒的精神，最重要的是如果没有自控能力，没有这些为开发有利于人类的某些地理潜能所要求的精神，那么再好的技术本身也不能使人类完成这项任务。”① 技术装备的只是硬件设备，这是行业发展的外在条件，设备功能的最大化在于供思想和具备时代精神的人使用而不是熟练工的操作。媒体记忆的进步离不开传媒技术帮助发现、修复、转换和辅助理解历史档案（尤其是诸如甲骨文等文物上的文字内容），将媒体内容做数字化处理（将印刷媒体变成有声读本，将广播电视文本转录为阅读性文本，也可以帮助用户自动搜寻媒体档案）。技术满足的仅仅是媒体记忆的外在目的，记忆的内在目的赋予人类社会真正的历史，所谓历史不过是社会不断进步的发展过程。新闻/记忆文本的历史价值在于赋予新闻/记忆事实对将来社会的认知价

① ［英］汤因比：《历史研究》，郭小凌、刘北城译，上海世纪出版集团 2005 年版，第 71 页。

值，间接启发或指导他们应对社会问题，新闻/记忆文本的内在价值显然不是技术所能赋予的，需要媒体从业者依据自由精神发掘出新闻事实背后超越时代的意义，而这种“意义”融入了媒体从业者的综合能力（尤其是他们的判断力）。新闻文本在向记忆文本转换的过程中，历史学家对历史事件（公共事件）更具认知判断能力，发现字面意义之外的更多信息，这样的专业能力依赖于专业知识和理解力，技术的作用反而微乎其微。在数字媒体记忆实践中也存在类似的情形，大多数用户只是零星信息的搬运工和媒体记忆解码/再编码的传播者（信息搬运工）而不具备真正的解码/编码能力。在社交媒体平台上，A用户将一则旧报纸的新闻片段（记忆文本）发布出来，随着转发量的增加，这则记忆“复活”并可能进入公共视野，由此具备成为公共讨论的论据。不排除有专业水准级的讨论者将该素材恰当应用并产生新的观点，但真正能从这类记忆文本中创造出新思想的总是极少数的人，具备这种创造性的历史学家/公共讨论者依据的也不是技术（装备）而是他们的创造力以及隐藏在这种创造力背后的时代精神，因为真正有价值的创造必然迎合了时代的需要（今天，再美观的裹脚布专利发明也不会推动社会进步，因为另类的“发明创造”背离了时代精神）。同样道理，舆论共识的生成也并非由技术催生而是社会利益最大化的产物，社交媒体平台满足了公众参与公共讨论的需求，这种讨论因迎合当代社会对权利平等的重视而被称作技术民主，技术民主只是一种“机会的民主”，实现的是社会成员平等参与公共讨论的可能性。参与公共讨论并不等于新观点的产生而只是刺激着群体性思维，使讨论者的思维处于活跃状态，至于能否在这种状态下产生反映时代精神的新思想/观念，这不是技术或技术民主所能促成的。相反，公共讨论需要借助于理性思维和创造性思维，对于缺乏理性思维传统、习惯于自我禁锢的公共讨论者而言，技术无助于他们的思想生产。真正的舆论共识标志着的社会观念的产生，这种共识是时代思想/观念的“助产士”（接生婆），改变人类社会的现存状态。社交媒体公共讨论的消遣性质制约了新思想/观念的产生，在理性缺席的情况下，非理性争辩产生的更多是感官的刺激，大多数公共讨论者并不在于讨论是否产生新观念。值得反思的是，当公共讨论者将现状作为合理的标准，流行的观念也就获得了所谓的正当性，新的思想/观念或者理论反而显得不合时宜。显然，这是颠倒了理论和实践关系的直觉判断，这样的判断跟将“日心说”当作异端并无本质的区别。在一个崇拜甚至迷信技术的时代，把社交媒体舆论场的活跃等同于思想活跃，这不是技术本身的问题而是对技术缺乏哲学批判的结果。对技术的哲学缺乏批判与时代的自由精神缺失有关。将媒体记忆和舆论共识纳入人类文明需要注重技术的善用，对技术（尤其是智能技术）保持应有的批判精神并保持个人的自由精神，为的是提高记忆—共识的文明含量，避免将技术变成记忆—共识实践的枷锁，将自己束缚在一个看似光鲜实在狭小的空间，这不是任何时代精神所需要的状态。

对于技术参与记忆—共识实践的反思，并不是因为我们对技术抱有成见而在于媒体的智能化和舆论的产业化带来的问题。媒体机构将新技术作为媒体生产升级的手段并没有错，关键在于确定媒体应用新技术的内在目的。作为媒体实验室的新媒体试验（探索），包括记忆文本、舆论（公共）讨论模式和共识文本的形态创新，新兴技术无疑发挥着重要作用。媒体实验室的探索展示的是未来的媒体记忆方式和舆论（公共）讨论之新形式，这种探索可以是概念性的，对于记忆—共识实践具有促进作用。实验探索与成果转换的界限在于，后者应服从市场和社会的整体需要，避免将技术盲目应用于传媒实践。这方面，相机的像素技术应用就比较典型。画面的清晰度有个合理区间，像素的合理区间有待反思，这样的反思迄今没用引起重视。当前，人工智能已经参与到记忆—共识实践当中，智能社交机器人被应用于社交媒体的公共讨论，公共讨论的“智能化”意味着什么，这个问题有待学术界进行研究。汤因比曾忧心忡忡地指出：“历史思想的工业化已经进展到如此地步，它甚至能重新产生出对工业化精神的病态夸张。”① 复制技术在一定程度上加剧了新闻/记忆文本的同质化程度，尽管媒体渠道正在变得多元，但社交媒体的信息同质化现象严重，这是新闻文本未能同步多元发展造成的。对于将来社会而言，我们这个时代的信息超载未必是内容过剩的问题，而是信息雷同造成的“信息茧房”现象。网络舆论场的公共讨论看似异常活跃，观点的表达未必多样化，特别是社交机器人介入公共讨论，机器“发声”更是加剧了观点市场的萎缩而不是繁荣（从马斯克收购推特因虚假账号导致的一波三折，可以得到间接的证明②），汤因比所说的“病态夸张”与我们这个时代的技术进步刚好相反，这不是技术之过而是技术应用缺乏自由精神带来的问

---

① ［英］汤因比：《历史研究》，郭小凌、刘北城译，上海世纪出版集团 2005 年版，第 5 页。

② 萧达、刘皓然：《连番批评虚假账号太多，外界猜测：马斯克觉得收购推特“买贵了”想压价?》，环球网 2022 年 5 月 19 日，https：//baijiahao. baidu. com/s? id = 1733208037851604705&wfr = spider&for = pc。

题。避免这种表象繁荣而精神萎缩局面的出现需要树立未来意识，认识到新闻/记忆和舆论共识的内在价值。

对于媒体记忆和舆论共识的反思，还应区分外在的记忆与内在的记忆、外在的共识与内在的共识。随着人工智能在传媒业的应用，智能机器开始具备“记忆”和形成观念（共识）的初级能力，由此引发业界和学术界对人的主体性地位的担忧。仿生学已经揭示动物某些方面的功能比人更为突出，对于这种客观事实抱着悲观态度并无异议，关键在于将动物的特长更好地造福人类。驴/狗等动物对于行走路线的记忆超出人类在这方面的能力，我们不能就此断言这些动物的记忆力在人类之上。动物的记忆是外在的，通过本能还原简单的经历，而人对过去的回忆具有创造性。在录音、摄像技术快速进步的今天，口述史研究的兴起与其说是对技术设备记录的补充还不如说是对其批判，这种批判不是否定技术对记忆的贡献而是弥补机械记录只是形式的复制但缺乏内在的精神，因为再精良的记录设备充其量为新闻业提供的也不过是“快照和剪贴簿”①，无法代替人进行反思。相反，“（人的）记忆力是指内在的记忆力”，而“记忆是反思的前提”“当他把自己看作对象的时候，他记得这个对象当初正是自我设立起来的；因此他也可以在这个对象身上随时返回到自身”。② 媒体记忆是外在的记忆，对媒体记忆文本的利用复活的是人的内在记忆力，通过媒体提供的外在记忆帮助我们“回到”某个历史时期，“发现”某一历史事件的得失。假如媒体记忆仅仅处于外在的记忆状态，这类似于中小学生学习历史教科书，满足于了解与事件下昂管的硬事实（新闻 5W 中除 Why 之外的要素）而无法真正理解事件的前因后果。内在的记忆要求受众（记忆的解码者和再编码者）真正理解事件的社会背景和历史影响。当内在的记忆主导外在的记忆，内外记忆在文本解码与再编码中碰撞，外在记忆的应用价值得以发挥，内在记忆的创造性将事实/观念的记忆变成推动社会发展的力量。与此同时，舆论共识也可以分为外在的和内在的共识两种形式。外在的共识是形式的共识，这类似于媒体记忆的外在记忆，这种共识帮助人们了解历史上不同公共事件发生后对当代社会观念的影响（即新的舆论共识）。除此之外，外在的共识也可以是当代的舆论共识，我们作

① Kitch, C., “Keeping History Together: The Role of Social Memory in the Nature and Functions of News”, *Aurora*, 2011 (10): 65.

② 邓晓芒：《从一则相声段子看国人的思维方式》，搜狐网 2020 年 11 月 12 日，https://www.sohu.com/a/431316491_237819。

为公共事件的见证者或讨论者虽然表面上认可某种大多数人的观点，但在内心里未必认同，或者虽然认同却无法真正理解这种观点的合理性。内在的共识必然是大多数人从内心里真正认同一种观点，理解它来自何处、对当下（或历史上某个阶段）的特殊意义，这样的共识符合人的自由精神，不是被动的或者盲目的认可而是经过审思并乐于接纳它。内在的共识是少数人的共识，外在的共识是大多数人的共识，但内在的共识主导着舆论的发展，一个社会的理性程度决定着内在共识的拥护者的数量的多寡。在社交媒体时代，外在的共识因为公共讨论人数的夸大反而趋于弱化，内在的共识较少受到技术和媒体发展的影响。

媒体记忆和舆论共识的发展不会停止，我们对记忆和共识的反思就永远必要。只要按照媒体记忆和舆论共识所处的坐标系指引的方向，将记忆—共识有机地联结在一起，在建构人类文明的进程中不断反思记忆—共识实践，媒体记忆和舆论共识就可以促进人类社会的发展。

第四章　全球化进程中的媒体记忆与舆论共识

媒体记忆和舆论共识存在于特定的空间，空间是个颇具弹性的概念，可以是只能用经纬线来确定的点，也可以是我们所居住的这颗星球，当然也可以指称无边无际的浩瀚宇宙。媒体记忆和舆论共识涉及的空间概念范围仅限于人类社会，这个“空间”概念小于地球形成的空间但比我们想象的现实空间要广泛一些。前几章在讨论记忆—共识实践时涉及的“空间”主要指代中国社会。在全球经济一体化的今天，国家间的合作正呈现出全球化的特征，传媒领域的全球化可以通过国际新闻在新闻生产中的比重间接得到证明；社交媒体实现了舆论的全球化，重大公共事件不再是地区性或某个国家舆论场关注的对象而成为举世瞩目的热点话题。媒体和舆论场将世界有机地联结在一起，任何一个地方的重大公共事件无不牵动着整个世界的神经。全球化需要经历一个漫长的过程，媒体记忆和舆论共识实践则伴随全球化的始终。在全球化的进程中，媒体记忆和舆论共识如何影响不同国家和地区的人们认知正在发生着变化，记忆—共识实践将不可避免地面临诸如意识形态化、地域边界和记忆—共识的优先权等问题，这是有待研究的对象。

第一节　全球化进程中媒体记忆与舆论共识的特征

在记忆—共识的坐标系中，时间和空间作为媒体记忆与舆论共识的两个象限，一个象限的变化将影响记忆—共识实践。全球化使空间范围呈现出扩大化的趋势，媒体记忆和舆论共识因为空间的向外延伸，一个国家的媒体和公众的记忆以及多个国家的公众在同一个舆论场参与公共讨论，传统上以国家为单位的记忆—共识的单一实践主体变成了多元的记忆—共识实践主体。记忆—共识的客体正变得多元化，这样的变化使媒体记忆与舆论共识呈现出新的特征。

一　媒体记忆和舆论共识的意识形态化

媒体记忆和舆论共识在信息传播的链条上按照因果联系相互影响。记忆是新闻的将来形式，记忆文本脱胎于新闻文本，在新闻的生产过程中，现代媒体机构遵循新闻专业主义理念，追求新闻报道的平衡。这种被称作客观性的新闻原则给人的印象是中立。在汉语语境下，中立在某种程度上意味着消除了意识形态的成分，在新闻实践中媒体从业者主动摒弃成见。新闻/记忆实践表明，这样的理解并不符合新闻生产的实际情况。在新闻生产环节，处于同一意识形态之中的媒体机构在新闻理念和媒体经营策略方面仍各有特点。行业竞争强化着媒体机构的利益诉求，竞争分化出各自的“意识形态”，媒体机构坚信自己选择的新闻理念和经营策略的正确性，当这样的意识成为机构意识（媒体机构及其从业者的共同意识）时，行业内部最小单位的“意识形态”就出现了。新闻竞争在某种意义上可以理解成“行业意识形态”的竞争，媒体机构为生存和自我发展必须保持各自的特色以谋取利益的最大化，将竞争者的新闻理念和经营策略视作“异己的”意识形式。行业竞争意识一经形成就会贯穿媒体竞争的始终，这种意识的作用在于对抗竞争对手，意识形式就是他们的“媒体政治”。曼海姆指出：“政治就是冲突。”① 新闻竞争带来的“媒体政治”同样是媒体意识形式的冲突，这种冲突广泛地存在于事实的选择、裁剪和呈现方式中，打造具有独特性的新闻文本的全部努力在于服务媒体机构的利益最大化目标。这表明，在新闻实践保持中立、客观的表象下，隐含着激烈的行业竞争，新闻的形式和内容并不取决于事实或媒体从业者而受制于媒体意识形式。换言之，媒体机构的意识形式将形成与之相符合的新闻文本。从新闻文本向记忆文本转换的过渡中，历史学家和非专业人士对记忆文本的影响受到解码/再编码者价值观的影响，这个主体的构成成分复杂、动机多样、持续的时间无法测定，带来媒体记忆传播的时空的不确定性，因记忆而造成的冲突超出人们的想象。围绕修订历史教科书引起的多种国际纠纷，可以证明媒体记忆的解码/再编码在全球化进程中因为意识形态而导致冲突的可能性。新闻和舆论具有连体性，记忆和共识也密切相关，伴随着新闻转变为舆论讨论的话题，围绕新闻文本存在的媒体意识形式的冲

---

① ［意］卡尔·曼海姆：《意识形态与乌托邦》，黎鸣、李书崇译，商务印书馆 2000 年版，第 39 页。

突扩大到舆论场，成分复杂的讨论者使意识形态在舆论场公共讨论中发挥着更为明显的影响。全球化进程扩大了舆论讨论的范围，网络舆论场突破国界的限制，社交媒体用户可以自由参与其他国家（语种）的讨论。公共讨论主体的多元是全球化的产物，在公共讨论中，不同国别的讨论者的政治立场和国家（民族）的利益诉求不同，在这些讨论者的潜意识中将不由自主地维护本国（民族）所认同的价值观和核心利益。这样一来，本土的讨论主体和外来的讨论主体之间的观念冲突以及本土讨论主体间的冲突交织在一起。全球化进程扩大了网络舆论场（“国际舆论场”）的讨论主体，增加了意识形态的类型，也加剧了舆论冲突，这些变化影响着舆论共识的生成（的时间和方式）。

媒体的上层建筑属性使之不可避免地与政治发生联系，在紧急状态下，媒体机构将被迫选择选择政治立场。新闻发展的历史表明，媒体与政治的关系并不像人们想象得密切相关。无论媒体机构及其从业者的政治立场如何，媒体的日常工作是呈现事实，真正与政治密切相连的事实在新闻生产中所占的比重并不算高，新闻事实主要面向社会生活，正常环境下的媒体生产也不会刻意贴上意识形态的标签。舆论场的公共讨论也是如此，当围绕医疗事故、校园暴力或者明星绯闻发起公共讨论时，偶尔冒出的“阴谋论”不会改变讨论的方向。媒体和公众在意的是更好地生活而不是观念冲突本身。媒体应以“世俗”的方式满足受众的新闻消费需求，而非热衷于关注超越现实的问题。受众的需求间接地反映在媒体记忆和舆论共识之中，使记忆—共识具有明显的实践指向。关于意识形态的世俗性，曼海姆指出：“历史上每个时期都有超越现存秩序的观点，但它们不像乌托邦那样起作用。只要他们还‘有机地’‘和谐地’与代表那个时期的世界观特征结合在一起（即不造成革命的可能性），它们就是这个存在时期的适当的意识形态。”① 具体到新闻生产与公众需求的现实关系以及公共议题的具体性，虽然共识有超越现存秩序的观点，但舆论共识必须满足公众的认知需求，公共讨论者寻求的是行动的方向而不是虚无缥缈的清议。新闻/记忆生产和公共讨论均立足于最新的社会变动，或者从历史事件中获取有益的认知。记忆—共识与社会生活的“有机地”“和谐地”结合，表明意识形态的世俗性质。世俗意味着生存的智慧，这种智慧的出发点、立场以及表述方式可以不同，但不同的意识形态之间并不存在绝对的对

---

① ［意］卡尔·曼海姆：《意识形态与乌托邦》，黎鸣、李书崇译，商务印书馆2000年版，第197页。

立。在全球化进程中，不同国家的媒体和舆论场代表着本土利益，不仅在公共讨论中在国际新闻/记忆中也可以感受到意识形态的影响，只要承认意识形态的世俗性质，相互生存的需求将为不同意识形态提供妥协或者相互兼容的余地。这一点，从中美贸易冲突中双方媒体和网络舆论场的态度可以得到证明——和而不同——是全球化时代媒体记忆和舆论共识的基本特征。

与传统社会（前全球化时代）相比，全球化进程将本土受众原本无法看到的国家间利益冲突日常化，国际报道或者社交媒体的碎片化信息呈现的是国家间的利益诉求，新闻/记忆生产记录的是具有知悉意义的这类诉求及冲突。国家诉求归根结底是利益诉求，媒体和舆论成为诉求相争中的两大变量，在这个博弈过程中，国家利益、媒体和公众的立场显示出较为明显的意识形态色彩。在全球化的记忆—共识实践中，新闻/记忆和公共讨论通过国际国内形势变化将各自的利益诉求结合起来，通过舆论影响向他国施压。在意识形态和利益诉求的结合中，按照曼海姆的观点，"'意识形态'概念反映了来自政治冲突的一个发现，即统治集团可以在思维中变得如此强烈地把利益与形势密切联系在一起，以致它们不再能看清某些事实，这些事实可能削弱他们的支配感"。在这种情形中，意识形态不再是彼此对立的观念，而成为借助其他诉求掩饰自己的方式。意识形态在新闻/记忆和舆论共识中的"隐身"，在于它"内含着一种洞悉，即在一定的条件下，某些群体的集体无意识既对其本身，也对其他方面遮掩了真实的社会状况，从而使集体无意识得到稳定"①。在全球化进程中，新闻/记忆在意的不再是通过意识形态强化自己的价值观或政治立场，刻意标榜意识形态的做法主要反映在20世纪两个阵营的"冷战时期"，当时不同阵营的媒体和舆论场以意识形态为旗帜，反而忽视了满足与本阵营国家和民众切身利益相挂钩的诉求。关于这一点，可以从当时的媒体记忆和舆论共识中得到验证。意识形态以隐性的方式渗透到媒体的新闻/记忆生产和舆论场的公共讨论中，这是明智的做法，即曼海姆所说的"洞悉"，它以看似客观的方式向外传播信息进行宣传，但从字里行间又隐约地向本土和全球传递某种可以意会的观念。相比于全球传播的针锋相对，意识形态的"洞悉"显得温和许多，这符合全球化进程的需求，将记忆—共识实践中的意识形态从"浓妆艳抹"变成"略施粉黛"。意识形态

① ［意］卡尔·曼海姆：《意识形态与乌托邦》，黎鸣、李书崇译，商务印书馆2000年版，第41页。

的这种变化要求媒体机构和舆论（公共）讨论以艺术的方式进行，在相互接触中寻求本土利益的最大化，这是记忆—共识在全球化进程中意识形态方面的新的特点。

意识形态的隐身并不等于意识形态的退场，将意识形态隐含在现实利益的诉求之中，也不意味着对意识形态的遗忘。在记忆—共识实践中，有的媒体机构忽视了媒体和舆论场的上层建筑属性，只是秉承新闻专业主义理念和舆论场公共讨论所倡导的理性原则，新闻/舆论实践很快会提醒这些媒体机构和舆论讨论，本土利益在海外媒体中可能以曲折的方式呈现出来。也就是说，一方遵守新闻真实和新闻客观原则并不意味着其他国家的媒体机构也如此行动。在这种情况下，前者将相信“世界是虚构的‘意识本身’”① 论断的合理性。媒体按照价值观和新闻理念建构社会景观，这种建构的材料是事实，碎片化的事实拼凑出的媒体认可的社会风貌。舆论场的公共讨论也是如此，公共议题通常围绕感性的、具体的事件展开，但围绕议题形成的观点可以超越议题，讨论过程中用来支撑论点的论据同样经过了精心选择。这样，新闻/记忆和舆论共识构建的社会（意识）景观体现的是构建者的意图。在全球化进程中，本土媒体和国外媒体建构的新闻/记忆和舆论共识有着明显区别，而报道/讨论的又恰恰是同一个对象。只要坚持对比不同国家的媒体对同一重大国际事件的新闻/记忆文本，对比相应的媒体评论或社交媒体讨论，不难发现本土与域外记忆—共识文本的差异。这是意识形态在不同（现实）空间因为利益和价值观的差异所造成的结果，只不过双方/多方都以自己的方式构建新闻/记忆和舆论共识。客观事实具有唯一性，意识形态却总是五彩缤纷，呈现在不同国家媒体/舆论中的“世界”也就各有虚构的部分。整体来看，事实依然是支撑新闻/记忆和舆论共识大厦的主体，所不同的只是这种“大厦”的形状略有不同。

全球化进程为公众开启一扇观察世界的窗口，通过媒体报道逐渐形成自己的世界图景。透过这个窗口，人们可以感受全球的记忆—共识实践，并通过经验事实验证新闻/记忆和舆论共识文本的可靠性。这里所说的经验事实，除直接经验外，更多来自间接经验。我们可以通过观看不同国家不同时期的经典影片，形成对该国历史地理文化政治经济的认知，在观看影片的过程中也在积累有关这个国家的“经验事实”。当公众从最新的新

---

① ［意］卡尔·曼海姆：《意识形态与乌托邦》，黎鸣、李书崇译，商务印书馆 2000 年版，第 67 页。

闻报道和舆论变化中对比不同国家的微妙区别时，经验事实开始发挥作用。经验事实一经形成就具有脑中屏幕的功能，“屏幕变成大脑物理结构的一部分”，“不论我们从媒体上看到什么新闻，或者社交媒体平台看到用户在讨论什么，人们总能找到似曾相识的东西，仿佛这些都是某种意义的‘原始经历’，这个经历与第二持留对第一持留的筛选与加工彼此叠合，同步进行，相互建构”。① 在全球化进程中，意识形态在记忆—共识实践中变相隐身的同时，公众在接触海外媒体的信息时会依据自己的间接经验形成的“原初经历”解构新闻/记忆和舆论共识的文本。在解构的过程中，当前的新闻文本和共识文本即所谓的“第一持留”，人们根据自己的经验事实（原初经历）形成的第二持留（过去的记忆）重新构建脑中图像——真正进入脑海中的新闻事实或舆论共识（观点）。公众在以不同的方式将现实（新闻）与历史（记忆）相互构建的过程中，价值观起着“美容师”的作用，以不同的“颜色”促使他人按照自己的意思涂抹不同的区域。经过这种自我加工后的新闻—共识文本将持续存留在公众的脑中，他们承认新闻事实的存在，所不同的是不同国家/地区的人们也在按照自己的方式建构事实。只要全球化的进程不终止，这样的相互建构就持续进行。撷取半个世纪前不同国家媒体提供的媒体记忆和舆论共识时，很快会发现意识形态留下的足迹。不论这样的“足迹”是否明显，只要稍微留意观察，不论多么客观的新闻/记忆文本总是可以找到词语修辞留下的蛛丝马迹。

在全球化的进程中，国际的交流与合作要求媒体报道的客观和舆论场公共讨论的理性，这是全球化新闻/舆论被纳入人类文明的前提。在封闭/半封闭的环境下，本土媒体呈现的世界图像因缺乏可供对比的文本，本土受众难以甄别新闻/记忆文本的真伪，舆论共识的文本与多数国家舆论共识的吻合度也难以对比。在全球化成为当代社会的最大共识之后，媒体环境的封闭状态显得不合时宜，全球化也是新闻业的共识。这个行业的共识以真实为底线，以观点的平衡为手段，满足全球获取可信的资讯和理性的观点。全球化的新闻成为未来世界“历史图画的组成部分”②，这种历史图画的真实性以及客观程度与单一性的本土媒体记忆不同，全球化时代的

---

① 李洋：《电影与记忆的工业化——贝尔纳·斯蒂格勒的电影哲学》，《上海大学学报》（社会科学版）2017 年第 5 期，第 13 页。

② ［意］卡尔·曼海姆：《意识形态与乌托邦》，黎鸣、李书崇译，商务印书馆 2000 年版，第 228 页。

新闻具有开放性，新闻将以记忆文本的形式既面向当代也面向将来开放，开放意味着新闻/记忆实践要经得起事件的考验。全球化的趋势不可逆转，意识形态作为观念可以隐藏在新闻舆论中，但需要以理性的方式展现出来，否则，媒体机构就无法在全球范围内得到媒体同行的尊重，无法享有真正的全球影响力（公信力）。媒体的公信力是意识形态和媒体结合的最佳状态。媒体机构无法做到绝对的超然，在新闻实践中必然代表国家利益，反映本土的主流意识形态应该艺术地将社会各个阶层和利益共同体联结在一起，提升新闻/记忆和公共讨论的共识的可信度。当代社会从记忆—共识文本中看到的是符合他们第一/第二持留的世界，将来社会从这里看到的是可信的历史档案。假若没有全球化，本土新闻业的竞争也许更为在意媒体自身利益，国家利益和国家间利益的平衡反而退居其次，媒体公信力也将局限于本土而忽略了全球公信力的打造。从某种意义上说，全球化也是媒体的可信化，媒体机构若不想失去全球价值就必须提升媒体理念的现代化，通过强化专业能力逐步得到海外公众的认可，这也是本土意识形态所希望的结果。将具有国际传播能力、可以讲好本国故事的新闻/记忆文本呈现给世界，这符合国家的核心利益。相反，把意识形态简单化，将之狭隘地理解为利益博弈的工具，为此不惜牺牲新闻/记忆文本的客观性、舆论讨论的理性，这样的短期行为反而弱化了本土媒体的国际传播力。

讲好本土故事，让本土新闻/记忆在走向世界的同时也走进历史，使本土舆论共识（观念）成为世界主流共识（观念），记忆—共识通过这种方式获得将来社会（世界）档案素材的资格。新闻客观性也可以理解成广义的意识形态属性。“新闻的客观性概念植根于社会共识的范式，对媒体的分析发生在一个更广泛的共识和基本框架内的传统社会”，新闻的客观性并不意味着媒体声音的多元，“但它在一定范围受制于不同的意识形态限制”①，新闻客观性的理想“只允许在‘框框内’，也就是在现有社会共识的范围内评价多元性”。② 在全球化进程中，新闻/记忆的客观性就是意识形态的体现，多元的事实/观点是为平衡新闻/记忆而采取的策略，通过平衡展示新闻/记忆的中立性，至于这种中立或者为中立呈现了多少

---

① Hall, S., Critcher, C., Jefferson, T., Clarke, J., Roberts, B., *Policing the Crisis: Mugging, the State and Law and Order*. London: Palgrave Macmillan. 2013, p. 59.

② Raeijmaekers, D., Maeseele, P., "In Objectivity We Trust? Pluralism, Consensus, and Ideology in Journalism Studies", *Journalism*, 2017, 18 (6): 655.

种事实或者观点，大多数人的媒介素养达不到评判媒体客观性与意识形态内在联系的水准。认识到客观性原则变相提供意识形态的框架，在国际传播中使全球公众感受到客观性带来的多元事实和多元声音，他们对新闻/记忆文本的认可度随之提高，媒体机构也就既满足了国际传播的需求也满足了维护本土主流意识形态的需求，这样的双重满足也在全球范围内塑造着媒体机构的职业形象和职业声誉。客观性的“框框”实现了新闻/记忆与意识形态的有机互动，这样的“框框”（框架）也在一定程度上保护着国家的核心利益。在舆论共识实践中，我们无法苛求舆论场的公共讨论客观公正，但社交媒体提供的只是舆论实践的平台，只要平台不为公共讨论设置门槛就是在最大限度地实现公共讨论的“客观性”，使用户获得平等参与公共讨论的资格。平台应遵循事后或者动态监管的原则，限制严重违反公共讨论规则的用户（如 2021 年脸书、推特注销特朗普的社交媒体账号）无形中为公共讨论设置了“客观性的框框”，赋予符合平台意识形态标准的用户以平等发言的机会。这样的“框框”也是舆论场的“意识形态框架”，允许建构的只是符合平台意识形态审核的观点，但从形式上，面向全球开放的社交媒体平台是去意识形态化的，保持着中立和客观。平台有限度的中立与客观，符合全球化进程的舆论共识的需要。

全球化进程为不同国家的媒体机构和社交媒体提供传播意识形态的机会，记忆—共识实践的意识形态化却是有意识地淡化这种色彩，使之以符合全球化需要的“通用色彩”从事记忆—共识实践，这与传统的国际传播强调意识形态的显性化有着显著的区别。对意识形态的回避或低调处理体现的是全球化进程本身的客观要求，这也是媒体机构和舆论讨论适应社会大环境变化而采取的一种策略，这样的策略因符合大多数国家的利益而成为新的共识。

二 媒体记忆与舆论共识的公共领地化

从表面上看，全球化进程是空间在发生变化，但空间和时间无法割裂，任何一个因素发生变化都将对另一个因素产生影响。媒体记忆和舆论共识与时空关系密切，虽然记忆指向过去，这不等于其时间特征不再显著。在记忆实践中，记忆本文的解码/再编码必有其原因，现实问题需要从历史档案中查找资料，过去—现在的这种联结赋予记忆文本的另一种时间特征。全球化增进国际交流与合作，这是一种并不显著的时间性。如果没有跨国的交流合作，媒体记忆文本也就缺乏了现实性，全球化进程刺激着公众对域外媒体档案的兴趣，这增加了媒体记忆文本的实用价值，这是媒体记忆在空间范围的变化。舆论共识也具有类似的象限，历史上的舆论共识和当代的舆论共识有交集，比如，新冠肺炎病毒的大流行需要从公共卫生事件的历史中寻找舆论共识的异同点，甲地（国别）和乙地（国别）在相同时期、同类公共事件中的舆论共识也具有认知价值，这是空间因素与舆论共识的关系。全球化进程扩大了空间因素与舆论共识的联系，当代社会网络舆论场的公共讨论需要从全球同类事件中寻找可以比较的对象。在全球化进程之中，需要将记忆—共识研究带入“崭新的”领域，就像曼海姆曾感慨“社会科学还处在襁褓之中”①，当我们从全球化角度审视媒体记忆和舆论共识实践时，不难发现记忆—共识的全球化研究同样被裹进新的“襁褓之中”，许多未知的东西就呈现在我们面前。这其中，媒体记忆和舆论共识的公共领地问题，就是全球化进程带来的一个全新的特征。

每个时代都有属于自己的思想领地，这是盛放时代记忆和灵魂的场所。在思想领地的记忆中，主要是习俗、文化和历史以及观念；每个时代有着独特的时代精神，这样的精神也只能盛放在思想的领地。思想的领地是人类社会的专属产品，是人类文明的结晶。在这个领地中，记忆—共识起着思想酵母的作用，不同的记忆和共识（历史的和当下的观念）按照自己的方式存在，并向物质世界输出新的观念。在全球化时代，思想领地的边界趋于模糊。传统社会的思想领地有着非常明显的属地特征，我们习惯于用诸如“齐鲁文化”“中原文化”和“燕赵文化”指称不同地区的传统文化。每种区域性文化都可以视作她的思想的领地，这些区域性文化共同构建了中华文明，而这样的文明就是广义上的华夏大地的思想领域。随着全球化进程的开始，人们越来越感受到思想领地的地域特征在淡化。现在，我们正置身于一个可以被称作无地域特征的时代，这样的领地也许用“公共领地”来称呼更为合适。所谓公共领地，是指在全球化进程中，媒体记忆和舆论共识的空间指向变得模糊，一个国家/地区的历史记忆和舆论共识（过去的和当下的）成为全球性的记忆和共识。从非本土的记忆—共识中可以发现有益于认识现在的事实或观念，这些记忆—共识文本的产地不再特别重要。媒体记忆和舆论共识对当代社会之所以重要，在于从这里可以发现过去的历史（包括观念史），当不同国家/地区的历史（含观念史）同时呈现在我们面前时，展示的将是整个人类的历史和观

---

① ［意］卡尔·曼海姆：《意识形态与乌托邦》，黎鸣、李书崇译，商务印书馆2000年版，第111页。

念，这是记忆—共识的独特价值。在全球化进程中，历史和观念的主体（所在地/产地）虽然客观存在，但作为思想的公共领地已经成为人类共同的财富。随着全球化进程的继续，媒体记忆和舆论共识呈现出公共领地化的特征，使其超时空的公共属性进一步得到强化。

从表面上看，公共领地化的空间属性明显，在“全球领地”的状态下，媒体记忆和舆论共识反而呈现出“无地的”特征。记忆—共识的“无地”是数字媒体时代媒体记忆和舆论共识新显现的特征，“无地”是指记忆—共识在“数字媒体的影响下经历的变化中，一个是与地点的重要联系的丧失”。在传统媒体时代，媒体记忆和舆论共识“有一个空间锚，这是其意义产生的重要组成部分，而如今这一链接消失了，产生了流动和自由浮动的实体”，碎片化的、无处不在的记忆/共识“不断地在运动，它不能被分配到精确的空间坐标。失去与地点的有意义的联系意味着，在这种想象中，失去意义，因为地点的范畴在塑造，保存和传递集体记忆（/舆论共识）中起着中心作用”。① 在全球化进程中，新闻/舆论通常被笼统地划分为国内新闻/舆论和国际新闻/舆论，这样的地域划分在数字媒体时代已经不再重要，尽管新闻所在地的“空间锚”并未消失，但公众从新闻中获取的主要是新闻事件的意义而不是具体的地点。“空间锚”的作用在新闻文本中下降，新闻事发地点作为硬事实依然保留着空间的元素，当这样的新闻事件进入社交媒体舆论场，“空间锚”在公共讨论中的重要性进一步下降，全球的公共讨论者在意的是事件的是非曲直和社会影响，新闻/记忆的“空间锚”仅具有象征意义。记忆—共识的“无地的”特征不是不要空间元素，而是把传统的新闻报道和公共讨论的“空间锚”当作记忆/共识的出发点，新闻事件第一次被媒体关注后，全球媒体可以进一步报道（编码），所有报道可以根据需要将地点从单一的变作多维的。在社交媒体的公共讨论中，新闻事件转变成公共议题，新闻的事发地和舆论关注的地点可能发生明显变化，讨论者将从新闻事件中联系到所在国家/地区的类似事件。当新闻事件演变成社会现象，新闻/记忆文本和公共议题（舆论共识文本）中的地点被重新塑造，此时的空间不再是原初的地点，空间的泛化酝酿的是新的思想观念，空间因素仅仅剩下记忆价值或象征意义，观念或共识是“无地”时代记忆—共识的归宿。

社交媒体为传统媒体记忆和网络舆论共识的交集提供了物质基础。传

① Mandolessi, S., “Challenging the Placeless Imaginary in Digital Memories: The Performation of Place in the Work of Forensic Architecture”, *Memory Studies*, 2021, 14 (3): 622.

统媒体时代记忆—共识的交集缺乏全面性，媒体机构负责新闻/记忆的生产，媒体参与舆论实践但主要是作为将舆论实践作为报道的对象，通过采访报道舆论实践；媒体机构也为公共讨论提供机会，比如组织公共议题的讨论活动，或者以电视直播的形式全程录制，但媒体为公共讨论提供的空间有限，这受制于节目录制的需要。因此，传统媒体时代的媒体记忆更多以见证者和转述者的身份与舆论共识发生交集，舆论共识更多是在现实空间有组织、按照组织单位的安排进行的公开讨论。公开讨论不同于公共讨论，前者以广场演讲、学术研讨会或者大学生辩论赛的方式进行，主办方代表着官方的主流价值观，正如约翰·博德纳（John Bodnar）所说，这个时期的公共记忆和舆论共识“来自官方和本土文化表达的交集”。① 当空间受到媒体和交流的介质限制，官方参与记忆和讨论的机会随之增加。当社交媒体成为全球信息的平台，记忆—共识的官方色彩逐渐淡化，社交媒体变为全球化进程中的公共领地。在这个“领地”中，来自不同国家的媒体机构/媒体平台和对公共事件感兴趣的社交媒体用户（全球意义上的公众/讨论者）聚集到同一片领地上，官方（所有国家的职能部门）也同时出现在社交媒体上，三方共同从事记忆—共识的全球化实践。在这个超越了国界的公共领地上，几乎无法为公共讨论设置禁区（除非社交媒体为某些议题设置敏感词，但一家平台的限制并不等于全球所有知名的社交媒体平台都同时进行着同样的限制，否则就无法真正为某个议题设置禁区），所有话题在这里得到广泛的交流（包括一些宗教禁忌的议题，法国《查理周刊》遇袭事件也无法真正将这类议题从公共领地中驱逐出去）。既然无法为议题设置禁区，官方、媒体机构和社交媒体用户（全球公众）能做的就是将各自认同的新闻/记忆和观念（舆论共识）带进公共领地，增进它们在全球范围内的影响力；与此同时，对公共领地中出现的异己新闻/记忆和舆论共识进行否定（批驳）。地域概念一旦消失，肯定与否定必然发生交集。交集属于变相的重塑，在记忆—共识的重塑过程中，通常是掌握了较多话语权和信息资源、理论资源的一方在跨国的信息交集中获得更多的影响力。也就是说，经济、军事、文化大国（强国）的新闻/记忆和思想观念主导着公共领地的记忆—共识实践，并对全球施加影响。这表明，全球化进程中的记忆—共识的公共领地看似没有门槛，但是，记忆—共识实践从来无法达到无差别的平等状态。记忆—共识对记忆

① Bodnar, J., *Remaking America: Public Memory, Commemoration, and Patriotism in the Twentieth Century*. Princeton, NJ: Princeton University Press, 1992, p. 13.

主体的能力和其他因素（比如经济和权力）有着天然的偏好，语言的优先权和翻译的能力以及因为经济、军事、文化的传统优势积聚起来的全球影响力，为所在国的记忆成为全球性的媒体记忆和舆论共识奠定了基础。也就是说，全球性的记忆—共识的公共领地化，不是所有的国家和媒体机构/社交媒体平台以及用户（意见领袖）平等地从事记忆—共识实践，他们（背后）的综合实力决定着记忆—共识的交集机会和质量。

当媒体记忆从新闻编辑室的闭门式生产转向社交媒体上的开放式生产，当公共讨论从封闭的会议室或演播厅转移到虚拟现实空间，记忆—共识实践发生变化的并不限于空间，实践主体也在发生显著变化。传统媒体新闻/记忆实践的主体是媒体从业者（自我），而社交媒体的新闻/记忆的再生产（解码和再编码）是他者生产（社交媒体用户）；传统社会公共讨论的主体是可控的讨论者（自我意义上的），社交媒体舆论场的讨论者是不确定性的他者（任何人都是前在的讨论者）。在记忆—共识实践中，“他者不是物质实在的人或物，从本质上讲，他者是指一种他性，即异己性，指与自我不同的、外在于自我的或不属于自我之本性的特质”①。对“他者”的界定意味着公共领地的记忆—共识实践既包括建构更包含着解构，后一种情形所起的作用更为明显。当地域的概念消失，记忆—共识的全球化带来的是建构（编码）和解构（解码/再编码，我们将再编码也视作“解构”，在于经过再编码的信息已经有别于原始的信息）的一体化。在这个进程中，一方面是利益共同体（可以是一个国家的职能部门、媒体机构和用户，也可以是跨国的官方机构、媒体机构和用户的合作）在致力于媒体记忆的生产和舆论共识的生成，另一方面是其他利益共同体对这种建构成果的解构。全球性新闻事件在公共领地中经常处于被动境地，与批评相对应的是替事件（责任方）进行辩解的声音，这个批评与反批评的过程既是媒体的新闻和记忆同时生产的过程，也是公共讨论的凝聚共识和观点撕裂的过程。在这样的博弈过程中，媒体档案（过去的媒体记忆文本）和传统观念（历史上出现过的思想观念）起着辅助性的作用。在2022年的俄乌冲突中，关于本次冲突的事实建构与是非曲直的观念形成，不可避免地借助于不同历史时期的媒体记忆文本和与之相关的共识文本（对双方某个方面的评价），通过这样的记忆—共识来强化今天的记忆—共识实践。在这样的记忆实践中，媒体机构派出的战地记者依然是提供冲突信息的重要来源，但这样的文本一经出现就成为不同国家媒体机构

① 赵静蓉：《文化记忆与身份认同》，生活·读书·新知三联书店2015年版，第214页。

和公众解构的对象。一个文本被演绎成多种叙事文本，关键是后一种叙事属于他者叙事，叙事者既不是冲突的当事者也不是亲身经历的记者，而是在社交媒体这个公共领地上间接旁观冲突的社交媒体用户，他们根据有限的事实解码新闻和记忆的文本。这样的他者叙事正在成为当代媒体记忆的主要形式，一个故事多种情节和结局带来记忆文本的多元化。当不同的叙事文本同时涌入公共领地，多元的叙事文本被同时应用于公共讨论。形成舆论共识的更是典型的他者叙事（阐发），与媒体记忆的他者叙事不同，传统媒体时代的舆论共识实践，职能部门和媒体机构可以通过代言人表达观点，而在全球化时代，社交媒体的公共讨论“围墙”（有形的/无形的）消失，职能部门及其代言人参与公共讨论的主体性存疑，甚至媒体机构参与公共讨论的主体性也存在争议，普通社交媒体用户反而成为真正的叙事主体，这种异己的叙事主体在一定程度上消解了官方主导的媒体记忆和舆论共识。在公共领地中，“中心”和“权威”的概念正趋于消失，取而代之的是记忆—共识的撕裂。这样的现象并非当代的特有现象，只要有公共领地，记忆—共识的撕裂就不同程度地存在着。汤因比指出：“希腊世界历史初期便发现文化统一与政治分裂相结合的特点，这看起来是普遍的现象。”① 古希腊时期的民主制为不同声音的传播提供了可能，这种政治环境客观上提供了参政议政的“公共领地”。在这种社会氛围下，多元声音的交织就造成观念的“分裂”现象。这里，将“分裂”加上引号，肯定它是社会进步的象征，虽然这样的进步在当时那个历史时期并不常见，但毕竟开创了一种多元主体自由表达的传统。全球化进程和社交媒体提供的公共领地类似于古希腊时期的社会状态，地域的特征越不显著，记忆—共识就越是呈现出撕裂的特征。从人类社会发展的角度看，这恰恰是社会的进步。相反，领地被切分为无数个封闭的小范围，多元的声音反而失去发出声音的力量。在这种状态下，将出现弗洛伊德（Sigmund Freud）的“牢狱隐喻”。“根据弗洛伊德的观点，看守具备全面解释记忆内容的权威，拥有评判什么会威胁试图逃跑的人的权力。”② 公共领地形成之前，媒体机构和意见领袖相当于记忆—共识实践中的“狱卒”，他们在自己的“领地”上决定事实/观点的传播或过滤。假如没有全球化进

---

① ［英］汤因比：《历史研究》，郭小凌、刘北城译，上海世纪出版集团 2005 年版，第 35 页。

② ［以］阿维夏伊·玛格利特：《记忆的伦理·导论》，贺海仁译，清华大学出版社 2015 年版，第 4 页。

程，社交媒体也只能是局域平台，“公共领地”的本土属性就依然存在。随着全球化的到来和社交媒体的普及，牢狱隐喻也就基本失去了存在的正当性。对于记忆的囚禁、舆论共识的粉饰，随着记忆—共识的公共领地化，权威也就失去了继续施加影响的力量，记忆—共识的权威解释权正在转移给公众。

三 媒体记忆和舆论共识的格局扩大化

记忆和共识与实践主体的格局大小有关。传统媒体记忆对象的选择根据在于媒体机构及其从业者的偏好，这决定着记忆文本的内容取舍；不同取向的记忆编码/解码/再编码，延伸出种类多样的记忆文本。在舆论共识实践中，公共讨论议题的选择权具有不确定性，能引起广泛关注的议题通常反映的是严肃的社会问题。媒体记忆和舆论共识的认知价值赋予记忆—共识影响公众的能量。按照翁贝托·埃科（Umberto Eco）的观点：“所有的记忆都是由能量和物质组成的。”① 媒体记忆浓缩了社会变动的精华内容，连续的媒体记忆文本展示的是人类社会发展历程的风貌。虽然这样的“社会风貌”类似于马赛克拼图，过程显得不够连贯，情节也难免有所疏漏，但就整体而言，媒体记忆承载的社会事实就是埃科所说的“物质”，蕴含着不可低估的能量，每个时代都可以从媒体记忆文本中获得认知过去、现在和预测未来的力量。这样，记忆不再是单纯的媒体档案（社会历史文本），也是社会发展的无形力量。与媒体记忆相似，舆论共识也是社会思想观念的档案。（舆论）共识具有不可灭性，它是大众创造的，包含着人类经验和智慧的思想酵母，对于现在和将来具有特定的认知价值。舆论共识的构成也具有“物质性”，由事实累积的经验再到观念，它们本身不是想象的结果而深深地植根于社会生活之中。共识一经形成，比媒体记忆文本聚集着更多的社会能量，引导人们去思考和行动。当记忆—共识和物质—能量相关联，公众感兴趣的未必是这种物质和能量的神秘性，而在于记忆—共识的主体何以具有专业实践的能力，答案是记忆—共识主体的格局在很大程度上决定着媒体记忆和舆论共识文本的社会影响力。

媒体机构的公信力通常被理解成公众对媒体的信任程度，这源自媒体满足公众需求的程度。同样的社会变动，媒体机构获得公众的信任程度不同，表面上看这取决于媒体从业者的业务素质，真正的决定性因素则是媒

---

① Reading, A., “Seeing Red: A Political Economy of Digital Memory”, *Media, Culture & Society*, 2014, 36 (6): 749.

体机构决策层和新闻生产者的格局。宽泛地讲，媒体的格局是媒体决策层及其从业者的专业认知能力，这种能力在空间方面决定着认知的范围。媒体格局类似于下象棋，棋盘就是社会生活，初始阶段红黑双方的棋子等量（两种不同矢量的力的平衡状态），决定棋局胜负的是人，下棋者的认知能力决定着他们预测棋局发展的能力和最终的输赢。媒体机构的新闻/记忆生产也是如此，同样的新闻事实，真正决定媒体公信力的是新闻报道的角度和解读新闻事实的能力，这需要媒体从业者从同样的新闻事实中发现更多看不见的东西，使新闻文本具备预测社会发展趋势的作用。在新闻实践中，媒体从业者的专业能力固然重要，更为重要的是他们的专业认知能力。向前预测 1 米还是 1000 米，新闻报道对社会的影响力就大不一样，而媒体公信力就来自媒体机构能否长期精准预测未来社会变动的能力，这样的能力取决于媒体机构的整体格局。舆论场的公共讨论也涉及讨论者的格局问题。不论是本土的还是全球性的公共讨论，讨论者整体的格局决定着舆论共识在人类社会观念史中的地位。社交媒体时代，社会成员的整体格局对记忆—共识实践的影响日益重要。在媒体记忆生产环节，媒体机构的格局也深受公众格局的影响。在全球化进程中，国民的格局将影响着全球性的记忆—共识的格局。这里，我们将格局通俗地解释为思想的开放性/封闭性。格局与社会环境和个人的学识、道德观念和心态有关，对于同样的新闻事实/公共议题，生活环境、知识素养、道德境界以及社会心态共同塑造着个体/群体的格局。媒体从业者和公共讨论者的格局，就是对待新闻事实/公共议题和人类社会的态度。极端利己取向的格局塑造的是封闭性思维方式，公平正义取向的思维方式塑造的是开放式思维方式，而开放式思维造就的是大格局的人（媒体从业者/公共讨论者），封闭式思维造就的是小格局的人（媒体从业者/公共讨论者），不同格局的人所书写的记忆和秉持的共识有着境界的高低之别。一个国家的记忆—共识格局并非一成不变。从长远角度看，只要全球化的趋势保持不变，大格局所代表的向善的力量终将涵化小格局所代表的趋恶的力量。这是因为，大格局提供的向善力量被嵌入媒体记忆和公共讨论，这种力量因具有火种的性质将照亮被有意遮蔽的东西，进而挤压黑暗力量的存在空间。全球化带来的是事实和观念的多元化，这有利于事实/观念的对比。接近真相、向善的事实和排拒真理、趋恶的观念在公共领地中相遇或者交锋，向善的力量将从这种博弈中获取更多的展示自我的机会，因为这种力量最初往往以虚弱的力量形式出场，逐渐被公众所认知。向善的力量与趋恶的力量在公共领地的较量表明，格局的大小不在于新闻事实/舆论共识在瞬间的强弱，而在于在传播过程中力量的增益抑或减损。全球化进程为记忆—共识格局的扩大化奠定（物质）基础。它以国家/民族的整体身份出现，但在记忆—共识的演进中，不同国家的媒体机构和公共讨论者在无形中进行着重组，这种重组打破了空间界限，通过向善/趋恶整合力量，最终改变记忆—共识的格局状态。整体来看，媒体记忆和舆论共识的格局呈现出扩大化趋势，这是全球化将不同国家/地区的新闻事实/思想观念置于同一空间（记忆—共识的公共领地）的必然结果。

在记忆研究中，“中介记忆的概念超越了对过去的描述嵌入不断发展的媒体的形式和机制中的洞见”，这种性质的记忆调节的“不仅仅是无处不在的媒体的意外结果，还涉及在与广泛连通的环境中表达和设计过去感官的反射性和自我意识实践、视觉、文本和其他类型的信息流”。① 将记忆作用于某个中介并肯定记忆的调节作用，对于理解全球化进程中的记忆—共识具有启发意义。如前所述，我们将记忆—共识归结为主客观的信息，按照麦克卢汉的媒介即信息的观点，反过来就是信息即媒介。媒介的功能在于为不同的物质/人/事提供联结服务，媒体记忆将过去—现在—将来联结在一起，不同时期的舆论共识将社会思想观念联结起来，记忆—共识在这里获得了中介的资质。当我们将视野转向全球（整个人类社会历史），记忆—共识的中介资质仅仅是物质载体的媒介物（中介），这样的中介侧重于独立于人的物质（记忆—共识的文本可以视为某种可以独立存在的物）而忽视了社会生活中最具活跃性的人自身。人作为社会最小的成素必然与社会发生联系，联系的范围及紧密度取决于个体的人之思想格局。这里，我们借鉴哥白尼和康德的研究方法，将人/群体/国家/时代的格局视作社会发展的中介。媒体记忆和舆论共识作为社会存在物也是由人/群体/国家/时代的格局塑造的产物，赋予格局以中介的性质在于肯定记忆—共识调节社会生活的功能。新闻/记忆文本呈现的是客观事实，这种事实对社会发展的影响取决于媒体记忆的编码者/解码者—再编码者的格局。在大格局的人之记忆实践中，新闻/记忆事实的认知价值就不会局限于表层，事实的价值也不会局限于眼前的社会变化，事实的认知价值将是持续的，将来社会从这样的事实中也可以发现其有益的一面；相反，小格局的人在乎的是现在的既得利益，他们更在意事实本身，聚焦的是个体

---

① Lohmeier，C.，Pentzold，C.，“Making Mediated Memory Work：Cuban-Americans，Miami Media and the Doings of Diaspora Memories”，*Media*，*Culture & Society*，2014，36（6）：777.

或团体的既得利益，至于事实与将来社会的关系要么无暇考虑要么缺乏考虑的能力，这是短期利益蒙蔽行为主体的结果。作为中介的格局具有团结社会的能力。不同格局类型的人在公共领地中依照自己的逻辑建构/解构媒体记忆、参与公共讨论。记忆—共识并无终极的版本，只有在一定阶段看到的两种格局势均力敌的版本。这样的记忆—共识类似于亚里士多德/孔子的中道思想，这是由实践的智慧作出的明智选择。在记忆—共识实践中，当两种格局的社会成员的规模大体相当，唯有在截然对立的媒体记忆和舆论共识文中寻求妥协的可能性，最终与对方的事实/观念相协调。假如格局无法充当记忆—共识的中介，人们的认知将陷入无休止的混乱之中。这种局面虽不时发生多属于短暂现象，就长远来看，格局的中介性质打通了大小格局对记忆—共识造成的威胁。社会越发展，社会的联系也就越紧密，记忆—共识的格局扩大化将促进人类社会的团结。萨托利认为："作为社会建构的社会共识是一种局势或者格局共识，即更大范围内关于某国政府及其政策的共识。"① 在全球化进程中，记忆—共识从思想认识上试图将不同国家/地区的人们聚焦在一个点上，虽然在聚焦的过程中充满矛盾，但寻求共识的目标符合人类命运共同体的利益，以适度的格局（即亚里士多德/孔子主张的两者相反力量的中间值）联结两者不同格局的群体的认知，这样的"局势"即记忆—共识实践的趋势。

全球化的实质是去封建化。封建化包括空间的封建化和思想的封建化（这种封建化不同于汉语中的"封建思想"，而是指多种互不发生交集的平行思想观念）。空间的封建化（即地域性）是历史形成的，限于信息传播和人际交往的空间限制，在大型轮船/火车和电报诞生前，空间的封建化适应了特定历史阶段的社会发展。今天所说的国家、省份、地市和县乡村无不是空间封建化的产物，它将人以群体为单位割据成无数个大大小小的部落。思想的封建化是不同思想观念的追随者形成的思想共同体，共同体之间有尖锐对立的也有相对对立的。全球化借助互联网打破了空间的封建化，思想的封建化在网络空间不再处于传统社会的相对平衡状态（这是空间的封建化导致不同思想观念的人难以大规模地聚集而失去发挥真正力量的结果），不同地域的用户在虚拟空间传播信息（新闻/记忆事实和舆论共识/思想观念）时经常遇到前所未有的阻力。说这样的阻力"前所未有"，在于空间格局状态的事实/观念的碰撞受制于多种因素，而虚拟

---

① ［美］乔·萨托利：《民主新论》，冯克利、阎克文译，东方出版社 1998 年版，第 101 页。

空间碰撞的实际成本低廉（碰撞中处于劣势的人/群体的精神受到冲击，造成暂时的情绪低落，但这样的情绪状态很快可以自愈）。当不同事实/观念的碰撞不会造成直接的损失，欲望受到刺激，促使用户参与到某种行动中。当人们在没有国界的社交媒体上寻求志同道合者，很快将组建成若干思想共同体，不同思想共同体的成员在社交媒体这个公共领地内建构记忆和共识。“现代共同体建基于被启蒙的主体之上，主体的自我意识获得巨大的解放，自我的积极能动性得到极大的释放，现代共同体的共识达成有赖于主体积极地自我能动性的参与。”① 共同体的建立依赖于个体的自我意识驱动，当个体意识到思想封闭并不符合自我利益，扩大社交范围的过程中也就是自我去封建化的过程。个体的交际圈越大，思想的去封建化就越显著，因为主体间的交往需要找到利益的平衡点，这样的平衡点借助于个体间的彼此创造，创造的实质是自我能动性的提升。媒体记忆和舆论共识的格局扩大化也是记忆—共识在空间范围和观念范畴两个维度同时的“去封建化”。新闻事实的范围清晰，当新闻事实转换成记忆事实，后一种事实的空间概念趋于模糊，这不是否定记忆事实的发生地，而是只有突破空间范围的界限才具有普遍的认知价值。对于历史上的公共卫生事件，我们既关注事件地点，也在意此类事件对于当代的认知价值。在这里，空间的重要性弱化，事件涉及的问题和产生的影响对于记忆文本的解码者来说更为重要。为此，需要记忆文本超越新闻文本以摆脱地域的束缚。时代越久远的记忆，空间的重要性越是弱化。在当代的新闻实践中也存在着类似的情形。国际新闻受欢迎，与传统新闻理论所说的地域接近性存在矛盾之处。远距离的新闻引发公众的兴趣，这其中既有人们猎奇的原因，也有从国际新闻报道中隐约发现本土问题的原因，国际新闻折射出全球化时代地域重要性下降的趋势。在全球化进程中，如果某个国家/地区的民众迷恋本土新闻，对国际新闻缺乏应有的兴趣，这是空间的封建化占据主导性地位的结果。在国际新闻传播中也存在思想观念的封建化现象，这种封建化的典型特征是某个国家/地区的民众对于国际新闻要么普遍不感兴趣，要么对这类新闻怀有阴暗的审美趣味（放大缺点无视优点），这种自我审查意识并非自我的解释而是观念的再度封建化。当前，再封建化在社交媒体的公共讨论中表现得尤为明显。在这个舆论的公共领地上，传统的部落在这个空间得以“重建”，对于不符合自己价值观的议题要么不关注要么

---

① 陈毅：《“自我实现伦理”：达成共同体共识所依赖的自我哲学基础》，《江苏行政学院学报》2019年第6期，第87页。

否定性地关注，这是一种思想观念的自我屏障，这样的“观念闭关”是将自己封闭起来。在全球化进程中，空间的/观念的去封建化和再封建化交织在一起，这是大格局与小格局的自我演化。按照当前的舆论场发展状况，大格局与小格局的扩大化趋势并存，前者是思维的开放性不断增强，后者是思维的封闭性也日益严重；前者是自我意识强化对自我能动性的提升，后者是自我意识的弱化对自我保守性的强化。

格局有两种演变的进路，一种是由小变大的进路，另一种是格局整体变化不明显的进路。第一种进路是主体主动/被迫与他人进行妥协的结果，表现为从仅仅关注自我利益逐渐对公共利益感兴趣；第二种进路是长期局限于自我及血亲关系的利益之中，采取不妥协的方式保持自我利益（家族利益）的最大化，表现为对公共利益不感兴趣。在后一种状态下，主体“妥协的范畴与‘生活方式’和‘共识’的范畴相比，几乎没有被赋予任何空间”。① 在记忆—共识实践中，第一种进路遵循的是新闻专业主义，新闻事实的选择标准依据新闻价值的大小决定是否报道，至于新闻的地域性和利益攸关者是否与媒体机构有过节并不重要，这是一种克服了自我利益向公共利益的妥协；在公共讨论中，讨论者同样克服共同体的利益诉求展示出一种超然的姿态，以中立的方式客观评价事实。在与公共利益的妥协中，媒体机构和公众的格局呈现出扩大化的趋势，从这个意义上说，妥协的空间范畴决定着媒体机构和公众的格局。第二种进路坚持优先维护自我利益的策略，为捍卫自己利益拒绝妥协，即便有所妥协也是暂时性的妥协，目的一旦达到就会放弃妥协。自我利益的主体可以是个体的人也可以是机构/国家，按照这种进路展开的记忆—共识实践，自我利益作为核心利益主导着行为主体的记忆—共识实践，当外部环境发生变化，新闻/记忆生产的对象很少发生实质性变化，公共讨论中的立论依据的是个人的直觉而不是理性，而直觉几乎伴随着人的一生，本能地抵制外部环境的变化。第二种进路与媒体记忆和舆论共识的全球化进程显得格格不入，吊诡的是，这种实践模式在某些国家/地区的记忆—共识实践中被贴上正当性的标签，排拒某些事实/观念，以彰显不妥协的正确性。

格局是个空间概念，即便像全球化这样的概念依然无法摆脱空间的限制。全球化是一种宽泛的空间描述，是人类空间最大化的集体尝试，却无

---

① Arnsperger, C., Picavet, E. B., “More than Modus Vivendi, Less than Overlapping Consensus: Towards a Political Theory of Social Compromise”, *Social Science Information*, 2004, 43 (2): 168.

法将全体社会成员真正聚集起来。假设存在真正意义上的全球化必将导致新的分裂，世界将进入再封建化状态。既然不存在真正意义上的全球化，去封建化将促进全球范围内各个领域合作的扩大化。在媒体记忆和舆论共识实践中，空间的范围依然存在，每个相对独立的空间仿佛一个盒子，在这样的"盒子"里有各自的新闻/记忆和舆论共识。圈层化贯穿着社交媒体的发展过程，在圈层内照样有冲突（否则就不会有"破圈"现象），每个"盒子"允许或者无法禁止不同的声音存在，"盒子"的格局赋予不同成素的记忆—共识，这样的媒体记忆和舆论共识反映的是"盒子里"的多元主义（From pluralism "within the box"）①，这种多元主义是全球化进程中处于初级阶段的记忆—共识的写照。随着全球化的延续，小规模的"盒子"自然被较大的"盒子"取代，新闻/记忆的对象逐渐扩大，不同国家、不同利益诉求的事实将内建构在新闻/记忆的文中，多元的观念在公共讨论中同时成为共识建构的对象，兼容并包是媒体记忆和舆论共识格局扩大化的必然要求。这样，"盒子里"的多元主义将逐渐转向"盒子外"的多元主义（to pluralism "outside the box"）②，这是地域概念淡化带来的格局扩大化的结果。在这种模式下的媒体记忆将多样化的事实作为新闻/记忆的对象，公共讨论相应地将多元观点纳入共识之中，就像不同的文化在当代社会共生一样，"盒子外"的多元主义预示着记忆—共识实践格局真正地呈现出扩大的趋势。

第二节　全球化进程中媒体记忆与舆论共识的实践问题

全球化进程塑造着开放型的社会生态，所有的国家/行业都受之影响，这种生态环境对于传媒业的影响更为明显。记忆—共识实践面临着全球化的压力。传统的记忆—共识实践存在着不同程度的固化现象，社交媒体的圈层化造成记忆—共识的层垒现象突出，在记忆—共识实践中独立于公共领地的原子化思维现象也比较突出，这些问题阻碍着媒体记忆与舆论共识的全球化进程。

---

① Raeijmaekers, D., Maeseele, P., "In Objectivity We Trust? Pluralism, Consensus, and Ideology in Journalism Studies", *Journalism*, 2017, 18 (6): 655.

② Raeijmaekers, D., Maeseele, P., "In Objectivity We Trust? Pluralism, Consensus, and Ideology in Journalism Studies", *Journalism*, 2017, 18 (6): 656.

一　媒体记忆与舆论共识的固化现象

全球化要求媒体将整个世界作为报道对象，舆论场关注全世界范围内的公共事件，这使媒体记忆和舆论共识实践面临新的挑战：媒体机构能否在全球派驻一定数量的采编人员，社交媒体的用户如何在用同一种语言就某个全球性事件发起讨论，这是媒体新闻/记忆和舆论共识全球化的前提。迄今为止，世界性通讯社也屈指可数，真正有实力向多个国家派驻采编人员的媒体机构相当有限，更多的媒体依靠通讯社获取国际资讯。世界级通讯社和全球性媒体机构的数量有限，即便可以满足全球媒体的国际新闻需求还将面临新闻来源单一的问题。有能力向全球提供新闻产品的媒体机构的新闻标准将变成“主流”标准；与此同时，公共话题讨论的规则也将由少数几家跨国社交媒体平台制定。当新闻/记忆的选择权和公共讨论的议程设置权被少数媒体机构/平台垄断，应该意识到记忆—共识实践并没有实现真正的全球化，反而可能导致隐性的记忆—共识固化现象，所谓固化，就是全球化时代记忆—共识实践中的信息/观念选择的垄断性。

在全球化进程中，国家/地区间的传媒业发展不平衡，垄断性通讯社/媒体机构的报道将成为全球媒体记忆的对象；社交媒体平台的舆论共识生产也具有这种依赖性。媒体记忆的新闻报道和舆论共识对社交媒体平台的依赖性，这在客观上造成了记忆—共识的固化现象。关于记忆—共识对媒体/平台的依赖性，可以借用马克思在《政治经济学批判》中对人与社会权力的关系依赖性，将之划分为三个阶段：(1)“人的依赖关系（起初完全是自然发生的）”；(2)“人的独立性”；(3)“建立在个人全面发展和他们共同的社会生产能力成为他们的社会财富这一基础上的自由个性”。①对照这样的划分，现阶段全球范围内的媒体记忆和舆论共识对媒体机构/社交媒体平台的依赖性应该处于第二个阶段：“以物的依赖性为基础的人的独立性。”这里的“物”即媒体，这种独立性表现在地方媒体可以从多家通讯社选择资讯，公众可以自主选择社交媒体平台和公共议题。全球化进程呈现的“人的独立性”只是相对的独立性（这也是尚不具备“自由个性”的原因），这种独立性表现在：媒体新闻/记忆生产依赖于他者（通讯社/全球性媒体）提供信息资源，公众舆论依赖于社交媒体平台的议程设置和公共讨论的规则。记忆—共识实践中的媒体与媒体、公众与平台的关系依赖性以通讯社/全球性媒体/社交媒体平台的信息采集

① 《马克思恩格斯全集》（第46卷上册），人民出版社1979年版，第104页。

发布权/公共议题议程设置权为基础，控制了新闻生产也就控制了记忆生产，控制了议题和讨论规则也就控制了舆论共识，这种关系的依赖性摆脱了人对人的依赖（新闻/记忆和观念的人际传播），将长期停留在对物的依赖形成的相对的“人的独立性”阶段。权力的不对等带来的是媒体对世界/观念的塑造，公众在看似信息超载的假象中固化着记忆和观念（共识）。

媒体记忆和舆论共识的固化现象具有预测作用。媒体机构的新闻理念决定着事实的选择和判断，依赖他者（转载通讯社/全球性媒体机构）提供国外新闻资源的媒体机构也有自己的判断，两种新闻理念可能接近也可能相异，不论哪种情况，转载他者信源的媒体将按照自己的理念重新加工新闻。受众从媒体上获得的信息必然是经过两次加工的信息，媒体的态度将塑造着他们对世界的认知。在媒体理念（态度）不变的情况下，公众可以预判出媒体指引的方向，即使媒体在教导他们如何思考和记忆，这样的教导实际上在暗示公众对新闻/记忆事实的价值判断。记忆可以预测未来，从媒体记忆文本获取媒体机构对待事实的态度预示着只要遇到类似的事实，媒体机构将沿袭惯性思维呈现事实，聪明的解码者可以从中感知媒体对未来态势的判断。舆论共识的固化也具有类似的性质，公共讨论者习惯于的思维方式已经预示着他们思考的结果，对新事物持开明或保守态度的人辩论的不是事实本身，而是辩论者在维护各自的观念，这样的观念指引他们将事实作为支持自己的论据。以转基因食品争论为例，对待这种食品的态度不是转基因食品本身的是否可取而是对待新兴事物的开明/保守的态度，同意/反对在辩论前已经被预设。“共识应该预测在准确判断他人的社会属性方面的差异，如更多的一致意见应该会带来更高的准确性——但是这个关键的理论联系还没有得到检验。”① 预测理论暂时尚未得到验证，但记忆—共识实践已经表明，媒体机构和公众分别按照惯性思维在生产/消费着信息/观念，这样的思维模式天然地带有固化的特征，它也在塑造着公众的偏好并通过偏好间接地预测着未来。在全球化进程中，我们通过媒体记忆和舆论共识了解公众的认知偏差以及这种认知很难在短期内转变的原因。

全球化进程向公众打开一扇观察世界的窗口，在了解世界的同时也在将本土与其他国家/地区进行比较。在此之前，人们能看到的仅仅是单向

① Bjornsdottir, R. T., Hehman, E., Human, L. J., “Consensus Enables Accurate Social Judgments”, *Social Psychological and Personality Science*, 2021: 1-2.

度的新闻/记忆和舆论。单向度的信息接触和公共讨论又面临两种情形：一种是本土的舆论比较一致，另一种是本土的舆论明显对立。前者是媒介环境单一化的结果，当媒体对于新闻事实有着较为一致的判断，新闻/记忆的呈现方式各有特点，但新闻/记忆的价值判断趋于接近；舆论场的公共讨论的争论存在所谓的正统观念，非正统观念方只能有限表达不同的看法，这样的媒介环境塑造出来的群体呈现出固化的特征，他们对待新闻/记忆和舆论共识的态度接近，因而也将自己的思维方式和判断作为正确的方式。一般来说，与这种情形对应的是封闭状态的媒介环境。与之相反，开放型的媒介环境在全球化到来之前依然可以从本土新闻/记忆和舆论共识（思想观念）的多元中受益，因为本土的媒体机构之间存在着新闻竞争，竞争将刺激舆论场公共讨论的活跃，允许不同观念的公开交锋。新闻竞争和舆论场的交锋在塑造着不同新闻/舆论思维的公众，最终形成两个对立的受众群体，分化的两大群体也意味着思维方式和观念的固化。曼海姆指出："思想和观念其实并不是伟大天才的孤立灵魂的结果，甚至构成天才深刻洞见基础的，也是一个群体的集体的历史经验。"① 先有媒体提供的新闻/记忆和舆论场提供的共识，记忆—共识以经验事实的方式孵化出某种"集体观念"和"集体经验"，反哺着媒体精英和舆论领袖。舆论一律和舆论对立两种媒介环境塑造的群体在全球化进程中面临着新的发展机遇。就前一种情形来看，舆论一致在全球化进程中面临着异己的新闻/记忆叙事和多元的公共讨论的碾压，群体固化必然面临着适应新的媒介环境挑战，需要在被瓦解或者继续再度强化两个选项中选择。所谓"瓦解"并不意味着群体固化的消亡，而是在维持核心价值观不变的前提下软化对假想敌的传统认知/态度，以此适应全球化带来的社会环境/媒介环境的变化。与之相反，还存在群体固化的再度强化的可能：群体固化对于多元的新闻/记忆、舆论共识有着天然的排拒能力，因为无法适应媒介环境变化采取过激反应，这是群体固化的极端形式，但在记忆—共识实践中却具有现实的可能性。第二种情形的群体固化在全球化进程中也面临着挑战，虽然这样的固化分作两个阵营，他们可以在域外扩大影响，实现不同新闻/记忆和舆论共识的"融合"，但这仍然不符合新闻传播的规律，因为多元的新闻/记忆和舆论共识的并存更有利于人类社会的长远利益，跨区域的单向度"融合"依然在抹杀新闻/记忆叙事的多样性，这样的生产模式也

① ［意］卡尔·曼海姆：《意识形态与乌托邦》，黎鸣、李书崇译，商务印书馆2000年版，第274页。

无法满足处于固化状态的群体内部的信息需求。群体固化需要通过新闻舆论的国际化扩大群体规模，调整群体的思维方式，与其他群体进行交流/对抗。这是全球化对群体固化塑造的结果，所有群体必须以开放的姿态在求同存异中扩大影响力。从这种意义上说，群体固化并非一成不变，而是必然与全球化共同生存。

群体固化强调认知方式的正确性，在记忆—共识实践中意味着自我封闭，主动排拒异己的信息/观念。在全球化进程中，维系固化状态的难度逐渐增加。互联网的诞生标志着传统媒体的新闻/记忆生产开启全球传播模式，舆论场的公共讨论也开启了全球舆论模式。互联网技术也为群体固化提供了保持传统的可能，比如网络屏蔽技术可以禁止新闻/记忆传播，也可以在公共讨论中设置障碍，不过新的技术总有办法突破对新闻舆论设置的阻碍。尽管群体固化受到挑战，群体也在强化观念的纯洁性，竭力避免受到互联网和社交媒体的冲击。比较典型的防御性做法当属囚禁记忆，有趣的是，这种策略并非当代社会的发明。按照玛格利特（Avishai Margalit）的介绍，“囚禁记忆”可以塑造或改造集体记忆，“为了摆脱维希政权带来的耻辱，保护法国的光荣”，法国在戴高乐时代“往往对这段记忆予以压制或使之在公共空间中消失”。[①] 信息过滤就是最好的囚禁，将被群体判定为有害的信息囚禁在信息暗箱中，通过信息的一元传播强化群体固化。在新闻/记忆实践中，媒体机构和社交媒体平台分别充当信息的囚禁者，将某些信息阻挡在媒体之外或者在传播过程中过滤某些信息。不被媒体缔构的新闻将失去成为公共议题的资格，也无法成为公共记忆。信息过滤囚禁的不仅仅是记忆更是囚禁着新闻和舆论，相反，对记忆的囚禁是最终的目标。在全球化进程中，语言也有自我囚禁的功能。在社交媒体上，语言（尤其是小语种的语言）“天然地”起着囚禁用户的作用。尽管翻译软件在一定程度上突破了语言屏障，但软件翻译的准确性和字数限制依然阻碍着用户的正常交流，更重要的是，并非所有的用户肯于使用翻译软件打破语言对信息的囚禁。在公共讨论中，一个讨论者变换语种就将干扰正常的舆论实践。今天的记忆—共识实践以通用的语言记录为文本，单一性语言文本对于将来社会同样可能面临解码的困难。封闭和囚禁并不会因为全球化进程而减弱，因为固化是一种本能的自我抑制，造成这种抑制的原因在于群体缺乏开化的动力。避免或者拒绝将群体融入全球化进

---

① ［以］阿维夏伊·玛格利特：《记忆的伦理·导论》，贺海仁译，清华大学出版社 2015 年版，第 5 页。

程，将新闻/记忆实践面向全世界和未来，将共识性观念向全体社会成员进行传播，这是群体固化现象延续的原因。在固化者看来，固化未必就具有贬义色彩，相反，当群体将传统思维方式和思想观念作为身份高贵的标志时，他们将干预新闻/记忆—舆论共识实践。在这种自动干预下，新的信息（新闻）和旧的信息（记忆/观念）必然带有保守的性质。

固化必然伴随着成功的想象。可以将群体固化当作一种幻象，通过对记忆—共识的操控强化群体的利益和社会地位。传统社会的群体固化类似于中世纪的“地心说”（亦称“天动说”，Geocentric model），这样的学说被认作天经地义之后，整个教会都会极力维护它的正统性。当时的刊物如果发布与之相反的观点，这样的“新闻/舆论”将面临群体的攻击，囚禁“异端”成为必然。捍卫正统观念需要借助媒体塑造这种观念的正当性，新闻/记忆叙事依靠的是想象，建立在这种想象之上的幻象作为先天的景观被应用到舆论场的公共讨论中，坚持这种幻象的群体会以各种新闻/记忆文本作为论据，这样的幻象给人的印象是史上最美的社会状态。汤因比曾反问道：“我所在时代的英国是历史巅峰的说法属实吗？我得出结论：这种观点不过是民族主义的幻想。”① 作为历史学家，汤因比跟他同时代的人相比拥有更多的历史记忆，当他对比历史与现实后得出上述结论。全球新闻实践的历程表明，大多数媒体习惯于将本土的社会生活方式描述成理想的模式。这其中也可能有所批判，但就媒体提供的整体画卷来看，不论什么时代的媒体都在孜孜不倦地致力于“民族主义的幻想”的记忆—共识实践。记忆—共识实践并不会因为全球化进程而减少这种幻想的制造。传媒业的激烈竞争，每个国家/地区都有自己的优势和短板，面对客观的差异化事实，媒体以国家/民族作为最大的群体，通过新闻/记忆叙事向本土公众呈现两种截然不同的画面（文本）：本土的优势成为媒体骄傲的资本，其他国家/地区的优势要么被“囚禁”要么只能有限度地呈现（新闻/记忆文本对这样的优势打了折扣）；至于社交媒体的舆论场更是充满不同程度的“民族主义的幻想”，当有人试图补充某些被囚禁的新闻/记忆时，本土的媒体/公众就自行发起进攻。巅峰之所以被媒体和舆论制造出来，在于新闻/记忆和舆论（共识）的幻象制造。这样的幻想和幻象是群体固化现象在记忆—共识实践中共同作用的产物，它们以特有的方式维护着国家/民族形象，促使全世界的人们从这样的新闻/记忆和舆论共识中看到群体光

① ［英］汤因比：《历史研究》，郭小凌、刘北城译，上海世纪出版集团2005年版，第30页。

彩照人的一面，并在全球化交流中受到潜移默化的影响。群体固化通过记忆—共识实践得到强化，这样的努力不仅制造着本土的巅峰幻象（几乎所有的国家/地区的新闻/记忆和舆论都在制造着类似的共识），也在通过这样的共识获得虚幻认同并最终强化群体在国内外的良好形象。

媒体记忆和舆论共识的群体固化对象并不是具体的事/物，而是整个群体的利益和荣誉。假如固化的对象为具体之物，媒体记忆的文本数量将大大减少，舆论共识也只能是宽泛的群体声誉，记忆—共识实践的范围被极度压缩，将造成类似于宇宙大爆炸学说中的那个引发爆炸的质点，记忆—共识实践将仅剩下可供记忆的硬事实而失去理论价值。群体固化无法改变人类社会永远变动的事实，固化需要维护群体的核心观念与利益，借助新的社会变动佐证群体固化的合理性。用新闻和历史（记忆）来证明群体历史的悠久和合法性，只要有群体的参与就有正当性的影子相随。因此，群体固化需要媒体和舆论担当起“随行记者”“历史学家”和“辩护律师”的角色，随时将新闻/记忆文本用于形象的制造与维护之中。这样的形象塑造与维护需要媒体和公众通过新闻/记忆产生联想，在一个站得住脚的想象区间从事记忆—共识实践。正如帕默（Catherine Palmer）所说，为了“想象社区，想象力必须指向特定的地点、场合或事件”“在这里，人们可以表达他们对一个国家的归属感，这个国家与一系列文化和民族的‘他人’截然不同”。① 如果说传统社会记忆—共识实践的这种想象必须服从于行政权力，在全球化时代，反而不必借助权力干预就可以参与群体形象的塑造与维护，因为人们逐渐意识到身份对于全球化交流的重要性。在这样一个时代，康德畅想的“世界公民”似乎未能得到普遍的响应，大多数社会成员需要从新闻报道和媒体记忆中寻找本民族的荣耀。特别是在跨国的社交媒体舆论场内，人们通常缺乏类似“世界公民”这样的纯粹道德性的身份意识，更多是在寻找自己的归属地——新闻的、记忆的和观念的归属地——这是向自己颁发参与公共讨论的“身份证”的根据。对自我身份的每一次确认都是在将自己置于一个认可的群体，这样的身份赋予行为主体从事公共活动的信心。在现实生活中，没有哪个群体完美无缺，身份审查愈发需要说服自己，通过将记忆—共识最大限度地分配给自己所在的群体，以便在这样的“想象社区”里心安理得地活动。这是身份得到确定、群体被重新固化的产物，也在维系着记忆—共识实践。

---

① Palmer, C., “Outside the Imagined Community: Basque Terrorism, Political Activism, and the Tour de France”, *Sociology of Sport Journal*, 2001, 18 (2): 144.

尽管群体固化在极力维护群体成员的身份和利益，随着全球化进程的持续，群体固化也面临着解构与重构的可能。也许，我们尚无法描述群体固化的有效期，相信在全球化时代，没有哪个群体可以一成不变地维系全部的传统。当代社会的媒体在源源不断地向全球用户输送文字和音视频的文本，这些信息以新闻/记忆或者共识（观念）的形式涵化着公众，在海量信息的长时间浸泡中，群体的演变存在许多不确定性，记忆—共识的群体固化现象将如何演变同样难以预测。可以肯定的是，“从根本上说，强烈的记忆、曾体验过的记忆都会逐渐衰弱，终将离我们而去”①，如果记忆不能长久，每一种记忆—共识的消失/迭代都将对群体固化产生影响。就长远来看，记忆—共识无法保持原貌，群体固化现象也并非长久之计，它的改变只有长期和短暂的区别，而被改变却是其宿命。

二　媒体记忆与舆论共识的层垒现象

在人类社会的演进中，现实空间中的城市将一个区域的政治、经济、文化和教育集于一体，再由若干个城市联结成国家。互联网颠覆了现实空间的中心区域，以至于早期的互联网活动被称作“冲浪”，意指互联网就像海洋而不存在严格意义上的中心。随着门户网站的兴起，互联网也出现了类似城市这样的中心，新浪、搜狐、网易就是中国互联网的“新兴城市”；2010 年以来，以微博和微信为代表的社交媒体成为中国网络用户的“超大城市”。就全球范围来看，类似的“特大城市”还有脸书、推特等，世界各地的网络用户在这里找到“上岸的”地方。从某种意义上讲，现实空间的全球化也类似于互联网的发展，起初的全球化也在致力于去中心化。全球化发展的历程似乎表明，在全球化的过程中出现了一种新的现象：在岸化。这本是经济学的概念，指在全球化和成本最小化后，企业和国家行为对可靠的供应的青睐。② 这个概念有助于我们理解记忆—共识实践的全球化现象。按照全球化去中心化的初衷，新闻/记忆和公共讨论的全球化打破了少数媒体寡头和社交媒体平台对记忆—共识实践的垄断。就目前的情况来看，国际新闻报道中依然很少出现经济欠发达地区和不受主流媒体欢迎的国家/地区的新闻，相应地，没有新闻也将没有记忆；社交

---

① Derrida, J., Stiegler, B., *Echogra - phies of television*, Cambridge: Polity Press, 1996, p. 59.

② 马浩华：《钟摆正从全球化摆向在岸化》，FT 中文网 2022 年 3 月 29 日，https://www.ftchinese.com/premium/001095682?archive。

媒体舆论场紧跟全球新闻热点，没有新闻不但没有记忆也没有舆论（共识）。在全球化进程中，媒体机构和新闻/舆论/记忆的钟摆朝着“可靠的记忆—共识”方向摆动，在这个过程中蕴含着新的层垒机会。在岸化与全球化相对应，不同的是在岸化强调中心的可靠性，这与传统社会自然形成的中心有所不同。在记忆—共识实践的全球化进程中，伴随远距离的新闻/记忆生产和舆论共识的生成带来的问题是：记者能否真正出现在全球新闻的现场，通讯社等全球性媒体机构提供的新闻能否真正涵盖主要的新闻事实？这在很大程度上影响着全球舆论的议题设置和讨论的结果（共识）并在此基础上形成最终的媒体记忆。有的媒体机构虽然自称面向全球做新闻并对全球事件发表评论，但这样的机构能够向多少国家/地区派出常驻记者，如果无法派驻足够数量的记者转而以特派记者（邀请其他媒体所在的驻外记者或者留学生等非新闻专业人员担任特派记者/通讯员），这样的媒体在新闻生产环节就存在着专业性问题，缺乏可靠性的新闻将波及舆论共识和媒体记忆的可靠性。在全球化进程中，记忆—共识的在岸化意味着新闻来源和新闻报道专业性的可靠，这是为世界历史积累可靠记忆的保证。

媒体机构和舆论场在不间歇地从事记忆—共识实践，并将记忆—共识的成果纳入人类文明大厦中。就全球范围来看，不同国家/地区、不同语种的媒体生产的记忆—共识成果并不会直接汇入同一个系统。以汉语世界和英语世界的记忆—共识为例，两种截然不同的记忆—共识分属于不同的文明系统，虽然在全球化进程中出现了融合的现实可能性，这样的融合也只是有限的融合。中国出版有自己的英文媒体，英语世界的国家也出版有中文媒体，所有国家的记忆—共识实践都有至少两种以上的语言文字记录社会事实和观念变迁的历程，但不同语种的媒体档案无法直接融合；同样，英语世界涵盖多个国家/地区，英文媒体从记忆—共识共同存在于所在地的档案馆和图书馆，但这些不同语种的记忆—共识文本也不存在直接的交集。媒体记忆和舆论共识的成果每天在增加，分布在全球各地的记忆—共识文本的语种数以百计，需要记忆—共识研究者从人类文明原始素材的角度关注全球媒体记忆和舆论共识的状况，但在大多数情况下，这些分布在不同国家的媒体档案只能以层层叠加的方式堆砌在各地。我们将媒体记忆和舆论共识在全球范围内的这种叠加称作特殊的层垒现象。传统社会的层垒现象是一种物质的壁垒，报纸、期刊、广播电视录音/录像带作为媒体记忆的物质材料，它们的所有权归属于完整的收藏机构，不经这些机构的同意这些档案就无法被外人所接触。在全球化开启之前，全球的记忆—共识的层垒现象以物理的方式相互割据，只有少数大型图书馆或者新闻报纸博物馆可能同时将全球各地的主要报纸集纳在一起。即便如此，也难以同时把全球的广播电视节目的音像档案全部拷贝过来。传统社会的媒体记忆和舆论共识的层垒现象实际上是记忆—共识的壁垒，凭借介质材料的不兼容而独立存在。数字媒体时代，随着不同介质媒体材料的数字化，互联网取代档案馆和图书馆成为新型的全球媒体档案资源库。这里的“全球”也是相对而言的，不提供报刊电子版和暂未将广播电视节目资源上网的媒体机构未必肯于主动配合全球化进程。随着媒体竞争从现实空间转向虚拟空间，互联网改造着媒体记忆和舆论共识的层垒现象，这个阶段的层垒打破了地域和媒体介质的界限，实现了将全球媒体资源和网络舆论场的资源共享在一个平台上的目标。媒体平台提供的自动翻译功能满足了不同国家/地区公众跨语种接触媒体新闻/记忆文本的需求，使媒体记忆和舆论共识在一定程度上共同存在，形成记忆—共识的沉淀效应。当代社会，不同国家/地区的媒体记忆和舆论共识的“围墙”被互联网/社交媒体贯通起来，记忆—共识的全球资源共享成为可能。这种共享带来的不仅是跨国媒体记忆和舆论共识的融合以及信息资源的共享，更是人类精神文明的共享。从互联网记忆和网络共识中，用户了解到的不再是某个地方、某个时间段的历史和观念，而是全球范围内人类社会的历史和观念，这样的认知仿佛网页版的谷歌地图，可以是整个人类社会的记忆—共识宏观鸟瞰图，也可以是某个街区某个时间段的微观景观。在互联网平台上，全球的历史和观念被连续的沉淀着，互联网将异质的记忆—共识存储并沉淀着，这种数字媒体时代媒体记忆和舆论共识的层垒现象。

在全球化进程中，不同意识形态阵营的媒体不可避免地发生交往。不同意识形态的媒体对于同一新闻事实的叙事各有自己的方式，同样的事实因为观念的差别带来不同版本的新闻叙事，公众从两种叙事文本中解读的事实可能出入较大。在舆论场内，意识形态对于公共讨论的影响更为明显，一个议题因为讨论者的意识形态分歧带来立场和观点的尖锐对立。每一种意识形态都有其历史根源和社会基础，几千年来的分庭抗礼也未能分出胜负。不论全球化是否来临，意识形态都在以自己的方式影响着新闻媒体和舆论场，所不同的是前全球化时代的媒体主要是对本土受众产生影响，意识形态的冲突具有间接性，反驳外来观念但不与这种观念的行为主体直接对垒；全球化时代，不同意识形态阵营的媒体在网络上相遇，直接交锋的可能性增加；分属于不同阵营的用户在社交媒体舆论场的相遇趋于常态化。在这种情形下，媒体记忆和舆论共识的层垒就出现了沉淀过程中的摩擦与冲突，占据优势的一方留给将来社会的记忆将是被优先继续传播的对象。这类似于屠格涅夫（Ivan Sergeevich Turgenev）在《父与子》中描写的故事，两个思想阵营的冲突与合作无法回避。互联网提供的是同一个世界，不同阵营的媒体和公众提供的是两个版本的新闻/记忆叙事和舆论叙事，这种常态化的对立与合作同时贡献给各自的记忆—共识文本（在每一个阵营的媒体和舆论叙事中，都会将自己的观点作为全部的共识纳入媒体记忆）。正如史家对历史事件记述的不同，当代媒体对于重大事件的记载也有较大出入。2022 年 4 月初，围绕布查（Butscha）惨案的始作俑者，冲突双方相互指责①，公众从媒体上无法直接判断何者的陈述符合事实，公共讨论依据的是媒体叙事，形成共识自然不易。对于正反记忆和正反舆论，这是全球化进程中记忆—共识的常见现象。意识形态的冲突是人类社会多元化的产物，媒体记忆和舆论共识的使命在于重视呈现多元化的事实，这需要记忆—共识实践正视这种社会现象的存在，将双方的主张和各自"眼中的正确世界"装进历史的卷宗。媒体记忆和舆论共识完成信息的沉淀，这是对人类文明建构的最大贡献。媒体记忆和舆论共识对不同新闻/记忆和舆论叙事的态度，不妨从哈耶克那里汲取有益的经验。"哈耶克变成了一个在本世纪已很不多见的'知识贵族'"，他继承了 19 世纪前学术界的"知识统一性"的传统，"专业化对于我们是学有所成的前提，而对于他们（康德等人），却是有碍与充分理解这个世界的一道道樊篱，因此他们要尽力打破知识体现壁垒分明的界线"。② 人类社会的知识体系本来兼容并包共同沉淀，学科的壁垒反而是对知识的宰割，这也是知识伦理问题受关注的原因。记忆—共识的全球化实践需要打破意识形态和国家利益的壁垒，按照不同的层级将之纳入人类文明的大厦。意识形态按照正确与错误界定新闻/记忆和舆论共识（观念），真正的记忆—共识实践的层垒包含着成见和排拒，却又不同于意识形态的两分法，允许各自构建记忆和共识，媒体和平台为其提供栖身之所。

层垒就像树木的年轮按照时间顺序将新闻/记忆文本和舆论共识文本存储起来，不同意识形态的媒体和舆论对垒的档案也会被层层叠加。代表

---

① 南博一：《冯德莱恩：欧盟将派调查小组赴乌克兰调查"布查事件"》，澎湃新闻 2022 年 4 月 5 日，https://www.thepaper.cn/newsDetail_forward_17470713&wfr=spider&for=pc。

② ［英］F. A. 哈耶克：《致命的自负 · 译者的话》，冯克利、胡晋华等译，中国社会科学出版社 2000 年版，第 2 页。

不同意识形态的媒体/舆论起着绝缘的作用，不会自动被融入异己的媒体/舆论之中，这涉及层垒与权威的关系。在舆论场内，意见领袖是最典型的权威，媒体的新闻/记忆实践中也存在类似的权威。官员、学者和企业家有机会获得被媒体记忆的资格，他们对公共事件的看法大抵和社会主流一致。新闻专业主义强调新闻报道的平衡，媒体为保持公信力通常也会采访不同观点的专业人士。媒体的职责在于呈现多元的观点而不是提供教科书式的社会认知答案，当不同的观点通过新闻/评论或其他方式被纳入新闻/记忆，这些观点也就进入了舆论场，成为公共讨论的对象。我们全部的社会实践（包括媒体记忆和舆论共识的实践）具有历史继承性。历史上的媒体（包括由它承载的舆论场）已经积累了丰富的记忆文本，成为当代记忆—共识实践的支撑材料。层垒的价值在于保存着原汁原味的记忆档案，人们可以从这些材料中汲取营养。“过去的图像通常是当前社会秩序的合法图像”，公众通常是从过去的经验中实现记忆—共识的自我强化。记忆—共识的价值在于维持权威的正当性。由记忆—共识塑造的权威“呈现出由复述者决定的特定偏好形式”①，这种复述的权利是定义媒体记忆和舆论共识的先决条件，因为“并不是每个人都有能力做记忆工作——不同程度的文化权威使一些声音合法化，而排除了许多其他声音”。② 每种意识形态的媒体习惯于在不同阶段为自己寻找代言人，通过新闻和舆论呈现各自的记忆。媒体的新闻—共识不计其数，这些源源不断被生产出来的信息要对将来产生影响，有资格转换为记忆文本的信息需要在层垒沉淀的过程中经历多次淘汰。我们今天记忆的历史人物/事件/观念毫无例外是由知名人物阐述或记载的，记忆—共识的层垒可以采用自然包裹的办法将普通人物和知名人物的内容一并存储，记忆会把名不见经传的人物和缺乏历史认知价值的新闻/共识文本沉淀到历史档案的最底层，而将具有较高权威和话语权的人士的信息置于每一级层垒的浅层以便于将来社会发现。假如一个时代在将来没有跨越时空的代言人（权威），就像春秋时期没有孔子，蒙受损失的将不是权威而是那个时代，他们的声音/故事的沉没也将让后世无法真正了解一个时代的历史。

在全球化进程中，如果我们单从日常的媒体报道和舆论争论来评判当

① Zelizer，B.，*Covering the Body*：*The Kennedy Assassination*，*the Media and the Shaping of Collective Memory*. Chicago，IL：University of Chicago Press，1992，p. 3.

② Carlson，M.，“Making Memories Matter：Journalistic Authority and the Memorializing Discourse around Mary McGrory and David Brinkley”，*Journalism*，2007，8（2）：168.

代社会，得出的影响可能相当不好。如果我们从今天出发，沿着“媒体历史的小河”往回走去，很快将会发现今天的世界并不比昨天的世界更为热闹。换句话说，人类社会就是在复杂的热闹中一路走过来的。近代媒体的出现，人类开始养成用媒体“写日记”的习惯，只是一家媒体只能写“一张纸的故事”（我们将一家媒体生产的内容比作单页的故事），谁能将这些分散的“故事”逐日集纳起来，很快将发现社会不仅仅是喧嚣和无聊，其中也贯穿着精神的力量。关于这样的发现，也许历史学家最有感触。汤因比指出：“国家精神对历史学家有一种特殊的感召力，因为它为历史学家提供了某种前景，即人们对‘看法的统一性’的共同期望。”① 直觉告诉我们，每个时代都与过去不同，但这样的不同更多是物质层面的差异，精神层面的差异反倒减少了许多。记忆—共识的层垒确实保护着历史的风貌，直觉只能从表面匆忙下结论，就像看到繁体字就觉得这不是我们这个时代的历史，看不到电视图像和互联网的档案文献就认为这与当代社会无关。舆论研究受重视，许多人以为这是应用学科，为的是推动公共事件的解决；记忆研究在多个学科受重视，这又该如何解释呢？如果透过经验事实的表象看问题，不难发现记忆—共识与国家精神有关。特别是在全球化进程中，政府部门和媒体机构不会忽视国家精神（也可以理解为民族精神）在全球化时代中的独特作用。媒体可以呈现全世界的最新变动，舆论场可以将全球重大公共事件当作公共议题，但公众必然以自己的方式叙述/解释最新的事件。没有国家精神作为感召力，记忆—共识也就失去了独特的魅力，记忆—共识的层垒（年轮）正是借助于国家精神（民族精神）看待世界的过去、现在和未来，这样的精神就像一根红线，将本土和域外、过去和现在以及将来串联在一起，这样的内在精神就是汤因比所说的“看法的统一性”，这种统一性在某种意义上超越了意识形态形成的观念壁垒。就像我们今天从儒家、道家思想中获得的精神力量可以超越时代的利益共同体设置的屏障，国家精神具有的这种强大力量在全球化时代反而没有真正显现出来。随着互联网的普及和全球化进程的加快，没有内在精神力量的支撑在记忆—共识实践中将显得多么乏力。这种内在的力量的源泉，其中就包括媒体记忆和历史的思想观念（舆论共识）的浇灌。正是记忆—共识的层垒把历史保护得越是全面和完好，就越是能够透过历史获得精神的力量，帮助我们形成“看法的统一性”；

---

① ［英］汤因比：《历史研究》，郭小凌、刘北城译，上海世纪出版集团2005年版，第9页。

正是在这种统一性的指引下，为每个时代获得了继往开来的实践资格。

国家精神不同于世界精神（是否存在这样一种超越国家的终极人类精神有待商榷），前者是显见的、可感的，记忆—共识维护的是本土利益，或者以本土为中心。媒体记忆和舆论共识的层垒功能可以保存多元化的事实/观念。我们对国家精神与记忆—共识的关系的理解，是透过层垒的有形之墙发现无形的连贯性。全球化在社交媒体平台上率先实现了舆论场的全球化（或者说，舆论场具备了全球公共讨论的硬件和可能），这种高度个体化的媒体介质让原本已经显得杂乱无章的媒体记忆和喧嚣的舆论场同时处于白炽化状态。如果说传统媒体将公众团结在一起，那么社交媒体则是透过开放门户将世界在形式统一的表象下带入更为分离的状态。"虽然个人或私人的记忆通过广播被整合成一个连贯的蒙太奇，但答录机的哔哔声保持了各种记忆的分离。"① 社交媒体对记忆—共识同时具有整合和分离的功能，它一方面把人类社会的点点滴滴汇集到这个平台上，另一方面又把相互矛盾的信息/观念堆积在一起。记忆—共识的层垒在这里也受到这两种相反的力量的影响，有的人/机构在竭力弥合分歧，通过用知名媒体和权威人士的影响力在社交媒体上塑造统一的观念；有的人/机构也在设法拆解这样的"信息帐篷"（包括各种形形色色的事实核查，也是这类"帐篷"的推土机）。全球化进程需要不同国家从媒体及其记忆中看到/发现自己的现在/历史，需要从舆论场议题中汲取所需要的思想营养，所有这些需要媒体和舆论场为全球的公众提供"连贯的蒙太奇"；与此同时，假如社交媒体仅仅具有整合的功能而不具有分离的功能，当代社会的丰富性和复杂性也可能因其片面的整合而失去应有的吸引力。对于我们来说，没有谁愿意从历史卷宗中只发现一种叙事/观念，相反，对于同一历史事件不同的叙事/看法，带给我们的是对历史的兴趣和思考的动力。层垒的每层档案中不应该只裹着单一维度的叙事和观点，记忆—共识的每一级层垒内都应该像社会生活这般丰富多彩。也许，这样的层垒缺乏认知的连贯性，将来的历史学家总有办法整合当代社会的记忆和共识，为他们那个时代剪辑出一份"连贯的蒙太奇"历史画面。

三 媒体记忆与舆论共识的原子现象

在全球化进程中，群体的固化和层垒现象虽然对媒体记忆和舆论共识

---

① Cohen, E. L., Willis, C., "One Nation under Radio: Digital and Public Memory after September 11", *New Media & Society*, 2004, 6 (5): 602.

造成一定的影响。相对于国际缺乏常态化的交流与合作，全球化借助社交媒体解放了公众的创造力，媒体从业者和舆论场的公共讨论者的思想被激活，多元的资讯让人们感知到自己的独特价值。在传统社会，现实空间赋予个体的活动空间相对有限，即便是一个经常可以出差或者旅游的人也受制于他所抵达的地方和接触人的多少，以及这些人能为他提供多少有用的信息。当一个人占有的信息不够多，对外部的依赖也就越多。社交媒体将人对人的依赖转向对信息的依赖，人们可以摆脱现实空间的人际关系而在社交媒体上找到志同道合者，这样的志同道合使其获得更多的独特性。“在古希腊，个体概念是与原子概念重叠的。到了经院哲学那里，个体才被限定用于描述人之个体性，即作为个体的人。直到 16 世纪，个体概念才获得‘独特的人’之含义。”① 在强调社交媒体对人的个性的解放时，也应看到个体在社交媒体和全球化进程中的原子化现象。正如社交媒体提供的是虚拟空间一样，个体性也有形式的和内在的差别。从形式上，在公共讨论中用户以个体的身份出现，对于新闻/记忆文本的解码/再编码也是以个体身份（形式）独立进行。当我们这样定义记忆—实践中的个体时，沿用的是现实空间人际关系中的个体概念。在全球化进程中，一个人通过社交媒体“周游世界”，不论他是在对新闻/记忆自我进行解码还是再编码，抑或是在域外的社交媒体上参与公共讨论，隐藏在形式独立深层的是人的原子化。个体概念强调人与社会的关系，现实生活中人的独特性在于其长期获得的社会地位和综合能力以及与他人相比的独特性。脱离了现实的社会关系，人也就失去了严格意义上的个体性。与之相反，原子没有生命，只是在化学反应中才与其他微粒发生紧密联系且具有不可分割性，但在物理状态下，原子与原子之间可以独立存在。原子的这种存在状态对于思考全球化进程中用户在社交媒体上的活动（记忆—共识实践的活动空间）很有帮助。媒体记忆的对象无法被抽取掉或者被篡改，但在社交媒体上对记忆文本的解码/编码中，当涉及远距离的新闻/记忆时，有意的裁剪或者篡改（比如，通过语种翻译故意改变局部事实）成为可能，在这里，记忆的对象是原子的，它们被歪曲或者删除可能变得不引人注目，因为大多数人对于国外的新闻人物不会去刨根问底；再编码记忆文本的人在社交媒体上也具有原子化的特征，达到目的之后再删除账号永久退出一家平台也不会有人特别在意，或者变更身份隐匿自己的先前账户信息，这样的身份变更使其继续活跃在社交媒体上。在公共讨论中，一个讨论者的加

① 甘绍平：《自由伦理学》，贵州人民出版社 2020 年版，第 87 页。

入或者退场也不具有不可分割性。换句话说，一个讨论者的在场与退场对于公共讨论不会有影响。而在现实空间的公共讨论中，一个普通人的退席也会被注意到，因为他与会场有着某种现实的关系。全球化进程中的记忆—共识实践者的在与不在，他们的个体性反而显得不再重要（除非你是全球性的知名人士），绝大多数社交媒体用户以原子的身份参与记忆—共识实践，个体化反而仅仅适用于极少数人，这是虚拟空间的无限广阔对用户的个体性的冲击造成的网络社会现象。

全球化进程和社交媒体普及加速了个体性的用户的原子化，原子化的用户在媒体记忆尤其是舆论共识实践中的个体作用呈现出下降的趋势，但个体对于记忆—共识实践依然重要，因为碎片化的信息也是原子化的，一个用户与大多数用户的关系同样是原子化的，原子的事实/观念需要原子化的人来记忆和理解。据记载：物理学家利奥·西拉德（Leo Szilard）曾跟汉斯·贝特（Hans Bethe）说自己准备写日记但不打算发表，因为“只是想记下事实，供上帝参考”，虽然上帝“知道那些事实，可他不知道这样描述的事实”。① 如果将“上帝”理解为将来社会的人，将有助于思考社交媒体时代用户参与记忆—共识实践的重要性。我们每天的生活自己心知肚明，但如果不主动记录身边的事实，虽然大家都可以想象得出这样的事情（包括我们可以想象其他国家/地区的同类事情），但用自己的语言、根据个人对事实的理解来呈现其眼中的事实，这样的记忆文本具有独特的认知价值。原子化的事实需要媒体机构的专业人士记载，但全球传媒业的从业者总量与全世界 70 亿人这个数字相比显得微不足道，新闻媒体和社交媒体能够记录的社会变动毕竟有限，社会/媒介环境的变化让个体的人以原子的方式记录原子化的事实，这些各具特色的记忆文本对于将来无疑是一笔宝贵的原始素材。同样地，用户的看法和观点也具有原子的特征，看法/观点的非系统性决定了它们被纳入理论体系之前只能以原子的方式独立存在且不易保存（如果没有得到记录，不久的将来自己也可能记不得了），偶然参与公共讨论时的看法可以被平台自动保存，但与海量的数据相比，一个用户的只言片语依然无法改变原子化的事实，尤其是研究者自动分类处理这些数据时，用户的一句话/一段话如果没有足够闪光的亮点引起研究者的注意，就只能是佐证某个观点的一个粒子（原子）；即便这样的看法引起研究者的兴趣，依然是构成研究论文中的一句话甚至是一

---

① ［美］比尔·布莱森：《万物简史·引言》，严维明、陈邕译，接力出版社 2005 年版，第 4 页。

个注脚。这表明，公共讨论中的事实/人/看法都具有原子的特征，他们对形成舆论共识的重要性在于只是构成共识的粒子（原子），或者说仅仅具有量的关系/意义。应该说，全球化进程加速了个体的原子化，当代媒体记忆和舆论场的活跃在于前两种因素为记忆—共识实践提供了类似化学反应的条件，激活了原子化的事实/观念与原子化的人，刺激了全球范围内的用户参与到记忆—共识实践中。虽然绝大多数用户对这种参与浑然不觉，但他们却乐此不疲，在无意中推动着当代社会的媒体记忆和舆论共识发展。

在社交媒体平台上，原子化的用户根据自己的见闻记录碎片化的事实并表达自己的感受，社交媒体的自我活动既是数字媒体的记忆实践也是舆论共识的实践，后一种实践更多以自我对话的方式发表看法。绝大多数没有影响力的用户的记忆—共识实践基于个人之经验——既包括直接经验也包括间接经验——使他们隐约感觉到何种事实/看法更为吸引公众的注意，这样的认知出于对个人记忆/看法的人际传播。对于有一定影响力的用户来说，他们的经验还包括吸引注意力的经验，这些用户懂得如何选择事实、叙事的语言技巧以及发布的时机，懂得用某种观点博得更多人的认可。这样的经验具有媒介的性质，它将原子化的事实/看法与媒体/平台相联结，从某种意义上说，媒体记忆和舆论共识属于“社会中介经验的产物”。换句话说，这样的记忆—共识“似乎来自于群体生活和群体成员的能力，以构建个体感知者的认知”①。人的内在价值主要通过后天学习获得对人格和尊严的认知，形成自己的个体性特征；人的外在的形式依然是原子化的，改变这种状况的唯一办法就是强化与外部的联系，这种联系必须借助社会中介经验。媒体信息皆为经验，是人们学习的对象；社会生活和社交媒体同样皆可为经验（经验中包含着教训，教训也可以理解为特殊的经验），中介经验为我们提供了感知的方式，可以指导记忆—共识实践。新闻/记忆实践也依赖于社会中介经验，新闻/记忆是长期的专业化实践的产物。媒体提供的经验与媒体从业者的能力有关。媒体机构内部的合作呈现出个体性特征，新闻/记忆生产不同于作坊生产，在合作过程中优秀的媒体从业者可以获得同事的尊重，因为他们的创新意味着经验的产生。媒体从业者依然呈现出原子化的特征，因为个体与行业相比仿佛一个

① Haslam, S. A., Oakes, P. J., Reynolds, K. J., Turner, J. C., “Social Identity Salience and the Emergence of Stereotype Consensus”, *Personality and Social Psychology Bulletin*, 1999, 25 (7): 816.

人与一座山的关系，我们无法否认两者之间力的吸引/排斥，但这些力的实际作用可以忽略不计。在传媒业的发展过程中，真正具有创造性的从业者必然成为新闻/记忆实践中介经验的贡献者，他们引领新闻/记忆实践并影响将来社会的媒体从业者，这样的“经验贡献者”摆脱了人的原子状态而成为真正意义上的个体的人，也就是具备专业感知能力和专业建设能力的实践者。舆论共识实践也离不开中介经验，缺乏公共讨论经验的用户需要从围观中学到讨论的方法。看法/观点/观念遵循从“原子”到“物质”的成长路径，持有这些观点/观点的用户多从社会事实和人类知识中获得灵感，在经验的哺育下获得独立思考的能力。全球化进程为原子化的人提供了与外界发生联系的可能，不同国家/地区的媒体从业者可以从同行的新闻/记忆实践中借鉴经验，社交媒体用户可以从舆论场的讨论中汲取思想的营养。社会成员借助信息的全球化努力提升自己的感知能力和创造力，实现从原子化的人向个体性的人过渡。

用户在社交媒体上的活动轨迹将成为平台的数据资产，这些数据也将成为当代社会的数字记忆。全球化进程扩大了人类社会的交往范围，伴随这个进程的是各种数字记忆的增长。在玻姆看来，形而上学思想的实质是“一切皆 X”。这样的表述“虽然它看似简单，各种文化却都通过它的某种翻版，来定义各自的实在观”。[①]“一切皆 X”可以视作理解媒体记忆和舆论共识的特殊方式。按照这样的观点，人类社会每天都在为自己生产记忆和思想观念（共识）。全球化进程中的记忆边界更为模糊，当个体开始意识到与整个世界的关系、意识到个体的渺小时，就会增进与世界交往的欲望；当个体希望保持独特性时，必须善于把一切当作新闻/记忆，使之变作经验，用于构建自己的世界观。经历提供的经验事实只是记忆的起点，我们需要从经验（记忆）出发，为的是抵达观念（共识）的彼岸（用观念影响更多的人）。如果说社交媒体上的一切皆数据，也就意味着用户在社交媒体的活动“一切皆记忆（信息）”“一切皆观念”。新闻媒体无法满足“一切皆 X”的诉求，媒介技术解决了全面记录的问题，当一切皆可记录时也就间接解决了“一切皆记忆”的问题。当我们不用像考古学家通过偶然的发现和艰苦的努力去发掘某个秘密时，社交媒体建立的“数据档案”将自动变成“记忆档案”和“思想观念（共识）档案”。将来社会也需要将记忆/共识“档案（库）”作为“考古”对象，通过

---

① ［美］戴维·玻姆：《论创造力·英文版序》，洪定国译，上海科学技术出版社 2001 年版，第 18 页。

信息检索技术和数据成像技术即可了解我们这个时代的一切。与传统社会相比，能够流传数百年乃至上千年的个人档案（日记、信函、账簿）相对不易，书写与保存技术限制了“一切皆记忆/共识”的实现。技术手段和全球化进程强化了“一切皆X”的可能。当“一切皆X”，媒体记忆和舆论共识就进入全民实践的时代。以后者为例，一个人孜孜不倦地记录历史（日记）和日常收支（账簿），这样的行为动机和行为原则以及消费理念无形中也就成为认识记录者的原始档案。在这里，记忆的不再是事实（行为）也包括了观念。当我们认可一个人的观念，无形中也就与档案的主人达成跨越时空的共识。

媒体记忆是社会发展到一定阶段的产物。在人类早期，石刻壁画和其他符号的发明未必出于人类长期记忆的需要，更多应该出于实用的目的。近代媒体诞生时，报纸发行人也未必树立了替人类记录历史的远大目标，他们办报的动机更多是拓展市场谋取商业利益。当石刻、壁画和报纸（以及随后的其他介质的媒体）成为记忆的方式，这些介质仅仅是相当不确定性的（媒体）记忆之因，它们的出现有着很大的偶然性，但为媒体记忆的诞生奠定了物质基础。詹姆斯·雷切尔斯（James Rachels）认为：“人是原因的产物，无法预知这些原因将要达到的终点；他的来源和成长、他的希望和恐惧、他的爱和信念，只是原子的偶然排列的结果。”① 在记忆—共识实践中，我们无法预知行为后果，对媒体记忆的编码、解码/再编码往往充满着偶然性。就像用户在社交媒体上转发一条信息，配上一段话比单纯地转发更为可取。这样的解码/再编码是随机的，我们无法预知其舆论反响。全球化时代，国家的新闻/记忆传播效果同样无法预测，新闻/记忆有其产生的原因，这也将成为舆论的原因，舆论又将成为共识（观念）的原因，这些记忆—共识也是将来社会评价之因。当新闻成为记忆，事实间的关系也只能是偶然排列的。在新闻实践中，媒体以汇编的形式将互不相关的事实拼凑在一起，每个事实只是记忆的原子，它们按照媒体的逻辑进行组合，但这样的事实之间依然并不真正发生联系，这也正是雷切尔斯所说的“原子的偶然排列”，历史所有的媒体记忆基本是这种偶然排列的结果。舆论共识也是如此。一种观念的产生必然有其产生的原因并将成为新观念的原因，就像地心说和日心说以及平行宇宙理论的关系一样，历史上所有的思想观念可能会让人眼花缭乱甚至无所

① ［美］詹姆斯·雷切尔斯：《道德的理由》（第5版），杨宗元译，中国人民大学出版社2009年版，第56页。

适从。也正是无序的偶然排列给人类以极大的好奇心，几千年促使人们致力于从碎片化的事实/观念中派生出新的奇迹。原子化的人用他们的个性和智慧在书写历史，媒体记忆（包括数字记忆）实践就像全体成员在即兴绘制一幅超级画卷，在没有脚本和指导教师的情况下全凭群体兴趣完成这份工作。根据这样的记忆原理，可以设想在全球化进程中这样的画卷中将可能出现多少令人惊奇的图案，来自全世界的用户根据自己的方式制造记忆的材料。这样的巨幅画作类似于中国的山水画，“记忆的画家”也将自己对于这幅画卷的理解融入其中，将来社会看到的正是我们这个时代的“灵魂的安居”景观。

在社交媒体出现前，存在着不同程度的新闻同质化现象。社交媒体改变了媒体实践的格局，开始强调新闻/记忆的个性化与艺术性。缺乏可读性的新闻难以成为记忆，新闻/记忆或者思想观念的表达（共识文本）需要具有艺术的观赏性和保存价值。正如韦尔施所说：“艺术品有它自己的说话方式，但是它的言说通过当前交流手段的一种特殊调遣，连接着现存的其他符号系统。”“作品只有在与他物的交往中言说自身。没有环境便不存在语义空间，艺术作品亦然。”① 将新闻/记忆和舆论共识（的表达）当作艺术品，与此同时也对媒体从业者和参与公共讨论的社交媒体用户的创造力提出更高的要求。全球化是竞争的代名词，新闻/记忆和舆论场的竞争同步进行。用户在刚踏进社交媒体的大门参与记忆—共识实践时可以是原子化的人，当他获得一定的实践能力就必须过渡到个体性的人，在这里，个体性是获得艺术创造力的基础。同样的事实在不同的叙事者（新闻/记忆的编码者和再编码者）那里，因为叙事能力的不同产生的效果并不一样。真正具有艺术性的新闻/记忆和观点表达（共识生产）因其独特的魅力吸引公众的围观，相反，缺乏艺术品格的文本即便借助“水军”和社交机器人的“烘托”也难以产生真正的舆论影响，在记忆—共识的沉淀过程中只能居于层垒的底层。传统媒体时代的新闻/记忆生产是业内的竞争，社交媒体时代的媒体记忆既保留了业内竞争的传统也引入了社交媒体用户，后者以“原子”的身份却包含着个性化的特征，他们通过阅读与新闻/记忆、舆论共识的文本进行特殊形式的“交流”。全球化进程作为“交流”的背景，来自不同国家/地区的用户可以对这些文本进行鉴赏和修正，文本在与用户发生联系时将趋于艺术化（也许，一件

① ［德］奥尔夫冈·韦尔施：《重构美学——品味新美学》，陆扬、张岩冰译，上海译文出版社 2002 年版，第 151 页。

艺术性的文本会被低级的用户糟蹋，但社交媒体不会给这样的糟蹋预留太多的空间，很快会有人对遭到破坏的新闻/记忆和共识文本进行修复，并且修复后的文本质量不会逊色于先前的文本，因为修复也存在竞争，而竞争是保持文本艺术性的前提）。这表明，社交媒体用户以原子的身份踏上社交媒体，但个体性终将成为他们参与记忆—共识实践的资本，每个人为自己代言，挑战那些被视作经典或者权威的新闻/记忆和共识的文本。在全球化进程中，社交媒体为记忆—共识的实践者赋予“皆可为圣贤”的可能。

第三节　全球化进程中媒体记忆与舆论共识的自然规范

媒体记忆与舆论共识作为社会生产的两种特殊形式遵循各自的规律，这两种社会生产虽有人为因素的影响但这些影响的作用有限，从长远来看，记忆—共识遵循社会发展的自然律，人的干预的作用居于次要地位。在全球化进程中，记忆—共识的主体和客体愈发多元化，对媒体记忆与舆论共识的人工干预也越发困难，记忆—共识的伦理秩序、信仰体系和集体主义理念的形成经历一个自然发展的过程并不断自我调节，使记忆—共识实践符合人类社会的长远利益。

一　媒体记忆与舆论共识的“新型伦理秩序”

人类文明是社会进化的产物。作为有限的理性存在者，个人在对文明的建构中所起的作用以及产生的影响并不均衡，这些作用/影响有积极的也有消极的，这是文明与野蛮所代表的两种不同矢量的力的长期博弈自然形成的结果。文明起源于野蛮，文明矫正着野蛮。野蛮遵循的是自然律，以自在的方式维护自身利益的最大化，既不顾及他者的利益也没有尊重任何规律的意识。文明遵循的是道德律，以普遍的形式对野蛮进行抵制，当文明与野蛮在相处中发生冲突之时，野蛮将被迫选择以损失的最小化寻求对自身利益的维护，这为文明的诞生提供了可能。去野蛮化就是人类的去蒙昧化，也是文明的开端。道德律要求原则的可普遍化，当一个人以一种方式行为时必须满足所有人采用同样的方式，这就是“己所不欲勿施于人”的道德普遍律的要求。记忆—共识实践也经历一个从野蛮到文明的过程。记忆—共识实践也就是文明记忆和野蛮记忆、文明共识与野蛮共识的选择问题，为短期利益和自我利益而不择手段的记忆—共识实践必然采取野蛮的方式达到这样的目的，为长期利益和公共利益而有所不为的记忆—共识必然采取文明的方式实现这样的目的，前者是外在的记忆—共识实践（具有价格可以交易价值），后者是内在的记忆—共识实践（永恒的不能交易的道德价值）。施蒂格勒认为："被外部化的东西是在它的外部化中构成的，并且在它之前没有内部性。"① 记忆和共识实践也有内部性和外部化两种实践形式。媒体的新闻/记忆实践是外部化的，这种实践主要是内容生产，在传播过程中被公众收受的效果分化成内在的收受和外在的收受两种形式，有些新闻/记忆被公众记忆在心并终身受益或者刻骨铭心；绝大多数新闻/记忆在传播中已经失去记忆的价值，这样的新闻/记忆属于外在的记忆，因为它们无法抵达人们的内心并在心灵中常驻，产生的只是短暂的影响，满足一时的感官需求。舆论共识也包括内部性的共识和外部化的共识，前者作为观念可以长期影响人的心灵，指导人之行为；后者的作用在于满足人们对外部世界的认识，应对短期的、可见的风险。在一个国家/地区内部，传统的和当前的社会环境为媒体记忆和舆论共识提供了存在的合法性，通过记忆—共识实践形成符合本土道德要求的伦理秩序。在全球化进程中，媒体记忆和舆论共识的环境变得复杂，记忆—共识的（传统）伦理秩序面临新的挑战，记忆—共识的伦理秩序出现新的不确定性，这表现在一个国家/地区的记忆—共识随时可能遭到来自其他国家/地区新闻媒体/社交媒体（舆论场）的道德责备，2022 年围绕布卡惨案的始作俑者的争议，两种截然不同的记忆—共识版本同时在新闻媒体和舆论场出现，这样的调查需要较长的时间，即便最终得出令人信服的结论，对于将来社会而言未必可以同时占有如此全面的记忆文本。退一步说，当代社会也未必全部幸运，因为严重对立的国家/地区的新闻/记忆和舆论共识仍然无法统一，当事实与反事实同时以真相的名义呈现在公众面前时，媒体记忆和舆论共识的伦理秩序就变得混乱。在全球化进程中，新闻媒体和社交媒体的界限消失只是相对的，语言/技术/经济等屏障依然发挥作用。层垒现象造成的新区域化也在加剧，记忆—共识的这种新区域化和全球化并存，但全球化语境下的媒体记忆和舆论共识的伦理秩序应该是统一的，否则，特殊化的伦理秩序必然是反伦理的，或者说是全球化的伦理自然主义。当我们将记忆—共识置于全球化语境中探讨这种实践的伦理秩序时，就无法回避对这种新型伦理秩序的思考。国家/地区的伦理秩序的正当性来自本土的道德观念，全球化的伦理秩序需要寻求伦理秩序的最

---

① Stiegler, B., *Technics and Time*, Stanford, CA: Stanford University Press, 2008, p. 4.

大公约数。新型伦理秩序强调记忆—共识实践的普遍性，需要被不同国家/地区的记忆—共识实践所接受。

在全球化进程中，媒体记忆和舆论共识的新型伦理秩序只能以人类文明作为实践的准则，当相互矛盾的新闻/记忆和舆论共识并存时，这是记忆—共识实践的自然律的产物，媒体机构和公共讨论者无法事先商谈记忆—共识的伦理问题，他们必然以自己的方式先行生产新闻/记忆、形成舆论共识。当这些文本同时在社交媒体上出现，事实呈现和立场态度的伦理问题随之暴露。从某种意义上说，相对于全球化进程，事实/观点多元的记忆—共识实践处于一种准伦理的自然状态之中，因为这个阶段的全球化记忆—共识实践是不同国家/地区这种实践的汇总，要以伦理的方式将自封的多元化的伦理秩序相统一，只有退居到人类与动物的交界地——文明和野蛮的边界——寻找新型伦理秩序的准则。这里，我们将底线文明作为这样的准则。文明有自己的底线，在全球200多个国家/地区中，文明的程度不一，记忆—共识实践所需的伦理秩序无法遵循高标准的文明标准（即带有理想色彩的文明标准）构建新型伦理秩序。这样的伦理秩序可以具有秩序的正当性但未必兼具秩序的可能性，全球化的实质是国际上的认可与合作，认可需要一个范畴而合作也是松散的，维系全球化必须以底线文明为基础，按照底线伦理的方式构建记忆—共识实践的新型伦理秩序。关于这种新型伦理秩序，可以借用施蒂格勒的“技术是一切可能的地平线”① 进一步说明。社会实践需要一个可能性的地平线，为这样的实践提供一个原初的根据和出发点。当代社会的记忆—共识实践离不开技术的支撑，但技术本身并不带有偏见，不论是人工智能还是元宇宙，技术及技术之造物仅具有工具属性，提供的是现代社会发展的工具。记忆—共识实践也是如此。全球化进程中的记忆—共识实践的新型伦理秩序，施蒂格勒的观点依然适用，他所说的只是一种可能性而未必是关键的可能性。伦理秩序是人类文明的基础也是底线文明的产物，当所有的国家/地区的媒体机构和社交媒体以及公众同时希望结束记忆—实践的无序化状态时，这样的需求也就从外在的需求变成内在的需求。对有序秩序的渴望正如人类克服动物式的野蛮状态一样，自觉地告别丛林法则，选择进入道德法则的社会状态。这样的诉求必须是全球性的共同诉求，以绝对的大多数压倒性地排拒野蛮的记忆—共识（人为捏造事实和故意颠倒黑白的观点），当这样的

① Kinsley, S., “Memory Programmes: The Industrial Retention of Collective Life”, *Cultural Geographies*, 2015, 22 (1): 164.

诉求具有了内在价值（永恒价值），记忆—共识的新型伦理秩序也就获得了现实的可能性。

与施蒂格勒的“地平线”相对应的是媒体记忆和舆论共识的真实呈现/真实表达。按照新闻教科书的说法，真实是新闻的生命线。这里，我们将真实也视为媒体记忆和舆论共识的生命线。本书将新闻和记忆并列（后者强调新闻文本的记忆价值），将真实作为媒体记忆的生命线（地平线）无须论证；将之置于舆论共识，直觉可能误导人们将所有的共识看作真实的思想观念，显然，这并不适合共识实践的真实情况。古今中外，虚假共识在每个国家/地区都不同程度地存在着，这是人性中的自利和胆怯造成的。在外力干预和物质利诱面前，并不是所有的人都肯于始终如一地奉行真实性原则，因为这伴随着承受精神方面的折磨。在全球化进程中，媒体记忆和舆论共识的真实性问题并未因社会环境的变化得到改善，相反，在数据技术的协助下，记忆—共识实践的虚假问题可能变得更为严重和普遍。数据技术越发展，深度的挖掘也可能造成深度的造假，当媒体机构或者其他社会机构通过操纵技术篡改数据反而更为隐蔽，甚至这些数据以客观数据的形式被用于新闻/记忆实践；当这样的新闻/记忆文本被媒体广泛转载，将强化公众的真实性感知，在舆论场也容易被讨论者信以为真。这样，全球化进程中记忆—共识实践的新型伦理秩序面临的就不再是意识形态问题而是数据技术对这种秩序的威胁，需要从“数据伦理的视角探讨被深度数据化的记忆对现有伦理观念的挑战”，其中，人工智能作为“记忆管家”对媒体记忆和舆论共识影响颇深，在这种情况下，“人类需要重新审视自由、隐私、责任的主体与客体”。① 与传统的记忆—共识实践的真实不同，大数据依据碎片化信息并将之按照一定的逻辑关系排列组合，由此造成的问题是：当数据造假的门槛变低，个体、机构甚至官方出于某种目的发布不实信息，最终变成数据记忆。全球化进程中的媒体记忆和舆论共识（后者同样被数据化了）的真伪问题构成了数据伦理问题，而记忆—共识的建构性是对记忆—共识之真“进行哲学考察的一个重要维度”，关于记忆—共识之真的哲学考察，包括记忆—共识内容的真实性、记忆—共识行为的真实性、记忆—共识过程的真实性等。② 分辨网络

① 闫宏秀：《数据科技带来记忆哲学新发展》，《中国社会科学报》2020年10月27日，第6版。

② 闫宏秀：《数据科技带来记忆哲学新发展》，《中国社会科学报》2020年10月27日，第6版。

空间数据内容的真假与甄别新闻/记忆—舆论共识的真假并不一样，正如我们不知道算法运算的编程就无法断定其正当性一样，不同的算法程序呈现的数据结果各有其合理的一面。在全球化进程中，当某个信息被媒体呈现出来，信息真伪的核查难度更大。记忆—共识行为的真实也是个棘手的问题，因为记忆—共识的编码者/再编码者的行为之真假同样难以甄别。我们无法判断公共讨论者参与舆论共识实践的动机以及其言论的真假，只有通过对比才能判定真假（比如，将一个讨论者在社交媒体上现在和先前相关的东西是否存在逻辑上的不一致），但这样的决疑法（伦理学也称作个案鉴别法）相对于全球性的记忆—共识实践而言，有限的个案伦理鉴别无法得出普遍性的道德判断。记忆—共识实践新型伦理秩序涉及的数据之真需要站在人类历史的长河中鉴别，这类似于所谓的“上帝视角”，并不具有可操作性，因为全球化和大数据技术的历史过于短暂。

我们可以通过具体的问题来思考全球化进程中记忆—共识实践的伦理秩序问题。全球化意味着社会记忆—共识的重要性，社交媒体则致力于满足个人记忆—观点的记录与表达，它们需要借助媒体（新闻媒体和社交媒体）实现预期目标。媒体记忆和舆论共识需要同时满足这两种需求，调和这些需求的内在冲突值得重视。20 世纪 80 年代风靡一时的《第三次浪潮》已涉及全球化、工业化与记忆的问题（记忆与共识相关，我们这里继续将记忆—共识并列讨论）。在这本书中，托夫勒（Alvin Toffler）将记忆（—共识）分为个人记忆（—共识）和社会记忆（—共识）。在他看来，在“第三次浪潮”（全球化）的冲击下，社会记忆（—共识）发生了显著变化，它们“不仅在数量上有所增加，而且为人类记忆（—共识）注入了生命”。相对于“第二次浪潮文明在扩充社会记忆（—共识）的同时也冻结了记忆”，“第三次浪潮”则能让社会记忆（—共识）起死回生，并“因计算机技术而变得既丰富又有活力”。① 在当代的记忆—共识实践中，个人的和社会的记忆（—共识）的区分并不明显，因为托夫勒所称的“计算机技术”衍生出了社交媒体，不论是媒体机构还是个体（全民性的）同时在这个平台上从事记忆—共识实践。托夫勒注意到技术对全球化的记忆—共识的影响，这表现在技术决定着新闻/记忆的叙事以及公共观念的叙事，技术既可以“冻结”也可以“复活”记忆—共识，因为所有的记忆—共识必须在全球化进程中（第三次浪

① 闫宏秀：《数据科技带来记忆哲学新发展》，《中国社会科学报》2020 年 10 月 27 日，第 6 版。

潮）寻找寓居之地。冻结抑或复活需要一个道德理由，它的生/死状态都将改变记忆—共识的伦理秩序。职能部门、媒体机构、社交媒体平台、技术公司和其他社会组织借助权力、资本和技术手段操纵记忆—共识的叙事，叙述（复活）或忽略（冻结）由此产生的世界图景犹如一幅背景相同的画卷，因为人/事的有无或者人/事的行为差异影响公众的认知。人类文明需要的必然是符合公共道德的记忆—共识，掩盖或歪曲事实、误导公众的认知（观念），违背了普遍性的秩序伦理准则，这样的记忆—共识实践误导公众发现全面的事实、理性地形成观念，将降低人类文明的品质。对记忆—共识的冻结与复活应经得起伦理审查，这就需要全体社会成员具备相应的伦理意识，对记忆—共识文本批判性地接受而不是把它们当作“标准答案”。

冻结或复活意味着主流和边缘的冲突。在本土的记忆—共识实践中，不同区域的政治、经济、文化发展的不平衡导致记忆—共识实践的不平衡，接近权力中枢、经济发达省份和文化强省将成为媒体记忆的优选对象，不能成为新闻/记忆的事实也就难以进入舆论场成为公共议题。记忆—共识的不平等现象是由新闻/记忆的价值律决定的，这样的价值律未必符合记忆—共识的道德律，按照后者，记忆—共识实践应该平等对待每个地区的发展。媒体的价值律又是社会心理和媒体利益促成的，社会心理的伦理性取决于社会伦理心态的状况。“嫌贫爱富”不仅适用于个体心理也适用于受众心理，记忆—共识实践在本土的伦理秩序已经带有先天的病态。进入全球化时代，这种旧的秩序伦理问题非但没有得到改善反而愈发突出，不论是现实空间还是网络空间的全球性记忆—共识实践同时表明，媒体机构和社交媒体用户的注意力无法平均分配，这意味着记忆—共识实践依然要照顾新闻/记忆和舆论共识的价值律和公众的心理预期。新型记忆—共识实践的伦理秩序在于注意新闻报道的平衡（我们无法苛求公众选择“嫌富爱贫”，这也是违背人性的奢求），避免加剧传统的边缘化国家/地区及其民众。社交媒体的普及也为传统的被边缘化的国家/地区/民众的自我记忆—实践提供新的机遇。“研究表明，当边缘化群体在社会记忆领域为获得认可而挣扎时，会同时利用当代媒体的独特特征，从交际记忆和文化记忆间的熟悉、模糊区别中受益。”① 这意味着，社交媒体的个体记忆—共识实践在很大程度改变了传统社会记忆—共识实践的伦理秩

① Tirosh, N., “INakba, Mobile Media and Society's Memory”, *Mobile Media & Communication*, 2018, 6 (3): 350.

序。在后一种环境中，没有媒体的新闻/记忆生产，处于边缘化状态的地区及其民众将在很大程度上失去被报道/记忆的机会，他们也往往是公共讨论中“熟悉的陌生人”，媒体和公共讨论者知道他们的存在，他们却无法成为公共议题的主角。毕竟，类似丰县事件长时间成为公共议题的事例并不多见。伦理秩序的价值在于通过记忆—共识揭开社会的痛点/难点问题，将它们“撕开给人看”（鲁迅语）。这种伦理秩序致力于给公共议题一个公开的说法，但不等于必须促成问题的解决。即便在新型伦理秩序下，一个事件可以为全球所知晓/讨论，记忆—共识只能产生舆论影响，这是记忆—共识实践的新型伦理秩序的使命，它把边缘化的对象带入新闻/记忆和舆论场，也就完成了自己的道德使命。换句话说，提出问题和讨论问题的伦理性是这个秩序的职责，解决问题则属于世俗社会的事务。

有史以来，社会秩序就被分作有序和无序两种形式，前者是文明的秩序（伦理秩序），后者是野蛮的秩序（伦理的自然状态）。记忆—共识实践作为人类社会的记录者和思想者需要面对两种截然不同的秩序，有序的善与无序的恶都是记忆—共识实践的对象。在这种实践内部也存在着文明和野蛮两种秩序，前者按照行业规则和道德原则建构的记忆—共识也许并不完美，但只要遵循了行业和道德的规则理应将之归入有序的伦理秩序之列；相反，以非理性或者极端自利的方式建构记忆—共识的实践属于无序的即伦理的自然状态。就后一种状态（即无秩序）而言，主要表现为记忆—共识实践的非理性，任意或者非理性意味着对事实的任意裁剪、对观念的亵渎或曲解。在全球化进程中，记忆—共识实践呈现出暴力的倾向。关于这种暴力的性质，汤因比分析道：“暴力是外部无产者在解体文明的压力下所作出的唯一反应，同时也意味着外部无产者没有任何开发温和反应的能力，正像我们已看到的，温和的选择才是内部无产者能够完成创造举动的积极因素。”① 媒体的意识形态属性要求新闻实践不能偏离本土的政治，媒体的新闻/记忆生产在很大程度上要为本土利益；社交媒体公共讨论者的意识形态倾向性促使其优先考虑本土利益。全球化加剧了国家/地区间的竞争，竞争的激烈程度与记忆—共识实践的伦理秩序的理想程度有关。当涉及重大国家利益冲突时，全球范围内的记忆—共识将同步陷入秩序紊乱状态。俄乌冲突期间，也是测试全球的记忆—共识伦理秩序的最佳时机，围绕核心事实报道/记忆的混乱以及社交媒体舆论场的价值冲突，

① ［英］汤因比：《历史研究》，郭小凌、刘北城译，上海世纪出版集团2005年版，第215页。

汤因比所谓的“外部无产者”和“内部无产者”在这场全球性记忆—共识实践中的表现也是划分暴力与温和的测试场。记忆—共识的新型伦理秩序需要的是汤因比所称赞的“内部无产者”以客观、温和的态度对待正在发生的事件，人们可以捍卫各自的价值观和本土利益，但伦理秩序强调秩序的普遍性，当欣然地接受他人以同样的（暴力）方式生产新闻/记忆和制造虚假共识时，再选择这样的（暴力）记忆—共识实践方式为时不晚。特别是当我们乐于想象后世为今天的（暴力）记忆—共识方式感到自豪时，道德责任感的产生也许将放弃自己对“外部无产者”的选择。新型伦理秩序要求以文明记忆—共识为准则，立足现在，面向未来用良知从事记忆—共识实践。

二　媒体记忆和舆论共识的“价值信仰体系”

在1995年5月1日前中国媒体记忆中，每周工作48小时、休息一天是标准的工作观念。在此之前的相当长一个时期的媒体记忆中，利用周日休息时间参加义务劳动曾是一件相当光荣的事情。舆论共识总是与媒体记忆形影相随、配合默契，在未实行双休日休息制度前的本土舆论中，休息时间继续为社会做贡献是一种美德，这是特定时期的价值信仰体系在社会实践中的反映。1995年“五一”劳动节开始实行的每周五天工作制，改变了本土传统的劳动价值信仰体系。劳动价值信仰观念的转变，在中国的记忆—共识文本中也有记载。如果将视野转向全球的媒体记忆和舆论共识，每周五天工作制是通行的社会制度，也是全球性的劳动价值观。我国采纳国际通行的工作时间制度，与当时正在融入国际社会、加快全球化进程有关。透过这个事例，可以发现全球化进程中媒体记忆和舆论共识与“价值信仰体系”的相互配合与适应。

人类社会的价值信仰体系在社会发展过程中逐步形成，由于历史的经济、信息传播和宗教、文化和政治制度等原因的影响，价值信仰形成类似梯田形状的分布图，这些既各具特点又相互联系的价值信仰观念共同组成人类社会的价值信仰体系。“意见/观点”是构成价值信仰体系的原子，它们在人类社会的交往中非常活跃，以类似化学反应的方式将全球的价值信仰有机地组合在一起。波斯曼指出：“‘意见’不是特定时刻呈现出来的一个事物，而是一个思考的过程，由不断获取知识以及拷问、讨论和辩论形成的思维过程。”在承认意见由思考而来的同时，也要强调它不会凭空产生，而必须借助于具体的事物（尤其是公共事件，这是刺激新想法的媒介物）。波斯曼继续写道：“一个问题可能‘招引’（invite）一种想法，但也能修正并重构这个‘意见’。”[①] 波斯曼将问题作为意见的原因，通过这个因果链考察人类社会的价值信仰以及这个体系的形成过程。按照社会的发展历程，人类先学会思考进而懂得自觉记忆，也就是观念的东西早于事实记载的东西。在全世界的文学作品中，神话等口头文学作品虽然也以叙事为主但这类体裁的作品寓意深远，后者反映的是观念的东西。先有原始的价值观念再有记录事实的历史，这是原始社会记忆—共识实践的特点。在文字出现后，记录的便利加速了记忆生产的进程，此后观念生产的速度反而慢于记忆生产的速度。传媒业的诞生，媒体的新闻/记忆生产愈发快于观念的形成，因为近现代社会的思想家群体无法超过媒体从业者的规模。社交媒体时代涌现出“全民记者”和“全民讨论者”，记忆—共识实践实现了“从业者”数量的大体相当，但新闻/记忆生产的即时性与思考的沉淀过程相比，意见（观念）/共识的生产依然无法与新闻/记忆生产的速度与规模相提并论。新闻/记忆源自对见闻的描摹，意见/共识来自对见闻（事实）的反思。意见与问题（事实）的依赖关系揭示了舆论共识与媒体记忆的关系。需要明确的是，意见虽然不成体系，却是价值观念的重要成分。人类社会的价值观念体系历经数千年的发展过程，但意见的形成却是日常性的。社交媒体的公共讨论将媒体的新闻/记忆生产和价值观念（作为意见的舆论共识）生产紧密地联结起来，从这里可以看到现实问题对记忆—共识的决定性作用。

价值信仰体系是个开放的体系，它是人类社会发展的产物，不断在完善自身。家庭和社会为每个人提供行为的示范和思维的方式。现代社会，媒体取代家庭和学校成为人的“终身教师”，这位“教师”不知疲倦地为所有的“学生”提供新闻/记忆，引导他们如何思考。媒体记忆和舆论共识总是按照某种价值观念指导实践，人的脑中图像与他们所隶属的共同体基本相适应。按照法国哲学家德勒兹（Gilles Deleuze）“脑即银幕”的观点，所有的思想都是“影像”，人的大脑扮演着“银幕”的作用。[②] 德勒兹从后现代哲学角度揭示了价值信仰的实质，人们依据内在的图像从事社会实践。新闻/记忆实践是媒体从业者/社交媒体用户依照既定的“思想影像”从事专业生产；社交媒体的公共讨论者以同样的方式进行舆论共识生产。有多少种“思想影像”，就可以从“银幕”上看到多少种相应的

① ［美］尼尔·波斯曼：《技术垄断》，何道宽译，北京大学出版社 2007 年版，第 79 页。

② 李洋：《电影与记忆的工业化——贝尔纳·斯蒂格勒的电影哲学》，《上海大学学报》（社会科学版）2017 年第 5 期。

影响故事。在传统的记忆—舆论实践中，主流的价值观念（体系）就是标准的媒体记忆和舆论共识的影像叙事，这样的“叙事”也借助冲突增加“思想影像”的观赏性，但冲突的主角通常是虚构的（假想敌）。随着全球化进程的开启，观念价值间的冲突就从虚构变成“写实”（或者说从“演习”阶段进入“实战”阶段），不同价值观主导的新闻/记忆叙事多样化，每种版本的新闻/记忆在社交媒体这个全球性舆论场“上映”的过程中也面临着批评和修正；舆论场对新闻/记忆版本的正统地位争论不休，这样的争论以事实的真伪为由头，针对的却是价值观念的正误之争。在门户网站的跟帖评论中，不论是撕裂的争论还是非理性的谴责或辱骂，伦理秩序的自然状态提供了观察全球化进程中价值观念体系内部不同力量在新闻/记忆和舆论共识实践中的尴尬状况。新闻/记忆和共识的叙事多元，每个人都难以摆脱脑海银幕上被定格了的那幅思想影像。全球化的媒体记忆和舆论共识是一种充满冲突的社会实践，它以微观的方式呈现出不同价值观念间严重对立的特写镜头，除了历史学家和哲学家外，就连社会学家也难以从宏观角度全景式地俯瞰价值观念体系的全貌。这不是媒体（新闻媒体/社交媒体）之过，而是窄屏的脑中“银幕”实在无法将不同类型的思想影像以多格的形式同时呈现。

当人们在困惑思想影像为何喜欢静态而反感动态变化时，需要折回来再从新闻/记忆和舆论场的公共讨论中寻找答案。在现实生活中，心智健全的人不会标榜自己就是恶棍，正常的媒体也不会公开标榜自己的新闻/记忆纯属虚构，舆论场的讨论者也不会说自己在颠倒黑白或者恶意攻击，相反，所有的机构和个体坚称自己就是主流价值观念的代言人（甚至是化身）。当新闻/记忆和舆论共识全部被涂上主流和道德的“涂料”，公众也就步入了价值观念体系的“迷宫”。在这里，抬眼望去，所有的店铺招牌上写着“正宗价值观念”的字样，相信是“游客”唯一的正确选择。这并非童话故事而是现实写照，只要浏览每日的新闻/记忆文本，或者在社交媒体上围观一场公共议题的讨论，这样的“迷宫”和“正宗产品”的广告就无处不在。全球化进程将人类带入真正的多元社会，多元意味着要么相互承认（这是一种假设的状态），要么是不同价值观念在力量方面的势均力敌（现实的对峙状态）。每一种价值观念都有与之相应的媒体在协助宣传此类信仰的必要性和紧迫性，公共讨论吸引了不同价值观念的人参与其中——他们都怀着同样的目的——通过公共讨论扩大思想阵地，使新闻/记忆赢得更多的认可。在这种情况下，诚如曼海姆所言：“世界不再有共同的信仰，我们所说的‘利益共同体’也不过是一个修辞手段而已。”① 这样的状态在传统社会几乎无法想象，就像不借助太空遨游无法直观地球围绕太阳转动一样，如果不是社交媒体实现了信息传播的全球化，我们在本土新闻/记忆景观中看到的冲突只是很小的摩擦，在本土舆论场看到的争论也只是不同群体间的利益纠葛。只有当全球尽收眼底，思想图像只是脑际“银幕”上的一个小方格而不再占据整个银幕，将不得不承认价值信仰体系的复杂性，发现个体的思想图像不过是整个体系（大厦）的一块“建筑材料”而已。从这里，我们发现了新闻/记忆和舆论共识的修饰作用，但在矛盾的文本冲突中，我们获得了比前人更为形象和全面的认识，媒介素养有助于发现群体间（也包括国家/地区间）维系各自价值信仰的方法竟有异曲同工之妙。

发现利益共同体维系价值观念的奥秘并不等于这些共同体将自动趋利避害，然后一起踏上前往人类文明的航船。这样的理想状态建立在人类社会摆脱了世俗事务侵扰的基础之上，这种状态下的利益共同体成员可以全部静下心来反省自身。这样的理想状态即便在中国的神话故事中也很少存在，《大闹天宫》《宝莲灯》《七仙女下凡》等家喻户晓的神话故事，无不是“仙界”的清规戒律压抑了这些“无限存在者”能力的提升或正当的诉求而产生的矛盾。在尘世中，媒体的新闻/记忆生产如此忙碌，舆论场的公共讨论更是众声喧哗，新闻/记忆的工业化生产也带动了信息的不停消费，公共讨论为寻求舆论共识的群体性努力带来的是碎片化意见的不断出现，这些消费占用了大量的社会时间，留给公众思考的时间呈现出整体下降的趋势。价值观念是思想沉淀之物，对这些观念的信仰来自社会成员的理解和接受。对于无法从灵魂深处容纳的观点，虽然也可以暂时收留却无法持久。信仰的缺失，或者说信仰不能在全球范围内具有深厚的社会基础，新闻/记忆和公共讨论的乱象就具有必然性，这与媒体从业者与公众缺乏对信仰的虔诚有关。汤因比曾经指出：“谁像一个小孩子一样谦卑，谁在天堂里就最伟大。”② 汤因比的“孩子之喻”可以理解成记忆—共识的实践者，“天堂之喻”可以理解为构成记忆—共识文本。后者是一种理想状态的文明成果。对照新闻/记忆，如果实践者对待客观不够虔诚，

① ［意］卡尔·曼海姆：《意识形态与乌托邦·序言》，黎鸣、李书崇译，商务印书馆2000年版，第15页。

② ［英］汤因比：《历史研究》，郭小凌、刘北城译，上海世纪出版集团2005年版，第143页。

无论是新闻/记忆文本的编码还是解码/再编码，事实可能成为被任意裁剪的对象而无法获得基本的尊严，事实的“尊严”是其不受肢解和歪曲，这体现的是事实的真实性和整体性，事实的“尊严”客观上要求人的虔诚。在全球化进程中，事实的“尊严”之不平等性也在扩大，一个国家/地区的媒体对本土新闻/记忆事实也许是尊重的，肯赋予其相应的尊严（这也仅仅是一种假设），对于与本土价值观和利益存在冲突的国家/地区的事实，编码的伦理性将成为新闻/记忆的事实是否具有“尊严”的分水岭。跨国家/地区的新闻/记忆的对象通常并不是全球公众（全球知名媒体的受众面相对广泛一些倒是真的），当国际新闻/全球记忆的对象实际上以本土受众为主，反而不利于本土受众客观全面了解这类远距离的事实，因为事实核查的难度更大。在这种情形下，更加需要新闻/记忆的编码者对新闻专业理念具有坚定的信念，以“孩子式谦卑”对待域外的新闻事实，毕竟，新闻与记忆是连体的，对事实的不尊重也是对历史（未来）的亵渎。历史共识从先哲的经典言论开始，随着先哲的历史地位不断提升，后世对他们的敬重也强化着其言论的真理性，逐渐使其获得尊严。这样的真理与尊严，与后世对先哲及其言论的敬重和坚信不疑有关。在舆论实践产业化的今天，媒体从业者和职业的公共讨论者（依靠在舆论场发帖为生的人）成为记忆—共识产业链条的一部分。产业化需要基本的职业操守和职业信念，特别是形成舆论共识需要以独家的、真实的想法为公共讨论做出贡献。如果公共讨论者缺乏这样的操守和信念，公共讨论就将缺乏“孩子式谦卑”，相反，舆论场充斥着“好为人师者”，甚至可能出现“思想暴徒”，以暴力手段强迫他人接受自己的观点。在全球性公共讨论中，汤因比设想的“天堂”与“伟大”显得超前，把公共讨论当作“炼狱”和你死我活的“决斗”的场景反倒常见。这种由“炼狱”产生的观点/意见经常被贴上“舆论共识”的标签，至于这类共识的文明程度较少被关注，这与大多数人就置身于这样的舆论场而“不识庐山之面目”有关。

价值信仰体系对记忆—共识实践的约束力下降，原因多样。当代社会，公众习惯于把新闻/记忆的不专业和舆论共识实践的乱象归咎于社会的浮躁。宽泛地说，这样的直觉判断有一定的道理，浮躁源于专业精神的缺失，随之殃及记忆—共识实践的结果。传媒业也曾赢得过公众的尊重，至于这样的尊重是如何丢失的，需要从媒体在价值信仰体系中的位置进行解释。新闻脱胎于文学，这是一次并不显眼的社会分工造成的。文学需要虚构，但虚构只是生活的点缀而无法变成日常生活的一部分；读者需要看到非虚构的社会景观，这个需求为新闻体裁的诞生奠定了基础。新闻的诞生和历史文献也有关联，新闻在某种意义上也可以视作历史文献的复活，这似乎更符合新闻—记忆的一体化特征。当新闻实践必须以历史档案的形式进行之时，历史学家对史实的严格要求就被新闻继承下来，传媒业对新闻客观性的强调无疑沿袭了历史客观性的传统。在传统的新闻理论教科书中，“客观性”被奉为圭臬并有“圣杯”之美誉。“客观性这一术语反映并形成了一种假定的社会共识”，这样一种特征为新闻文本转变为记忆文本奠定基础。一旦媒体机构接受这样的共识，等于将客观性作为新闻/记忆的一项原则（具有价值信仰性质的原则），这是媒体赢得公众尊重的原因。新闻/记忆实践也兼具舆论生产的性质，新闻/记忆的客观性使其获得“社会良心”的称号，媒体也扮演着“社会教师”的角色。正是“社会良心”和“社会教师”的双重身份，“从一个更广泛的视角，‘新闻’反映并反过来塑造一个社会在特定历史背景下的普遍价值观”。① 现在，可以重新将视线移回全球化的社会场景中，认识到媒体生产也是在塑造当代社会的普遍价值观。与传统社会的记忆—共识实践不同，这是需要价值观“破圈”的时代。传统社会的新闻/记忆塑造的价值观的生产也是本土化的。用本土新闻事实涵化公众的认知，这样形成的价值观具有历史的继承性。在全球化进程中，新闻/记忆的来源不再单一，只要具备相应的语言识别能力（包括使用机器翻译）并愿意搜寻新闻，全球资讯就可以尽收眼底。新闻事实通过人际传播的方式在全球范围内扩大受众面，当新闻来源突破地域限制，相互矛盾的新闻叙事将集中在公众的脑中“银幕”上，他们的思想影像随之趋于丰富。这样的媒介环境对公众的记忆—共识实践影响明显：传统的价值信仰不再单纯并绝对真实（信以为真），新闻/记忆文本对普遍价值观的塑造也具有较大的不确定性（即人们常识的“洗脑”与“被洗脑”）。新闻/记忆在塑造普遍的价值观的过程中需要媒体坚持客观性原则，在尊重事实的前提下塑造全球公众，使他们依据事实而不是本土利益和意识形态塑造普遍的价值观。真正有资格被纳入价值信仰体系的舆论共识必然是普遍的价值观，它们不能以自封的方式作为进入价值信仰体系的“入场券”，而是以真正普遍性的价值观（即经得起时间检验的那些价值观念）获得进入这个体系的资格。客观性可以被作为记忆—共识的假定的信仰，至于这样的假定在多大程度上能够得到历史的承认，

① Fowler, R., *Language in the News: Discourse and Ideology in the Press*. London: Routledge. 1991, p. 222.

需要一个时代的记忆—共识实践对信仰具有敬畏心。

价值信仰体系对于人类社会至关重要，它也决定着人类文明的方向。传统价值观念的普遍性在于其真理性，这使传统价值观念超越了时空为不同时代所接受。记忆共识实践远没有如此幸运，新闻文本必须在规定的时间内传播出去，在新闻文本来不及被验证真伪的情况就匆忙被互联网将之变作记忆文本，同时也将其交付舆论场成为公共议题的来源，公众更是在毫无准备的情况下参与讨论。流水作业的记忆—共识实践的副作用在于，不但让产生普遍价值观的可能性大大降低（科学共识的产生也经常遇到这样的尴尬），关键是社交媒体上流传的虚假信息也在干扰着媒体的记忆—共识实践，有时连主流媒体也可能新闻失实陷入尴尬的境地。新闻/记忆和舆论共识对于全球化至关重要，塑造普遍的价值观需要从事实的源头上确保其真实与客观，这应该是记忆—共识实践的共识。坚持这样的共识有助于我们多方核查事实的真伪，与此同时，还要“了解人们是如何相信（和捍卫）错误信息的，我们必须首先清楚他们是如何推理共识的”。[①] 价值信仰也影响着对事实的理解方式，包括对新闻/记忆的理解方式。信仰不拘泥于事实，一旦接受它的洗礼就将接受其统治。在全球化的记忆—共识实践中，将事实与虚构混合使用以制造舆论共识，通过新闻/记忆事实的局部失实达到塑造舆论共识的效果，这样的非理性行为将干扰公众的认知，同时也是对价值信仰体系的破坏。我们无法期望媒体/公众的良心发现，捍卫价值信仰体系的最好办法是增进社交媒体的全球化进程，当信息流通真正不受阻碍，事实核查的全民性将是保持记忆—共识纯洁性的最好保障。

三　媒体记忆与舆论共识的“新型集体主义”

传统社会，传媒市场的形成以一定数量的媒体机构和舆论场的存在为前提，媒体机构和舆论场具有集体的性质。在全球化进程中，媒体机构和舆论场可以被看作一个抽象的媒体/舆论单元，它们以抽象化的“个体”身份出现在全球传媒市场中。按照麦克卢汉的“地球村”的比喻，全球化将不同国家/地区的传媒市场联结成统一性的市场，呈现出新型的集体主义特征；本土传媒业属于全球传媒市场的一个场域/分支，这类似于集

① Yousif, S. R., Aboody, R., Keil, F. C., “The Illusion of Consensus: A Failure to Distinguish between True and False Consensus”, *Psychological Science*, 2019, 30 (8): 1195-1204.

体经济时期的“生产队”，这样的分支可以称为“传媒生产队”，“队员”就是本土的媒体机构和社交媒体。传媒业的新型集体主义以国家/地区的媒体为单元共同组成“国家队”，全球传媒市场就由来自不同国家/地区的“传媒国家队”组成。按照这样的划分标准，媒体记忆和舆论共识从属于所在国家/地区的“传媒国家队”，在全球化进程中，媒体记忆和舆论共识也呈现出新型集体主义的特征。

本土的记忆—共识实践更多是商业竞争，媒体机构和社交媒体平台出于商业利益而展开竞争。在全球化进程中，当媒体机构/舆论场同时涌入全球统一的大市场时，新型集体主义的媒体竞争需要借助国家精神凝聚本土媒体的力量。汤因比指出：“国家精神是装在部落主义旧瓶中的民主新酒的发酸酵母。”① 全球化使国家/地区成为世界版图中的“部落”，在参与全球竞争并赢得市场地位和国际地位时，“部落”（这里指国内的传媒业）内在的创造性开始被激活，通过释放巨大的能量获得竞争的力量。在本土传媒市场内部，媒体机构处于同样的媒介环境中，虽然由于历史的和政治的、经济的原因造成了媒体机构发展的不同步，这也反映在媒体专业水准的参差不齐，因此，每个国家/地区都有自己的主流媒体，本土的新闻文本也将是记忆文本的重要来源。相应地，主流媒体也将代表本土的传媒业参与国际竞争，成为全球新闻/记忆生产的竞争者。在舆论共识领域，有影响力的社交媒体远少于媒体机构。虽然从理论上说所有的媒体都可以被视作舆论平台，行业性媒体显然并不具备舆论的资质（比如，学生学习类媒体提供纯知识性信息而不会产生真正意义上的舆论反应），新闻媒体中缺乏市场竞争力的机构获得的舆论资质也仅仅是象征性的（社区报或者地市级媒体所代表的舆论场因所影响的范围过小，在全球化时代这样的舆论场如果不是重大国际新闻事件的发生地和持续关注的焦点地带，通常也可以忽略不计），这样，在本土有较大影响力的媒体机构才真正属于全球化语境下的舆论场。实际情形也未必如此，因为全球化与社交媒体形影相随，只有在全球具有广泛影响力的社交媒体平台才是真正意义上的全球舆论场所。相比之下，全球闻名的媒体机构（新闻媒体）虽具备舆论资质，却无法与脸书、推特、微博、微信等相提并论。在舆论共识实践中，媒体机构和用户很少能够以超然的姿态参与公共讨论。汤因比强调的“国家精神”在社交媒体上具有了“酵母”的功能，在本土新闻/记

① ［英］汤因比：《历史研究》，郭小凌、刘北城译，上海世纪出版集团 2005 年版，第 8 页。

忆和舆论场所原本意识不到的东西，当涉及本土利益（精神的和物质的）时，不论是媒体机构还是用户本能地受到“国家精神”的激励，以集体无意识的方式捍卫本土的利益。受这种精神的影响，新闻/记忆反而成了公共讨论的工具，媒体机构和社交媒体用户根据国家/民族的利益需求运用新闻/记忆，产生有利于本土形象/利益的舆论。也许，在舆论力量悬殊的情况下，这样的努力效果甚微，但记忆—共识的全球化实践表明，媒体机构和社交媒体用户不会公开承认自己的失败。以公共讨论为代表的舆论实践具有体育竞技的形式却是两种截然不同形式的社会实践，舆论实践的结束不需要吹哨人也没有比赛结果，往往以讨论的退潮间接宣告争论的结束，退潮以核心观点的大致接近或者其中一方以“不感兴趣”或“不再斤斤计较”撤除公共讨论为标志。对于媒体机构和社交媒体用户而言，记忆—共识实践不会终止，“国家精神”这块“酵母”还会像“火种”那样得以珍藏，以备下一场公共讨论点燃后再次拿出来使用。

集体主义需要相应的空间场所以及与集体成员相匹配的身份。在全球化的记忆—共识实践中，报纸、电视带有浓厚的本土特征，社交媒体则不然，这种媒体成为全球媒体记忆和公共讨论的理想场所。托马斯·伯克尼（Thomas Birkne）和安德烈·唐克（André Donk）认为：“记忆场所是集体记忆的焦点。因此，这样一个地方对一个社会群体具有很高的象征价值，因为它可以创造一个共同的身份。”① 集体记忆强调记忆场所的重要性，公共讨论对舆论场所也相当强调。在当代社会的媒体记忆实践中，媒体机构/媒体从业者的主体性地位无法被取代，报纸、广播电视和网络媒体也是媒体记忆的出生地，但是，新闻/记忆跟这个“出生地”的联系反而不再紧密，年轻受众不是直接从新闻媒体上获取信息，相反，社交媒体成为获得资讯的首选地。传统媒体成为新闻/记忆（文本）“象征性”意义上的“家乡”，社交媒体平台成为真正意义上的记忆场所。随着新闻媒体入驻全球有影响力的社交媒体，资讯的“原籍”开始是媒体机构的社交媒体账号而不再是传统的媒体介质。如果将全球（媒体）记忆看作集体记忆的特殊类型，就不难理解记忆场所对全球（媒体）记忆的重要性。没有显著的场所就不会有真正的媒体记忆，就像一篇高质量的论文刊登在名不见经传的刊物上被人问津的机会大大降低一样，新闻/记忆的场所可能超越了新闻/记忆的内容本身。不是内容不再重要而是全球化进程加剧

① Birkner, T., Donk, A., “Collective Memory and Social Media: Fostering a New Historical Consciousness in the Digital Age?”, *Memory Studies*, 2020, 13 (4): 373.

了传媒业的竞争程度，新闻/记忆的生产过程造成新闻/记忆超载现象严重，公众要在超载的信息中获取有用的信息愈发困难，大多数人会选择在社交媒体上浏览信息，在这种情况下，如果新闻/记忆不出现在这里，也就意味着与公众接触的机会大大降低。因此，传统媒体可以是新闻/记忆的“第一出生地”，但真正的“成长地”（从某种意义上可以比称作“第二出生地”，即新闻/记忆再社交媒体上获得真正的新生）则在网络舆论场。也只有在这里，新闻/记忆与消费者（社交媒体用户）一起进入记忆场所的“隔间”——我们所称的舆论场（社交媒体公共议题的发帖地点）。假若社交媒体不能作为新闻/记忆转向舆论共识的“中转站”，作为公共讨论者的社交媒体用户将像传统社会的“赶集者”那样需要从家里出发，带着“土特产”或者拎着“购物袋”匆匆出门。可以想象这样的情形对于公共讨论者是多么被动，舆论场想要繁荣是何等困难。大多数的“集市”只适合白天营业，甚至每隔一段时间开市一次（传统媒体的舆论场，如电视媒体的电视问政也只能按照周/月一次来设置栏目），而社交媒体的舆论场可以 24 小时不间断地“营业”，这就是讨论场所对于记忆的重要性。从互联网到社交媒体，从“网民”到“用户”再到公共讨论者，舆论场的公共议题塑造的是社交媒体用户的群体身份，这彰显的是他们的社会责任和民族责任。

当讨论者按照价值观和国别进行分类，公共讨论者的身份随之产生分化，“国家精神”造成公共讨论者群体身份的分化，获得“新身份”的人对于群体的依附性超乎想象。韦尔施指出：“正是从康德开始，美学——超验的美学不是某种艺术理论——成了认识论的基础所在。传统形而上学的根本错误，恰恰在于没有认识到我们的认知对于审美的依赖性。”① 媒体记忆和舆论共识必须是超验的，当记忆—共识不受现实利益的侵扰而以客观的形式出现时，随之符合审美的特征。媒体记忆和舆论共识是人类社会实践的特殊产物，这种实践的对象是事实，生产（成）者是现实中的人（媒体从业者和公共讨论者），但这样的产品（记忆—共识文本）却不属于个人（这里非版权意义上的权属划分）而是缔构人类文明的原始材料。记忆—共识的审美依赖性意味着某类文本符合审美标准，但这样的审美判断未必依据客观的审美标准而更多依据审美主体所处的群体。在全球记忆—共识实践中，国家/地区以及与之相对于的“国家精神”将实践者

① ［德］奥尔夫冈·韦尔施：《重构美学——品味新美学》，陆扬、张岩冰译，上海译文出版社 2006 年版，第 47 页。

按照地域划分为不同的群体，群体内部的利益纷争服从于国家利益的需要。围绕同一个全球热点事件的新闻/记忆生产，新闻专业主义原则可能处于被边缘化的地位，绝大多数的新闻/记忆有着群体的“胎记”，它们在生产过程中就被注入了观念/利益的杂质。这样的“杂质”破坏了人类文明的纯洁性，但人类情感为所有文明之物注入了这样的杂质。这种杂质的不可清零在于群体审美的依赖性，局部的、对本群体有益的东西即美的。在舆论共识实践中，大多数公共讨论者可谓满怀激情踏进网络舆论场，讨论者的群体身份不能被剥夺，否则他们将在公共讨论中处于无可适从的境地，因为纯粹的“世界公民”（康德所假设的）的栖息地是理想状态，舆论场需要混合不同“国家精神”作为公共讨论的“燃料”刺激讨论者的热情，通过某种精神刺激讨论者的创造力。对于群体的依赖，为不同观念/力量的讨论者提供了公开较量的勇气。公共讨论者需要借助审美体感判断公共议题所涉对象的是与非，不同群体的审美标准不同，不同的讨论者的审美认知也不相同，各自的审美体验不会一样，这样的不同正是多元社会的主要特征，使所有的新/旧观念在舆论场这个“火炉”中重新经受考验。全球化让人们感受到了审美的多样性，但也需要认识到媒介素养和道德素质对于舆论共识的重要性，这是审美认知的基础。要对将来社会负责就需要提高人类文明的纯洁度，这离不开理性和专业性对记忆—共识实践的护航。

在全球化进程中，以国家/地区为群体身份的记忆—共识实践竭力以客观、中立的姿态显示文本的公正和可信。媒体曝光域外的阴暗面，通常是以主持正义的形式将丑闻呈现在公众面前；当公共讨论者在赞同/指责某种行为的同时，也在标榜其所在群体的客观和公正，所有这些都是出于某种修辞的需要，真实意图反而被人为隐藏了。曼海姆认为：“知识社会学想要清楚地说明某个社会集团如何在某种理论，学说和知识运动中找到对自身利益和目的的表达。”① 媒体如何记忆、解码者/再编码者如何处理记忆文本以及讨论者观点表达所使用的语言，存在利害冲突时的记忆—共识实践显然有其利益方面的诉求。我们可以任意选择重大历史事件，查看不同国家/地区的媒体的报道和评论（报道为新闻/记忆；评论为舆论［共识］）将会发现多个版本的记忆—共识，媒体对事件的呈现可能夹杂着个人的情感，但更多折射着集体利益的诉求，这在很大程度上决定着媒

① ［意］卡尔·曼海姆：《意识形态与乌托邦·序言》，黎鸣、李书崇译，商务印书馆2000年版，第21页。

体叙事的角度和修辞方式。站在旁观者角度观察，应当承认这样的情感属于真实的表达，至于这种情感是否客观取决于群体诉求得到满足的程度。在全球化的新闻/记忆实践中，国家利益成为核心利益，也是审美的重要标准。面对同一事件，国家/地区利益变成了另一种意义上的“个体利益”（本土利益），每个国家/地区在国际交往中必须与部分国家/地区协调利益（这样的协调是个长期的过程，达成某种默契被称作友好国家/地区），能够在重大问题上保持立场基本一致的国家/地区成为新的“集体”，当这样的“集体”达到一定规模，也就具有了与其他“集体”（集团）抗衡的能力。这样一种“新型集体主义”构成了当今的世界格局，每一种“新型集体主义”都有自己的理念和处理内外部关系的原则，这样的理念也适用于集体内部和外部的媒体记忆和舆论共识。当集体中某一成员的利益受损时，集体成员的媒体机构就会根据集体利益组织新闻和评论。尽管集体内部的媒体机构无法完全协调一致，所有媒体用一种方式建构新闻/记忆的叙事并通过舆论为之发声，但就整体来看，集体成员所在的国家/地区的媒体/舆论表达的是合乎集体诉求的事实/观点。当这样的新闻变成记忆，将来的历史学家可以提供对比不同集体（阵营）媒体的记忆文本研究不同记忆文本表达的真实性。舆论共识的集体特征比新闻/记忆更为直观，因为舆论是社会的皮肤，社交媒体可以提供全球性的公共舆论，但对于公共讨论的规则，每家平台可以自行指定甚至采取集体协作的方式禁止/鼓励某种言论的传播（2020—2021 年美国总统选举期间，特朗普社交媒体账号被封事件就是很好的注脚）。与此同时，在全球热点事件引发的公共讨论中，不同国家/地区的讨论者很快会选择站队以协同发声，这是遵循集体原则的观点表达，这样的观点未必合乎个人的本意，在讨论中却往往身不由己，惯性逐渐赋予其形式的真实。

“新型集体主义”以国家间的利益一致性为基础，要求媒体/舆论为国家（含友邦）的利益服务，在这种情况下，媒体记忆和舆论共识具有了工具性。在诺姆·蒂罗什（Noam Tirosh）看来，跟其他类型的记忆承载者一样，“媒体传递的是一种建构的、甚至是工具性的社会文化记忆”。① 新闻媒体/社交媒体同为社会建构的工具。媒介本身并无意识形态的属性，媒体使用者的群体归属和意识形态差异使媒体可以为任何集体/阵营服务。媒体记忆，在某种意义上可以被看作不同媒体使用者的记忆。

① Tirosh, N., “INakba, Mobile Media and Society's Memory”, *Mobile Media & Communication*, 2018, 6 (3): 353.

在媒体记忆实践中，本土的群体身份不同于国家间的群体身份，前者是价值观并无本质区别或差别不至于悬殊的利益分歧造成的多个利益共同体的客观存在，这样的共同体在利用媒体建构记忆时依据的是相近价值观下不同行业/机构的局部利益，尽可能通过媒体将本共同体的利益作为本土主流的记忆对象；后者是在价值观存在明显差异甚至对立的情况下，将短时期的协作作为国家利益的一部分，要求媒体在不损害这种协作的大前提下建构记忆。在舆论共识实践中，群体同样依照集体/阵营来划分，只不过媒体的工具属性更为明显。公共讨论在捍卫本土利益的同时也会兼顾本土所属的集体/阵营的利益，因为新型集体主义将国家间的协作作为捍卫本土利益的有效形式，本土媒体需要与国家利益保持一致。在公共讨论中，符合多国利益的主张的社会反响通常胜过单个国家/地区的主张。在全球化进程中，如果没有国家间协作形成的集体/阵营，要么导致全球化的流产（因为国家/地区间的一盘散沙失去国际合作的基础），要么导致新型集体主义的产生（部分国家/地区以合作的方式进行联合）。集体/阵营利用媒体/舆论建构成员国/地区的利益，通过这种方式建构的记忆—共识也必然是工具性的，因为有国际影响的媒体记忆和舆论共识都是实现集体利益的工具。在全球范围内有多个国际合作的“集体/阵营”，每一次全球重大事件中都将有相应版本的新闻/记忆叙事，也将有与之相对应的舆论共识。

新型集体主义的工具属性对于个体来说并不是福音。全球化以尊重价值观的多元为前提，这样的多元首先满足的是个体的需求，使每个人获得前所未有的自主空间，可以在某种意义上摆脱工具人的束缚，获得个体的解放。与此同时，人是社会环境之造物，无论如何发展个性、拓展自己的空间，但所有的个性和自主空间依然隶属于不同的集体/阵营，它们将按照群体的方式重新塑造，结果是我们以看似个性化的思维而实质上却是群体的“一颗沙粒”（相对于国家间协作结成的群体/阵营）。这是一种普遍的现象，我们在潜意识中仍然是集体的一部分，只是作为未授权的集体“代表”参与记忆—共识实践。至于这样的塑造是否合理，按照曼海姆的说法：“在任何情况下也不应该把其（经验事实）人格化为‘群体头脑’。”① “不应该”与事实之间总是缺少一堵“围墙”，造成诸多的“不应该”变成了客观的存在物。无论是在新闻/记忆还是在舆论共识生产

① ［意］卡尔·曼海姆：《意识形态与乌托邦》，黎鸣、李书崇译，商务印书馆2000年版，第274页。

中，媒体从业者和社交媒体用户无法逃离“集体”的笼子，客观地看待、解释现实世界。许多时候，人们无法意识到早已被“人格化为群体头脑”，不论如何加工记忆文本，自己都是“群体/阵营”的代言人。在社交媒体上，无论是围观还是参与讨论，用户依据的事实和所主张的东西，尽管大家坚信这样的事实/观点真实、客观、公正，但对于将来社会的历史学家而言，也许他们未必认同这样的自我评价。只要国家继续存在，合作与冲突就会客观存在，媒体/舆论同样无法摆脱使用者而独善其身。这样，新型集体主义塑造的集体/阵营就将对媒体/舆论和从属于他们的每个人施加影响，所有人也在无意中配合着集体/阵营的利益诉求，按照符合自己的审美标准从事记忆—共识实践。

第五章　媒体记忆与舆论共识的伦理问题

数字技术将人类社会升级成数字社会，媒体记忆和舆论共识的实践也基于这样的数字环境而展开。社交媒体赋予公众真正的话语权，事实和观点的多元瓦解了传统媒体对信息传播的垄断，与此同时也带来了记忆—共识实践的非专业性问题，集体的专业实践的伦理性成为显性的社会问题。传媒业的数字化转型造成的行业阵痛一方面表现为传统媒体面临的生存性危机，另一方面因为数字化转型对媒体伦理原则的挑战加剧了传统媒体的道德危机，这样的危机也影响到媒体记忆和舆论共识实践，记忆—共识的伦理问题制约着媒体记忆和舆论共识的有序发展。伴随着媒体的数字化转向，记忆—共识实践面临诸多的伦理诘难，促使我们思考数字环境下的记忆—共识的伦理原则和道德责任。

第一节　媒体记忆与舆论共识的伦理诘难

媒体记忆和舆论共识作为两种既紧密相关又相对独立的社会实践形式，在数字媒体时代，记忆的行为主体从单一性的媒体从业者逐渐向多元主体转变，舆论实践的行为主体由社会精英向全体社会成员开放，行为主体的多元对记忆—共识实践的伦理性提出更高的要求。缺乏有效的实践规范将不可避免地导致诸多的伦理问题：因为记忆—共识实践主体的惰性思维造成的平庸之恶、因为实践主体的惯性选择造成的遗忘之恶以及因为实践主体的任性想象造成的虚假之恶，三种典型的道德之恶在遭受舆论诟病的同时也面临着相应的伦理诘难。

一　平庸之恶：媒体记忆与舆论共识的惰性思维

以直觉的方式审视周围的日常生活，现实行动很容易成为善与恶的鲜活标本。在审视专业实践活动的伦理性时，直觉可以提供类似的道德判断。专业实践由一系列的行为综合构建，行为的伦理性可以通过行为本身的得体与否进行道德判断。然而，这类道德判断适用的对象主要集中在由具体行为引发的伦理争议，处理这类争议通常运用决疑法（个案鉴别法）针对个案进行伦理鉴别并最终做出道德判断。当视线从对个体行为的关注转向对专业实践行为的审视之时，群体性的职业行为之伦理性反而失去了直观所需的清晰度，导致直观的伦理争议类似于“慢性病”而普遍存在。面对这样的“专业性痼疾”决疑论显得无能为力，对于专业实践活动影响最大的未必是具体的行为问题，相反，那些不易被人察觉的问题对于专业实践活动的危害更应引起重视。在记忆—共识实践研究中，不论是记忆研究、舆论研究还是共识研究，并不缺少从伦理角度分析的文献，但相关的文献讨论主要是针对个人或可感的现象及其原因。在媒体记忆实践中，从新闻/记忆生产到传播过程中的不道德行为是研究的重点，而伦理反思的对象是不道德的行为并对这样的行为简单地归责，这样的归责使责任的承担者最终指向个体的人（媒体从业者/社交媒体用户/历史学家），却无法上升为普遍的规则性约束。在舆论共识实践中，社交媒体的公共讨论中出格的言论和冒犯性的表情符号可能招致舆论的伦理批评，行为的可追溯性让行为主体承担相应的道义责任。在网络舆论力量相当强大的今天，伦理批评应该改进专业实践活动中的伦理问题，至于实际情况究竟如何，相信直觉已经向人们提供了答案。这就需要转变思路，专业实践活动的伦理反思对象不应拘泥于具体行为的伦理性，而应学习康德的思维方式的革命，把流动的现象暂时“冻结”起来，以便将全部现象作为独立观察的对象。

康德借鉴哥白尼的方法革命，改变了传统的伦理思考的方式，康德的研究方法在20世纪被汉娜·阿伦特（Hannah Arendt）得以传承。所不同的是，阿伦特在对极端的恶之思考中发现了恶的平庸性，她将之称作“平庸的恶”（the banality of evil），阿伦特不满“只是描述一些十分确实的情况，即那种广泛的恶行现象”，因为有些“罪犯却既不凶残也不恶毒，人们从他的过去、从他在审判中以及之前的警方问讯中能发现的唯一的个性特点是一些纯然否定性的东西，那不是愚蠢，而是一种非常真实的不能思考的奇特状况”。① 阿伦特从现象中发现了本质性的问题——群体性的惰性思维——这样的惰性在常态社会环境下相当隐蔽，在极端条件下

① ［美］汉娜·阿伦特：《责任与判断》，陈联营译，上海人民出版社2011年版，第130页。

显露出来仍只能被智慧的眼睛察觉。现有的研究表明，阿伦特创造的“平庸的恶”概念必须与特定情形相联系才可以真正认识其价值。阿伦特的灵感源自跟导师的通信，客观而论，这个概念更多受到康德对亚里士多德中道理论的批判。康德发现亚里士多德的中道学说并不具有普遍性，因为不是所有的两个极端之间全部可以发现德性的合理区间。在康德看来，“德性与恶习的区别绝不能在遵循某些准则的程度中去寻找，而是必须仅仅在这些准则特殊的质（与法则的关系）中去寻找”，亚里士多德“把德性设定为两种恶习之间的中道，是错误的”“两种恶习的每一种都有其自己与别的准则必然相抵触的准则”。① 显然，非常熟悉康德哲学的阿伦特不会不清楚康德对两个极端恶的否定，也不难从中推出善的结论。所谓“恶的平庸性”，也就是平庸之恶，是阿伦特将康德关于极端的恶的论断带入政治道德哲学的领域，她将这样一种恶（平庸）归结为群体的“不思考”，这样的见解相当精辟。根据这样的论断，阿伦特否定“集体罪责”的传统论断，她对避免这样的恶给出的药方是追究具有这种恶行的个体责任。

康德和阿伦特关于无法从两个极端的恶中发现善的存在之论述对于认识媒体记忆和舆论共识的恶同样具有借鉴意义。在记忆—共识实践中，是否存在着“极端的恶”，这涉及对“极端”概念的理解。康德是从实践理性角度谈论恶的极限，亚里士多德和阿伦特是从经验事实角度谈论恶的极端。实践理性涵盖了所有事实，亚里士多德的恶之两端依据的是经验事实但包含着实践理性，阿伦特依据的是特定罪行这个特定的经验事实。伦理学研究一切与行为有关的对象，从这个角度审视记忆—共识实践同样适合使用伦理学语境中的善恶概念。媒体记忆和舆论共识的恶属于否定性的东西，依据恶背离道德法则的距离之远近确立恶的极端程度，而不能单纯依据事实危害的严重程度予以评判。在新闻/记忆实践中，极端的恶莫过于违背专业精神的公然造假；在舆论共识实践中，极端的恶莫过于引导公众朝着反常识道德的方向思考问题。这种恶的社会危害严重，但就新闻/舆论实践来看，这种性质的恶所占的比例并不高（新闻/记忆所占的比例更低），这与记忆—共识实践的显著性有关。当一项社会实践可以被在线直观，恶的程度面临的舆论压力增加，达到恶的上限程度随之降低。社会实践中这种恶多数发生在局部性或者封闭性的空间和特殊的时期，这样的恶

① ［德］康德：《康德著作全集》（第6卷），李秋零译，中国人民大学出版社2007年版，第416—417页。

的危害也非常之大。媒体记忆和舆论共识实践面向公众持续进行，这种恶只能依据伦理学意义上的恶的极端概念来理解，一旦把它经验性理解成现实版的暴行，这样的极端就成为法律惩罚的对象，伦理反思反而退居其次。按照康德的观点，恶更多指向日常行为中的不良习惯，所有的恶习都与道德法则相抵触。在记忆—共识实践中，媒体从业者/社交媒体用户的不良习惯降低了记忆文本和共识文本的品质，妨碍了公众对事实/观念的正确认知，这样的行为属于伦理学意义上的恶。亚里士多德和阿伦特有意在两种恶中作出区分（极端/轻微），康德依据的仅仅是对法则的遵循或违背来确定善/恶的性质。

极端的恶发生的概率很低，阿伦特所说的“平庸之恶”反而被一些学者框定在狭小的区间：“我们应当注意，要避免滥用‘平庸之恶’这个说法。阿伦特这个说法绝不是指日常生活中的微小过错，或者是平常人可能犯下的小奸小恶。这个概念只适用于艾希曼这种犯下了‘极端之恶’的作恶者，是在这种新型的‘极端之恶’中，他们才体现出了‘恶的平庸性’这个特征。她通过‘恶的平庸性’来揭示丧失思考能力所犯下的极端罪恶，这是一种没有残暴动机的残暴罪行。”① 有点讽刺意味的是，这样的理解本身就带有平庸的特征。阿伦特针对特定行为中的作恶者丧失思考能力发现恶的平庸（即无思状态），这个发现是否具有普遍性需要根据客观事实作出评价，如果一种普遍现象被人为地拒绝普遍化（包括它的发明者），这又何尝不是一种“恶”呢？无思状态可以指称极端环境下某个群体的思维状态，常规环境下的群体是否就不具有这样的状态？按照这样的逻辑，《乌合之众》研究的群体心理将属于犯忌，因为群情激愤的人们也不会有真正的思考习惯。如果承认群体激愤属于无思状态，借助群体传播的新闻/记忆和公共讨论就不可避免地夹杂着情绪，处于癫狂状态的群体看似在表达观点，但更多是直觉式地表达看法，这本身缺乏严格意义上的思想，应将之归入“无思状态”之物。沿着这样的推理，在社交媒体平台上对新闻/记忆文本的解码/再编码以及公共讨论中的情绪宣泄，这样的记忆—共识实践因处于缺乏伦理学的“无思状态”，显然属于新型的“平庸之恶”。就连主张严格限制“平庸之恶”概念使用范围的作者也承认：“平庸之恶其实不是一个答案，而是一系列更深入、更

① 刘擎：《究竟什么是“平庸的恶”？》，《刘擎西方现代思想讲义》，新星出版社 2021 年版，第 131 页。

困难问题的开始。"①任何时代，个体的"无思"都是一种常态。当不具有独立思考能力或者不善于独立思考的人们聚集在一起，当这样的群体以"思考"的方式评说公共事务，这样的"群体思考"（无思状态）就踏上了行程。在社交媒体平台的公共讨论中，即兴的匿名群体讨论极大地压缩了思考的余地，这里的"公共讨论"是个相当中性的概念，实际情形可能超出"平庸之恶"的程度，社交媒体舆论场的撕裂和反文明程度，如果阿伦特能够体验这样的讨论，也许就会发现这种实践活动本身的"极端"性质。

恶的平庸性是人性中固有的东西。人性由善恶两种成分构成，康德倾向于平均法，认为人性中善与恶的力量天然地对等（这类似于人从父母那里继承基因时所遵循的不偏不倚原则），人性中的善恶状况取决于行为主体在实践中两种力量的博弈情况。善（道德的）还是恶（反道德的），我们无法抽象地界定。善意味着克服阻力和困难，恶意味着顺从欲望，后者满足的是人之感官的直接需求，因为它从不会以弱者的身份出现在一个人的"理性法庭"中。也就是说，人性对于恶有天然的偏好，只有克服重重困难才配得上德行这样一项艰苦卓绝的事情，大多数人选择的是"道德上的躺平状态"，即选择向恶颁发"通行证"。虽然这种恶的危害可以忽略不计，但它以平庸的方式存在于人的日常行为中，这就是"平庸之恶"的普遍性。在记忆实践中，玛格利特"把记忆归于伦理范畴，但仍有一些使记忆与道德发生关联的情况，它们包括反人类罪行，特别是当这些犯罪侵犯了共同的人性时"。②显然，玛格利特同样深受阿伦特的影响，强调记忆伦理中的恶更多与战争中的极端之恶相关。战争的残酷和恐惧值得从伦理角度反思，但普遍的且不易被发现的恶同样让人不安，特别是将来社会研究某个历史时期的媒体记忆和舆论共识时，带给他们的恐惧感未必亚于当代社会战争记忆的残酷性。比如，从历史记忆中看到的"二十四孝图"和强制女性裹足等观念（共识），这样的"极端之恶"在过去被视作正常现象甚至是"道德的"（《二十四孝图》就是道德宣扬的"教材"）。肯定甚至赞扬极端孝道和裹足的群体在宋代以后的封建社会显然也处于阿伦特所说的"无思状态"，但这样的行为本身并不被认为是恶

---

① 刘擎：《究竟什么是"平庸的恶"?》，《刘擎西方现代思想讲义》，新星出版社 2021 年版，第 131 页。

② ［以］阿维夏伊·玛格利特：《记忆的伦理·导论》，贺海仁译，清华大学出版社 2015 年版，第 8 页。

的，因为这也是一种“集体责任”。阿伦特强调对个人责任的追究仅限于恶行主体非常明确的情形，而平庸之恶作为一种普遍的现象，问责于个人恰恰脱离了现实。在这方面，康德通过强调道德法则和行为的伦理准则（可普遍化）来规避所有人的恶，法则/准则源自认知和理性，这恰恰有助于避免无思状态的发生。在新闻/记忆实践中，媒体从业者（编码者）和社交媒体用户（解码者/再编码者）遵循新闻/记忆的专业准则就可以避免平庸之恶；在舆论共识实践中，公共讨论者遵守讨论规则可能贡献不了真知灼见但必须尊重其他讨论者的人格尊严，这也是避免平庸之恶的保证。范畴有其道德性，记忆的道德性并不限于对不道德之行为的记录而在于记忆的规则意识（拒绝记录无社会认知价值的内容和容易引起严重不适的事项，比如汶川大地震期间遇难者遗体的销毁过程［媒体机构拍摄但仅供存档］）；公共讨论的议题选择和讨论方式的道德性也应遵循公共性、问题性和理性的原则。当规则意识萦绕脑际，人就处于思考状态。新闻生产是媒体机构的专业生产，层层把关使这类实践的规则意识浓厚；随着新闻/记忆进入传播领域，非专业人士（社交媒体用户）接过编码文本的接力棒，新闻/记忆实践的道德性就面临巨大的挑战。解码/再编码（新闻/记忆段子化）的随意性源于对新闻/记忆规则的认知，这是一种典型的惰性思维，因为任性对应的是恶。不习惯规则也不对规则有所反思，新闻/记忆的无价值和对事实的歪曲就成为常态，这样的无思状态并非实践主体不具备思考的能力（高等教育的普及，客观上是接受过专业教育的个体具备一定的思考能力）造成的，而是群体的惰性思维使之然。在舆论共识实践中，公共讨论的最高准则是通过共识（观念）影响讨论者的灵魂。公共讨论依据的新闻/记忆可以是碎片化的（事实），公共讨论产生的思想的火花也是碎片化的，但碎片并不等于无价值或者无思想（再小的黄金微粒也是金子）。独立思考的人多了，公共讨论中的“有思状态”可以产生真正的观念而不是平庸的看法。玛格利特曾从记忆角度评价碎片化的闪光的观点：“这些碎片发挥的光荣使命形成了可称为‘灵魂蜡烛’的记忆共同体，仿佛时时再现点燃蜡烛怀念逝者的场景。”① 当学界和公众普遍对碎片化的新闻和只言片语或一般的新闻评论不屑一顾时，这同样是记忆—共识实践中的“平庸之恶”——对碎片化信息的轻视。大数据改变了有志之士对待碎片化信息的态度，但他们更多是从商业

① ［以］阿维夏伊·玛格利特：《记忆的伦理·前言》，贺海仁译，清华大学出版社 2015 年版，第 1—2 页。

用途利用碎片化信息的，依然不能被视作对碎片化信息的认知。前面我们将三个群体归入“无思”之列，在于碎片化的记忆—共识具有“灵魂蜡烛”的功用，对它们的漠视或歧视属于记忆—共识实践的“恶的平庸性”，而不是碎片化信息本身有何罪责（即存在一种所谓的“碎片化之恶”）。

所有的专业实践都有惰性思维的身影，不限制这种恶将造成行业领域的平庸。评价行业的发展状态可以从思维的活跃程度进行测量，在媒体记忆研究领域流行一种道德“中立”的观点①，显然，这是新闻客观性理论和社会科学研究领域学术中立思想的延伸。传统的新闻理论强调新闻客观，但客观是事实和观点的平衡，平衡是新闻/记忆生产的艺术，中立是立场上的不站队，或者将自己的立场掩饰起来；道德中立强调去感情色化属于明哲保身的自利策略，伦理学强调对道德原则的捍卫，这种原则有着鲜明的道德态度。新闻/记忆实践需要坚持平衡原则，对于善恶两种不同性质的事物同时呈现，但新闻/记忆的态度（对新闻/记忆原则的坚守）不能缺失。司马迁《史记》中的“太史公曰”，就是对重大历史事件的简要评说，通过叙事体中的“小言论”表明史家之态度。新闻/记忆不需要效仿司马迁，可以通过对新闻当事人和旁观者对于新闻事实的评价让公众从中感受到媒体应有的态度。网易新闻首倡“有态度的新闻”曾一度引起舆论的争议，因为这有别于“新闻客观”的诫命。实践表明，网易新闻（频道）的态度是一种新闻良知的态度，这本质上也是道德态度。应该说，倡导这一理念的网易管理者当初处于积极思考的状态，而不是机械地将新闻客观理解为没有态度的中立。没有态度的新闻/记忆属于“中立之恶”，假借中立之名逃避媒体的社会责任。新闻/记忆实践中的“中立之恶”在于实践者背弃了自己的道德义务，对社会生活之恶缺乏批评的勇气，对于善缺乏赞美的兴趣，这是审美能力退化和道德情感缺失造成的专业实践问题。翻开媒体档案不难发现没有态度的新闻/记忆充斥其中，态度的缺失给将来社会对某个历史时期的研究造成太多的遗憾。在记忆—共识实践中，由惰性思维所造成的“中立之恶”也体现在舆论场的公共讨论中。舆论场是善恶两种力量正面交锋的场所，在关系到国计民生和国家/民族重大利益的问题上，讨论者习惯于标榜自己是善/正义的代言人，这需要讨论者摈弃惰性思维，通过独立思考甄别并将普遍性的道德法则作

① Reading, A., “Seeing Red: A Political Economy of Digital Memory”, *Media, Culture & Society*, 2014, 36 (6): 749.

为评判善恶的根据。公共讨论中的“中立”即恶，中立意味着缺乏捍卫道德法则的勇气，以“在场的逃避”（这是一种身体的在场而道德的空场状态）形式回避邪恶力量，因为讨论者不敢公开为善行辩护。一个撕裂的舆论场必然是善的力量处于劣势状态，正如前面所言，善在数量中并不比恶少，善处于劣势状态源于部分人对恶的缄默和忍让，这样的选择既是对恶的纵容也是“道德中立”的必然结果。共识不是庸俗的平衡，而是剔除了恶的成分后符合人类文明遴选标准的代表善的观念，没有善的共识就像讨论吃人合法只是先吃掉谁一样，这样的“舆论共识”也仅仅具有形式的共识，无法被任何文明所接纳，因为这样的共识丧失了全部的伦理性。媒体记忆和舆论共识需要道德力量的支持，对记忆—共识伦理规则的认知和坚持就不可或缺，这要求整个社会告别惰性思维，避免形形色色无原则的“中立”，防止记忆—共识的平庸之恶。

记忆—共识的惰性思维也体现为新闻—记忆和公共讨论的娱乐化。新闻叙事对新闻事实情节的把握关系到新闻的可读性，新闻/记忆“讲故事”的传统可以追溯到史书的叙事。真正有影响力的史学在叙事方面都有独到之处，新闻/记忆的叙事和故事情节的波澜起伏是叙事艺术的内在要求，媒体从业者对新闻事实的把握没有历史学家从容，这就需要前者具有更为高超的叙事能力。叙事能力有天赋的成分也有长期训练的因素，在媒体从业者队伍年轻化的今天，新闻/记忆的叙事更多靠娱乐方式吸引受众，通过制造噱头来增加新闻的眼球效应，流量成为评价新闻/记忆文本好坏的量化指标。新闻/记忆面对的是有价值的社会变动因而应该具有严肃的特质，叙事的艺术性与哗众取宠并非一个概念，但对于缺乏职业独立思维的从业者而言，即时的酬赏（流量/广告收益）取代了延时的酬赏，专业主义规定的行业准则被前一种酬赏赶出了记忆的场所。当新闻/记忆专业实践被惰性思维所左右，娱乐化将变成最为经济的新闻/记忆生产模式；当新闻的价值含量降低、传媒业遭遇生存危机之时，惰性思维让大多数从业者怪罪于信息技术的进步。惰性思维造成的平庸之恶至今仍在继续，因为行业性的反思之风尚未形成。改变平庸之恶需要整个行业“不仅在过去和现在之间建立联系，而且还应展望未来。改变平庸之恶有助于制定公共议程，提醒公众记住在一个正在进行的活动中需要做些什么来解决危机，这是新闻业在建立集体记忆中的作用的独特贡献”。① 公共议程

① Han, E. L., “Journalism and Mnemonic Practices in Chinese Social Media: Remembering Catastrophic Events on Weibo”, *Memory Studies*, 2020, 13 (2): 164.

不仅是新闻的主题也是舆论场公共讨论的议题，新闻的去娱乐化是新闻向公共性回归的开始，当为公共讨论进行充分的铺垫。一个长期接受严肃新闻熏陶的社会环境，舆论场的公共议题必然具有公共价值，这样的讨论中有幽默和调侃，但讨论者的道德责任提醒他们所有的智慧需要应用到对严肃问题的认真思考和负责任地表达。媒体的议程设置和舆论场公共议题的严肃还是泛娱乐化，这是区分两种不同新闻/记忆和公共讨论的分界岭，后者是惰性思维展现的社会性喧哗或者热闹，掩盖在这种喧哗/热闹背后的是社会性的平庸之恶（媒体机构所提供的新闻的泛娱乐化也在此列）。

二　遗忘之恶：媒体记忆与舆论共识的惯性选择

翻开史书，如果没有同类史料可以比较，很难判断是否遗漏了某些历史事件，也可能无法了解某一特定时期的思想观念。即便查阅多家图书馆和档案馆的藏书和档案卷宗，依然不敢断言掌握了某个历史时期的重要史实，因为考古发现或民间收藏总能给人意外的惊喜。近代报纸出现以前，社会记忆主要透过史官和民间的日记、书信等记录社会事件和思想观念，这样的档案资料基本无法还原出某个历史时期的社会全貌。传媒业发展到今天，媒体的新闻/记忆实践已经发生显著变化，社交媒体使民间记忆活动以数字媒体记忆的形式在线进行，使人类社会正在进入一个难以忘却的时代；舆论的全民性更是将社交媒体用户变成了可能的公共讨论者，一切观点/想法都可能出现在公共讨论中并通过社交媒体纳入人类的记忆库。当事实和观点的呈现与保存变得便捷时，从理论上说记忆—共识实践就不会存在遗忘的担忧。

哲学也用自己的方式支持上述观点。根据赫伯特·赫拉霍维克（Herbert Hrachovec）的记述，布鲁门贝格（Hans Blumenberg）曾引用一位古代哲学家的话："事实感染了一个非占有者。"赫拉霍维克接着写道："一旦某件事被登记为事实，它可能会腐烂、毁灭或死亡，但它曾经是事实，这是不容置疑的真实，无法撤销。它永远属于已经存在的领域。"① 肯定存在过的事实就不可被磨灭是基于它们一旦被记忆就具有的属性。问题在于，人类社会无法将全部事实纳入记忆的范畴，记忆的有限性与事实的无限性造成记忆实践的伦理问题。不论是古代的史官还是今天的媒体从业者都以记录社会事实为己任，客观条件无法满足记忆的诉求，所有类型的记

---

① Hrachovec, H., "Blumenberg: Truly Memorable Memories", *History of the Human Sciences*, 1994, 7 (4): 69.

忆就具有了选择性，需要在记忆与不予记忆之间作出选择。新闻/记忆按照新闻事实的价值原则和时效性原则确定记忆对象。实际情况往往是，符合这两个原则的事项依然无法被纳入新闻/记忆的范畴，媒体必须对事实有所筛选，最终将非常有限的内容作为新闻/记忆的对象（报纸每天可以上百个版面、广播电视新闻频率/频道可以 24 小时滚动播出，网络新闻频道可以 24 小时不间断地更新），但相对于 70 亿人来说，即便全世界的新闻文本全部具有唯一性，也难以完整地呈现有价值的最新事项。与此同时，民间记录也无法逐日记录有意义的事情。赫拉霍维克承认“登记为事实”的东西依然可能“腐烂、毁灭或死亡”（正如绝大多数的新闻事实难以成为将来社会记忆的对象，虽然被媒体“登记”依然无法逃脱“腐烂”的命运），这是绝大多数事实的宿命。观点/共识作为主观性事实，当回顾历史事件时，由这类事件形成的（舆论）共识也必须被登记为客观存在过的观念（准事实）避免腐烂并可能对将来社会继续产生影响。观念（共识）也具有不可磨灭性，当它们无法被将来社会真正记忆之时，同样面临着腐烂/灭亡的考验。

从伦理的角度反思事实/观念的记忆与“腐烂”问题，需要思考记忆—共识实践的遗忘以及这种行为本身的道德性。根据物质不灭定律，物质通过将自身转换成其他形式的存在方式而不会完全消失。不论是对客观事实还是对主观性信息的记忆，一旦这些信息被记载在介质上，在形式上就具有物质的表象。作为全球唯一的档案遭遇意外事故（火灾、水灾或者人为破坏），档案介质的腐烂或完全消失对于记忆来说就无法遵循物质不灭定律，因为记忆的内容与介质之间并非完全的实体，信息只是寄存于介质之上而不是介质原始的构成要素（物理学意义上的介质是同质的，记忆载体的物质是具体的）。人类很早就意识到记忆载体存在的风险，石刻、甲骨刻字、誊写、印刷或数字复制为的是扩大记忆的存量，避免因为不可抵挡的原因导致记忆对象的“腐烂”。在前印刷时期，誊写是最好的复制方法，但这种方法对记忆也有不利的一面，誊写错误造成记忆内容出错或者被局部修改。《尚书》《春秋》《论语》等典籍均有不同的版本，这是由誊写/记载者理解不同造成的。当代的数字技术在修改信息方面更为容易，一个新闻/记忆文本在网上可以同时出现若干个不同的版本，这样的以假乱真增加了将来社会认识当代社会真实状况的难度，因为疏忽/篡改对记忆文本的破坏属于记忆的“腐烂”。

在媒体记忆与舆论共识实践中，技术对于专业实践的影响总是利弊兼有。比如，复制技术避免了单一性记忆文本因遗失或损坏造成的困扰，用于图像加工的 Photoshop 软件却干扰着新闻/记忆实践；公共讨论也存在类似的以假乱真现象，比如通过社交机器人之类的“智能化水军”干扰真实思想的表达，这样的舆论共识将通过媒体记忆的方式干扰将来社会对记忆文本的认知。在特定情况下，记忆文本被篡改远比记忆的消亡更具破坏性。在这里，篡改属于另一种形式的事实/观念的“腐烂”，媒体记忆的“腐烂”也可以理解成对客观事实记忆的特殊“遗忘”，记忆内容的前后矛盾增加了媒体记忆对未来社会影响的不确定性。在诠释尼采哲学思想的过程中，布鲁门贝格提出过一个有关记忆的不确定性“公式”：“如果没有绝对的未来，那就必须有绝对的过去，不可磨灭的过去。”① 绝对的遗忘（记忆载体的全部消失）或者“腐烂式遗忘”（人为原因导致真实记忆的被扭曲）阻断了联结过去和将来的桥梁，这样的遗忘之恶也许并不属于消灭记忆的极端之恶，而是以隐蔽的方式消解记忆文本中的关键性事实，由此增加了记忆的不确定性。布鲁门贝格无法借助自然界的物质不灭定律寻找到保卫人类记忆的办法，他将我们引向一条回到原点以恢复原始记忆的路径。换句话说，虽然人们无法阻止遗忘的发生，但人类的智慧可以通过“原路返回”的方式寻找最初的记忆。

相对于通过搜索引擎浏览二手网页版新闻（某些引擎公司把新闻变成了自己链接的网页），原始的新闻（原版新闻）——印刷版的报纸、原版的广播电视节目——属于确保原汁原味记忆的最好途径。在大众传媒诞生前的历史时期，信息的不对称造成记忆的大量遗忘/“腐烂”现象。现代媒体通过工业化方式将（一则）信息向社会广泛传播，新闻传播使媒体记忆内容的消失或被人为改动仅限于局部的遗忘/“腐烂”，大量原版媒体记忆文本可供追溯（在每年的中国新闻奖评选中，所有介质的媒体内容的改动都成为舆论监督的对象，隐蔽的篡改行为也面临被识破的可能），这是记忆的不可磨灭性在新闻/记忆实践中的写照。

从伦理的角度看，通常记忆代表的是一种善，与记忆相对的遗忘/“腐烂”代表的是恶。记忆与遗忘的冲突在于记忆意味着可能将共同体/个人的污点作为记忆的对象，由此影响到将来社会对其声誉的负面评价。涉事主体为规避这类记忆引发的负面评价，可以诉诸法律或者借助技术手段使记忆文本发生退出传播领域或者发生“质变”降低负面影响，这些措施在一定程度上可以阻断公众对特定内容的知晓（无知晓亦无记忆），

① Harries, K., Blumenberg, H., “Lebenszeit und Weltzeit [Life-Time and World-Time]”, *Frankfurt am Main*: *Suhrkamp*, 1986, 84 (9): 360.

或者在原记忆文本的基础上通过不道德的方式扭曲事实达到另类记忆(预设的记忆)。记忆与遗忘属于人的两种截然相反的诉求，对于有利于提升个人社会声誉的事项希望通过记忆手段而流芳百世，对不利于个人社会声誉的事项希望借助阻断记忆远离公众视线，记忆与遗忘的相反诉求构成了内在冲突。

个人的生理记忆具有偶然性，从终极的角度说遗忘反而具有必然性。对于机构性质的媒体记忆而言，新闻/记忆文本的量产强化着公众对新闻事实的集体记忆，新闻/记忆的档案性质使这类文本可以长期保存，媒体记忆成为对抗个人/集体遗忘的工具。记忆也包括对舆论共识在内的主观性信息的记忆，在现代传媒出现前，书籍是影响最大的媒介，历史上有社会影响的思想观念主要通过书籍的记载延续，书籍的再版次数和印量与事实/观念的记忆效果正相关，得缔构者得传播，缔构成为思想观念记忆的建构，这也是对抗遗忘的有效方式。记忆领域的遗忘之恶也适用于舆论共识实践。舆论场对一种观点/意见的强调或回避与社会习惯有关，当一种意见被认为需要强化时自然会有共同体的成员阐释并传播这类意见，肯定或批评都是在强化一个时期对某种意见的认知与记忆。相反，当一种意见不为在舆论场占据强大影响力的共同体所认可，意见领袖及其追随者对这类意见的回避将造成这一意见直接或间接地被公共讨论所遗忘，或者这样的意见虽然被提及，但意见领袖及其追随者刻意曲解这样的意见以达到被大多数讨论者厌恶的效果，后一种遗忘即前面所说的“腐烂”——不是从媒体介质上消灭它，而是对这些改造或歪曲以间接达到遗忘的目的。

在媒体记忆实践中，按照违背伦理原则的惯性选择达到遗忘的预期效果属于“遗忘之恶”。作为伦理学意义上的恶，记忆—共识实践中的遗忘之恶在于没有按照新闻/记忆生存的价值原则，将缺乏认知价值（包括历史认知价值）的事实和观念作为媒体记忆和舆论共识实践的对象，对这些事实和观念的建构不仅挤占公共资源，也转移公众的视线，导致社会成员因关注低价值的事实/观念而忽视了对有知悉价值的事实/观念的关注。从这个意义上说，遗忘之恶并非记忆的缺场，而在于记忆偏离了专业准则的航向。这里将新闻与记忆并列，记忆偏离专业准则源于新闻生产对价值准则的偏离。新闻事实是舆论公共讨论议题的来源，低价值新闻事实进入舆论场，在新闻事实价值对比明显的情况下，高价值的新闻事实和真知灼见的意见将受到公共讨论者的青睐，这样的事实/观念也将成为优先记忆的对象。相反，当低价值的事实被建构进新闻本文，舆论场公共议题的选择余地减少，公共议题的讨论价值下降将降低舆论共识的品质。记忆的作用并不局限于强化公众的印象，也在于增加事实/观念的传播力和感染力，记忆的效果得益于记忆—共识实践对信息传播价值原则的遵循。依照价值原则展开的记忆—共识实践体现的是记忆的善，这样的实践可以有效规避记忆之恶，遗忘的恶即是其中之一。由是观之，遗忘之恶并非社会成员对事实/观念的有意摒弃，导致遗忘的原因在于记忆—共识文本自身的低价值所导致的文本品质的欠缺，记忆/传播价值的欠缺，使低价值的事实/观念无法向将来传播。

媒体记忆和舆论共识的实践原则摆脱了偶然的经验事实之束缚，这样的原则要求专业实践者按照原则行事。行业实践的原则塑造从业者的职业思维，职业思维主导职业者的行为，职业行为的连续性和继承性养成的是职业习惯，不同时期的从业者延续这样的职业习惯。在记忆—共识实践中，职业习惯以职业无意识的形式指引媒体从业者将不符合媒体机构新闻理念的事项排拒在新闻/记忆生产的门外，不符合新闻筛选原则的事项将自动成为媒体遗忘的对象；在舆论场的公共讨论中，议题的选择也是个淘汰的过程，社交媒体的每日热搜榜成为议题选择的经验，社交媒体的热搜推荐有自己的选择标准，这样的标准虽然隐性但公共讨论者可以感受到何种议题更易于受到热搜榜的关注，这样的经验判断反过来促使更多的讨论者涌向可能上热搜的议题讨论中。热搜关乎记忆也关乎遗忘，不被记忆的公共讨论也就失去了形成舆论共识的机会。依照记忆—共识实践原则开展的专业实践活动以实践利益的最大化为目的，对利益的最大化的追求使专业实践者的职业习惯成为他们的第二本能，而这种本能是实践者长期的习惯性选择之产物。

遗忘作为记忆的对立面，媒体记忆和舆论共识实践对事实和观念的遗忘首先表现为习惯性的选择。媒体机构有自己的利益诉求，媒体的商业属性类似于康德所说的动物意义上的人，这是构成人性状态的一种必要成分，不能因为它处于低级阶段而否定其合理性。正如人的动物性满足的是人的生存性需求，对这种需求的满足可以刺激欲望促进行为主体向道德意义上的人迈进，媒体机构的商业属性促使媒体了解受众心理，记录的利益最大化成为优先考虑的事项。这是一种感性的、本能的需求，在这个阶段，媒体的选择必然伴随着某些恶的行为。公众未必对新闻事实的历史价值感兴趣而更渴望感官刺激，媒体对公众感官的过分满足将损害媒体记忆的历史责任或者说遗忘了这种责任，这也是一种遗忘之恶。无思状态也是一种遗忘。忘记思考曾引起阿伦特的兴趣：“恶行，不仅是疏忽之罪恶，而且是故意之罪恶，如果它不仅没有‘卑鄙的动机’（如法律所称的），而且根本没有任何动机，没有任何利益和意愿促动，在这种情况下，它是否可能?"[①] 记忆的遗忘之恶是媒体机构遵循商业逻辑，以动物性的本能追求自身利益的最大化，这样的本能不依赖推理和判断而以直觉付诸行动。

媒体的新闻/记忆生产和舆论场围绕公共议题展开的讨论，这类实践活动的选择不需要记忆—共识实践者的独立思考就变成了现实的行动。这里，很难断言记忆—共识实践中的惯性选择必然包含着某种“卑鄙的动机”。弗林特（Leon Nelson Flint）在《报纸的良知》中曾分析说，报纸主编在决定新闻是否适合发表时，他们习惯于将不雅的或者纯粹个人私德的东西过滤（遗忘）在媒体之外，主编们认为这样的习惯性选择符合职业道德的要求。新闻/记忆生产的把关人理论强调媒体选择的道德责任，这是一种有意但善意的职业选择（惯性选择），它们被认为是道德的。不过，记忆—共识实践中遗忘的道德性却并不这么简单，主编的惯性选择的根据是媒体的利益和被报道（记忆）对象的利益，这样的职业判断是否真正符合人类文明建构的要求显然存疑。媒体机构出于自身利益考虑也可能损害被报道（记忆）对象的利益，消费明星或者在灾难报道中所谓的“吃人血馒头”也是媒体的惯性选择，这些被普遍认为是“卑鄙的动机”，属于有形的遗忘之恶。

在记忆—共识实践中，无形的遗忘之恶主要表现为媒体从业者和公共讨论者长期形成的自我审查习惯，这种习惯源于外部环境塑造的回避/禁忌原则。在新闻/记忆生产中，媒体机构的自我审查要求媒体从业者避开新闻报道的禁区，机构内部的禁忌塑造从业者的自我审查习惯，这种习惯将比媒体机构的审查标准更为严格，避免因为从业者自我把关不严造成浪费更多的时间和精力。同样的自我审查习惯也在舆论场客观存在，公共议题能否通过社交媒体平台的审查，在公共讨论中论点论据的自我审查可以最大限度保护平台和讨论者的利益，什么的话题不可以记忆/讨论，这样的禁忌已经成为公众的“脑中屏障”，严防这样的内容进入自己的思维范畴，这是记忆—共识实践中的惯性选择（不思维的惯性选择）。

当记忆—共识实践主体有了实践活动的“黑名单”，遗忘就成为一种真正的恶。这样的“名单”不必真实存在，只是媒介环境塑造职业思维的惯性，它介乎疏忽与故意之间，以惯习的方式指导着行为主体的记忆—

① ［美］汉娜·阿伦特：《责任与判断》，陈联营译，上海人民出版社 2011 年版，第 131 页。

共识实践，缺乏专业素养的人不易觉察这种恶的存在及其危害。以短视频提供的影像记忆和相关舆论讨论为例，记忆文本的泛娱乐化更多出于拍摄者有目的的策划和导演，这类影像追求的是网络剧场效应，通过刺激公众的感官达到传播效果。短视频提供的记忆也是形成公共议题的一个来源，这类议题的参与者众多但认知价值参差不一，泛娱乐化的短视频叙事带来的是泛娱乐化的公共讨论，这样的记忆—共识也是惯性选择的产物，这种选择来自实践者对于记忆—舆论文本社会责任的遗忘，为追求流量或者逃避对现实问题的关注。泛娱乐化的记忆—共识实践迫使专业实践者的良心从自己的审判席上退场，道德法庭没有良心这位“法官”的时刻提审，记忆之善面临的挑战和威胁就失去了抵抗的动力，遗忘或者选择性的遗忘成为行为主体最后的选择。司马迁的遭遇对于缺乏道德法庭的良心提审的人而言，对历史负责任的记忆意味着个体肉体和灵魂的双重折磨，按照来自外力的强制性要求而记忆收获的是名利，交易的条件是让自己的良心从道德法庭“退休”或进入“冬眠模式”。类似的现象也普遍地存在于共识实践中，面向大众开放的舆论场，公共讨论的惯性选择意味着指引讨论者选择趋利避害。社交媒体公共讨论的匿名性在一定程度上保护了讨论者的隐私，但传统的惯性选择和现实生活中的个案依然让不少人对于认真思考和畅所欲言有所禁忌。想到的不便言说，这样的回避或缄默的动机多样，但无论何种理由都造成了遗忘之恶。

在分析了媒体记忆和舆论共识实践的遗忘之恶是惯性选择的结果及其对专业实践的危害之后，也应认识到遗忘之恶并非无限的恶，有必要对这种恶的评判应加以客观分析。造成遗忘的原因可以是生理性也可以是外在的原因。人的存在即信息，每个人无法记忆一切而只能选择性记忆。当遗忘成为另一种意义上的必需，记忆的责任显得更为重大。关于人类应该记住什么，玛格丽特（Avishai Margalit）给出的答案是：“根本之恶和反人类罪行。”① 这与传统的新闻理念有相近之处。社会的进步在于对错误的修正，揭示社会问题的新闻向公众展示出社会改良的任务，避免社会成员满足于既有的成绩而故步自封。阿伦特强调注意隐藏在极端之恶背后的深层问题（作恶者的无思状态），玛格丽特则为历史学家和媒体从业者以及普通的社交媒体用户（公众）框定了记忆的要点。媒体机构根据自身利益作出惯性选择，公众的审美趣味更多是媒体培养的。就像当前短视频的

① ［以］阿维夏伊·玛格丽特：《记忆的伦理》，贺海仁译，清华大学出版社 2015 年版，第 70 页。

风行一样，搞笑、低俗可以带来流量就成为“好的”，媒体机构和研究机构不肯去反思这样的内容对于年青一代的负面影响以及短视频文本记忆的低价值所造成的恶，这样的恶不但是庸俗的也是遗忘性质的，让公众通过回避现实问题而贪图感官的即时满足。对于这种回避“根本之恶”的记忆生产，传播学的“使用与满足”理论可以从现象层面解释却回避了此类记忆的伦理问题。真正的记忆与遗忘之间应该是互为补充关系。记忆超载无论对于个人还是社会都是一种负担，就像不定期清理垃圾可能导致电脑运行速度下降直至瘫痪，电脑文档的定期清理意味着对部分无价值或低价值信息的删除（遗忘），主动清理是为了更好地存储（记忆）。个人/社会信息的超载也有类似的负面作用，既然无法永久保存实践活动的全部信息，通过清理部分信息可以确保记忆渠道的畅通。

遗忘对于记忆也有积极作用，绝大多数的保密信息规定了保密的期限，到期将失去保密的价值而进入记忆的视野。在媒体记忆实践中，报纸、电视定期推出精华版或收藏版就是把已经出版的内容择其精华再度编辑传播，在媒体记忆的这类解构与再建构过程中，没有被缔构到精华本/收藏版的新闻文本之记忆价值将降低许多，至少在编纂者（媒体机构）的自我遴选中被归入遗忘之列。媒体记忆是为了向将来社会保存有认知价值的社会变动信息，遗忘的价值在于减轻信息历史/未来传播的负担，这里可以将遗忘视作特殊的记忆。

记忆和遗忘的互补依据的是价值关系——记忆的价值与遗忘的无价值，这种互补需要经历一个自然选择的过程，媒体机构、研究机构或档案部门的遴选可以视作一种常见的方式但不是终极的记忆与遗忘。一般来说，记忆文本的遴选者距离记忆—遗忘文本的时间越久远，他们与记忆—遗忘对象的关系就越远，这样的遴选也就越是趋于客观与公正。遗忘之恶否定记忆—共识的历史认知价值，玛格丽特将根本之恶和反人类罪行作为记忆的优先对象，唤醒记忆主体对有历史认知价值的事实/观念的思考。与此同时，新闻/记忆文本中缺乏新闻/记忆价值和形象宣传的内容如果不是以广告文本的形式出现，它们作为新闻/记忆文本的合法性就将存疑，自然也失去了作为记忆文本的合法性。不具有新闻/记忆合法性的内容出现在媒体的新闻报道中，需要区分这样的行为究竟属于偶然的误判还是习惯性的（忽视/遗忘）选择。在后一种情形下，应该反思的就不仅仅是特定的媒体机构而是行业性的专业实践的伦理问题，需要依据记忆—共识实践的道德原则追问遗忘之恶惯性选择的道德性。记忆的遗忘之恶提醒专业实践者，记忆不仅仅是媒体的商业利益问题更是个道德责任问题，对于违背职业伦理原则的遗忘暴露的是实践活动的恶，这样的恶阻断的是现在和未来的有机联结。

在舆论共识领域，遗忘之恶也存在将无价值的看法/观点当作新思想/新观念的现象，因为有价值的看法/观点退出公众的视线而造成间接的遗忘。在公共讨论中，真正有思想的意见领袖并不多见，更多的意见领袖在公共讨论中不时闪烁出一点思想的火花，但这类“火花”也存在着“含德量”的问题。看法/观点的道德性要求它们在遵循道德法则的前提下能够增进公众对公共议题的新认知。在社交媒体平台的公共讨论中，大多数的讨论者期待意见领袖的意见中闪耀着思想的火花点亮舆论场，使之从这类思想火花中得到启蒙。思想需要语言的润色，但思想不能仅靠语言的修饰包装吸引公众。舆论共识的生成比新闻/记忆生产更为不易，对于蕴含着新思想/新观念的舆论共识，记忆这样的思想观念是道德的；对于靠赚流量或者出于利益考量而制造的观点去诱导公众，这样的观点因缺乏道德性而失去记忆的价值。有的社交媒体平台每年评选十大精选跟帖或原创帖子，这既是记忆也是遗忘，入选的原创内容便于增进公众的深度记忆，未能入选的数据无异于被贴上允许遗忘的标签。遗忘对于公众是一种解脱，为记忆而记忆的努力反而成了反道德的行为。

记忆和遗忘与信息的价值有关，这种价值的道德性蕴含着对人类社会的关爱。当关爱与记忆相关联，遗忘就站在了它们的对立面，遗忘意味着对缺乏关爱价值的事实/观念的删除，记忆意指对蕴含着关爱价值的事实/观念的保存。玛格利特除了强调“极端之恶”仍有记忆的必要，她还从至善角度提出记忆的对象，这就是对人类的关爱。在谈及与记忆有关的关爱时，玛格利特写道：“关爱到底关心的是什么？它关心的是有意义的他人的幸福，涉及相关人的欲望和需求。它通常涉及相关人的合理欲望和需求。”① 玛格利特将“有意义的他人的幸福”作为关爱的对象，赋予了记忆实践的道德性质，她的这个观点不仅适应于记忆实践也同样适应于共识实践。新闻/记忆实践关注社会的变迁，蕴含着对他人（社会成员）幸福之关爱，至于这是否是伦理意义上的关爱，或者说是否具有历史的认知价值，关键在于他者幸福是否有意义。在电视民生节目中，职能部门的从业者帮忘记带钥匙的居民免费开锁，护送迷路的孩子回家，这类受欢迎的节目看似也是在关爱他人的幸福，但这样的幸福属于外在的幸福——受助者

① ［以］阿维夏伊·玛格丽特：《记忆的伦理》，贺海仁译，清华大学出版社 2015 年版，第 29 页。

的一时之需和观众的感官愉悦——这样的幸福实际上是我们常说的快乐而难以抵达人的精神世界，这与伦理学所说的内在的幸福（即达到人的圆满性）有着质的不同。这里并非否定此类节目的合法性，而是就记忆和遗忘的关系作出分析，习惯性地选择遗忘是道德的，将这类表象的幸福纳入人类的记忆库违背了媒体记忆的伦理要求。

舆论共识应是能够促进“有意义的他人的幸福”的新思想/新观念，一个新的舆论共识要得到普遍的认可并成为社会记忆的对象，共识的道德性决定着这种共识的历史认知价值。对于为化解公共事件而展开的公共讨论有助于促进他人的幸福（恢复舆论秩序），至于这样的幸福是外在的还是内在的则需要予以审视。玛格利特认为：“记忆通过与关爱的内在关系而与道德融合。关爱，特别是缺乏关爱似乎自然地归属于道德的范畴。”① 对他者有意义的幸福之关爱不论是事实还是观念都有必要记忆，它们属于记忆—共识关注的范畴。伦理学关注的是缺乏对他者有意义的幸福之关爱——遗忘了他者内在的幸福——将这类缺乏内在幸福关爱的事实纳入媒体记忆或者将之作为公共议题讨论即便可以产生出一些新的观点，它们依然缺乏伦理价值。

在现阶段的媒体记忆和舆论共识实践中，缺乏对有意义的他人幸福之关爱的事实/观念进入实践领域，这些不应被记忆/讨论的事实/观点变成了新闻和舆论场的议题，相反，具有内在价值的他者幸福的事实/观念有时反而退出了记忆—共识实践，这样的退出降低了记忆—共识实践的道德性，低价值的记忆—共识实践属于遗忘之恶的范畴。

三 虚假之恶：媒体记忆与舆论共识的任性想象

新闻和历史以真实为专业实践的原则，媒体记忆兼具新闻和历史的功能，记忆文本也务求真实可信。舆论作为公众意见的集合体，主观性意见的舆论在达成共识的过程中，对社会问题把脉的准确也是真实性原则在舆论共识实践中的体现。与新闻真实不同的是，媒体记忆和舆论共识实践的真实性问题被置于时间的长河中，记忆—共识文本的真需要经得起时间检验。新闻/记忆生产和舆论共识生产既是在为当代社会也是在为将来社会提供认知社会的原始素材，其真实程度关系到认知的准确程度。在社交媒体时代，全民性的记忆—共识实践的真实性面临着前所未有的新挑战，在

---

① ［以］阿维夏伊·玛格丽特：《记忆的伦理》，贺海仁译，清华大学出版社2015年版，第29页。

全民参与记忆—共识实践的同时如何避免专业实践的虚假成为值得思考的问题。

媒体记忆和舆论共识实践是构建人类文明的重要组成部分。在公众的印象中，构成文明的人文精神应该与恶无关，这样的理解也不全面。符合人类社会道德原则的文明源自善的事物，这并不意味着文明不跟恶发生联系。善与恶无法割裂，这是不同矢量力的平衡之需，也是社会发展所需的动力平衡。文明相对于野蛮而存在，野蛮在伦理学中被归入恶的范畴，它反衬着文明也在挑战着文明。野蛮迫使文明不断完善自身，这就需要汲取善的力量使其能够与代表野蛮的恶相抗衡。

媒体记忆和舆论共识文本不会只容纳善而排拒恶。在新闻/记忆实践中，片面强调单一向度的文本不符合新闻/记忆的规律，公共讨论对于自然进程中的共识（观念）干预因缺乏道德性而误导公众正确认知，这些均属于恶的范畴。不论是重大公共事件还是关乎小人物命运的社会事件，记忆—共识实践应公正呈现事件的全貌（包括前因后果），也应允许舆论场自由讨论是非曲直。媒体记忆用事实呈现社会的变迁，真实是新闻/记忆的生命，善决定着新闻/记忆被缔构进人类文明的大厦之中，美则关系到新闻/记忆跨时空传播的效果。媒体记忆的对象不论是至善还是极端之恶，只要媒体真实地予以呈现就符合真、善、美的原则。公共议题包含着对善的肯定和对恶的否定，非歧视性议题以包容的姿态评说公共事项，民主、开放、理性的公共讨论同样符合真、善、美的原则。当真、善、美被引入记忆—共识实践，实践的道德性促进实践成果向人类文明的转化。史书间接揭示出人类社会发展的规律，帮助读者从重大历史事实中形成全面的社会认知并形成自己的世界观，这是媒体记忆与舆论共识实践成果对人类精神世界的哺育。阿尔伯特·爱因斯坦曾经说："照亮我的道路，并且不断地给我新的勇气去愉快地正视生活理想的，是真、善和美。"① 真、善、美不是抽象的概念而是必须附着于具象之物，使之具有火炬的力量。汉语中"以史明鉴"和"思想火炬"等词语从一个方面反映出记忆—共识的火炬作用，它们带给世人的不仅是可以观感的事实，更包括陶冶情操、净化灵魂的东西。

当真、善、美被引入记忆—共识实践领域，必然有与之相对应的假、恶、丑来衬托出前者的伦理价值。在记忆—共识实践中，真与假始终处于博弈状态，新闻事实的真与假、观点的真假表达在记忆—共识实践中并

① ［美］爱因斯坦：《我的世界观》，张卜天译，商务印书馆2018年版，第4页。

存。真实地记录事实、表达观点属于职业伦理的要求，这看似简单付诸行动却相当不易。新闻/记忆的虚假问题与媒体从业者动机的恶有关，假如没有外力（绩效考核和利益攸关者）的影响，新闻/记忆文本的虚假程度不足以扭曲事实本身。当新闻/记忆事实的利益攸关者通过外力干预新闻/记忆实践活动，干预的力度与新闻虚假的程度就发生了联系。在舆论场的公共讨论中，从表面上看，讨论是在自由状态进行的，但在讨论者是否受外在的压力却无从判断。大型公共讨论的参与者动辄上万人，意见领袖也不止一位，只要一个讨论者受到外力干扰，他的发言就存在言不由衷的可能。虚假的事实和观点如果仅仅由于实践者认知能力的原因或外部因素的制约，这些问题对记忆—共识的影响还不至于严重，就像目前无法研判转基因食品究竟是安全无害还是存在某些隐患，出现虚假事实和共识可以通过最新的科研成果予以纠正。记忆—共识实践伦理的虚假之恶是由实践者的任性造成的，这些实践者具有相应的认知能力可以避免虚假问题，仅仅由于他们的自大或狂妄，因为这种对任性的滥用和缺乏道德原则的任性想象编造新闻/记忆的事实、编造混淆黑白的言论恶意误导公众，这样的任性想象之记忆—共识实践就属于媒体记忆和舆论共识的虚假之恶。

真、善、美要求记忆—共识实践严格遵循真实性原则，杜绝事实与观点的虚假，而在记忆—共识实践中不论是事实还是观念经常会被渲染或夸大。在新闻/记忆生产中，与事实/观念的真实相对的是事实/观念的虚假。新闻/记忆实践的经验表明，新闻/记忆的真实性对抗的是新闻/记忆文本的虚假问题。一般来说，只要新闻/记忆的核心事实不存在造假行为，这样的文本就会被认为符合新闻真实性原则的要求。全球每天生产的新闻文本数以万计，一个人能够接触的文本数量相当有限，受众的信息消费与历史学家对历史事实的考证不同，只要新闻文本的核心事实属实就不至于影响对新闻事件的认知，这样的文本也就达到了新闻真实性的基本要求。当新闻与记忆并列，新闻文本的消费对象不再局限于当代社会的信息消费者，还要面对将来社会的专业人士（比如历史学家），受众面的扩大对新闻/记忆文本的真实程度提出更高的要求。媒体记忆要求的真实，除了核心事实准确无误，还要求非核心部分的事实同样真实。在非核心事实中，软事实的呈现同样应符合事物的原貌。新闻文本中的景物描写、人物对话和细节呈现，多维度的真实有利于将来社会全面、客观地认识当代的社会变动和风土人情。现阶段的新闻真实性问题不是核心事实的虚构（杜撰核心事实的严重失实新闻的案例并不多见），而是报道者对当事人或新闻事实局部的渲染和夸张。渲染、夸张有现实的基础但人为地修饰（掩盖/

粉饰）了部分事实，这样的叙事手法看似没有违背新闻真实性原则，渲染、扩大的后果在于细节经不起推敲，遗憾的是叙事的主观化问题并未引起重视。新闻实践需要如实呈现最新的社会变动，真实性原则和客观性原则禁止在新闻叙事中以渲染/夸张的方法突出/强调新闻事实的某个侧面或者细节。介于非虚构与虚构之间的渲染、夸张将损害新闻文本的真实程度，误导公众对新闻事实的认知。将新闻真实性原则的要求降低到最低标准，即仅仅强调核心事实的真实而未能同时遵循客观性原则，将造成新闻生产对细节真实和客观叙事的忽视，这样的新闻生产方式必然降低新闻文本的品质。经过渲染/夸张的新闻文本所占据的比重越大，越不利于新闻文本向记忆文本的过渡，这是新闻实践道德性不足造成的，新闻文本的低道德性导致此类文本被排拒在人类文明大厦的门外。人类文明的真、善、美原则要求新闻/记忆实践严格按照历史认知的尺度生产，即新闻的消费对象横跨现在和将来的受众，这就需要新闻/记忆文本按照新闻实践伦理所要求的真、善、美标准进行建构，达不到记忆文本要求违背的是新闻/记忆实践的善。当渲染/夸张在新闻/记忆实践中成为普遍的现象时，应该反思媒体记忆的虚假之恶。

在舆论共识实践中，真、善、美同样要求舆论场的公共讨论活动遵循真实性原则，讨论者理性发表看法/意见。新闻/记忆的真实性原则要求实践者尊重客观事实，舆论共识实践的真实性问题显然更为复杂。公共讨论的议题多取材于热点事件，讨论者的看法/意见来自对事实的认知与理解，意见/看法作为主观性信息的真实，强调讨论者的表达符合其真实意图。在社交媒体平台上，公共讨论者在匿名状态下陈述的看法通常更接近其真实意图。我们是否可以断言，匿名状态的公共讨论并不存在观点表达的真实性问题？事实并非如此。舆论场的公共讨论不同于个人的专场演讲，公共讨论者必须在赞同、中立和反对三种类型的意见/看法中选择其一，当公共讨论者的看法与共同体成员的主流观点无法统一时，需要他们选择究竟是出于维护共同体利益的需要改变自己的看法还是出于维护意见的真实性表达原则坚持己见，如果意识到在公共讨论中无法脱离共同体就需要选择服从共同体的主流意见。这样，公共讨论表达的真实程度就遇到实践难题：并非每个讨论者都可以遵循真实表达意见的原则畅所欲言，而是在有限的选项或个人身份归属中选择意见/看法的表达。除了真实表达的困难之外，舆论共识实践的真实性问题还表现在讨论者对表达效果的态度，为追求表达效果的最大化可能需要共同体成员集体渲染一种意见的正确性，夸大并批评对立意见/看法的错误。渲染/夸张一种意见/看法的对与错本身就是在破坏舆论共识的真实性。理性的公共讨论应该是对立双方理性、客观地阐述各自的看法，尊重对方表达的权利并给予对方平等表达的机会，在对话中寻找意见/看法的最大公约数，这是形成舆论共识的前提条件。一般来说，渲染和夸张属于宣传的艺术方法，社交媒体舆论场的公共讨论活动并不隶属于宣传实践，这种讨论的实质是从事观念的生产，通过全体成员形成一致性的意见/看法（即形成共识），为形成新的社会观念积累素材。公共讨论需要缩小不同意见之间的差距，实现这个目标依赖于阐明一种意见/看法蕴含道理的普遍性，越是具有普遍性的道理就越是能够代表大多数人的认知。渲染/夸张出于宣传的需要，片面强调一方认知结果的正确性或重要性，出于同样的目的必然贬低甚至否定与之对立的意见/看法。由于渲染/夸张背离了观点的全面性原则，制造不符合真实认知的虚假观点/看法。在舆论共识实践中，渲染/夸张是与实践善相对应的虚假的恶，其实质是以欺骗的方式获得其他讨论者的认同，这样的认同因缺乏真实基础也难以持久。

由渲染/夸张造成的媒体记忆和舆论共识的虚假之恶具有一定的隐蔽性，这种恶看似有事实基础，但事实被作为一种造假的手段，经过渲染/夸张生产出来的新闻/记忆文本和舆论共识文本因似是而非更具欺骗性，这也是将之归入虚假之恶范畴的根据所在。

真实、客观地记录事实、表达观点属于专业实践理性的要求，在纯粹理性状态讨论记忆—共识的真实、客观地记录与表达相对容易，将之付诸行动却相当不易。随着真、善、美的概念引入记忆—共识实践领域，需要有与之相对应的假、恶、丑来衬托前者的伦理价值。在记忆—共识实践中，新闻事实的真假、观点的真假表达在记忆—共识实践中并存，二者始终处于博弈状态。

如前所述，记忆—共识实践的真实性问题不在于杜撰事实或者凭空想象一种离奇的观点（杜撰观点的情形偶有发生，有的学者在国家名字上做文章，以牵强附会的方式演绎出荒诞不经的结论，这类观点很快成为公共讨论口诛笔伐的对象，不会形成舆论共识效应），而在于依据有限的事实，通过渲染/夸张达到歪曲事实、曲解意见/看法的目的。渲染/夸张需要借助于制造虚假之恶的专业实践者的任性的想象，把事实作为达到目的的手段，混淆事实/观念真实的边界，迷惑他人信以为真。想象是人区别于动物的特有能力，超越时间设想一种暂未出现的状态。在新闻/记忆生产和舆论场的公共讨论中，需要借助想象达到预期效果。新闻/记忆的议程设置和公共讨论的议题设置就不同程度地饱含着想象的成分，想象的作用在于预见，它建立在合乎逻辑的推理之上。科学的预见在虚实结合之中最终化虚为实，使想象变成现实。渲染/夸张依据的是任性的想象，它以否定事实为前提，以扭曲、否定事实为目的，这样的“虚实”不是处于自然的结合状态，而是处于虚实博弈的状态之中，通过渲染/夸张达到以虚假击败事实的目的。以想象解构事实的虚实博弈在缺乏道德法则的规范时，虚实博弈的结果可能是虚假之恶暂时居于强势状态。

新闻/记忆的虚实博弈与媒体从业者动机的善恶有关。新闻/记忆的道德法则虽然崇高，但媒体从业者的内心世界并不排拒个人感官享受的欲望。新闻/记忆的对象不可避免地维护或损害部分群体/机构的利益，这些利益的维护可能需要拔高或裁剪事实，真实性原则要求如实呈现，满足个人感官欲望的动机需要牺牲局部的利益。假如没有外部因素的影响，新闻/记忆文本的虚假程度不足以扭曲事实本身。当新闻/记忆事实的利益攸关者通过外力干预新闻/记忆实践活动时，干预的力度与虚实博弈的程度直接相关，想象对事实的解构是外部因素占据上风的产物。在舆论场的公共讨论中，虚拟空间的这种讨论者看似处于自由状态发表看法，至于讨论者是否受外在因素的直接/间接影响却难以考证。大型公共讨论的参与者众多，意见领袖级的讨论者也不止一位（对立双方可以拥有各自的意见领袖，甚至同一个共同体内部有多个意见领袖参与同一场讨论），只要有一个讨论者在讨论之前或其间受到外部因素的影响，这样的讨论者可能受制于他人意志的影响重新组织语言表达并非自己真实见解的看法。这时，想象自动发挥作用，客观事实成为观点表达的工具，不符合讨论者真实意图的“看法”随之产生。

大多数情况下，媒体记忆和舆论共识实践中的虚实博弈并非由专业实践者的认知能力或外部因素的影响促成。比如，现阶段无法研判转基因食品究竟是安全无害还是存在某些隐患，由于认识能力以及对健康的担忧（外部因素）将想象应用于有限的事实认知之中，造成关于这类食品安全/不安全的虚实博弈。记忆—共识实践伦理的虚假之恶源于实践者背弃了道德法则而任由个人的意念（任性）主导新闻/记忆生产和舆论共识实践（公共讨论），不遵循道德法则的非理性的意念易于受到外部环境影响，随着环境变化个人的情感和欲望也在相应改变，对道德法则的藐视造成的自大降低了实践者对事实/观念真实的尊重。一旦缺乏对道德法则的敬重就必然滥用自己的意念，实践者以任性的想象对待新闻/记忆的事实，以任性的想象混淆事实与正误的观念，这样的任性想象属于媒体记忆和舆论共识的虚假之恶。关于任性，康德将之与个人喜好结合起来进行界定：

“从概念上看，如果使欲求能力去行动的规定根据是在其自身里面，而不是在客体里面发现的，那么，这种欲求能力就叫做一种根据喜好有所为或者有所不为的能力。如果它与自己产生客体的行为能力的意识相结合，那它就叫做任性。”① 根据个人喜好去行动，让本能的意念主导行为，这样的行为也许适用于艺术创作，但对于受理性制约的媒体记忆和舆论共识实践而言，并没有给任性的行为留下发挥作用的余地。

沿着康德的思路，伦理学视野中的新闻/记忆应该是把握有价值的社会事实之内在规律，从事实中发现与社会发展有内在联系之因素，媒体从业者按照新闻/记忆生产的专业理念挖掘事实之社会意义，从根本上赋予事实从表象到本质的真，这样的新闻/记忆实践避免了康德所批评的根据“喜好”而行动（即对新闻/记忆准则的认可和欣然接受），而是乐于（另一种意义上的“喜好”）遵循新闻/记忆生产的专业规范。在新闻/记忆实践中，仅仅依据事物（这里没有使用“事实”概念）的表象与个人欲求的结合表现出来的是任性（也称作“任意”或“意念”），新闻/记忆实践的目的在于满足媒体从业者的欲求（情感和欲望），意念迎合个体的欲求任意裁剪事物的要素（表象意义上的事实）。伦理学意义上的喜好没有也不会给想象（不受法则规范的想象）在新闻/记忆生产中预留存在的空间，这是由于任性的想象有悖于职业伦理原则，迎合专业实践者未经伦理审查的本能式欲求，一旦允许任性的想象闯入新闻/记忆的领地，新闻/记忆将重新返回文学的生产模式。当前流行的非虚构写作标榜追求新闻素材和细节的真实感，但又尝试用文学手法呈现故事，这是一种将新闻写作规则与想象杂糅的新闻实践，它依据的不是康德意义上的“喜好”（对道德法则的信仰），而是典型的任性的想象（对新闻道德原则的漠视）。将对流量的喜好纳入新闻/记忆实践。非虚构写作的理念在实践中缺乏可供追溯的事实核查标准与行动，流量为王将非虚构写作以虚假之恶的形式侵扰新闻/记忆的领地，这样的危害不久将显现出实践的恶果，因为这是以感官的喜欢代替对原则的喜好造成新闻/记忆领地的失守。

与新闻/记忆实践不同，社交媒体舆论场对任性和想象有着相对宽容的传统，这未必意味着平台包容用户（公共讨论者）的任性，而是（网络）舆论实践的经验事实中包含着有限事实和无限想象相结合的成分。舆论学虽不会将想象拒之门外，却限制着个人/群体的任性活动空间，在

① ［德］康德：《康德著作全集》（第6卷），李秋零译，中国人民大学出版社2007年版，第220页。

舆论共识实践中，理性、公正、建设性被当作公共讨论的原则，对理性的肯定意味着对任性最大限度的限制（任性并不因此退出舆论场，失去的却是道德的合法性）。舆论共识是社会性质的思想观念或思想火花的结晶，共识的形成离不开公共讨论者的想象作为催化剂，想象建立在事实的基础上却又需要不同主体意念间的碰撞促成新意见/新看法。在形成舆论共识的过程中，公共讨论者从新闻/记忆的事实中获取营养但并不满足于此，而是试图从事实中获得新的认识。假如没有这样的认识（思想的结晶），人类社会将陷入停顿状态。允许想象在舆论共识实践中公开活动，在于它有助于保持公共讨论者思维的活跃，但其前提是对于想象内容的表达必须符合讨论者的真实想法。但是，伴随想象的思考所产生的结果既可以符合事物的实际也可能背离了它，后者产生的是误识。舆论共识的虚假有无意的和故意的之别。“传统上，心理学家把‘错误共识’定义为有（或没有）经验的人。”①

在社交媒体上，公共讨论没有也无法设置门槛（这毕竟不同于闭门的学术研讨会），当认知水平参差不齐的用户就公共议题发表看法时，真正的新观点/新思想需要知识渊博、社会经验丰富且富有想象力和道德精神的讨论者负责阐发，遗憾的是社交媒体平台上的公共讨论没有供其独自发言而其他人必须同时聆听的讲坛，公共讨论是以众筹式的论争方式生产新的看法/观点。舆论场无法效仿学术研讨会邀请一批专业权威人士参与在线自由讨论，实际情况是许多既没有专业知识又缺乏社会经验却急于表达看法的讨论者竞相发言，这些讨论者追求的是眼球效应而不是共识实践的专业水准。在激烈争辩的环境下，讨论者对于道德原则的喜好反而显得另类，对于任性的想象之喜好反倒符合其感官的需要，舆论共识的道德性在公共讨论中可能仅剩下形式的道德语词（口号式的道德标签），反常识甚至反道德的观点反倒可以通过语言的包装获得更多的点赞和转发（如果统计社交媒体平台的相关数据，结果可能出人意料）。意念支持非分的欲求和不道德的想象，使人的本能成为舆论场的临时性“共识”，这种由意念打造的“共识”折射的是舆论共识实践的虚假之恶。受虚假之恶的驱使，公共讨论中的虚实博弈将道德原则当作公共讨论的障碍物，移除了道德原则的任性想象形成的新观点/共识解决的只是燃眉之急，这样的观

① Bruine de Bruin, W., Galesic, M., Parker, A. M., Vardavas, R., “The Role of Social Circle Perceptions in ‘False Consensus’ about Population Statistics: Evidence from a National Flu Survey”, *Medical Decision Making*, 2020, 40 (2): 235.

点/观念因背离道德原则自然无法被人类文明所建构。

新闻/记忆生产和公共讨论形成舆论共识需要以事实为基础，客观、公正地使用事实，对事实的尊重应该作为媒体记忆和舆论共识实践的一项道德原则。实践者将事实作为敬重的对象，一旦尊敬的事实被亵渎，实践者内心将处于受到良心责备的状态，这样的道德意识可以有效矫正记忆—共识实践中的虚假之恶。

真实性原则是新闻/记忆事实的真实。按照这样的道德原则，对新闻/记忆事实的选择与呈现方式应根据主题叙事需要谋篇布局，同样的事实由不同叙事主体呈现出的文本将有所区别，只要文本忠于事实，叙事重点和叙事方法的不同可以增进公众对事实的多角度认知，这样的差异符合新闻/记忆实践的需要。同一叙事主体选择的媒体介质不同，叙事的侧重点和叙事的风格也有所区别，这奠定了新闻/记忆多元呈现的可能性，多元化呈现满足的是审美趣味的多样性。新闻/记忆叙事的多样性带来了事实被实践者任意裁剪的可能性，与此同时也增加了新闻/记忆事实被滥用的风险，滥用事实属于职业伦理的虚假之恶。对抗这种实践的恶需要专业实践者将对事实的尊重之准则化作行动指南，将与事实相对立的虚假叙事降到最低限度。同样，在舆论共识实践中，公共讨论的伦理准则强调事实—观点的真实表达，接受这样的行动准则发表看法，公共讨论者遇到的挑战更多。新闻/记忆实践者的专业性较强，相比之下，大多数的公共讨论者缺乏专业实践的必备素养，这是社交媒体用户身份的多样性决定的，公共讨论的协商性质需要把握实践者讨论的艺术，观点的表达通过语言艺术的创造性运用实现呈现形式的多样性，同样的看法/观点不同的表达方式各有特点（同一部国外学术名著，不同的译本各有特点），特别是思想观念的表达需要根据媒体介质特点和受众变化调整叙述语言。观点表达既要尊重事实也应尊重讨论者个人的真实意图，讨巧或者趋利避害的动机违背了舆论共识实践的伦理准则，有关观点表达真假的核对需要通过对一个讨论者长期跟踪观察，才可以作出定性的结论。因此，消除共识实践的虚假之恶需要公共讨论者真正关注社会发展，拒绝在公共讨论中表达言不由衷的观点，遵循道德原则的坚定性关系到共识实践中虚假之恶成分所占的比例。

记忆—共识实践需要艺术地呈现事实/观念，使任性的艺术服务于理性的实践。康德主张哲学应该把实践的部分“理解为道德实践的学说，而且，如果遵循自由法则与自然相对立的任性的技巧在这里也应当被称为艺术，那么，它就会必须被理解为这样一种艺术，它使一个自由的体系像一个自然的体系一样成为可能”。[①] 技巧根据实践者对客观事物的认识具体应用，正是在这个意义上，实践的技巧允许打破传统的羁绊而显示出自由意念的特征。按照康德的设想，任性的技巧（这里指新闻/记忆事实呈现的技巧和公共讨论中观点表达的技巧）只有将之纳入“自由的体系”（即遵循媒体记忆和舆论共识实践规律）时，艺术地尊重实践所需的全部元素并使之按照道德原则最佳地得以应用，这样的任性/意念符合自由法则（记忆—共识实践道德法则）的欲求，将自由与自然融为一体。

在记忆—共识实践中，任性的技巧不是放纵实践者对事实/观念的随意裁剪而滋生虚假之恶，恰恰相反，任性的技巧在于通过遵循专业实践的道德原则增加记忆—共识实践的真实之善，减少与之相关的虚假之恶。任性的记忆需要将新闻/记忆实践与新闻理念及其道德原则相结合，三者的结合不是简单地相加而需要新闻/记忆从业者的创造性劳动，使新闻/记忆中的事实促进公众认知而不是相反；在公共讨论中，任性的表达需要将讨论者的创造性和对事物规律的本质把握以及舆论道德律统一起来，道德律禁止讨论者表达虚假的意图，确保共识文本的真实表达。换句话说，将记忆—共识实践者的智慧和对事物（新闻/记忆、公共议题的对象）的认识与规律性以及道德原则相结合，通过对真实之善的坚守达到记忆—共识实践的最佳状态。满足上述条件，我们就可以认为任性的技巧获得了其应用的道德性。尽管记忆—共识实践的最佳状态难以企及却为专业实践指明了方向，将任性绑定在客观规律和道德原则上，既杜绝了虚假之恶也满足了自由和自然的完美融合。

新闻/记忆实践表明，实践主体的意念未能真正与客观规律这样的自由体系融为一体。任性的技巧可以借助庖丁解牛的典故来理解，庖丁技巧的娴熟（任性）与他对牛骨骼结构的熟悉程度密不可分。新闻/记忆实践需要熟悉专业知识且业务精湛的“庖丁”级实践者，按照实践法则和个人的意念艺术化地处理新闻/记忆的事实而不背离自由体系（新闻/记忆生产规律），在人与物的天然结合中，新闻/记忆实践也就接近了康德设想的任性的技巧状态。相反，如果技不如人又缺乏求真精神（道德原则要求媒体从业者通过艰苦的调查核实获得真相），新闻/记忆的呈现多依赖实践者的任性想象非理性地裁剪事实，反而为虚假之恶的产生提供可乘之机。媒体从业者在新闻现场逗留的时间与新闻时效性的专业要求有关，

---

① ［德］康德：《康德著作全集》（第6卷），李秋零译，中国人民大学出版社2007年版，第225页。

片面强调时效性，他们通过想象弥补事实的不足就可能成为行业性现象，不尊重事实将造成新闻报道的局部失实，这是虚假之恶的典型写照。在舆论共识实践中，公共讨论建立在对公共议题的充分认识和思考的基础上，此所谓长期思考、偶然习得。社交媒体用户多是偶然参与某一公共讨论，这样的公共讨论者既难以运用任性的技巧也缺乏对事物的足够了解，这种情形的公共讨论距离康德设想的自由体系与自然体系的结合相去甚远。由于事实在媒体记忆和舆论共识实践的公共讨论中所起的作用不同，由事实生发出的意见使舆论共识的虚假之恶比媒体记忆领域更为严重。

记忆—共识实践的对象是经验事实，所有的专业理念无不来自社会实践，这使它与任性发生联系。康德指出："任性的规定根据在任何时候都必然是经验性的，从而把这个规定根据预设为条件的那个实践的质料原则也必然是经验性的。"① 由于经验的偶然性和有条件性而无法获得完全意义上的普遍性，自由体系以及道德性的道德原则恰恰要求普遍性。把局部的经验和普遍性的自由原则区别开来并不是否定任性以及建立在它之上的经验，而是强调在经验与自由体系之间存在着一个鸿沟。记忆—共识实践是理论研究的基础，实践提供的经验事实是形成记忆—共识理念的质料，这并不意味着记忆—共识理论只能停留在实践经验的层面。专业实践理论研究既要重视经验对于理论认知的促进作用，更要克服任性对经验的垄断，通过理性认知诊断任性及其形成的经验。也就是说，任性产生的经验需要经受专业理念和道德原则的双重审查，剔除其中缺乏普遍性的成分使之接近自由体系。新闻实践经验利弊兼有，经验对任性想象的依赖度高，经验的推广意味着对任性想象空间的压缩，这是经验在拓展自己空间中接受普遍性的审视必须摒弃经验中恶的成分（这里的"恶"是伦理学意义上的恶），把想象和随意加工从新闻/记忆实践中驱逐出去。

意念在人的心灵世界最为活跃，它也本能地抵制道德原则，因此，单纯的任性想象不会自行退出新闻/记忆领域，而总是以各种方式保持自己的存在（比如新新闻主义的兴起、沉寂与复活），经验的价值在于局部的适用性（比如非虚构写作），也正是这样的适用性为经验扩展提供着理由。新闻/记忆将虚构作为对立面，允许文学手法的存在意味着为虚构留下暗门，对于按照这种方式生产的新闻/记忆文本的真实性，受众无法逐一核实这种叙事的全部细节之真伪，这样的生产方式显然有悖于新闻/记

① ［德］康德：《康德著作全集》（第5卷），李秋零译，中国人民大学出版社2007年版，第22页。

忆真实性原则而导致实践的虚假之恶。非虚构叙事为意念和想象打开了一扇门，想象可以通过对事实的局部修饰（就像手机相机的美颜功能一样）赢取公众的好感，这样的瞬间好感对于面向将来延伸的新闻/记忆而言更具麻醉性，使实践者忘记缺陷的特殊价值而仅仅停留在对表象美观的痴迷和留恋之上。经验之所以是任性的在于任性促成的是经验的推广（就像帮助媒体增加流量一样）而限制了理性的发展。对于将来社会而言，任性的想象无异于在现在和将来之间横插上挡板，蒙蔽现在/将来对于新闻/记忆事实的认知，这样的虚假之恶因为蒙上实用的面纱往往被忽视了。

在舆论共识实践中，由公共讨论形成的表达经验之利弊同样明显，这与人的思维习惯有关。在习惯于按照某种思维定式发表看法的讨论者那里，外部环境的变化不会影响他们的思维方式，意见领袖观点表达的套路化倾向同样明显。思维僵化却貌似在积极思考，将公众想象为缺乏辨识力的群体，这样的虚假之恶依据的是任性的想象，把个人观点假扮成所谓的“舆论共识”。这样的任性想象习惯于高估自己的社会感召力，在对目标个体或群体进行推理时，误以为个体的判断和行为具有代表性。① 这样的错误在舆论共识实践中具有普遍性，意见领袖和喜欢辩论的公共讨论者（社交媒体用户）习惯性地将自己作为正确观念的化身。对于缺乏舆论影响力又希望把自己装扮成有影响力的讨论者而言，可能选择通过技术手段（买粉或者买流量）制造虚假的舆论反响。舆论共识来自具体的公共讨论，但不是所有的公共讨论必然产生新的观点/共识，舆论共识的虚假之恶在于背离了真实表达的实践原则，用任性的方式藐视道德原则，挑战舆论规律，制造虚假的舆论秩序，这是一种修饰过的秩序，它给人以有序的假象但回避了问题的实质，这样的共识所描述的秩序因为虚假而失去了道德性。消除舆论共识实践中的虚假之恶，需要公共讨论者将实践的道德原则铭记于心，依照这种原则去发表真实的看法，让自己的个人意见经得起时间的检验。

---

① Sherman, S. J., Presson, C. C., Chassin, L., “Mechanisms Underlying the False Consensus Effect: The Special Role of Threats to the Self”, *Personality and Social Psychology Bulletin*, 1984, 10 (1): 127.

第二节　媒体记忆与舆论共识的伦理原则

媒体记忆与舆论共识实践中存在的伦理问题与伦理原则的缺失有关。媒体记忆作为传媒业的延伸，本可以沿用新闻伦理的准则从事记忆实践，但传媒业自身的问题与伦理原则的应用不理想有关，而媒体记忆的伦理要求比新闻伦理的要求更为严格。现有的记忆伦理并不系统，对记忆实践失去了伦理范导的针对性；舆论共识的伦理更为复杂，舆论伦理研究尚处于起步阶段，舆论共识的伦理问题暂未真正引起学术界的注意。良好的记忆—共识实践秩序需要遵循相应的伦理原则，本节尝试从实践自主、爱有差等和道德惩罚三个方面讨论媒体记忆和舆论共识的伦理原则。

一　媒体记忆与舆论共识的实践自主

在道德哲学领域，自由概念是伦理的根基，离开自由也就失去了人之自主性，因此，自由和道德天然地相连并是道德的出发点。宽泛地说，媒体记忆和舆论共识属于新闻伦理的范畴，这两种实践主要存在于传媒领域（舆论共识实践存在于网络舆论场，舆论作为新闻的延伸虽然超出了新闻生产的范畴但依然存在于广义上的媒体平台上，是新闻生产的延续）并接受新闻伦理（含舆论伦理）的规范。自由作为伦理道德的基石，在记忆—共识实践中与之相对应的是媒体从业者/公共讨论者（社交媒体用户）实践的自主性。记忆—共识的伦理原则也建立在自主的基石上。实践自主和伦理原则的关系与道德形而上学中的自由与道德法则的关系相一致，康德"把自由称作道德法则的条件"，而"道德法则是我们惟有在其下才能意识到自由的条件"，自由"是道德法则的存在根据、但道德法则却是自由的认识根据"，"如果不是在我们的理性中单就清楚地想到了道德法则。我们就绝不会认为自己有理由去假定像自由这样的东西"，因此，"如果没有自由，在我们里面也就根本找不到道德法则"。① 按照康德的观点，伦理学意义上的媒体记忆和舆论共识要求媒体从业者/公共讨论者的意志处于自由状态。换句话说，记忆—共识的实践者在从事记忆—共识实践时，个人的精神状态服从于自我意志的支配，外界对他们的影响以

① ［德］康德：《康德著作全集》（第5卷），李秋零译，中国人民大学出版社2007年版，第5页注释部分。

不损害意志自由为条件。在新闻/记忆的生产环节，媒体从业者的自主性体现在对事实选择、意义赋予和呈现方式的自主，这是记忆—共识实践伦理原则存在的条件；记忆—共识的伦理原则要求媒体从业者根据这样的原则意识到职业行为的自主性对于专业实践的重要性，他们在伦理原则中感受到个体意志自由和专业实践自主的存在。在舆论共识生产环节，社交媒体用户在关注公共议题时并以公共讨论者身份进入舆论场时，这样的行为选择出自他们的自愿；在公共讨论中，思维和发言不受外在因素的影响，在发表看法时纯粹根据自己的意愿表达看法。当所有的公共讨论者全部处于这样一种不受利益诱惑和精神羁绊的自由思考和自主表达的状态时，专业实践的自主性使他们意识到自主概念的重要性，在这种情况下伦理原则和实践自由得到了完美的结合。在实践自主与伦理原则中，实践自主决定着记忆—共识伦理原则的存在，或者说是原则存在的根据；记忆—共识的伦理原则成为媒体从业者/公共讨论者认识实践自主的根据。概言之，媒体从业者/公共讨论者的实践自主意识先行，让他们有能力认识到专业实践中的伦理原则。

将实践自主作为媒体记忆和舆论共识的伦理原则，依据的是道德哲学中的自由概念。关于这个概念，康德不仅在实践理性中给予高度重视，而且肯定自由对于思辨理性的重要性。在他看来，自由的概念“构成了纯粹理性的、甚至思辨理性的一个体系的整个大厦的拱顶石，而作为纯然的理念在思辨理性中依然没有支撑的其他一切概念，如今就紧跟它，与它一起并通过它获得了持存和客观的实在性”，也就是说，“它们的可能性由于自由是现实的而得到了证明，因为这个理念通过道德法则而显示出来”。[①] 康德将自由概念作为思辨理性体系大厦的拱顶石，足见这个概念对于他的哲学体系之重要。媒体记忆和舆论共识作为两个看似并不发生直接关联的领域，当我们将二者结合起来分析，有人疑惑这种“联结”究竟是自然的还是完全出自个人的臆想。关于新闻和舆论、记忆和共识之间的逻辑关联，前面已有阐述，此处不再赘述。实践层面的思考只是赋予研究合理的第一步，更具说服力的论证需要进入思辨理性的领域，确定两者的联结是否经得起理性的审查。康德将自由概念比喻为思辨理性体系的“拱顶石”有助于深刻理解记忆—共识实践的伦理原则。媒体记忆和舆论共识是两种既相关又相对独立的社会实践，经验层面的联系在于新闻和舆

① ［德］康德：《康德著作全集》（第5卷），李秋零译，中国人民大学出版社2007年版，第4—5页。

论的一脉相承，记忆和观念之间的包含与被包含，这样的联结具有直观性。从思辨理性的角度看，自由概念，即我们所理解的实践自主性，将媒体记忆和舆论共识有机地联结起来。实践自主剥离了实践者的职业身份，不论是媒体从业者还是作为公共讨论者的社交媒体用户，在多元化的社会，无论世界观和价值观如何不同，只要他们承认意志自由是现代社会公民的基本权利，愿意将意志自由当作一切活动的基石，记忆—共识实践离开意志自由就失去了专业实践的自主性。对于无法自觉从事记忆—共识实践的行为主体而言，专业实践的不自主造成的被动性将成为实践活动的枷锁，妨碍记忆—共识实践的创造性。当专业实践者无法按照自己的意志行动，实践活动也就失去了与意志自主相对应的伦理原则。也就是说，没有实践自主也就无所谓职业伦理，媒体从业者和公共讨论者将处于伦理自然状态之中，各自行事依据的只能是任性而不是理性的约束。职业伦理需要自己的“拱顶石”，跨领域合作（交叉领域）的职业伦理对这样的“拱顶石”的需求更为强烈。按照实践自主原则，媒体从业者在新闻/记忆实践中遵循的伦理原则和社交媒体用户参与公共讨论时遵循的伦理原则必须合二为一，即记忆—共识实践融为一个整体。记忆—共识实践的专业理念在这里退居其次，取而代之的是专业实践的自主性。媒体从业者和公共讨论者的意志自由将他们置于同样的宏观实践领域，专业实践的伦理原则使他们意识到自主对于记忆—共识实践的不可或缺，由此也就让他们认识到了记忆—共识的伦理原则（道德哲学中所称的道德法则），伦理原则通过实践自主性呈现在媒体从业者和公共讨论者的面前。

与专业实践自主性对应的法则包括外在的和内在的两种形式，前者是专业实践理念（新闻学/舆论学）的规则，后者是职业伦理的原则。关于两种不同的法则与自由的关系，康德解释说，同外在法则“相关的自由只能是任性的外在应用的自由”，与内在法则“相关的自由则不仅是任性的外在应用的自由，而且也是其内在应用的自由，只要它是由理性法则规定的”。[①] 记忆—共识实践依据的法则（即新闻—舆论理论的专业实践原则）属于外在的法则。在这里，新闻/记忆的真实性、价值性和客观性只能被纳入外在法则的范畴，它们依据的是媒体从业者的任性的自由。这样的划分，可能招致新闻传播学界的质疑。按照传统的新闻理论，建立在实践理性基础之上的新闻真实/价值/客观也包含着自由（对规律的把

---

① ［德］康德：《康德著作全集》（第6卷），李秋零译，中国人民大学出版社2007年版，第221页。

握）的成分。这样的质疑虽有道理，但新闻真实/价值/客观等理论不是纯粹理性的产物，而是对新闻实践的规律性概括。虽然新闻理论中也涉及新闻自由概念，但这里的自由概念更多是传媒业实践中未争取媒体机构权利的功利性实践，这样的自由因缺乏纯粹性而不能将之等同于道德哲学中的自由概念。舆论共识实践倡导的理性强调言论行为的节制和情绪的抑制，与思辨理性的理性相去甚远。基于这样的事实，我们将媒体记忆和舆论共识涉及的专业实践原则归入外在的法则的范畴，这不是对专业理论的否定或贬低，而是从认识论角度作出的合乎理性的分类。与之相反，我们将专业实践的伦理原则（即道德哲学中所称的道德法则）纳入内在法则的范畴。也许，有人可能再次质疑，认为将外在法则和内在法则割裂开来将导致记忆—共识实践的伦理原则处于纯粹思辨的领域而失去应用价值。康德早已预料到这种怀疑的可能性，他以理性为前提强调内在法则既适应于“外在应用的自由”，也适用于“内在应用的自由”。也就是说，当我们将专业实践自主作为记忆—共识的伦理原则时，首先肯定这个原则对于媒体从业者和公共讨论者的专业实践之有效性，否则伦理原则也就成为无用的理论和专业实践的累赘。但是，伦理原则的价值并不满足于仅仅对专业实践具有指导意义，更在于强调超越时空限制对全部的记忆—共识实践具有认知价值。在新闻—舆论实践中，中西方专业理论存在一定的理论隔阂（有些认识的差距甚至可以用“理论鸿沟”来形容），这反映的是专业实践外在法则的任性自由。理论研究者从本土利益出发阐发对专业实践问题的看法，这样的理论思考（形成的实践原则）有其合理性并可以在一定时期指导区域性的记忆—共识的专业实践，但这样的“法则”属于道德哲学意义上的外在法则、对于过去和将来的记忆—共识实践的适用性有限。内在法则依据的自由概念体现的是对专业实践规律的把握，建立在意志自由和实践自主上的内在法则克服了时空的限制呈现出普遍的特征，跨越时空的内在法则则是哲学意义上的法则。在记忆—共识实践中，实践者由意志自由获得的实践自主性将伴随专业实践的始终。

虽然哲学上的自由概念令人神往，但在现实生活中，经验性概念更容易受到青睐。爱因斯坦感慨道：“我完全不相信人会有哲学意义上的自由，每一个人的行为不仅受到外界的强迫，还要符合内在的必然。”① 显然，爱因斯坦是在批评康德有关内在法则之自由的论断。客观地说，康德和爱因斯坦阐述的是同一个问题，只是从不同的角度出发而已，所幸的是

---

① ［美］爱因斯坦：《我的世界观》，张卜天译，商务印书馆 2018 年版，第 1—2 页。

他们同时发现了外在因素对人的束缚以及人在实际上具备摆脱这种束缚的能力。作为科学家的爱因斯坦是从人和物质的运动中谈论的自由，作为哲学家的康德是在抽象的、可能的角度谈论的自由，前者依据的是现实因而更加注重结果的确定性，后者依据的是抽象的可能性和结果的可能性。康德的观点作为一种崇高的理念，肯定人在现实生活中永远无法完全达到这种理想的状态——即康德所说的“圆满性”（即实现理想后的状态）——但确立这样的崇高目标可以激励人向着这个目标不断努力，这是哲学思考的价值所在。显然，这里并不就此得出结论，否定“爱因斯坦之问”的实践价值，恰恰相反，爱因斯坦提出了一个非常有意义的问题，认为思考哲学意义上的自由和这种自由概念的内在价值并不是终点，而是为了更好地思考实践意义上的自由，也就是从意志自由向实践自主性的转变（或过渡）。记忆—共识实践涉及面广，这类实践仿佛太阳表层的光斑处于极度活跃的状态，希望从表面发现这颗恒星的本质，对于任何有限生命体而言并不现实。媒体记忆和舆论共识实践的复杂程度未必低于认识恒星的难度；将哲学意义上的自由概念和道德法则应用到记忆—共识实践中，对于这类实践规律的认识才刚刚起步。新闻/记忆生产和公共讨论受制于诸多外部因素的束缚，也就是说，媒体从业者和公共讨论者尚处于外在法则的控制之下，外在的自由所承担的任务远未完成，希望符合内在的必然（对规律的认识）更是远不可及。“爱因斯坦之问”反映出人们的直观的诉求，这样的质疑显然告诫世人：哲学的思考归哲学，实践的应用归实践。在现阶段，应该以后一种思考为主。规律不以人的意志为转移，它遵循的是逻辑的规定性。人有各自的利益诉求和情感流露，有改造自然的冲动但习惯于在尚不认识事物规律的情况下就尝试改造事物（违背规律），这样的行为就是对实践自主的干预。在新闻/记忆实践中，公众习惯于将自己（利益共同体）的想法强加给媒体从业者，希望他们按照理想的意图从事新闻/记忆实践，这样的生产一来可以取悦当代的公众，二来也可以讨好将来的公众。取悦是一种意愿，通过人（或利益共同体）为事实勾勒一幅愿景的画像，借助媒体将之装扮成真实的画像。在这种情况下，无论媒体从业者是否乐于这么处理，都已经处于专业实践的不自主状态（“乐于”意味着他们失去了独立思考能力，被迫的东西无法摆脱外力的束缚）。当专业实践的自主性受到限制，新闻/记忆生产就无法顺应专业实践的规律，这是任性的外在法则的胜利。在舆论共识实践中，公共讨论面向全社会开放的进步意义显而易见，但也让公共讨论面临着专业实践水准下降的问题，因为大量不具备公共讨论资质的社交媒体用户自动获得公共讨论的“入场券”。大多数用户在不熟悉专业问题、不具备网络舆论素养和道德素质的情况下，仅凭他们的热情就投入公共讨论当中，而新思想/观念（共识）的产生并不因此讨论的广泛性而随之增加，新思想/观念的质量同样也不会因此较传统社会的思想/观念更令人满意。从长远来看，公共讨论的开放性让新思想/观念产生变得迂回曲折（一种新的看法/观点刚问世就被群体围观并可能遭受巨大的非议，如果思想者没有强大的心理素质和坚定的道德决心，很可能放弃自己的看法或者承认这种看法的合法性），但也正是这种曲折为新思想/观点在舆论场的磨砺提供了可能。经受住舆论质疑的新思想/观念折射出实践主体的实践自主性，认定的东西不会因为舆论的质疑或歪曲而放弃这种看法。

无论是哲学意义上的自由概念还是专业实践的自主性概念，这些概念带给公众的一种美好的想象，也乐于消费这样的概念。当把一种概念应用于实践中，越是让人浮想联翩的概念实践的难度越大。记忆—共识实践的自主性赋予媒体从业者和公共讨论者高度自治的权限，但以哲学的自由概念为基石的专业实践自主并不是顺从实践者的意愿，可以不受任何限制地按照意愿行事。实践自主性遵循的自由概念要求媒体从业者/公共讨论者充分认识专业实践的内在规律及其依据的道德法则，这是获得专业实践自主性的前提。“认识你自己”，这是人对自己义务的第一命令。具体到记忆—共识实践，需要媒体从业者/公共讨论者真正认识这种实践，认识为的是更好地实践，而认识却是一件相当艰辛的过程。“活到老，学到老”这句谚语蕴含的道理是：我们毕生致力于学习和工作，但最终还有太多未知的东西等待认识，直到临终仍处于“待毕业”状态。对于专业实践者而言，这意味着一个人始终无法完全掌握所在行业的内在规律。一位资深的媒体从业者或新闻理论研究者都相信自己充分了解新闻真实的理论，假如让他们接受实践的检验，这样的自信很快就会近乎消失。萨米·R. 优素福（Sami R. Yousif）等学者提醒说：“在评估信息时，我们不能总是依赖那些被呈现为真相的东西；不同的来源可能彼此不一致，有时可能没有潜在的真相。”① 这里所说的“我们”既可以是媒体从业者也可以是作为公共讨论者的社交媒体用户。“真相”的概念相当笼统，既可以是某个核心事实也可以是反映本质的现象，对于媒体从业者来说，真相无非符合事实本身的新闻/记忆文本。专业实践自主性意味着实践主体可以依据自己

---

① Yousif, S. R., Aboody, R., Keil, F. C., “The Illusion of Consensus: A Failure to Distinguish between True and False Consensus”, *Psychological Science*, 2019, 30 (8): 1195.

对新闻/记忆规律的认识和对事实前因后果和社会背景的多维了解，从而具备还原立体化事实的能力（这里将自由和实践自主理解为一种能力）。实践自主性强调不能迷信权威人士/权威媒体对事实的评价（真相还是假新闻），要求媒体从业者根据专业能力客观、充分地认识新闻事实。现实世界如此复杂，核实新闻事实的一个细节就需要耗费不少时间，对于核心事实的接近更是需要团队的紧密协作和数日的全面调查。追求真相作为新闻/记忆实践的崇高目标，体现的是人的自由精神和伦理原则对新闻/记忆生产的严格要求。媒体从业者必须将实现这样的目标作为努力的方向，这体现的是专业实践自主性的具体应用。愿意享受这样的一种称谓（专业实践自主性），就得用全部的行动去回报它（这样一种令人神往的称谓）。

实践自主是人的理性的产物，从事何种实践活动以及如何实践这是人的理性选择。实践包括专业实践和个体实践两种形式，理性以及与之相对应的实践自主也有不同的表现。盖尔总结了康德对理性使用的分类，一方面是理性的私人使用，这是"人们根据自己享有的'公民地位'可以思考和表达的内容"，"另一方面是理性的公开使用，自由，人的存在和世界公民社会"。① 两种使用既有重合之处也有不同之处，后者强调人的独立存在和人的自主性。对照记忆—共识实践，在新闻/记忆的生产环节，媒体从业者的实践自主性处于理性的公开使用阶段，实践的结果（新闻/记忆文本）面向现在和将来，这样的实践需要他们将理性公开使用，体现出专业实践的自主且承担社会责任。如果专业实践违背新闻/记忆规律，即便是因为个人专业能力问题也将受到舆论的监督。专业实践自主性需要行为主体意识到职业声誉和媒体公信力的重要性，通过自觉遵循专业规律来抵制外部因素的干扰。相反，当新闻/记忆文本进入传播领域，公众是以在其个人的名义消费新闻/记忆，其实践自主性体现的是理性的私人使用，受众可以根据个人意愿对新闻/记忆文本进行解码/再编码，这样的行为如果仅限于个人空间，这种自主性所受到的伦理限制要少一些；相反，如果将再编码后的新闻/记忆文本用于传播（发布在社交媒体平台上），这时理性就从私人使用阶段进入公开使用阶段，"自由"和"人的存在"要求他们尊重专业实践的规律和基本的伦理原则，否则将面临舆论的监督。在社交媒体舆论场的公共讨论中，讨论者的理性全部处于理性的公开使用阶段，任何违背自由精神、否定人的内在价值的言行违背的是专业实

① ［德］曼弗雷德·盖尔：《康德的世界》，黄文前、张红山译，蒋仁祥校，中央编译出版社 2012 年版，第 198—199 页。

践的伦理原则，这样的言论一经产生就处于公开状态，舆论场随时将之作为监督的对象，这也是为什么舆论场的撕裂现象会备受瞩目。这是因为，公共讨论者看似在以个人的身份在参与讨论，但其所处的环境不同于自己在书本上的圈圈点点，而是在公共场合参与的社会实践活动，这里只允许理性在公开使用，要求所有的社交媒体用户履行社会责任，在享受实践自主的优惠待遇时推动社会的进步而不是将理性全部挪为私用。专业实践的自主赋予媒体从业者/社交媒体用户相应的公民地位，人的自由存在意味着行为主体必须遵循专业精神和伦理原则的指引参与记忆—共识实践。

二　媒体记忆与舆论共识的爱有差等

媒体和舆论场对社会问题的关注具有选择性，这是由记忆—共识的有限性决定的。既然新闻/记忆和公共讨论无法包揽天下所有的新鲜事物/新问题，记忆—共识实践就面临着取舍事实/议题的问题。新闻的议程设置和公共讨论的议题设置的伦理性值得关注。议程/议题设置的伦理性是指设置行为准则是否具有普遍性，这种普遍性体现在是否公正对待所有的人/机构和群体。从现存的媒体档案中查看媒体的记忆本文（新闻和舆论），很容易发现媒体的新闻/记忆对象和议题选择的偏好。这当中，农业/农村/农民和行业/工厂/工人以及偏远落后地区受媒体和舆论场关注的程度不高，相反，娱乐圈/明星/绯闻历来为媒体和舆论场所偏爱。按照新闻价值理论，这是由新闻事实的重要性和显著性为原则作出的选择。新闻报道和舆论场的即兴讨论面对的是现在的公众，当新闻/舆论共识转变为记忆，就像我们重新审视过去的媒体文本时，发现历史上的记忆—共识实践在议程/议题在设置方面存在伦理缺陷，它们无意/有意遗漏了一些地区/行业/群体，是这些对象没有可供报道/公共讨论的对象还是媒体和舆论场的设置原则问题，这是记忆—共识伦理研究应该关注的问题。中国传统的伦理学在为己和为人的选择方面奉行爱有差等定律："每个人必然恒久为自己，而只能偶尔为他人。这就是伦理行为的爱有差等定律。"① 现代伦理学将道德普遍性作为建立伦理原则的出发点，爱有差等定律揭示的是在特定时期的局部社会现象。差等现象也存在于记忆—共识实践当中。当媒体/舆论场无法容纳全部的事实/议题，议程/议题设置是被动的选择而非出自实践者的本意。新闻/记忆和舆论共识实践从现实的可能性出发只能在事实/议题中进行排序，这在客观上造成了差等现象。爱有差等定

① 王海明：《新伦理学》（上册），商务印书馆 2008 年版，第 54 页。

律的提出受到牛顿万有引力的启发，从“两物体间的引力与这两个物体的质量的乘积成正比，而与它们之间的距离的平方成反比”中推演出“每个人对于他人的爱必然与他人给予自己的利益成正比”，“包尔生（Friedrich Paulsen）称爱有差等为‘心理力学定律’”。[①] 作为普遍存在的心理学现象，爱有差等定律能否被伦理学接受值得思考。伦理原则包括客观原则和主观原则，前者以法则的形式具有普遍性，后者以准则的形式给行为者以自主选择的余地。差等不符合伦理学的普遍性要求，故这样的定律可以作为社会实践的一项主观原则，作为实践者的行为准则发挥它应有的作用。在新闻/记忆实践中，新闻理念要求媒体从业者按照事实的重要性和显著性选择事实，重要性/显著性本身就是差等定律在新闻/记忆生产环节的具体应用，只要无法否认新闻价值理论的合法性也就很难将爱有差等定律从新闻伦理中移除出去。作为一项主观的伦理原则，该定律要求媒体从业者反思新闻价值标准的重要性/显著性之伦理性，改变传统新闻/记忆实践片面追求传播效果而忽视了文本的历史价值。新闻是为现在而生产的，记忆是为将来而生产的，新闻和记忆作为同一种生产但面向的受众不同，职业伦理要求媒体机构及其从业者不仅要对当代负责还要对将来考虑，新闻/记忆呈现的是社会各个地区、阶层的真实面貌。重要性/显著性依据的仅仅是新闻价值的标准，这样的标准未必符合将来社会的标准。新闻价值选择标准的差等体现的是媒体利益的差等，伦理学要求新闻/记忆的差等必须是具有仁爱精神的差等，对于所有地区/行业/群体的仁爱不是均等而是对较少受到关注的对象给予特殊的关爱。差等是一种补偿性的东西，而不是前面援引的爱有差等定律的表述——依据的仅仅是人的自利原则，爱有差等体现的是血亲关系的伦理，这与现代文明有点背道而驰。在新闻/记忆领域，如果也遵循这样的“定律”，媒体机构的商业伙伴、媒体从业者的亲属以及其他利益攸关者将成为新闻/记忆的关爱对象。显然，以自身利益为差等辩护的观点违背了伦理学的公正原则，这里倡导的新闻/记忆的爱有差等体现的是一种正义的补偿，强调新闻/记忆应向长期被媒体忽略的地区/行业/群体倾斜，让将来社会从媒体记忆中看到一个时代的全貌而不是出于自利动机的局部面貌。舆论共识实践也是如此，将娱乐圈/体育界的明星活动以及无关痛痒的社会问题设置为公共议题浪费的是有限的舆论资源，这样的群体讨论（失去公共价值也就失去了公共讨论的资质）对于新思想/观念的产生也就失去了现实意义。这是一种满足公

---

① 王海明：《新伦理学》（上册），商务印书馆2008年版，第66页。

众感官的即时快感的讨论，这样的舆论实践的“爱”也是指向社交媒体用户自己而不包括将来（的人们）。媒体记忆和舆论共识伦理原则的爱有差等否定所谓的为己之恒久与偶尔为他人的自利的道德观，强调记忆—共识实践应克服心理方面的自利心态，使记忆—共识实践摆脱机构和时代的狭隘利益观念，通过新闻/记忆和公共议题的平衡促进记忆—共识的良性发展。

人作为有限理性存在者也有动物性的需求，对于血亲、共同体有着天然的偏好，维护个体利益的本能不会消失。媒体记忆和舆论共识是媒体从业者/社交媒体用户作为专业实践者参与社会实践，在实践中结成新的利益共同体，对于共同体的利益维护也是本能的反应，这反映的是人的自爱。关于伦理学中的自爱原则，康德阐述道：“一个有理性的存在者对于不断地伴随着他的整个存在的那种生活惬意的意识，就是幸福，而使幸福成为任性的最高规定根据的原则，就是自爱的原则。”① 康德所说的幸福是通过艰辛努力达到的圆满性，这是人的最高价值所在。圆满意味着整体，比如，一个社会仅仅物质富裕或者精神富裕无法配得上“幸福”这个称谓，因为它们缺乏全面的富裕。社会幸福是人类的最高发展目标，人们为了自身和整个社会的幸福带来的是全面的惬意，当这样的一种追求被当作行为的原则时应区分个体幸福和社会幸福，即个体的自爱和群体的自爱。媒体记忆和舆论共识这两个概念分别预设了社会幸福的内在价值，媒体的新闻/记忆实践和舆论场的公共讨论不是出自个体的幸福而必须是整个人类社会的幸福作为实践的终极目标（包括了将来社会的幸福），这样的幸福不是媒体通过正能量的方式赞美积极的事物、鞭挞邪恶事物或者对公共事件的讨论理性有序，而是忠实记录社会的发展进程，思考阻碍人类社会进步的重大问题。人类在每个发展阶段面临的问题以及对这些问题的思考是媒体记忆的对象和形成新观念的来源，它们反映着社会发展的状况和幸福的程度。当媒体和舆论能够真实地呈现社会变化，带给人类社会的是通过认识自我而获得的幸福感觉。记忆—共识实践成为人类社会幸福的一部分，并把获得这种幸福当作记忆—共识实践的一项原则，这样的“自爱”不再是媒体机构及其从业者以及社交媒体平台与其用户的小范围或个体的自爱而是普遍性的自爱，这样的自爱原则接近伦理学意义上的普遍性要求。康德将自爱的原则归入任性原则的范畴，在于自我意味着对自

---

① ［德］康德：《康德著作全集》（第5卷），李秋零译，中国人民大学出版社2007年版，第23页。

由的束缚，当人出于不自由状态时追求幸福或者仅仅为幸福的目标而去做事，这样的行为就是不自由的。在媒体的新闻/记忆实践中，媒体机构有自我的利益诉求、行业利益和国家利益；舆论场的公共讨论者也代表着自我的利益诉求且有共同体和国家/民族利益的诉求，这在一定程度上限制了实践者追求幸福的无差别性，难以使之摆脱现实利益成为纯粹的人类文明的建设者。记忆—共识实践的主体首先是为自身利益投身实践，其次是超越行业和国别为整个世界工作。当记忆—共识实践跨越时间的藩篱对将来承担义务，真正普遍性的幸福扩大了自爱的范畴。当这样的自爱尚处于理想状态时，自爱的原则就是康德所说的任性的自爱原则，媒体从业者和公共讨论者可能为个体或小范围的利益而牺牲他人的幸福。在这种情况下，幸福就成为一种手段而不是目的，新闻/记忆和公共讨论就变成了工具，可以为某些人/机构的幸福而采取不道德的手段歪曲事实或者制造虚假的观念误导公众。任性的自爱原则伴随着任性的爱有差等，这样的专业实践将导致更多的道德风险。

差等源于自爱，伦理学需要将自爱改造成符合伦理精神的普遍性的关爱。在记忆—共识实践中，记忆—共识反映着实践主体对自己和他人关爱的程度。在《记忆的伦理》中，玛格利特“关于军官遗忘的小故事刻画了一个凸显记忆伦理中心地带的三角关系。三角形的一边连接着记忆与关爱，另一边则连接着关爱与伦理，接下来我们才能连接记忆与伦理”。在作者看来，“记忆不是关爱的必要条件，关爱也不是记忆的必要条件”，她认为，“记忆的条件性意识是关爱所必需的”。① 这里，可以将玛格利特提出的“记忆—关爱—伦理的三角关系”扩展成“记忆/共识—关爱—伦理的三角关系”，这种拓展是否显得牵强关键在于舆论共识是否蕴含着关爱以及是否需要伦理的规范。共识在某种意义上比对事实的记忆更多地包含着关爱的成分，公共讨论有着鲜明的态度，将舆论共识（观念的生成）附加到“记忆—关爱—伦理的三角关系”中，这不仅不算牵强也是对这个三角关系的发展。玛格利特将伦理视作三角关系的中心，这里不妨稍微调整一下三角关系的顺序，按照“记忆/共识—伦理—关爱”的顺序描述三者之间的关系。以伦理为中心，记忆/共识和关爱在记忆的两端，这样的排序更符合记忆—共识实践的实际。按照康德伦理学的思路，道德法则必须首先存在于人的心中，人依照心中的道德法则去行动。换句话

---

① ［以］阿维夏伊·玛格利特：《记忆的伦理》，贺海仁译，清华大学出版社 2015 年版，第 26 页。

说，道德意识先行，这样的行为是人运用道德法则的产物。在记忆—共识实践中，新闻/记忆实践必须按照专业理念和专业伦理原则进行活动，由于职业伦理原则的普遍性要求人像对待自己一样来对待自己所愿意被报道/记忆的一切，也就是说，新闻/记忆的对象必须是人乐于接受的。在新闻/记忆文本中呈现人/事时，被报道对象的行为之呈现方式也必须是媒体从业者在角色置换后依然愿意看到/希望的人/事，这样，渲染故事情节或者歪曲事实因为媒体从业者自己无法接受而成为新闻/记忆的对象。在具备这样的实践意识之后，新闻/记忆文本自然需要某种关爱。这样的伦理意识也蕴含着爱有差等原则，只是这里所说的差等是以自我为交易标准（货币单位）的差等，损害“我”的利益的东西不能被纳入媒体的新闻/记忆，因为“己所不欲，勿施于人”。这样，以伦理原则为纽带，新闻/记忆和关爱（自我和他人）为原因和结果的三角关系，比较客观地描述了记忆实践中的记忆—伦理—关爱的三角关系。在舆论共识实践中，公共讨论者的舆论共识实践也是先在心中具有道德法则并遵循这样的法则发表看法。当讨论者在肯定或否定一个对象时必须假定他就是这样的对象，如果能够接受这样的肯定（不符合实际的阿谀奉承）或者否定（充满恶意的贬低或者羞辱），然后以坚定的方式将这样的肯定/否定付诸行动，即便被肯定/否定的对象是自己或者自己的亲友也丝毫不改变，这样的共识实践也就因为伦理原则而获得了关爱。共识—伦理—关爱的伦理意识以良心拷问的形式催生着关爱。记忆/共识—伦理—关爱的三角关系在伦理原则的统率下，以自我良心设立的道德法庭为普遍产生的关爱铺平了道路。爱有差等通过良心的事先拷问让实践者具有了普遍性的爱心，这种爱心将导致普遍性的关爱（行动）。

记忆/共识—伦理—关爱三角关系中的那个“我”不仅是现实中的我们自己，也包括过去和将来的普遍性的“我”。哈布瓦赫认为“往事”不是客观事实而是在“往事”过后并由社会框架重新建构，因此记忆是现在、过去和未来。① 新闻/记忆和舆论共识（观念）被生产出来就处于不断地被解码/再编码的进程中，这样的反复编码使记忆—共识难以保持其原貌。对于超时空的记忆—共识实践，不同的再编码者之间并不存在直接利害关系，实践者只是依照在解码/再编码时所处的社会环境对新闻/记忆和舆论共识进行解读并重新建构，编码/再编码的伦理性与实践者遵循的伦理原则有关，他们的道德态度在很大程度上塑造着各自的爱与憎。爱憎

---

① ［法］莫里斯·哈布瓦赫：《论集体记忆》，上海人民出版社 2002 年版，第 45 页。

作为人类的情感反映着实践者对待外部事物的态度，这是一种正常的心理反应，但这样的情感是个体性的。对于同样的事物，人的情感可能差别很大。记忆—共识实践的伦理原则将个体性的情感上升为道德情感，实践者依据道德法则对某个事物产生出普遍性的情感反应，这是记忆—共识实践中需要的情感。道德情感不是任性的个体反应，这种情感应该在不同时代/地区的人们心中产生类似的反应。当新闻/记忆和舆论共识被不同时代/地区的人反复解码/再编码，变化的是实践者（记忆—共识实践的行为主体）及其对记忆—共识文本的呈现形式，相对恒定的是他们对待新闻/记忆对象（内容）的道德情感。从一个世纪前的媒体报道中感受到媒体从业者的情感变化（随着新闻事实的演变报道者情感的变化）和我们的感受一致的话，基本可以判定这样的新闻/记忆呈现的事实相对可靠，因为透过媒体档案令我们感同身受，这表明新闻/记忆的编码者（原初的编码者）的实践行动具有伦理性；如果这样的新闻/文本再过一个世纪之后，将来社会与我们具有相似的心理反应就可以断言，这样的新闻/记忆的文本形式可以多次变化（被不同时期的媒体提及，从报纸文本延伸出广播电视网络等多种文本），但其原初的事实被记述者以客观的方式建构，虽经历百年或者数百年的时间依然能显示出其历史价值。在新闻/记忆文本被反复加工的过程中，过去、现在和将来对新闻/记忆事实的态度因为关爱的普遍性而获得更多的历史认知价值。相反，历史上媒体记忆的对象蕴含的情感在今天看来显得“过时”（即认为原初的记述者所持的态度并不恰当），表明这样的新闻/记忆体现的是传统社会的爱有差等原则，利益的成分蒙蔽了媒体从业者（原初的记述者）的眼睛，他们按照与自己利益关系的远近间接表达其观点，导致同样的新闻/记忆所产生的情感在过去—现在—将来三个阶段呈现出不一致的情况，这暴露出的问题是记忆实践的伦理问题，问题可能出现在原初的新闻/记忆环节也可能出现在当代社会的解码者身上（我们也可能误解历史）。这样的不一致在舆论共识领域就变得更为经常，因为许多观念因为过去偏爱即时的自我而失去了对将来社会的有用性。看看舆论场的观点，十年前的流行观念是否依然使用就可以得出大致的判断。

爱有差等在作为一种传统延续时，公众未必意识到自己的代际义务。大众传媒“常被视为剥夺孩子更健康的交流形式的多彩毒品”①，因为媒体在建构新闻/记忆或者发起公共议题（供公众讨论）时未必意识到自身

① ［英］伊冯·朱克斯：《传媒与犯罪》，赵星译，北京大学出版社2006年版，第173页。

行为对将来的影响。媒体和网络舆论场习惯于以“现在”为中心思考问题，这与媒体从业者和公共讨论者更在意新闻舆论的时效性有关。社会实践活动过于关注当下必然埋伏的隐患，这样的实践活动将全部的爱倾注到与现在有关的全部，而忽视了新闻/记忆和舆论共识与将来社会的联结。假如现在与将来之间出现人为的裂痕，这样的结果往往与爱的分配不公有关。关于这种爱的分配的正义，如果纯粹从代际义务角度论证反而让人觉得有点虚无缥缈，假如从20世纪80—90年代的媒体新闻/记忆和舆论场的意见中寻找整个社会对GDP速度的崇拜和对经济增长的肯定，再联想到21世纪20年代沙尘暴、雾霾、水源和土壤的污染所产生的社会危害，不难发现爱有差等的普遍性作为一项实践原则的重要性。在这里，任何专业实践中的爱有差等必须克服亲缘对人的控制（奴役），否则在同代人身上就可能因为缺乏普遍性的伦理原则的规范而遭到报应（对于20世纪40—60年代出生的人们来说，缺乏绿色理念的经济快速发展在短短几十年就感受到了爱有差等的惩罚）。同样，大众传媒渲染暴力和片面强调某种权利对公众（尤其是未成年人）价值观的冲击，这样的“多彩的毒品”也是有差等的“关爱”所造成。记忆—共识实践发生的时间无法改变，具备伦理意识的人们可以从现在感知到将来并有能力倒推到过去，在过去—现在—将来之间进行思想实验，以此测量一项实践活动的伦理性。对暴力的渲染如果适合作为新闻/记忆的日常内容，鼓励以牙还牙的伦理观念如果适合在现代社会继续延续，所有的关爱/憎恨将隐藏着自我戕害的风险。当失去普遍性的爱恨被媒体以新闻/记忆广为传播，当舆论场在鼓动对一个对象简单的肯定或否定之时，关爱/憎恨必须有一个可以说服人们的道德理由。“多彩的毒品”这个非常形象的比喻在满足公众的信息需求和媒体利益的外表下，证明最终受害的还是公众，只是这里的“公众”未必是现实生活中的某个人，也可能是他们的下一代。媒体呈现的事实和舆论场公共讨论形成的共识不会随着报道/公共讨论的结束而结束，毒品给人的第一感觉必然是感官的超级快感，否则其诱惑力将大大降低而失去扩大传播面的机会。打着“关爱”幌子进行欺骗的信息（事实/观念）必然以美丽的方式吸引人们进而控制他们。媒体记忆和舆论共识作为信息传播的纽带与每个社会成员发生联系，记忆—共识实践的伦理性要求新闻/记忆生产和共识/观念为人类文明源源不断地输出原始的材质，它们必须改善现实生活中关爱的不对称性，将容易被媒体和舆论场遗忘的对象纳入记忆—共识的范畴，同时也充分考虑信息生产的历史价值，在记忆—共识实践中树立历史意识和未来意识，使不同时代的人们从新闻/记忆和共识/

观念中受益。这样的代际义务克服了爱有差等的片面性，以另一种差等（即补偿被媒体记忆和舆论共识遗漏的对象，给它们以被记忆—共识实践接纳的机会）补偿一种差等，通过新旧差等的互补实现记忆—共识实践关爱的不对等。

三 媒体记忆与舆论共识的道德惩罚

与其他行业一样，传媒业也经历了一个从自然的无序状态向规范的有序状态的过渡阶段。关于早期的记忆—共识，可以从18—19世纪的报纸中发现这种无序状态的种种乱象。在缺乏专业规范的时期，媒体机构成为新闻/记忆和舆论秩序的“独立王国”，从报纸发行人到撰稿人可以依其所愿撰写稿件而不必担心遭到惩罚。新闻/记忆是事实和杜撰的混合体，形象有趣的故事情节如果不是深入严谨地调查结果将夹杂着撰稿人想象的成分，这种虚实相间的文本一时受欢迎，是由于满足的是市民阶层的消遣需要。后世查阅这类媒体档案希望了解的是当时真实的社会现实，由于报纸缺乏专业实践理念和职业伦理规范在一定程度上增加了后世的认知难度。在当时的报纸舆论中，理性和建设性也是稀缺之物。虚构事实或者发布不负责任的言论不必担心受到惩罚，这是典型的记忆—共识的自然状态之写照。正如霍布斯所言：“自然状态是一种无法和暴力的状态，人们必须离开这种状态，而服从法律的强制，惟有这种强制才把我们的自由限制在能够与任何一个他人的自由、并正是由此而与公共利益共存的地步。”① 自然状态因为没有社会规则而造成人与人的互害，在这样的弱肉强食状态中，丛林法则成为这种状态的行为逻辑。在一些研究者的印象中，传媒业的自然状态似乎仅限于早期的报纸阶段，这显然不符合媒体发展的历史。从某种意义上说，传媒业的每次变革都可以视作摆脱自然状态的自我革命。新的媒介技术往往伴随着新的媒体介质问世，社会转型也伴随着媒体的相应转型，不论是新兴媒体诞生还是媒体的转型无不意味着新的自然状态开始出现。虽然这样的自然状态通常存续的时间并不算长（一般需要5—10年的时间），却也足以让人们有机会观察到自然状态下局部的新闻实践之混沌状态。在电视、互联网和社交媒体出现的早期，专业新闻/记忆的实践同样缺乏与之对应的新闻理念，传媒业必须在摸索中自我完善相应的介质形式；舆论场有着偏爱新兴媒体的传统，舆论场喜欢

① ［德］康德：《康德著作全集》（第3卷），李秋零译，中国人民大学出版社2005年版，第482页。

在新的介质上安营扎寨并吸引公众，新兴媒体的第一批“原住民”往往是具有前瞻意识的有志之士，这个群体自然也是舆论场公共讨论的中坚力量。与新兴媒体相适应的记忆—共识的实践模式需要“原住民”和媒体一起探索，在规范的模式出现前，记忆—共识实践无法跳过自然状态直接进入伦理状态。熟悉网络新闻—舆论和社交媒体新闻—舆论的用户应该清楚，早期互联网的新闻/论坛和社交媒体平台信息以及舆论均存在过短期的混乱状态，匿名的虚拟环境使缺乏理性的用户仿佛回到蛮荒时代，大多数用户自在地活跃在虚拟空间而不受约束。虚假新闻、欺骗和相互攻击，是互联网媒体和社交媒体分别经历过的典型的自然状态。霍布斯意识到自然状态的社会危害，并希望通过法律的强制摆脱这种状态，法律意味着对自然状态中不尊重他人人格尊严和不负责任的行为施以惩罚。惩罚不是将用户从新兴媒体中驱赶回传统媒体和现实空间，而是促使用户运用自己的理性遵循新兴媒体的新闻/舆论秩序，在记忆—共识实践中充分发挥自己的创造力但不制造虚假信息；运用自己的智慧和知识发表看法但必须理性并尊重其他人权利和人格，这样的记忆—共识实践意味着通过伦理原则向自由的回归。

人有记录和回忆个人经历及社会变动的禀赋，也有根据外部环境变化独立思考的能力，思考能力也属于人的禀赋。在社会实践中，人的自然禀赋面临许多诱惑以至于因认知原因导致失误，当这样的事物受到法律或舆论的惩罚后，行为主体意识到自然禀赋被误用造成的麻烦，良心的道德法庭将促使自我反思并产生悔过自新的愿望，这是良心对自己的道德惩罚产生的积极效果。关于人的这种自我革新，“在康德看来，人在堕落之后重新向善的可能性就在于，在道德上立法的实践理性并没有腐败。因此，‘即使有那种堕落，我们应当成为更善的人这一命令，仍毫不减弱地回荡在我们的灵魂中。’所谓重新向善，康德称之为‘重建向善的原初禀赋’”。[①] 人有向善的禀赋也有趋恶的倾向，一个人只要有所行动，就必然面临向善或作恶两种可能的结果。在新闻/记忆生产环节，这种向善和趋恶的可能同样处于博弈状态。按照专业规范，新闻/记忆生产是一项严肃的专业实践活动，媒体从业者必须到新闻现场调查采访，发现新闻事实中的意义以及对将来社会可能的影响，新闻/记忆实践的艰辛将耗费媒体从业者大量的时间和精力，需要对新鲜事物保持新闻敏感并具有扎实的新闻

---

① ［德］康德：《单纯理性限度内的宗教·中译本导言》，李秋零译，商务印书馆 2012 年版，第 xxvi 页。

专业理论知识和丰富的社会经验。这样的要求无法通过“拷贝”自动成为媒体从业者的综合能力，而是需要不断学习并具备吃苦精神。媒体从业者的自然禀赋在发挥作用时可能因为惰性或者外部压力催促自己草草了事，这样的“趋恶”几乎无关痛痒，公众难以觉察出新闻/记忆文本的缺陷。惰性一旦侥幸躲避舆论的监督就获得了对抗向善禀赋的力量。当媒体机构的多数从业者将宽容惰性作为实践哲学，该机构的新闻/记忆文本品质将逐渐下降。当公众逐渐不再感兴趣含有水分的媒体时，媒体机构的公信力下降将影响到媒体从业者的生存；随着有形的经济惩罚和舆论场无形的舆论惩罚共同发挥作用，因媒体惰性受到的道德惩罚让媒体从业者意识到重新向善（让自然禀赋重新发挥积极作用）的重要性。在舆论共识实践中，公共讨论者的自然禀赋是发现并分析问题的来源，这种禀赋具有的道德勇气和正义感以及智慧可以帮助讨论者思考并提炼新的观点。但是，趋恶的倾向也不会停止活动，因为公共讨论并非学生的课堂发言，有时伴随着风险也夹杂着诱惑，人的趋利避害天性天然地倾向于选择对自己有利的选项，坚持正义恰恰需要克服重重困难，特别是当来自多重压力让自己感到畏惧之时，逃避（放弃讨论）或者顺从某种意愿发言，这样的讨巧反而名利双收，多数人选择利己的一方而放弃做人的原则。当公共讨论者的内心意识到逃避或者言不由衷的讨论是一种耻辱，或者这样一种讨论引起公愤受到严厉的舆论谴责时，道德惩罚的压力迫使公共讨论者选择重新向善。离开道德原则借助舆论对记忆—共识实践中的违背道德原则的行为主体施行道德惩罚，如果被惩罚者的良心没有被激活，重新向善就无法启动。重新向善是找回人性中原初的善，这种善“也就是在遵循自己的义务方面准则的圣洁性。因此，把这种纯粹性纳入自己准则的人，虽然由此还并非是圣洁的（因为在准则和行为之间还有很大距离），但却是已经踏上了在无限的进步中接近圣洁性的道路”。[①] 没有一家媒体机构在长期的实践中可以杜绝虚假新闻/记忆，媒体观点也不可能全部真知灼见并成为舆论共识，媒体机构只要坚持专业精神将因坚守专业准则有益于新闻/记忆实践。在舆论共识实践中，社交媒体用户的成分复杂、参加公共讨论的动机不一，需要平台制定公正的讨论规则并平等对待公共讨论，讨论者趋恶的倾向也就失去了出场的机会，对讨论准则的遵守使其趋于自律。

向善是人的一种性向，虽经常受到干扰但人们有通过惩罚（教

---

① ［德］康德：《单纯理性限度内的宗教·中译本导言》，李秋零译，商务印书馆2012年版，第xxvi页。

训）再次选择向善的机会。在记忆—共识实践中，媒体机构/社交媒体平台和媒体从业者/社交媒体用户（公共讨论者）并不会以虚构事实、混淆舆论、制造违背公序良俗的观点为出发点，相反，在从事专业实践活动伊始，机构/个人以向善的性向参与实践。随着专业实践的深入，有关行为的道德评价将被记录在类似“道德储蓄银行”的“存折”上，一次失实的新闻/记忆文本或者违背常识的公开言论将被自动录入“存折”上；与此同时，优质的新闻/记忆文本或者闪烁着思想光芒的公开论辩也将同时录入其中。需要指出的是，这两种“储蓄”显示的道德价值不同，前者是借出（负值）后者是借入（正值）。康德曾对这样的行为价值作过划分：“某人按照义务所做的多于遵照法则能够迫使他所做的，就是有功德的（meritum）；他所做的刚好符合法则，就是本分（debitum）；最后，他所做的少于法则所要求的，就是道德上的缺失（demeritum）。一种缺失的法权（法律）后果便是惩罚（poe-na）。”① 从功德到本分再到缺失，三种不同的分值带来的后果不同。道德缺失面临的将是道德惩罚（法律的惩罚是因为捏造新闻或者发表煽动性言论需要接受法律制裁，这里讨论的是虽不构成犯罪但违背职业伦理的道德缺失和道德惩罚），仅仅因为媒体发表了失实的新闻和公共讨论中出现了偏离公序良俗并伤害公众感情的不当言论。前一种惩罚的对象是媒体机构和涉事的媒体从业者，后一种惩罚的对象通常是社交媒体用户，偶尔也涉及平台的连带责任。道德惩罚可以在事中或事后实施惩罚，法律惩罚只有事后惩罚的形式。与触犯法律的严重行为不同，道德缺失给人一种不惬意的感觉但又不至于引起特别严重的后果，因此，道德缺失需要累积到一定程度然后爆发出来，这是触及公众的道德底线导致的必然结果。在记忆—共识实践中，有的媒体机构既不注重事实的细节真实也不注重媒体倾向的适当流露，当媒体偏离专业主义的标准，新闻/记忆实践的伦理性缺失将导致媒体的口碑下降。值得注意的是，在多元社会中，媒体口碑与媒体经济效益之间并不成正比，有时口碑差的媒体更容易吸引公众的眼球并获得可观的经济回报，这就给媒体机构及其从业者造成错觉，以为道德缺失对媒体实践未必有害，这样的直觉助长了任性的新闻/记忆实践，对于舆论引领也惯于煽情或唱反调。道德惩罚的发生除了道德缺失的累积之外还需要整个社会具有普遍的道德意识。当大多数社会成员意识到道德准则和对这种准则的遵守是社会良好秩序的

① ［德］康德：《康德著作全集》（第6卷），李秋零译，中国人民大学出版社2007年版，第235页。

基础，违背道德准则并破坏道德秩序的行为被公认为无法容忍，在这种社会环境中，道德缺失必然导致道德惩罚；如果道德缺失无法唤醒整个社会普遍的道德意识，道德缺失就只能继续被挂在“存折”上。虽然这是一种“道德赤字”(道德赊账)，但“道德债权人”(公众) 不主动支取储蓄卡上的道德存款，道德缺失暂时只能继续累积。在记忆—共识实践中，媒体炮制假新闻 (向将来提供虚假记忆)、社交媒体上某些意见领袖公开炮制偏激的言论，这样的道德缺失虽然也在网络舆论场引起过争议，但道德惩罚的力度远未达到有效惩罚的程度，这样乏力的惩罚自然也难以促进记忆—共识实践者的重新向善。

只要道德缺失成为一种社会现象，道德惩罚迟早就会发生。在记忆—共识实践中，当发现某个历史阶段的媒体新闻/记忆不可信时，这种不信任也就是对特定阶段传媒业的整体评价。这样的评价并非想象中的道德惩罚。按照大多数人对道德惩罚的理解，道德惩罚应该是集中的舆论谴责，事实未必如此。真正的道德惩罚未必是群体的声讨而是社会性的反思，通过对某个阶段媒体普遍的道德缺失的反省，意识到新闻伦理准则在专业实践中的缺失所造成行业的重大损失——使公众先对媒体机构产生不信任感，这种感觉的后果是让公众对整个传媒业保持距离并在舆论场批评或孤立媒体机构。当媒体 (机构) 招致舆论的孤立，表面上看媒体机构依然维持运营，事实上它已经缺少了存在的伦理性，这样的媒体所记录的社会变动事实即便真实也容易招致公众的不信任，而这样的不信任乃是对媒体机构最为严厉的道德惩罚。舆论场的道德惩罚也有类似的性质。舆论场以批评为主，批评与反批评是一种辩论，对不公正的公共讨论之道德惩罚是公共讨论者本身的狂热和假借舆论审判进行的，这种惩罚以舆论场的冷清为主要标志而不是在舆论场掀起另一种形式的道德谴责活动。自互联网诞生以来，不难发现许多一度活跃的网络论坛变得萧条，关闭的论坛数量也不止一家，论坛关闭的原因很多，但必然与论坛组织的公共讨论活动存在道德缺失有关。存在道德缺失又无法满足公众表达欲望的公共论坛无法运营，如果不是遭遇不可抵抗的外力被迫的选择，自我退出舆论场的现象反而不可思议。记忆—共识实践对伦理原则的遵循和这种实践的社会贡献正相关，道德惩罚的发生必然是专业实践的道德缺失达到临界点的缘故。论坛关闭或媒体破产，这是通过市场法则进行的惩罚。在新闻实践史上，道德惩罚的意义在于引导媒体机构及其从业者 (含社交媒体平台及其用户) 通过反思道德缺失选择重新向善，道德惩罚借助市场之手实施的惩罚不在本书的讨论范围之内。至于“哪种方式的惩罚和什么程度的惩罚使得正义成为原则和准绳呢？不是别的，就是平等的原则，即（在正义的天平上指针的状态中）不偏不倚”。① 道德惩罚遵循平等的原则，媒体机构及其从业者可以制造虚假新闻/记忆，社交媒体平台也可以纵容用户发表偏激的言论，公共讨论者真正可以狂热的从事某项偏离常识（共识）的活动，所有任性的行为因为背弃了伦理准则如果不受到道德惩罚反而是在制造新的伦理自然状态，这种状态下的记忆—共识因为站在人类文明的对立面必须承受同等的惩罚。假如只允许道德缺失而不实施对等的道德惩罚，人将无法真正认识到理性和文明对于这个世界的重要性，良心也就在没有道德惩罚的状态中而泯灭掉。道德缺失理应受到同等程度的道德惩罚，促使专业实践者意识到职业伦理并非空洞的概念而是无形的道德法庭，迟早要对个体/群体的失当行为作出裁决，这是对专业实践正义的维护。

专业实践正义的表述看似抽象，但只要结合历史上传媒业受到的道德惩罚就不难理解了。当前，新闻院系和媒体机构将客观性作为新闻/记忆的一项原则，这样的理念已经注入新闻院系在校生和媒体从业者的血液中，使之成为一种自觉的意识（这并不意味着在新闻实践中所有的从业者主动遵循这个原则，这里是从伦理的可能性而言的）。在信息发达的今天，媒体报道的不客观很容易被公众发现瑕疵，社交媒体的曝光将损害涉事媒体机构（而不是媒体从业者）的声誉。媒体机构蒙受名誉损失将殃及整个传媒业，这是一种即时的道德惩罚。历史上媒体机构遭受的道德惩罚不会如此迅速，惩罚的力度因舆论场的规模限制也未必严重，即便如此，因为报道的不客观陷入舆论旋涡（道德惩罚）的媒体机构面临的就不仅是舆论的批评，也包括经济利益的受损。回溯新闻客观性理念的形成，显然与媒体的道德反思有关。如果新闻/记忆因过于煽情而偏离事实，舆论的谴责也导致媒体机构社会影响力下降，这是由道德惩罚衍生而来的市场惩罚。道德惩罚同时造成受众的流失，新闻信息的消费者在有可供选择的媒体时自然优选择口碑较好的媒体，因为不客观的新闻必然伤害到新闻事件的某些当事人。如果“新闻业是一种宗教，就像它经常被称作得那样，它至高无上的神就是‘客观性’”。② 客观性原则在传媒业获得如

---

① ［德］康德：《康德著作全集》（第6卷），李秋零译，中国人民大学出版社2007年版，第344页。

② Raeijmaekers, D., Maeseele, P., “In Objectivity We Trust? Pluralism, Consensus, and Ideology in Journalism Studies”, *Journalism*, 2017, 18 (6): 648.

此高的地位以至于使许多人失去了追问这种原则产生的社会原因。在美国新闻史上，“黄色新闻”时期媒体机构从中享受的经济红利因为接踵而来的道德惩罚使媒体机构蒙受的损失远远超过一时的红利。类似“黄色新闻”时期的新闻/记忆和舆论共识中的道德缺失也曾使传媒业蒙受过巨大的经济损失，新闻/记忆实践促使研究者思考对这种缺失的补偿之策。客观性原则意味着，当媒体从业者意识到片面报道造成的社会危害后，以中立者的身份观察社会并呈现事实和观点比任性地裁剪事实/炮制观点更为符合自身利益。从这个意义上说，客观性原则并不高尚，体现的只是道德本分，即道德上的不欠缺。至于道德上的“功德”，需要传媒业致力于将新闻理想当作新闻实践的日常目标，这显然并不符合传媒业发展的真实状况。道德惩罚只是促使媒体变得遵守道德本分，避免因道德缺失招致道德惩罚。这表明，客观性原则是基于对道德惩罚的恐惧作出的自利选择，该原则只是补偿历史上的道德亏欠而不是崇高的道德目标。客观性作为专业实践的原则是正义原则在传媒业的胜利，确保记忆—共识实践避免实践者对伦理原则的漠视，促使专业实践回归常态。

伦理原则无法为专业实践者开列行为清单而只能指引一个方向，最终需要实践者依据个人的理解从事实践活动。至于什么样的新闻可能被将来社会记忆，何种共识在将来依然具有指导意义，记忆—共识实践如何实现积累功德而避免道德趋恶，这有赖于实践者的实践智慧。在艾略特·弗里德森（Eliot Freidson）看来，如果不能被承认并被授予对一项职业实践的自由裁量权，职业“不能仅仅是声称拥有同一套技能的个人的集合”，它必须“以一种能够控制自己而不滥用其特权的方式”① 来发展职业身份、共享规范和对道德实践的承诺的最重要的工具之一。② 在记忆—共识实践中，从来没有所谓的指导媒体从业者或者公共讨论者保持新闻事实和观点常青的秘籍，实践者只能根据经验和自我判断参与实践。熟悉历史（包括思想史）的人可以从当代社会对媒体档案中发现哪些类型的文本经不起推敲、哪些种类的观念已经被淘汰，从这样的历史教训（可以称作历史的道德惩罚）中吸取教训。历史只能提供经验事实，伦理学则可以提供处理专业事务的框架，真正的选择权依然需要专业实践者自己把握。

---

① Freidson, E., *Professionalism Reborn: Theory, Prophecy, and Policy*, Chicago: University of Chicago Press, 1994, pp. 173-174.

② Jos, P. H., “Social Contract Theory Implications for Professional Ethics”, *American Review of Public Administration*, 2006, 36 (2): 139.

第三节　媒体记忆与舆论共识中的义务和责任

记忆—共识实践的伦理问题在于偏离了专业实践应遵循的伦理原则，这将导致市场和公众的惩罚，市场以经济方式进行惩罚，公众将通过舆论场的公共讨论对违背伦理精神的专业实践主体实施道德惩罚——也就是通常所说的舆论批评。汤因比指出："惩罚能够产生刺激的效果，同自然界的挑战引起的后果一样的。"① 看似一议而过的舆论在被批评对象的心灵中将刺激他们对道德惩罚之畏惧和对职业伦理之敬畏，因为道德惩罚刺激个体责任意识的产生。所谓责任，"是服从理性的绝对命令式的一个自由行动的必然性"，而"义务是某人有责任采取的行动。因此，义务是责任的质料"②。既然责任和义务是一个事物的两个方面，分析媒体记忆和舆论共识的道德责任，实际上是在寻找这些责任的构成形式（质料），即记忆—共识实践主体的义务。

一　媒体记忆与舆论共识的注意义务

关于媒体从业者的职业使命，普利策（Joseph Joe Pulitzer）的理解是："倘若一个国家是一条航行在大海上的船，新闻记者就是船头上的瞭望者。他要在一望无际的海面上观察一切，审视海上的不测风云和浅滩暗礁，及时地发出警告。"③ 作为媒体负责人的普利策，无意中揭示了媒体从业者的注意义务。在新闻/记忆实践中，媒体从业者必须注意社会的细微变化并判断行业的发展趋势：通过媒体报道向全社会发出预警。媒体从业者的记录义务可以理解为一项注意义务，当他们在履行社会责任的同时注意到社会的变化并以新闻/记忆的形式向当代公众甚至将来社会发出预警，由此履行这样一种义务。至于什么样的义务属于记忆—共识实践中的注意义务，一般性的注意义务包括媒体应对事关国计民生的问题纳入新闻/记忆的建构当中，促使

---

① ［英］汤因比：《历史研究》，郭小凌、刘北城译，上海世纪出版集团 2005 年版，第 101 页。

② ［德］康德：《康德著作全集》（第 6 卷），李秋零译，中国人民大学出版社 2007 年版，第 229 页、第 230 页。

③ 转引自王渊《普利策的三段话》，《散文百家》2004 年第 16 期，第 17 页。

公众从严肃的新闻/记忆中获得认知并促进整个社会的思考；在社交媒体平台上发起公共讨论，以新的舆论共识推动问题的解决。记忆—共识实践中的注意义务也包括特殊的注意义务，要求媒体在公众的视线之外发现人类社会潜在的生存危机并及时发出预警。比如，南极地区和北极地区臭氧层遭到破坏的情况，人类社会应该采取措施修复遭到破坏的臭氧层；通过发起公共讨论改变整个社会的环保意识，通过科技手段减少有害气体排放，推广无氟冰箱履行企业的社会责任，公众通过选择绿色产品为保护臭氧层做出自己的贡献。记忆—共识实践中的关注义务是媒体从业者和社交媒体用户（公共讨论者）分别承担的一项义务，所不同的是，媒体从业者履行的关注义务在先，公共讨论者履行这样的义务在后。也就是说，先有新闻/记忆再有公共讨论和舆论共识，这样的义务程序体现的是新闻/记忆引领舆论，舆论场的公共讨论改造现有的社会观念。注意义务对媒体机构及其从业者提出更高的道德要求，要求他们必须走在大众的前面预先感知人类社会的生存状况并做出研判，从这些事项的轻重缓急中设置新闻记忆/公共讨论的议程，通过扎实的调查获取翔实的调查材料再以新闻/记忆专题的形式向公众披露详情。媒体及其从业者的注意义务不是公众印象中对琐碎新闻事实的注意（比如明星绯闻和体育赛事），而是从人类命运角度的注意（否则也就无所谓义务而退化成普通的关注）使真正有认知价值的事项被建构到新闻/记忆当中。超时空的新闻/记忆必然是舆论场首选的公共议题。当我们在批评社交媒体公共议题的庸俗时，实际上也是在反省当前的新闻/记忆实践。假如媒体在源源不断地向舆论场输入既新鲜也有价值的舆论质料，社交媒体用户是否缺乏履行注意义务的能力呢？一个用户缺乏这样的能力并不奇怪，相信大多数用户的鉴赏力和舆论敏感力不会湮没有讨论价值的新闻/记忆素材。因此，记忆—共识实践主体的注意义务应遵循先新闻/记忆建构再舆论讨论的次序，当媒体上缺乏有讨论价值的新闻时也就无法责备公共议题的低价值含量，两个不同义务主体的责任存在时间的相继性，只有确立了履行义务的第一主体，第二主体的问题才可以浮出水面。

与注意义务相对的是行为的疏忽。尽管全世界的媒体机构数以万计，媒体从业者的数量众多，但媒体依然无法将所有具备记忆价值的事项建构到新闻/记忆当中。没有报道就意味着对社会事实的遗忘，这样的事实如果具有历史认知价值，遗忘就变成一种道德缺失，本该记载而未能记载所造成的新闻/记忆的亏欠。这样的遗忘是对记忆—共识实践注意义务的违背，迟早要受到道德的惩罚。媒体遗忘造成的注意义务的未履行并不会马上引起舆论的关注，就像公众在批评媒体没有报道某个重大历史事件时，这样的批评延后数十年后才发生。道德惩罚对注意义务缺失监督的延迟不利于媒体机构意识到履行注意义务的重要性，相反，媒体注意义务的缺失往往是因为某个琐事引发舆论关注的。比如，"在耶路撒冷当地的一家报纸上，报道了一则题为《普鲁斯特·玛德琳的蛋糕》的小故事，激发了我对过去岁月探究的兴趣。故事说的是一个军官忘记了他手下一名已经牺牲的士兵的名字。这位军官因没有记住士兵的名字而受到舆论的谴责"①。这是一个看似苛刻的故事，因为士兵人数众多，军官记不住所有人的名字并不奇怪，但这并不是逃避注意义务的理由。学校的老师也有类似的烦恼。每年新生多要记住每个学生的名字并不容易，有心的老师主动将每年的新生照片排列起来强化记忆，避免忘记名字而造成的尴尬。为记住学生名字老师每年需要付出额外的劳动，旁人觉得这样的方法蛮好，如果从责任角度看就是履行老师对学生的注意义务。在记忆—共识实践中，如果媒体从业者认真履行对社会变动的注意义务，需要将看似微不足道事情背后的深层意义挖掘出来，当这样的新闻/记忆成为舆论场的公共议题，许多问题就可以被扼杀在潜伏阶段。比如，一个县的领导连续三任落马，地方媒体是否事先发现过他们违纪的蛛丝马迹，没有注意或者注意到但未能报道构成了注意义务的缺失。舆论场的公共讨论者也有这方面的义务。不是说所有的问题只能先通过媒体曝光然后社交媒体才可以发起公共讨论，事实上，社交媒体赋予用户"准媒体从业者"的职责，用户对于社会变动也肩负着相应的注意义务。换句话说，媒体没有报道，舆论场依然可以将不引人注意的问题作为公共议题来讨论，这是一种公共讨论者的注意义务先行，倒逼媒体机构及其从业者履行新闻/记忆的注意义务。当媒体从业者未能履行这样的义务，他们就成了上面故事中的"军官"，也许这样的遗忘可以有许多借口，但道德谴责并不接受这样的借口而不再问责义务的主体。由于媒体的未注意造成的遗忘是对现在和将来的犯罪，这是注意义务在某个环节缺失造成的问题，需要通过舆论场的道德惩罚唤醒记忆—共识主体的注意义务意识。

在记忆—共识实践中，实践主体的注意义务经常面临现实因素的困

① ［以］阿维夏伊·玛格利特：《记忆的伦理·前言》，贺海仁译，清华大学出版社 2015 年版，第 1 页。

扰。这类困扰未必是有人阻断记忆或者公共讨论，而是处于现实关系中的实践主体难以厘定何种事项属于注意义务的对象或者干扰项，即看似有记忆和讨论的价值实际上未必是这么一回事。注意义务需要媒体从业者/社交媒体用户具有履责的能力，他们的知性和理性能够鉴别出事物的外在价值和内在价值，判断何者优先注意。记忆—共识实践的义务主体有自己的朋友圈和感兴趣的领域，这些主体/领域的吸引力使其优先受到关注，这涉及注意义务与人的关系远近问题。研究表明，“在一个亲近的关系域中，记忆负有伦理责任，而在一个普通的也更为广大的关系域中，记忆是一种道德责任。前者包含了父母子女、朋友、爱人、同一国人等，这种关系扎根于共同的过去和共同的记忆；后者则主要指同为人类，或者同为人类的某一方面，如同为女人，或同为病人等”。[①] 关系的亲近或疏远是从现实利益的角度而言的。在记忆—共识实践中，实践主体的注意义务不能因亲近的人而忽视与自己不存在直接利益联系的人。伦理义务是一种普遍性的义务，记忆—共识的实践者之注意义务关注的是同一种关系中的群体，这是人作为社会成员负有的一般性义务。我们并不否认前一种义务的客观存在，但在新闻/记忆实践中非常忌讳媒体从业者报道与自己存在利害关系的当事人，这是新闻伦理准则禁止的事项；公共讨论者在发表看法时需要澄清是对个人利益还是对公共利益的看法，先履行告知义务再发表看法，这样的注意义务可以使公众清楚地知道是一般还是特殊的注意义务。就像报纸的言论版接受广告性言论文章须注明是付费评论，公众注意到这是广告性质的言论文章，就不会把私人利益的看法与公共利益的看法混为一谈。在记忆—共识实践中并不是所有人都肯于履行注意义务，主动阐明自己的报道对象和看法是否夹杂了个人利益。媒体的有偿新闻刻意抹去付费主体和媒体机构收费的事实，将有偿新闻（变相的广告）以新闻/记忆的形式呈现给公众，这是一种恶意的遗忘，隐瞒了违背职业伦理原则的行为，把不具备新闻价值的事项装扮成新闻资源导致媒体品质的下降。舆论场的公共议题也可能是某些机构/个人隐瞒真实动机人为炮制的舆论热点话题，这是一种通过误导规避本该引起公众注意的事项。在这里，利益成为记忆—共识实践的变量，干扰着公众对公共事件的关注以及关注的方式。注意义务要求媒体从业者/公共讨论引导公众记住需要记住的内容而不是强加给他们应该记住的东西。

---

① 武跃速、蒋承勇：《记忆对忘却的人性审判——论贝娄〈贝拉罗莎暗道〉中的道德哲学》，《人文杂志》2011 年第 5 期，第 7 页。

在伦理学中，注意义务源于对道德应该的假定，这是一种具有普遍性的应该，也符合伦理原则的要求。需要注意的是，这样一项义务与传媒业的发展可能存在某种冲突。媒体机构及其从业者维持生存需要面对现在直接服务当代社会成员，在此基础上再考虑媒体的历史使命，对将来的公众需求有所考虑。媒体的新闻/记忆实践为表述的方便可以将新闻与记忆相提并论，但涉及注意义务时，媒体从业者需要优先满足现在的受众，注意他们应该注意的事项而不能一律强调新闻与记忆的无差别。媒体的注意义务首先满足的是当代公众的需求，这是新闻外在价值的体现。既具有外在价值（可供交易的价格）又具有内在价值（普遍的、有恒的价值）的新闻文本才是这里所说的记忆文本，将新闻与记忆并列更多是从后一种意义上使用这样的概念。当注意义务首先指向现在，为媒体生存而满足公众的日常性需求。在这方面，当代传媒业的贡献有目共睹。帕迪·斯坎内尔（Paddy Scannell）认为："电视和广播创造了一个与社会集体记忆的形成相联系的同时性新时代。通过对节日和节日（即女王演讲、国情咨文、超级碗）的反复直播，将一年划分为电视季，并在特定时间通过特定节目安排一天，电视在创造的生活中发挥了重要作用被称为'公共时间'。"① 现在，社交媒体从电视媒体中接过"公共时间"的接力棒，正在创造一个更具强制性的"公共时间"，这样的制造让全体社会成员接受了对这种时间的"注意义务"，这也是学术界对网络沉迷担忧的原因。为方便讨论"注意义务"，这里将媒体制造的"公共时间"区分为现在的公共时间和将来的公共时间（后者也可以称作"历史的公共时间"），第二种时间是记忆—共识实践主体应履行的高级注意义务。随着时间的流逝，一般的新闻报道、娱乐内容和公共讨论很快会退出公众视线成为可能的媒体记忆。"可能的"意味着这类文本的认知价值含量不足够高，人们无法预测这种记忆对将来社会的影响力。类似关注环境问题、道德问题和文化创造等问题的新闻/记忆文本和公共讨论，这类文本的内在价值显而易见，它们创造的不仅是现在的公共时间也可以指向将来，成为将来的公共时间（历史公共时间）的消费对象。区分两种不同的公共实践，需要提醒媒体从业者/社交媒体用户在记忆—共识实践中应该清楚注意义务的阶段性，忽视任何一个阶段的注意义务都将导致记忆—共识实践的道德缺失应自觉

---

① Scannell, P., "The Historicality of Central Broadcasting Institutions", in Djerf-Pierre, M., Ekström, M., *A History of Swedish Broadcasting: Communicative Ethos, Genres and Institutional Change*. Gothenburg: Nordicom, 2014, p. 356.

地予以避免。

伦理义务作为内在的义务不是外力强加给义务主体的，而是人遵从道德法则的呼唤发自内心愿意按照准则去行动。这样，义务的履行就不再是负担而是自觉的行为选择。哈布瓦赫认为："某种伦理取向，就像某种宗教态度一样，可能预先就影响了人们，使他们倾向于去心甘情愿、从不懈怠地辛勤劳作。""当在社会价值的等级体系中，这些德行逐渐成为最高境界时，就不再被看作是讲求实际的商人所具有的那种令人厌烦的品性了。"① 记忆—共识实践中的注意义务也是如此。当实践主体被明示要求如何行动时未必愿意按照伦理原则的召唤去行动，因为这样的行动意味着增加了负担（耗费更多的精力，遇到更多的困难甚至面临不公正的待遇）而这恰恰违背了人的天性。在缺乏道德素质的人那里，媒体职业只是谋生的手段，投入精力无法得到更多回报意味着于己无益。有的媒体从业者认为，新闻报道原本就蕴含着对社会变动的注意，强调"注意义务"有点多余。为了新闻报道而注意社会的最新变动与新闻伦理中的注意义务的对象有别。如前所述，注意义务强调事项的内在价值。内在价值需要义务主体自觉地关注，也就是新闻/记忆和公共讨论的内容必须超越群体利益的限制，对其他国家/地区、对将来社会都有认知价值，这与新闻报道和舆论场公共讨论对当下的注意有着较大的区别。为工作需要被动的注意与伦理义务要求的自觉注意也有明显的区别。记忆—共识实践的注意义务需要实践主体将道德意识嵌入记忆中，提醒自己既观照现在也观照将来，这是高层次的一般性义务事项。

大多数实践者靠直觉参与记忆—共识实践，直觉依靠经验做出道德判断。受商业利益的驱使，记忆—共识实践中的注意义务存在被庸俗化的倾向。受功利主义思潮的影响，有的实践者关注到功利主义对最大幸福的强调而忽略了这种伦理思想对普遍性和规则的强调。新闻实践中对功利主义的简单化理解也有一定的普遍性，传媒业缺乏将新闻事实与外在价值和内在价值联系起来评估的传统，这与新闻的时效性有关。忽视对内在价值的评估加速了新闻文本的"老化"，就连24小时的生命周期也已实属不易。相反，具有内在价值的新闻（如铁链女事件）依然可以长时间影响公众（新闻文本直接转换成记忆文本），这样的事项恰恰是记忆—共识实践主体履行注意义务的对象（有趣的是，前面提及的事件恰恰是社交媒体持

① ［法］莫里斯·哈布瓦赫：《论集体记忆》，毕然、郭金华译，上海人民出版社2002年版，第247页。

续关注最终被新闻媒体接过注意的“接力棒”）。要将新闻/记忆和舆论共识缔构进人类文明大厦必须注意人类社会的重大事项，统计技术的发达似乎在改变着公众对事物的注意方式，机构/个人越来越重视统计数据而不是内容是否具有内在价值。统计数据在意的是事物的外在价值，也只有这种可以被评估的内容可以获得价格并被用于交易（社交媒体的刷流量和“买粉”/“卖粉”现象）。当新闻产品和社交媒体平台的跟帖具有商业价值时，流量和跟帖数量成为评估的标准，跟帖质量显得反倒无关紧要。对于流量的在意（这里用这个词语以区别于注意义务涉及的“注意”）导致机构/个体以不道德的方式在促进流量的供给。流量的直观性和可虚构性使其成为商业操纵的手段，为显示新闻产品和公共讨论的广泛性，有些机构/个人就以阅读/访问的“人头数”显示内容受公众在意的程度。这是一种形式上的在意，与要求公众投入精力并运用自己的理性独立思考不同，在意表明行为主体曾经“来过”而不是曾经“审视过”。记忆—共识实践中的“在意”通过技术手段满足商业需求，这样的合作传统由来已久。自民意调查作为一项实践手段诞生以来，“在意”就成为眼球效应的验证机器并广泛地应用于投票事务中。波斯曼指出：“由于民意测验总是顺从公众的偏好，它就会改变作家写作的动机；于是写作完全就是为了增加观众的‘人头数’。”① 当流量变成杠杆，将引导媒体从业者/公共讨论者为讨好公众而有意呈现某种事实/观点。在这里，“人头数”变作交易的对象，新闻/记忆和公共讨论（所形成的舆论共识）的内在价值反而无关紧要，导致这种被称作“注意力经济”距离职业伦理精神相去甚远。当这种经济模式成为记忆—共识的实践逻辑，进一步缩短了新闻/记忆和新观念的生命周期。

在当代社会，整个社会的注意力正在从对现实空间的关注转移到手机屏幕上，使碎片化信息以前所未有的控制力取得对当代社会的统治。在这个有限的视域内，用户将刷网页和浏览帖子作为对（社交）媒体的一种接受义务，这种义务似乎符合伦理义务要求的出自意愿，实质上对社交媒体（手机形式的浏览模式）的在意出自人的动物性本能，它从人性的弱点中找到了突破口，捕获了公众的最大注意力。这种普遍的社会行为依然属于“在意”而非伦理学意义上的“注意”，因为这是把人对器物的依赖与人的低级需求绑架在一起，以神圣的形式展示出当代社会的浮躁（这里不适合用阿伦特所说的“无思状态”，更适合用“浅思”概念来形成这

---

① ［美］尼尔·波斯曼：《技术垄断》，何道宽译，北京大学出版社2007年版，第80页。

种社会行为)。浅层思考是具备了思考的形式，由于碎片化信息无法满足深层思考所需要的系统化的理论思考，无论如何“在意”依然是对注意义务的逃避。这样一种社会状态在18世纪下半叶和19世纪上半叶已经显现。黑格尔就曾断言：“现代人的每日祷告就是读报。”① 把读报比作日常祷告，黑格尔时代的德国市民对报纸的依赖性显然无法与当代社会对手机的依赖度相提并论。当公众对社交媒体感兴趣，媒体机构选择将新闻/记忆和公共讨论的结果“拆分打包”（长度和叙事方式适合手机浏览）给用户。这样的在意式满足只是强化了社交媒体（依托手机而存在的）用户的黏性却无法促进用户真正关注与人类社会关系密切的严肃问题（短视频的火爆与内容的低俗可以间接证明这一点)，这种社会性行为反过来加剧了媒体从业者/公共讨论者对注意义务的履行，危及当代社会对人类文明和将来社会的贡献度。

二 媒体记忆与舆论共识的善邻义务

注意义务通过强调重视内在价值矫正记忆—共识实践中对外在价值的倚重，借助这种义务避免新闻/记忆和舆论场的公共讨论忽视影响人类发展的重要事项，而这些事项反映的是事物的内在价值。在注意义务的基础上，这里提出媒体记忆和舆论共识的第二项义务：善邻义务。

善邻，属于中国社会的传统美德。善邻概念最早就已经出现，《左传》中有“亲仁善邻，国之宝也”的记载。在西方，善邻是作为法律义务而存在的，路易·若斯兰（Louis Jossenrant）在《权利相对论》中提及这种义务：“这一问题困难的中心，是关于为保护邻居利益而加于不动产的限制，我们通称之为善邻义务（obligation de voisinage)。”② 透过这个界定，可以明显感受到法律中的善邻义务是不同主体间因为物理空间的毗邻需要处理好财产和其他权利的合理配置，这个意义上的善邻义务调节的是现实生活中在家庭之外的人际关系。法律意义上的善邻义务属于康德论述的狭隘的义务。记忆—共识实践中的善邻义务是一种宽泛意义上的义务，调节的对象（邻居）并非字面意义上的邻居而是指与记忆—共识实践相关的对象，善邻义务的主体就是记忆—共识的实践主体，但并非指他们与邻里或者与同行的关系而是与实践活动相关的人/事项。假如媒体记忆和

① ［以］阿维夏伊·玛格利特：《记忆的伦理》，贺海仁译，清华大学出版社2015年版，第17—18页。

② ［法］路易·若兰斯：《权利相对论》，王伯琦译，中国法制出版社2006年版，第4页。

舆论共识的善邻义务需要一个“居所”，人类文明大厦（即整体意义上的人类文明）就是善邻义务中的“业主”，所有与之有关的对象均可看作其抽象意义上的邻居。在这里，时间、善恶以及本土和海外的媒体机构及其新闻/记忆文本和舆论共识文本，全部“业主”保持着邻里关系。亲仁善邻，需要适当限制其中一方的利益。

关于记忆—共识实践中的善邻义务，不妨先从最为抽象的时间邻里的利益协调具体阐述。媒体记忆和舆论共识（思想观念）均涉及过去、现在和将来三个维度的主客观信息。对于社会生活和思想观念的连续性，大多数人笼统地认为三者之间存在次序上的衔接顺序，但这样的认知仅仅是一个开始，有待继续深入探析其内在的联系。在记忆—共识实践中，存在某些“不友好”的现象，这是一种时间上的紧张关系。比如，对于某个历史时期的（媒体）档案，因为公众不喜欢而禁止继续传播，严重的可能采取物理消除的方式抹去这样的记忆。在我国历史上，对过去历史文献“不友好”的事件可以追溯到秦朝的焚书事件。史书作为事实/观念文本反映的是特定历史阶段的认知情况，这样的认知一旦被建构到人类的记忆大厦当中就自动获得居住的资格，不应该以当代社会的审美标准限制历史的记忆—共识文本甚至取消其“居住资格”，这样的“不友好”并非某个国家/时期的个别现象而是相当普遍的现象。对于历史上的记忆—共识文本的“不友好”损害了古今之“邻里关系”，这种损害因为过去的“邻居”丧失了维权之能力更需要从伦理角度反思，妥善处理过去—现在的记忆—共识文本的重要性。在这里，法律意义上的“善邻义务”因无法强制惩罚“侵权者”，只能从道德的角度实施道德惩罚（利用现在的舆论力量），并以“道德应当”的形式发出倡导，呼吁当代社会重视对全部历史文献（含媒体档案）妥善保管，在理所应当的情况下整理它们。从某种意义上说，善待历史的记忆—共识也是预先处理现在与将来的“邻里关系”。也许有人会说，将来尚未到来，又该如何处理这种虚构的邻里关系？《格林童话》中小木碗的故事间接给出了答案。当代社会如何对待过去，将来社会也就可能如何这般对待现在，即便将来未能这般（以道德的方式），将来的将来也会对前一个将来实施道德惩罚，因为这个“将来”以不友好的方式“虐待”过现在（我们这个时代）创造的记忆—共识。希望将来社会如何对待当代社会的记忆—共识成果，也就应当如此对待历史上的记忆—共识成果。作为时间长河中的“三邻里”，过去—现在—将来可以永不发生直接的接触，但“过去的你们就是今天的我们”“今天的我们就是将来的你们”，这样的观念有助于尊重过去的记忆—共识成果。当代社会可以对人类文明建树不多，却不可成为人类文明大厦的“强拆队”，这是媒体记忆和舆论共识的善邻义务之时间维度的善邻要求。在这种邻里中，时间是最终的裁判者，对时间保持敬畏心，通过履行时间方面的善邻义务确保人类文明的连续性。

当时间中存在一种看不见但感受得到的“邻里关系”时，与时间无法割裂的空间上也应该存在类似的关系。相对于时间中的善邻，空间维度的“邻里关系”相对直观。人类社会是如此之大，我们跟绝大多数人终生没有发生往来的可能，即便是媒体机构和舆论场之间存在交往关系的也只占很少一部分，而每个国家/地区的媒体机构/社交媒体平台每天都在进行着记忆共识实践。媒体间的关系分为友好、无关和不友好三种“邻里关系”。“友好的”邻里关系带来的是一种外在的善邻义务（礼尚往来），这是一种投桃报李式的善邻义务：媒体机构的新闻报道得到同行的肯定、社交媒体平台的舆论管理模式被同行效仿，这样的承认并效仿增进的是媒体（平台）间的合作，媒体理念的接近和记忆—共识实践方式的相互认可，这样的媒体（平台）之间逐渐形成友好的“邻里关系”。相反，不同新闻理念和实践模式的媒体间将造成一种紧张关系，这种状态若不能及时调节，累积到一定阶段将造成敌对的“邻里关系”。在这种状态下，诋毁和攻击就成为双方常态化的交往模式。除此之外，更多的媒体（平台）很少或根本不存在直接交往而构成“路人模式”的邻里关系。媒体（平台）是当代人类文明的建构者而客观存在于地球这个“媒体村”中，彼此之间是否以友善的方式对待同行直接关系到记忆—共识的实践秩序。记忆—共识空间维度的善邻义务要求媒体（平台）履行各自的善邻义务，将本土与海外的媒体（平台）全部作为记忆—共识实践的“邻居”，远距离的媒体（平台）也应保持“天涯若比邻”的关系，实现全球传媒业的“比邻”状态。在这里，行政权力失去了调停的能力，市场法则的力量同样微不足道（很难强调一家本土媒体机构与遥远国土一家媒体机构的友好），在这种情况下，宽泛的伦理义务遵循普遍性的道德法则肩负着管理“媒体村”邻里关系的使命。关于这种远距离互不相识的人与人的关系建立，邓晓芒有过形象的比喻：“我们设想有一群人，素不相识，也没有什么文化，不知道德为何物，也没有任何天经地义的教条，只有每个人的自由意志。这样一群人聚在一起要组成社会，他们只有凭借对他人的自由意志的认同，去寻求如何能够使各人的自由意志延续的有效法则。”① 记忆—共识实践中的媒体（平台）间的关系因为媒体从业者/社交媒体用户道德素质的参差不齐，导致媒体机构基本上在以不道德方式进行远距离的交往（同城媒体机构的邻里关系也未必就必然和睦）。媒体机构的利益需要时刻维护，其他媒体（平台）作为竞争者因而存在利害冲突（直接的或间接的），这样的冲突使善邻义务的履行比时间维度的邻里关系更难处理。在这种情况下，媒体记忆和舆论共识空间中的善邻义务通过记忆—共识的伦理原则（可以作为道德法则的客观原则）调节媒体（平台）间的邻里关系。当空间维度的邻里关系处于伦理原则统摄的状态之时，就可以保持记忆—共识实践整体秩序的稳定。

时空维度的善邻义务要求实践主体对过去—现在—将来的中的人/记忆—共识文本的尊重，空间维度的这种义务还包括对所有媒体机构及其从业者和作为公共讨论者的人/用户的尊重。从这个意义上说，伦理学中的善邻要求人/实践主体按照道德法则处理自己与外界（人/机构/事物）的关系。道德法则需要记忆—共识实践主体愿意将自己的行为准则能够同时应用于所有的人，即道德律令要求的把行为准则变作普遍性的法则。当遵循这样一种法则从事记忆—共识实践，对人/事/物的敬畏感油然而生，这样的感觉将产生类似于“万物皆媒”的效果。这里可以用“万物皆邻”来描述。万物皆邻意味着所有事物跟人类构成“邻里关系”，记忆—共识实践主体如何对待“邻居”（古往今来的人/事/物），“邻居”也将反过来这般“对待”我们。当实践主体在任性地再编码媒体档案/观念时，专业实践的良心也在不断地发出警告：你们也将面临同样的遭遇；当实践主体在歪曲事实、攻击他人之时，专业实践的良心也会告诫他们，后世也将面临被欺侮的可能。道德惩罚的警钟在专业实践主体的脑海中不断敲响，对万事万物的敬畏心理变成潜意识，最终成为集体无意识，当专业实践者对待万物如同对待自己并最终形成“万为皆善”的效果，这样的善念从个体的道德心理逐渐扩展为群体的社会伦理心态。当一个行业普遍具有这样的心态，专业实践的善邻将从善良意志向按照伦理原则进行实践活动转化。在这种状态下，善邻不再是人的偶然之行为选择而成为一种自觉的行动，善邻也不再是有形的邻居而是“万物皆邻”，实践主体全部以待己的方式对待与专业实践相关的一切对象。这样，善邻义务就从概念变作普遍

① 邓晓芒：《从一则相声段子看国人的思维方式》，搜狐网 2020 年 11 月 12 日，https：//www. sohu. com/a/431316491_237819。

性的行动。当意识到并意愿“万物皆邻”之时，实践主体将面临新的难题，这就是万物之间并非没有差别。当有差别的万物与实践主体“为邻”，公正地善待“邻居”需要按照伦理原则区分专业实践主体与万物的关系。关于记忆的伦理，玛格利特提出的浓厚/浅淡关系有助于我们理解记忆—共识实践的善邻义务。在她看来，“对浓厚关系的判断不能仅局限于行动，因为可使关系增厚的各种心理状态和性情并不属于行动的范畴”，与之相反，“浅淡关系更多立足于行动而不是态度，尽管像尊重和谦卑一类的态度表示多和浅谈关系有关”。① 玛格利特的浓厚/浅淡之关系传输的是传统意义上的人际关系。在记忆—共识实践中，实践主体对于属于自己的新闻/记忆文本和新观点抱有天然的好感，对于存在竞争关系的专业实践者及其作品/观点抱有天然的不以为然的态度。对于历史上的记忆—共识文本，不同的专业实践者的心理存在两极分化的情况：要么觉得这样的东西已经过时，要么将之当作经典不时援引。对于友好国家/地区和非友好国家/地区的新闻/记忆实践和公共讨论，态度也存在明显的差别。这样，记忆—共识实践主体与主体/事物之间的浓厚关系与浅淡关系将影响实践主体与这些“邻居”的关系。虽然无法完全消除个体心理对行为的影响，专业实践主体能做到的是具备识别善恶的能力（这里所说的善恶是伦理学中的善恶），承认恶既在周边但更在实践主体心灵世界中活动着。善邻与其说是在对外在之物（也包括古今中外相近的专业实践者）的友善，不如说是对自我心灵中的恶的限制。媒体记忆和舆论共识的善邻并非利益的纷争而更多属于道德心理的自我博弈，即实践主体如何处理毫无自卫可能的媒体档案（或其他文献），对于过去记忆文本内容的尊重主要检视专业实践主体内心是否意愿“与文本为邻”。在这里，善邻意味着理解一种文献产生的社会背景和编码者的认知局限，不能按照今天的专业实践尺度苛求它们。同样，也不希望将来的记忆—共识实践者无差别地根据他们的尺度来衡量当代的记忆—共识成果。这样的善邻义务实质上是自我内心的善恶较量，而不是外力强加给专业实践的（不能完全排除存在强制干预的可能，但这样的强制只能是偶然的而不会具有伦理学意义上的普遍性）。当实践主体内心的向善力量变得强大，趋恶力量的减弱将促进善邻义务的履行。

从字面上看，与记忆—共识实践相关的善邻义务只能是由实践活动

---

① ［以］阿维夏伊·玛格利特：《记忆的伦理·导论》，贺海仁译，清华大学出版社 2015 年版，第 12 页。

（行为）形成的伦理关系的义务，玛格利特就是从伦理语境中讨论记忆的邻人关系。不过，她也承认除了现实环境中的邻人之外，在纯粹的道德世界也存在着邻人，这是一种公设的邻人。玛格利特认为："在道德的语境下，邻人意味着纯粹的人，在伦理的语境下，邻人则是指与我们有积极的个人关系历史的人，或在想象的共同体中有关系的人。"① 道德语境和伦理语境中的邻人并无本质的差别，前者是理想状态的邻人，可以根据道德法则规定其道德义务，勾勒出最为理想的道德状态；后者是按照这样的理想状态从事专业实践，虽然实践的结果永远无法完全达到预期的理想状态，但伦理实践的持续将无限地接近这样的一种状态。可见，两者的差距在于理想与现实努力之间的距离，伦理实践只是按照道德理想（"图纸"）的规定开展实践活动。在记忆—共识实践中，理想的新闻/记忆生产和公共讨论需要的邻人是道德语境中的邻人，实践者通过遵循道德法则以纯粹的道德方式建构记忆—共识；在伦理实践中，媒体从业者/公共讨论者的认知能力和专业实践能力以及与外部的关系在影响着专业实践，当媒体从业者需要完成媒体机构规定的绩效考核指标，当公共讨论者受到各种诱惑或压力时，道德法则就需要变成伦理准则，给专业实践者以相应的自主决策余地。两个模板的"邻人"遵循同样的道德法则，不同的是纯粹的邻人只能存在于道德虚拟的世界中，他们就像实验室条件下的人，所有的行为都有着规定性，这样的行为结果也是可以预期的。相反，伦理语境中的邻人（媒体从业者/公共讨论者）跟与他们发生联系的一切对象（人/事/物）存在善与恶的博弈，谁也无法保证在这样的博弈中善的力量一定就要赢得胜利（善必将战胜恶是从一般意义上就善恶较量的最终结果而论的，阶段性的较量胜负则是常见的现象），否则，恶的力量早已经败给善的力量。正是善恶的总量不会发生变化，二者的博弈才趋于常态化。所谓人性中的善恶也就是善恶的不可灭性，它们常驻于人的心灵世界左右着他们的思考和行为，人性的复杂也正源于此。记忆—共识实践主体的人性也是这种复杂性的体现，道德召唤要求按照道德法则与专业实践的所有"邻人"保持良好的关系，但这样的善邻义务意味着专业实践主体的"我"的现实利益的受损，善邻义务要求承认尊重现存的一切，但不符合"我"之审美甚至损害自我利益。这样一来，善邻的程度就出现量的变化，造成关系亲疏的差别。媒体记忆和舆论共识的实践主体与"邻

① ［以］阿维夏伊·玛格利特：《记忆的伦理》，贺海仁译，清华大学出版社 2015 年版，第 39 页。

人”关系的浓厚抑或浅淡只能存在与伦理实践阶段，这样的关系反过来愈发考验专业实践主体的道德意志。当实践主体无法像对待自己（的成果）那样对待所有的“邻人”也就是在加剧浓厚或浅淡关系，关系裂痕的罪责在于专业实践主体背离了伦理原则。

媒体记忆和舆论共识中的善邻义务还涉及一种有形的却容易被忽略的邻人关系，这涉及不同介质的媒体之间的和睦相处的问题。这里谈论的媒体记忆和舆论共识是从普遍意义上将所有介质的媒体统称为媒体，将所有的公共讨论看作形成舆论共识的场所。在记忆—共识实践中，不同介质媒体间的关系呈现出一贯的紧张性特征。每种介质媒体的市场份额来自与其他介质媒体市场份额的瓜分，即便在同一媒体机构内部也存在不同程度的利益纠葛。至于新闻媒体和社交媒体以及自媒体间的竞争，不同类型媒体间的关系越发难以和睦相处。传媒市场竞争的“邻人”紧张关系加大了履行善邻义务的阻力。处理这样的邻人关系需要从认识邻人的性质入手。媒体究竟是什么，记忆—共识实践是一种什么性质的实践，厘清这些问题有助于进一步思考不同介质媒体间的邻人关系以及善邻义务的落实。赫伯特·甘斯（Herbert J. Gans）指出：“记者的主要职能之一是与其他人一起管理象征性舞台，即向所有能够成为观众的人提供国家、社会和其他信息的公共舞台。”① 将媒体比作象征性的舞台，专业实践者不过是这个舞台的管理者，沿着这样的思路，不论媒体的介质形式如何变化（从最早的甲骨到书籍再到现在的社交媒体），记忆—共识实践都将在这个象征性的舞台上活动。每种介质的媒体无非舞台的一个区间，就像将舞台划分出承担若干功能的区间一样，所有媒体自有其存在的价值，全部是人类文明的“生产车间”，并不存在现实空间中那样的“原住居民”（按照先来后到次序划分等级的高低，否则，甲骨将成为这个舞台至高无上的“原住民”）。从这个意义上说，象征性舞台取消了媒体介质的差等概念，使媒体（介质、机构）平等参与记忆—共识实践。象征性舞台概念显然受到道德哲学的影响，要求媒体对“邻人”保持友善。这样的友善所体现的是外在的义务，需要借助强制来将友善变成不可更改的行动任务。在专业实践中，要求媒体以平等的身份从事记忆—共识时遇到的阻力将何等之大。主流媒体概念的流行意味着伦理学的差等概念得到默许，因为与之对应的是中流或末流媒体，这样的概念与我们谈论的善邻义务存在冲突，不反思这种优等意识的伦理性将损害媒体间的邻人关系（在新闻史上，不同介质

---

① Gans, H. J., *Deciding What's News*, New York: Vintage, 1979, p. 298.

媒体的歧视链从未中断，图书—报纸—广播—电视—互联网—社交媒体，没有哪种媒体在它刚诞生阶段不曾遭受过"邻人"的歧视），影响记忆—共识实践的正常活动，间接危及人类文明的建构。按照善邻义务，所有介质的媒体全部是象征性舞台的实践主体，各自只存在实践分工的差别而不存在地位的高低之别。一种介质的媒体（从业者）对其他介质的媒体（及其从业者）的尊重体现的是善邻义务的要求。尊重带来的是记忆—共识实践的分工科学合理，歧视反而造成媒体分工的混乱（从某种意义上说，媒体融合意味着媒体机构以大而全的方式从事全媒体生产，通过亲缘关系实现不同介质媒体的"家庭内部"的浓厚关系）。显然，这样的善邻导致象征性舞台区间功能的紊乱并加剧了不同介质媒体间的紧张关系，究其原因，在于传媒市场未能处理好邻人关系，这是善邻义务缺失造成的结果。

三　媒体记忆与舆论共识的阶梯责任

如前所述，责任是依照意志自由行动的必然性，这样的行动依据的是人的理性所遵循的道德法则。义务规定了责任的构成形式，至于如何行动需要根据义务的指引。在记忆—共识实践中，媒体记忆和舆论共识是两种既有联系又有区别的实践形式，前者先由媒体机构及其从业者通过新闻/记忆的方式完成，接着由历史学者和其他使用者解码/再编码，当代的"其他使用者"属于社交媒体参加公共讨论的用户，他们解码/再编码新闻/记忆文本；后者是舆论场的公共讨论产生的新观点/观念，在传统社会是社会精英（专家学者、媒体从业者、律师和社会治理者）。当代社会，精英对舆论共识的贡献度逐渐下降，在社交媒体普及后舆论共识更多来自民间智慧的创造。通过拆解媒体记忆和舆论共识的主体构成，不难发现媒体从业者是唯一全程参与记忆—共识实践的行为主体，他们既是新闻/记忆第一阶段也是最关键阶段的实践者（历史学家和其他使用者对新闻/记忆的解码/再编码并不破坏原始的新闻/记忆文本，原始版本的唯一性和再编码版本的多样性并不损害权威的新闻/记忆）。舆论共识的主体历来成分复杂，社交媒体使之用用户身份参与共识实践（以公共讨论的方式）。这样的主体划分仅仅是就当代社会的记忆—共识实践而言的，不同历史时期的同类实践各有特点。春秋时期，以孔子为代表的社会精英既修订《春秋》也通过讲坛传播观念，他堪称是历史记忆（只是对《春秋》的解码/再编码）和舆论共识实践的集大成者。孔子深感记忆—共识实践的责任重大，曾自我评价说："后世知丘者以春秋，而罪丘者亦以春秋。"从伦理角度看，这是孔子主动承担道德责任的宣言。这表明，我国的先哲很早就意识到记忆—共识实践主体承担相应的道德责任，对事实的记忆建构将成为历史审判的对象，思想观念的生产也不能满足于一时的轰动效应，同时也面临历史的问责。当孔子从内心感受到修订《春秋》和思想观念实践的道德压力时，他的道德责任感油然而生。道德责任感促使孔子意识到历史记忆和共识实践应遵循道德法则。没有道德责任感和道德法则，孔子可以凭借个人好恶编纂《春秋》，也可以凭借师者权威限制弟子的观点表达。从这个意义上说，孔子为当代的记忆—共识实践提供了微型的“试验场”。这里看重的不是孔子记忆—共识实践的实际贡献（这已经不言而喻），而在于他的道德敬畏感（对道德惩罚的畏惧）和道德责任感，后者是讨论媒体记忆和舆论共识实践的重点。

孔子集记忆—共识实践于一身，两种实践主体的一致性便于道德责任主体的确认。自近代报业诞生以来，出现了新闻/记忆实践的专业分工。随着广播电视成为大众化媒体，媒体机构组织的公共讨论为普通人参与其中提供了可能，新闻/记忆和公共讨论的责任主体变得多元。正如涂尔干所说：“分工一经产生，就会很快使环节结构瓦解。”“分工不断发展的原因，就在于社会环境丧失了自己的个性，分割各个环节的壁垒被打破了。”① 媒体记忆和舆论共识实践中的分工也是如此。新闻/记忆从作坊式生产到专业化实践，原本集采写编于一体的报纸作坊主需要将采访写作和编辑、印刷发行分开；随着摄影技术的出现，出现了文字记者和摄影记者的分工，编辑环节也出现了文字编辑和美术编辑。至于广播电视的分工就更为杂多，但每个岗位又是新闻/记忆生产的有机组成部分，因为工业化新闻/记忆实践的结构合理地安排了相应的岗位职责；舆论共识实践随着媒体介质形式增多发生了变化，孔子式的沉思和言说已经不适合当代的公共讨论，这样的生产从有策划、组织的计划式生产到社交媒体时代的观念众筹式生产，社交媒体平台的组织者身份隐身，公共讨论成为观点的自由市场。涂尔干担心社会分工导致个性丧失，社交媒体的发展表明这样的担忧反而缺乏现实的依据。从某种意义上说，大众化的数字媒体记忆实践和全民式的公共讨论促进了用户的个性化。在记忆—共识实践中，不论是对个性化的限制还是解放存在同样的问题：个性化与责任的关系。在孔子式的记忆—共识实践中责任主体明确，实践者的畏惧感和责任感与实践活动密不可分；当代社会的记忆—共识实践主体无法集于一人之身，公共讨论

---

① ［法］埃米尔·涂尔干：《社会分工论》，渠东译，三联书店2000年版，第213页。

中使用的“社交媒体用户”是个集合概念，大型的公共讨论中的意见领袖也不止一个（否则也就失去了辩论的意义），至于讨论中对于相关事实（史料的、现在的）和思想观念（专业理论的和民间思潮）的传播也存在着分工，所有的实践者在按照各自擅长的方式服务于舆论共识实践。个人的分工不同承担的道德责任也有明显差别。协调不同的实践活动与实践主体的道德责任，究竟是采取道德责任的平等承担还是根据实践活动的重要程度区别性承担？社会分工的历史表明，每次分工伴随着道德责任的同步划分，实践主体承担的事务与责任相当。分工对个性化的束缚在某种意义上也是减轻了行为主体的道德责任，传统记忆—共识实践环节的个性化色彩减弱带来的是道德责任的减少（每一片雪花的道德责任只能由集体承担）。社交媒体的记忆—共识实践在重新赋予实践主体个性化的同时却未能同比例划分道德责任，在强调个性化的同时道德责任主体反而变得愈发模糊（这里无法追究匿名的、外域的用户的道德责任，实施道德惩罚［舆论批评］都存在难度，特别是当道德缺失的匿名用户注销账号之后）。这是记忆—共识实践分工带来的新问题——新的分工结构已经建立，但道德责任的分工与协作尚处于萌芽状态。

专业职责可以按照实践主体承担的任务分配，道德责任却是无差别的。专业实践者的分工可以悬殊，所有的实践主体依据的职业伦理原则并无区别。新闻作为“历史的初稿是面向未来的，记者将自己定位为未来历史的见证人”①，这并不意味着记忆实践者就不承担道义上的责任。恰恰相反，新闻/记忆实践所有环节的道德责任并无区别，所有的实践者在面向未来，“面向”对象的一致性决定了他们必须遵循同样的伦理原则，任何违背伦理原则的行为因道德缺失需要承担道德责任，面对良心的拷问和舆论的批评。一个篡改新闻/记忆事实的实践者的工作责任显然大于文字编校人员的责任，但就道德实践来说，两者的道德责任并无实质性的差异，因为他们都违背了事实准确性的原理。尽管记忆—共识实践的道德责任并无差别，但道德责任在构成上依然不同，这是不同责任在道德责任结构空间位置上的不同。专业实践的道德责任结构分作三种：

（1）个体的—集体的道德责任；

（2）严重过失——般过失—轻微过失的道德责任；

（3）过去的—现在的—未来的道德责任。

---

① Han, E. L., “Journalism and Mnemonic Practices in Chinese Social Media: Remembering Catastrophic Events on Weibo”, *Memory Studies*, 2020, 13 (2): 164.

其中（1）和（2）处于底层，（3）处于上层。对媒体记忆和舆论共识实践的道德责任进行层级的划分，便于理解道德责任对专业实践的影响。

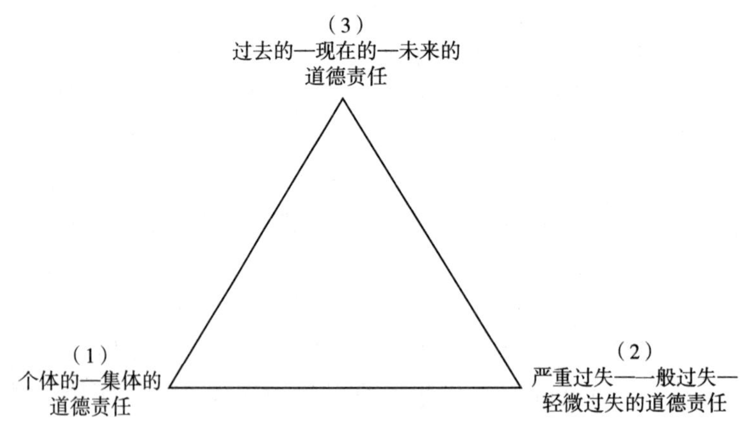

记忆—共识实践的道德责任梯形图

在上面的梯形道德责任分布图中，个体和集体的道德责任承担并不一致。随着记忆—共识实践趋于成熟（即具有专业实践的理念、实践流程和职责界限划分），道德责任的主体指向过失的行为主体，这是道德原则局部失灵导致的问题，媒体机构/社交媒体平台需要承担道德责任，因为机构/平台因未履行提醒义务；对于实践主体来说也应承担反思的责任，需要从个体的道德缺失中核验自己对伦理原则遵循的情况。第二种道德责任是个体/群体因未能遵循职业伦理原则造成不同程度的过失。如前所说，问题的严重程度与道德责任的多少并无关系，因为道德责任只对照是否遵循伦理原则以及这样的遵循是否出自个人意愿，问题的严重程度与个人能力和其他外部因素有关，这样的责任通过工作责任划分而不需要在道德责任中划分。第三种道德责任的情况相对复杂，这种责任的履行关系到人类文明的建构因而被置于顶层。道德责任针对的是有限的理性存在者，过去的道德责任意味着需要已经离岗或者离世的实践主体对他们曾经的专业实践承担道德责任；将来的实践主体尚未出生，他们同样无法意识到道德责任感对此项实践的重要性，伦理原则也无法预先传授给将来社会的专业实践者。有效的（有意义的）道德责任主体只能属于在世的（含离岗的）实践主体，这里需要确认过去的记忆—共识实践主体对当代社会成员和将来社会承担的道德责任以及这种责任是否可以落实。在布鲁门贝格看来，“人”是一种需要从对历史的现代派态度中拯救出来的东西。[①] 言外之意，对于过去的人及其行为，不能简单地套用现在的评价标准而需要将历史和现在进行必要的切割。道德责任的划分也应如此。普遍性原则是自康德以来倡导的伦理原则，在此之前的史家和思想家依据的是各自时代的记述原则和思维的方式，这个群体对于现在和将来的道德责任在于遵照他们所了解的事实记录历史事件，其思想观念不以损害某个共同体为代价，据此可以认为这样的记忆—共识实践符合伦理性的要求，对现在和将来不负有道德方面的责任（也不必利用舆论对其本人及其作品进行道德惩罚）。现在的记忆—共识实践者应该将过去和现在的专业标准和伦理道德观念贯通起来综合评价，本着对历史负责的态度阐释过去的记忆—共识成果。正如芭比·泽利泽（Barbie Zelizer）所说：“新闻业不仅仅是一个有自己的工作惯例的职业，它也在为社会提供对过去的解释。”[②] 这表明，记忆—共识实践既要客观对待过去也要从现在的公共事件和公共讨论中不可避免的涉及对过去的评价，实践者的道德责任不仅是现在（的公众）也包括对历史负责。将现在与过去相贯通依据的是伦理学的普遍性原则，这里还应考虑对将来的道德责任。这样是一种无法预期的责任，现在的记忆—共识实践者无法预知将来社会对当代的记忆—共识实践的具体要求，只能从对历史的希冀（理想的诉求）中间接推测。当代社会，虚拟仿真技术和智能机器可以虚构现实场景并利用 AI 主播参与新闻/记忆实践，甚至可以利用“数字人”参与新闻/记忆实践，也可以借助社交机器人在社交媒体的公共讨论中跟帖（发表简要的看法），这样的智能化实践在丰富记忆—共识文本类型的同时也存在人为造假的风险。媒体记忆和舆论共识以真实为前提，事实和观点的真实是记忆—共识实践的前提。如果不希望过去的记忆—共识实践者（历史学家和社会精英，比如思想家）以虚假的事实/观念蒙蔽时人（间接地也蒙蔽了现在［的人们］），这样的道德期待出于人的自然倾向，那么，也可以猜想将来社会是否怀有同样的期待，这涉及道德法则的普遍性问题。真正的道德法则必然超越时空的界限，帮助当代社会成员与过去和将来进行“对话”或者“共同生

---

① Hrachovec, H., “Blumenberg: Truly Memorable Memories”, *History of the Human Sciences*, 1994, 7 (4): 62.

② Zelizer, B., “Journalists as Interpretative Communities”, in Berkowitz, D. A. (ed.)., *Social Meanings of News: A Text-Reader*, Thousand Oaks, CA: SAGE, 1997, pp. 401-402.

活”在同样的道德世界（道德环境）中。这里无法苛求过去的记忆—共识实践者遵照当代社会理解的伦理原则从事这项实践活动，但可以要求自己按照这样的原则从事记忆—共识实践，相信这样的实践因具有伦理性而不至于招致将来社会的道德批评，因为道德责任意识在专业实践中已经普遍形成。

在解决了过去—现在—将来的记忆—共识实践之道德责任后，还需要划分媒体记忆与舆论共识所涉事实与观念（信仰）的道德责任。当代社会科学研究重视对事实判断与价值判断的区分，这已成为学界共识。但在实践领域，尤其是在新闻传播实践领域，事实与观念的界限仍比较模糊。报纸新闻与言论同版出现的现象依然存在，电视新闻节目也不时穿插“本台评论”。事实与观念的杂糅将直接影响公众对事实的判断。在媒体评论文本中，观点本该从一个事实中发现社会中普遍存在的现象，即价值判断源于大量的事实作为论据，评论文本的事实依据反而显得不够充分，价值判断的可靠性因此减弱。与事实与观念对应的是媒体记忆和舆论共识，对二者边界的厘定并严格限制越界是记忆—共识实践者承担的道德责任。这种责任需要实践主体运用自己的理性区分事实和观念，按照专业实践规范建构新闻（记忆）和舆论共识。康德指出：“这种理性提供给他（就像给所有的人那样）的信仰，使他产生对一个公共事件的历史信仰，他真心相信它是真的，并且把它当作对于来生的道德信仰的证明根据，但他却没有意识到，离开了他的道德信仰，他自己也会觉得这个说法难以置信。通过这种方式，道德目的可以被达成，但使徒表象它的方式带有学院概念的印记，他是在这些概念中受的教育。”① 记忆—共识实践的道德责任要求严格区分新闻事实和思想观念，这是道德责任的一部分（而不仅仅是工作职责）。记忆—共识实践主体应具备职业道德信仰，坚信是道德法则在自己心灵中对自己发出的要求，实践者用行动证明事实的真实和思考结果的真实，这是对过去—现在—将来肩负的道德责任。对于事实/观念的不同运用以及二者的可信性必须发自专业实践者的内心，当确信无疑（并且是永远的确信）事实与观念的边界不会被人为地混淆，事实与观点表达的真实不会仅仅停留在表面，在满足这些条件后也就履行了记忆—共识实践的道德责任（其中一项责任）。

道德责任依赖于对道德法则的信仰，这与对职业理念的接受不同（职业理念在时间上具有不确定性，当我们离开一个行业时也就意味着自

① ［德］康德：《论教育》，赵鹏、何兆武译，上海世纪出版集团 2005 年版，第 80 页。

己主动对一项职业理念的放弃），所有的道德信仰一旦形成就不会发生动摇。康德认为："信仰命题并不是指应该被信仰的东西（因为信仰不容许任何命令），而是那些从实践（道德）角度来说，采纳它们是可能的和合目的——尽管不能被证明，即只能被信仰——的东西。"① 一个人选择从事媒体职业，或者以思考社会问题为职业（这就不同于我们前面所说的社交媒体用户/公共讨论者，而仅限于思想家和网络舆论场专业的意见领袖和新闻评论员），他除了将记忆—共识作为职业外，如果能够将对专业实践的道德法则（[客观的]伦理原则）作为专业实践的目的，即康德所说的将这样的信仰与专业实践合二为一，那么，道德法则就成为专业实践的道德信仰。这种信仰无法要求所有的专业实践者全部接受（职业中的职责分工则可以强制要求），也就是说，对专业实践道德法则的自觉遵循只是少数具备浓厚道德情操的人所额外承担的一份道德责任。

对于媒体记忆和舆论共识中的道德责任，过去的、现在的和未来的实践者遵循的道德法则不会变化，由于媒介环境不同以及社会环境和职责的内容有别，他们（过去—现在—将来）共处于记忆—共识实践的伦理共同体之中，"伦理共同体是一个想象的共同体，它从面对面的关系达致所有可能的最远关系"②，这需要专业实践者各司其职，不能将责任推诿给过去的共同体成员或者将困难留给将来的共同体成员（或者人为地给他们制造困难）。意识到记忆—共识实践的道德责任并意愿以这种责任主体的身份从事这种实践活动，媒体记忆和舆论共识的伦理性将不再成为困扰现在和将来社会的一个问题，记忆—共识实践成果被人类文明接纳的概率随之增加。

---

① ［德］康德：《论教育》，赵鹏、何兆武译，上海世纪出版集团 2005 年版，第 81 页。

② ［以］阿维夏伊·玛格利特：《记忆的伦理》，贺海仁译，清华大学出版社 2015 年版，第 67 页。

参考文献

一 英文文献

（一）英文著作

Barthes, R., *Camera Lucida: Reflections on Photography*. NY: Hill and Wang, 1981.

Bergson, H., *Matière et Mémoire: Essai sur la Relation du Corps a Lésprit*, Félix Alcan, 2012.

Bodnar, J., *Remaking America: Public Memory, Commemoration, and Patriotism in the Twentieth Century*. Princeton, NJ: Princeton University Press, 1992.

Casey, E. S., *Remembering: A Phenomenological Study*, Bloomington, IN: Indiana University Press, 2009.

Couldry N., *Media, society, world: Social theory and digital media practice*. Cambridge: Polity, 2012.

Derrida, J., Stiegler, B., *Echogra - phies of television*, Cambridge: Polity Press, 1996.

Fentress, J., Wickham. C., *Social Memory*, Oxford: Blackwell, 1992.

Fowler, R., *Language in the News: Discourse and Ideology in the Press*. London: Routledge. 1991.

Freidson, E., *Professionalism Reborn: Theory, Prophecy, and Policy*, Chicago: University of Chicago Press, 1994.

Gans, H. J., *Deciding What's News*, New York: Vintage, 1979.

Hall, S., Critcher, C., Jefferson, T., Clarke, J., Roberts, B., *Policing the Crisis: Mugging, the State and Law and Order*. London: Palgrave Macmillan. 2013.

Hoskins, A., *The Restless Past: An Introduction to Digital Memory and*

Media, Routledge Taylor & Francis Group, 2018.

Husserl, E., *On the Phenomenology of the Consciousness of Internal Time*, Boston: Kluwer Academic Publishers, 1991.

Jacobsen, B., Beer, D., *Social Media and the Automatic Production of Memory: Classification, Ranking, and Sorting of the Past*, Bristol University Press, Bristol, 2021.

Kitch, C., *Pages of the Past: History and Memory in American Magazines*, University of North Carolina Press, 2005.

Margalit, A., *The Ethics of Memory*, Cambridge, MA: Harvard University Press, 2002.

Miller, D. T., McFarland, C., "When Social Comparison Goes Awry: The Case of Pluralistic Ignorance", in Suls, J. E., Wills, T. A. E., *Social comparison: Contemporary theory and research*, Hillsdale, NJ: Lawrence Erlbaum, 1991.

Mindich, D. T., *Just the Facts: How Objectivity Came to Define American Journalism.* New York: New York University Press, 2000.

Neiger, M., Meyers, O., Zandberg, E., *On Media Memory: Collective Memory in a New Media Age*, London: Palgrave Macmillan, 2011.

Pinchevski A., *Transferred Wounds: Media and the Mediation of Trauma.* New York: Oxford University Press, 2019.

Popper, K., *The Logic of Scientific Discovery.* London; New York, NY: Routledge, 2005.

R Rinehart, R., Ippolito, J., "New Media and Social Memory", in R Rinehart, R., Ippolito, J., *Re - Collection: Art, New Media, and Social Memory.* The MIT Press, 2014.

Sarbin, T. R., "The Narrative as a Root Metaphor for Psychology", in Sarbin, T. R., *Narrative Psychology: The Storied Nature of Human Conduct*, New York: Praeger, 1986.

Scannell, P., "The Historicality of Central Broadcasting Institutions", in Djerf-Pierre, M., Ekström, M., *A History of Swedish Broadcasting: Communicative Ethos, Genres and Institutional Change.* Gothenburg: Nordicom, 2014.

Stangor, C., Lange, J. E., *Mental Representations of Social Groups: Advances in Understanding Stereotypes and Stereotyping*, New York: Academic

Press, 1994.

Stiegler, B., *Technics and Time*, Stanford, CA: Stanford University Press, 2008

Taylor, C., *A Secular Age*. Cambridge: Harvard University Press, 2007, p. 172.

Tulving, E., *Elements of Episodic Memory*, Oxford: Clarendon Press, 1983.

Van Dijck, J., *Mediated Memories in the Digital Age*, Stanford, CA: Stanford University Press, 2007.

Zelizer, B., *Covering the Body: The Kennedy Assassination, the Media and the Shaping of Collective Memory*. Chicago, IL: University of Chicago Press, 1992.

Zhang, Y. F., Duan, H. Y., Geng, Z. L., *Evolutionary Mechanism of Frangibility in Social Consensus System Based on Negative Emotions Spread*. Complexity, 2017.

（二）英文论文

Adams, T., Kopelman, S., "Remembering COVID-19: Memory, Crisis, and Social Media", *Media, Culture & Society*, 2022, 44 (2).

Ahmed, S., "Navigating the Maze: Deepfakes, Cognitive Ability, and Social Media News Skepticism", *New Media & Society*, 2021.

Alarcón Medina, R., " 'Dreaming the Dream of a Dead Man' Memory, Media, and Youth in Postwar El Salvador", *Dialectical Anthropology*, 2014, 38 (4).

Anders, R., Alario, F. X., & Batchelder, W. H., " Consensus Analysis for Populations with Latent Subgroups: Applying Multicultural Consensus Theory and ModelBased Clustering With CCTpack", *Cross-Cultural Research*, 2018, 52 (3).

Ángel, A., "Media and the Construction of Memory: The Case of the Arboleda Massacre in Colombia", *Catalan Journal of Communication & Cultural Studies*, 2016, 8 (2).

Arnsperger, C., Picavet, E. B., "More than Modus Vivendi, Less than Overlapping Consensus: Towards a Political Theory of Social Compromise", *Social Science Information*, 2004, 43 (2).

Arshavsky, Y. I., "Memory: Axioms and Facts", *Neuroscience and Be-*

havioral Physiology, 2021, 51 (8).

Asen, R., "A Discourse Theory of Citizenship", *Quarterly Journal of Speech*, 2004, 90 (2).

Bang, H., & King, K., "The Effect of Media Multitasking on Ad Memory: The Moderating Role of Program-Induced Engagement and Brand Familiarity", *International Journal of Advertising*, 2021, 40 (7).

Banks, C., "Disciplining Black Activism: Post-Racial Rhetoric, Public Memory and Decorum in News Media Framing of the Black Lives Matter Movement", *Continuum*, 2018, 32 (6).

Barthes, R., Duisit, L., "An Introduction to the Structural Analysis of Narrative", *New Literary History*, 1975, 6 (2): 269. //White, H., "The Value of Narrativity in the Representation of Reality", *Critical Inquiry*, 1980, 7 (1).

Bastian, M., Makhortykh, M., Dobber, T., "News Personalization for Peace: How Algorithmic Recommendations Can Impact Conflict Coverage", *International Journal of Conflict Management*, 2019.

Bendstrup, G., Simonsen, E., Kongerslev, M. T., Jørgensen, M. S., Petersen, L. S., Thomsen, M. S., Vestergaard, M., "Narrative Coherence of Autobiographical Memories in Women with Borderline Personality Disorder and Associations with Childhood Adversity", *Borderline Personality Disorder and Emotion Dysregulation*. 2021, 8 (1).

Birkner, T., Donk, A., "Collective Memory and Social Media: Fostering a New Historical Consciousness in the Digital Age?", *Memory Studies*, 2020, 13 (4).

Bjornsdottir, R. T., Hehman, E., Human, L. J., "Consensus Enables Accurate Social Judgments", *Social Psychological and Personality Science*, 2021.

Blanco-Castilla, E., Rodríguez, L. T., Molina, V. M., "Searching for Climate Change Consensus in Broadsheet Newspapers. Editorial Policy and Public Opinion", *Communication & Society-Spain*, 2018, 31 (3).

Blatz, C. W., & Mercier, B., "False Polarization and False Moderation: Political Opponents Overestimate the Extremity of Each Other's Ideologies but Underestimate Each Other's Certainty", *Social Psychological and Personality Science*, 2018, 9 (5).

Bode, L., Vraga, E. K., Tully, M., "Correcting Misperceptions About Genetically Modified Food on Social Media: Examining the Impact of Experts, Social Media Heuristics, and the Gateway Belief Model", *Science Communication*, 2021, 43 (2).

Brewer, W. F., "What is Autobiographical Memory?", in Rubin, D. C. (Ed.), *Autobiographical Memory*, Cambridge, England: Cambridge University Press, 1988.

Brewin, C. R., Andrews, B., Mickes, L., "Regaining Consensus on the Reliability of Memory", *Current Directions in Psychological Science*, 2020, 29 (2).

Bruine de Bruin, W., Galesic, M., Parker, A. M., Vardavas, R., "The Role of Social Circle Perceptions in 'False Consensus' about Population Statistics: Evidence from a National Flu Survey", *Medical Decision Making*, 2020, 40 (2).

Buckley, D. T., "Religion-State Relations and Public Opinion: Norms, Institutions and Social Consensus", *Religion, State & Society*, 2019, 47 (1).

Budrytė, D., "Experiences of Collective Trauma and Political Activism: A Study of Women 'Agents of Memory' in Post-Soviet Lithuania", *Journal of Baltic studies*, 2010, 41 (3).

Burkey, B., "Repertoires of Remembering: A Conceptual Approach for Studying Memory Practices in the Digital Ecosystem", *Journal of Communication Inquiry*, 2020, 44 (2).

Bushman, B. J. , Gollwitzer, M. , Cruz, C., "There Is Broad Consensus: Media Researchers Agree That Violent Media Increase Aggression in Children, and Pediatricians and Parents Concur", *Psychology of Popular Media Culture*, 2015, 4 (3).

Byun, Y. H., "Government Redistribution and Public Opinion: A Matter of Contention or Consensus?", *International Journal Of Sociology*, 2019, 49 (3).

Calabrese, A., "Historical Memory, Media Studies and Journalism Ethics", *Global Media and Communication*, 2007, 3 (3).

Carlson, M., "Making Memories Matter: Journalistic Authority and the Memorializing Discourse around Mary McGrory and David Brinkley", *Journal-*

ism, 2007, 8 (2).

Chatterje-Doody, P. N., Gillespie, M., "The Cultural Politics of Commemoration: Media and Remembrance of the Russian Revolutions of 1917", *European Journal of Cultural Studies*, 2020, 23 (3).

Chinn, S., Lane, D. S., Hart, P. S., "In Consensus We Trust? Persuasive Effects of Scientific Consensus Communication", *Public Understanding of Science*, 2018, 27 (7).

Clark, C. E., Bryant, A. P., Griffin, J. J., "Firm Engagement and Social Issue Salience, Consensus, and Contestation", *Business & Society*, 2017, 56 (8).

Cohen, E. L., Willis, C., "One Nation under Radio: Digital and Public Memory after September 11", *New Media & Society*, 2004, 6 (5).

Davidjants, J., Tiidenberg, K., "Activist Memory Narration on Social Media: Armenian Genocide on Instagram", *New Media & Society*, 2021.

Dayan, D., "Overhearing in the Public Sphere." *Deliberately Considered-Informed Reflection on the Events of the Day*, 2013.

Desrosiers, M. E., "Reframing Frame Analysis: Key Contributions to Conflict Studies", *Ethnopolitics*, 2012, 11 (1).

Dieckmann, N. F., Peters, E., Gregory, R., "At Home on the Range? Lay Interpretations of Numerical Uncertainty Ranges", *Risk Analysis*, 2015, 35 (7).

Ebbrecht-Hartmann, T., "Media Resonance and Conflicting Memories: Historical Event Movies as Conflict Zone", *Memory Studies*, 2020.

Edy, J. A., "Journalistic Uuses of Collective Memory", *Journal of Communication*, 1999, 49 (2).

Erll, A., "Media and memory", in *Memory in Culture*, London: Palgrave Macmillan, London, 2011.

Fisher, J. C., "Exit, Cohesion, and Consensus: Social Psychological Moderators of Consensus among Adolescent Peer Groups", *Social Currents*, 2018, 5 (1).

Frenkel, Y., "In Search of Consensus: Conflict and Cohesion among the Political Elite of the Late Mamlu-k Sultanate", *The Medieval History Journal*, 2016, 19 (2).

Frosh, P., Pinchevski, A., "Why Media Witnessing? Why Now", in

Frosh, P., Pinchevski, A. (Eds.), *Media Witnessing: Testimony in the Age of Mass Communication*. London: Palgrave Macmillan, 2008.

Gabel, I., "Historical Memory and Collective Identity: West Bank Settlers Reconstruct the Past", *Media, Culture & Society*, 2013, 35 (2).

Gaete Salgado, C., "Journalistic Memory Work and Transitional Justice in Chile: The Case of the Declassification of the Colonia Dignidad Archives in Berlin", *Journalism*, 2021, 22 (4).

Gambarato, R. R., Heuman, J., Lindberg, Y., "Streaming Media and the Dynamics of Remembering and Forgetting: The Chernobyl Case", *Memory Studies*, 2021.

Gan, D. R., Fung, J. C., Cho, I. S., "Neighborhood Atmosphere Modifies the Eudaimonic Impact of Cohesion and Friendship among Older Adults: A Multilevel Mixed-methods Study", *Social Science & Medicine*, 2021, 270.

Gans, H. J., *Deciding What's News*, New York: Vintage, 1979.

Gardikiotis, A., Martin, R., Hewstone, M., "Group Consensus in Social Influence: Type of Consensus Information as a Moderator of Majority and Minority Influence", *Personality and Social Psychology Bulletin*, 2005, 31 (9).

Ghilarducci, T., "Making Old People Work: Three False Assumptions Supporting the 'Working Longer Consensus'", *Politics & Society*, 2021, 49 (4).

Gloviczki, P. J., "Media and Memory on YouTube: An Autoethnographic Postcard", *Humanity & Society*, 2017, 41 (1).

Goel, R., Sharma, R., "Studying Leaders & Their Concerns Using Online Social Media During the Times of Crisis-A COVID Case Study", *Social Network Analysis and Mining*, 2021, 11 (1).

Gross, S. R., Miller, N., "The 'Golden Section' and Bias in Perceptions of Social Consensus", *Personality and Social Psychology Review*, 1997, 1 (3).

Halfon, S., "The Disunity of Consensus: International Population Policy Coordination as Socio-Technical Practice", *Social Studies of Science*, 2006, 36 (5).

Han, E. L., "Journalism and Mnemonic Practices in Chinese Social

Media: Remembering Catastrophic Events on Weibo", *Memory Studies*, 2020, 13 (2).

Hardin, C. D., Higgins, E. T., "Shared Reality: How Social Verification Makes the Subjective Objective", in Sorrentino, R. M., Higgins, E. T. E., *Handbook of Motivation and Cognition*, New York: Guilford, 1986.

Harp, D., Grimm, J., Loke J., "Rape, Storytelling and Social Media: How Twitter Interrupted the News Media's Ability to Construct Collective Memory", *Femintst Media Studies*, 2018, 18 (6).

Harries, K., Blumenberg, H., "Lebenszeit und Weltzeit [Life-Time and World-Time]", *Frankfurt am Main*: *Suhrkamp*, 1986, 84 (9).

Haslam, S. A., Oakes, P. J., Reynolds, K. J., Turner, J. C., "Social Identity Salience and the Emergence of Stereotype Consensus", *Personality and Social Psychology Bulletin*, 1999, 25 (7).

Haslam, S. A., Turner, J. C., Oakes, P. J., McGarty, C., Reynolds, K. J., "The Group as a Basis for Emergent Stereotype Consensus", *European Review of Social Psychology*, 1997, 8 (1).

Hee-Jung, Cho., "Citizen Participation System and Democracy: Focusing on Consensus Conference and Public Opinion Committee", *Citizens & The World*, 2018, 32 (1).

Henig, L., Ebbrecht-Hartmann, T., "Witnessing Eva Stories: Media Witnessing and Self-Inscription in Social Media Memory", *New Media & Society*, 2022, 24 (1).

Hildebrand, J. M., "What is the Message of the Robot Medium? Considering Media Ecology and Mobilities in Critical Robotics Research", *Ai & Society*, 2022, 37 (2).

Hjorth, L., "The Place of Data: Mobile Media, Loss and Data in Life, Death and Afterlife", *Memory Studies*, 2021, 14 (3)

Hoskins A., "Risk Media and the End of Anonymity", *Journal of Information Security and Applications*, 2017.

Hoskins, A., "7/7 and Connective Memory: Interactional Trajectories of Remembering in Post-Scarcity Culture." *Memory Studies*, 2011, 4 (3).

Hoskins, A., "Media, Memory, Metaphor: Remembering and the Connective Turn", *Parallax* 2011, 17 (4).

Hrachovec, H., "Blumenberg: Truly Memorable Memories", *History of the Human Sciences*, 1994, 7 (4).

Huo, Y., Wang, A. X., Zhao, Y., "PBL-Based VR Course for Pre-service Teachers' Designing Skills in Applied University Under Coronavirus", *Interactive Learning Environments*, 2021.

Ibrahim, Y., "Tank Man, Media Memory and Yellow Duck Patrol Remembering Tiananmen on Social Media", *Digital Journalism*, 2016, 4 (5).

Islam, M., Benjamin-Chung, J., Sultana, S., Unicomb, L., Alam, M., Rahman, M., ... Luby, S. P., "Effectiveness of Mass Media Campaigns to Improve Handwashing-Related Behavior, Knowledge, and Practices in Rural Bangladesh", *The American Journal of Tropical Medicine and Hygiene*, 2021, 104 (4).

Johnson, M. K., "Memory and Reality", *American Psychologist*, 2006, 61.

Johnston, C. D., Ballard, A. O., "Economists and Public Opinion: Expert Consensus and Economic Policy Judgments", *Journal Of Politics*, 2016, 78 (2).

Joo, J., "History as Media Narrative and Representation of Collective Memory: Focusing on the Prime-Time Television News Reports Related with the May 18 Democratic Movement", *Korean Journal of Communication & Information*, 2015, 71 (3).

Jos, P. H., "Social Contract Theory Implications for Professional Ethics", *American Review of Public Administration*, 2006, 36 (2).

Kafaee, M., Kheirkhah, M. T., Balali, R., Gharibzadeh, S., "Conflict of Interest as a Cognitive Bias", *Accountability in Research*, 2021.

Katz, D., Braly, K., "Racial Stereotypes of One Hundred College Students", *Journal of Abnormal and Social Psychology*, 1933, 28.

Kaun, A., Stiernstedt, F., "Facebook Time: Technological and Institutional Affordances for Media Memories", *New Media & Society*, 2014, 16 (7).

Kellermann, K., "Memory Processes in Media Effects", *Communication Research*, 1985, 12 (1).

Kellermanns, F. W., Walter, J., Lechner, C., Floyd, S. W., "The Lack of Consensus about Strategic Consensus: Advancing Theory and Research", *Journal of Management*, 2005, 31 (5).

Khlevnyuk, D., "Narrowcasting Collective Memory Online: 'Liking' Stalin in Russian Social Media", *Media Culture & Society*, 2019, 41 (3).

Kinsley, S., " Memory Programmes: The Industrial Retention of Collective Life", *Cultural Geographies*, 2015, 22 (1).

Kitch, C., " 'Useful Memory' in Time Inc. Magazines: Summary Journalism and the Popular Construction of History", *Journalism Studies*, 2006, 7 (1).

Kitch, C., "Keeping History Together: The Role of Social Memory in the Nature and Functions of News", *Aurora*, 2011 (10).

Kitch, C., "Twentieth - Century Tales: Newsmagazines and American Memory", *Journalism & Communication Monographs*, 1999, 1 (2).

Kitzinger, J., Reilly, J., "The Rise and Fall of Risk Reporting: Media Coverage of Human Genetics Research, False Memory Syndrome 'andmad Cow Disease' ", *European Journal of Communication*, 1997, 12 (3).

Kobayashi, K., "The Impact of Perceived Scientific and Social Consensus on Scientific Beliefs", *Science Communication*, 2018, 40 (1).

Koehler, D. J., "Can Journalistic 'False Balance' Distort Public Perception of Consensus in Expert Opinion?" *Journal of Experimental Psychology-Applied*, 2016, 22 (1).

Kulig, J. W., "Effects of Forced Exposure to a Hypothetical Population on False Consensus", *Personality and Social Psychology Bulletin*, 2000, 26 (5).

Lampinen, J. M., Copeland, S. M., Neuschatz, J. S., " Recollections of Things Schematic: Room Schemas Revisited", *Journal of Experimental Psychology: Learning, Memory, and Cognition*, 2001, 27 (5).

Langguth, J., Pogorelov, K., Brenner, S., Filkukovά, P., Schroeder, D. T., "Don't Trust Your Eyes: Image Manipulation in the Age of DeepFakes", Frontiers in Communication, 2021, 6.

Lars Lundgren, Christine E Evans, M., "Producing Global Media Memories: Media Events and the Power Dynamics of Transnational Television History", *European Journal of Cultural Studies*, 2017, 20 (3).

Lee, W. S., Choi, M. I., "Collective Memories of Death of Presidents in Korea: Exploring Media's Semantic Structure on Evaluation of Kim Dae-jung and Rho Moo-hyun after their Death", *Korean Journal of Journalism & Com-*

munication Studies, 2014, 58 (5).

Liebermann, Y., "Born Digital: The Black Lives Matter Movement and Memory after the Digital Turn", *Memory studies*, 2021, 14 (4).

Liu, J., "Who Speaks for the Past? Social Media, Social Memory, and the Production of Historical Knowledge in Contemporary China", *International Journal of Communication*, 2018, 12.

Liu, Q., Yu, J., Han, J., Yao, X., "Differentially Private and Utility-Aware Publication of Trajectory Data", *Expert Systems with Applications*, 2021, 180.

Lohmeier, C., Pentzold, C., "Making Mediated Memory Work: Cuban-Americans, Miami Media and the Doings of Diaspora Memories", *Media, Culture & Society*, 2014, 36 (6).

López-Gómez, D., Beneito-Montagut, R., & García-Santesmases, A., "No Future for Care without New Digital Media? Making Time (s) for Mediated Informal Care Practices in Later Life", *International Journal of Cultural Studies*, 2021, 24 (4).

Luzsa, R., Mayr, S., "False Consensus in the Echo Chamber: Exposure to Favorably Biased Social Media News Feeds Leads to Increased Perception of Public Support for Own Opinions", *Cyberpsychology-Journal Of Psychosocial Research On Cyberspace*, 2021, 15 (1).

MacMillan, M., Canadian Public Opinion on Official Bilingualism: Ambivalent Consensus and its Limits. *International Journal Of Canadian Studies*, 2021, 59 (9).

Maddox, J., "The Prevalent Distrust of Science", *Nature*, 1995, 378 (6556).

Mandolessi, S., "Challenging the Placeless Imaginary in Digital Memories: The Performation of Place in the Work of Forensic Architecture", *Memory Studies*, 2021, 14 (3).

Markóczy, L., "Consensus Formation During Strategic Change", *Strategic Management Journal*, 2001, 22.

Marks, G., Miller, N., "Ten Years of Research on The False Consensus Effect: An Empirical and Theoretical Review", *Psychological Bulletin*, 1987, 102.

Marsonet, M., "Pragmatism and Political Pluralism-Consensus and Pluralism", *Academicus International Scientific Journal*, 2015, 6 (12).

Matthes, J., Knoll, J., von Sikorski, C., "The 'Spiral of Silence' Revisited: A Meta - Analysis on the Relationship between Perceptions of Opinion Support and Political Opinion Expression", *Communication Research*, 2018, 45 (1).

McKoon, G., Ratcliff, R., "Inference during Reading", *Psychological Review*, 1992, 99 (3).

Méndez, M. L., Otero, G., Link, F., Lopez Morales, E., Gayo, M., "Neighbourhood Cohesion as A Form of Privilege", *Urban Studies*, 2021, 58 (8).

Mistry, D., Zhang, Q., Perra, N., et al., "Committed Activists and the Reshaping of Status-Quo Social Consensus", *Physical Review E*, 2015, 92 (4).

Monin, B., Norton, M. I., "Perceptions of a Fluid Consensus: Uniqueness Bias, False Consensus, False Polarization, and Pluralistic Ignorance in a Water Conservation Crisis", *Personality and Social Psychology Bulletin*, 2003, 29 (5).

Ndlovu, M., "New Media and Ndebele Hiraeth: Memory, Nostalgia and Ndebele Nationalism on Selected News Websites", *African Journalism Studies*, 2018, 39 (4).

Noelle-Neumann, E., "The Spiral of Silence a Theory of Public Opinion", *Journal of Communication*, 1974, 24.

Oh, K. S., "Social Consensus on Unification Education at School", *Journal of Education & Culture*, 2018, 24 (5).

Ondish, P., Stern, C., "Liberals Possess More National Consensus on Political Attitudes in the United States: An Examination across 40 Years", *Social Psychological and Personality Science*, 2018, 9 (8).

Özkul, D., Humphreys, L., "Record and Remember: Memory and Meaning-Making Practices Through Mobile Media", *Mobile Media & Communication*, 2015, 3 (3).

Palmer, C., "Outside the Imagined Community: Basque Terrorism, Political Activism, and the Tour de France", *Sociology of Sport Journal*, 2001, 18 (2).

Pan, X., "Consensus Behind Disputes: A Critical Discourse Analysis of the Media Coverage of the Right-of-abode Issue in Postcolonial Hong Kong", *Media Culture & Society*, 2002, 24 (1).

Peri, Y., "The Media and Collective Memory of Yitzhak Rabin's Remembrance", *Journal of Communication*, 1999, 49 (3).

Perry, J. L., "Bringing Society in: Toward a Theory of Public Service Motivation", *Journal of Public Administration Research and Theory*, 2000, 10.

Prendergast, M., "Witnessing in the Echo Chamber: From Counter-Discourses in Print Media to Counter-Memories of Argentina's State Terrorism", *Memory Studies*, 2020, 13 (6).

Prislin, R., Shaffer, E., Crowder, M., "Populism vs. Elitism: Social Consensus and Social Status as Bases of Attitude Certainty", *Journal of Social Psychology*, 2012, 152 (3).

Raeijmaekers, D., Maeseele, P., "In Objectivity We Trust? Pluralism, Consensus, and Ideology in Journalism Studies", *Journalism*, 2017, 18 (6).

Reading, A., "Seeing Red: A Political Economy of Digital Memory", *Media*, *Culture & Society*, 2014, 36 (6).

Reading, A., *Gender and Memory in the Globital Age*. London: Palgrave Macmillan, 2016.

Roberts, T., Lloydwin, C., Pontin, D., Williams, M., Wallace, C., "The Role of Social Prescribers in Wales: A Consensus Methods Study", *Perspectives in Public Health*, 2021.

Ross, L., Greene, D., House, P., "The 'False Consensus Effect': An Egocentric Bias in Social Perception and Attribution Processes", *Journal of Experimental Social Psychology*, 1977, 13 (3).

Sanchez, E. G., "An Unstable Consensus: The Neutrality Issue in The Press and The Public Opinion of Buenos Aires During the Beginning of the Great War", *Sociohistorica-Cuadernos Del Cish*, 2020, 46 (9).

Sarbin, T. R., "The Narrative as a Root Metaphor for Psychology", 1986.

Schilde, K. E., Anderson, S. B., Garner, A. D., "A More Martial Europe? Public Opinion, Permissive Consensus, and EU Defence Policy", *European Security*, 2019, 28 (2).

Schultz, B., Sheffer, M. L., "Newspaper Trust and Credibility in the

Age of Robot Reporters", *Journal of Applied Journalism & Media Studies*, 2017, 6 (2).

Schulz, A., Wirth, W., Müller, P., "We Are the People and You Are Fake News: A Social Identity Approach to Populist Citizens' False Consensus and Hostile Media Perception", *Communication Research*, 2020, 47 (2).

Sechrist G. B. , Young A. F., "The Influence of Social Consensus Information on Intergroup Attitudes: The Moderating Effects of Ingroup Identification", *Journal of Social Psychology*, 2011, 151 (6).

Sherif, M., Harvey, O. J., White, B. J., Hood, W. R., Sherif, C. W., *Intergroup Conflict and Cooperation: The Robbers Cave Experiment*. Norman: University of Oklahoma. 1961.

Sherman, S. J., Presson, C. C., Chassin, L., " Mechanisms Underlying the False Consensus Effect: The Special Role of Threats to the Self", *Personality and Social Psychology Bulletin*, 1984, 10 (1).

Silvestri, L. E., "Start Where You are: Building Cairns of Collaborative Memory", *Memory Studies*, 2021, 14 (2).

Simon Huxtable, M., "Remembering a Problematic Past: TV Mystics, Perestroika and the 1990s in Post-Soviet Media and Memory", *European Journal of Cultural Studies*, 2017, 20 (3).

Smit, R., Heinrich, A., Broersma, M., " Witnessing in the New Memory Ecology: Memory Construction of the Syrian Conflict on YouTube", *New Media & Society*, 2017, 19 (2).

Song, Y., Lee, C. C., " ' Collective Memories ' of Global Media Events: Anniversary Journalism of the Berlin Wall and Tiananmen Crackdown in the Anglo-American Elite Press, 1990-2014", *Journalism*, 2019, 20 (11).

Spinney, L., "How Facebook, Fake News and Friends are Warping Your Memory", *Nature News*, 2017, 543 (7644).

Stainforth, E., "Collective Memory or the Right to be Forgotten? Cultures of Digital Memory and Forgetting in the European Union", *Memory Studies*, 2021.

Steir-Livny, L., "Traumatic Past in the Present: COVID-19 and Holocaust Memory in Israeli media, Digital Media, and Social Media", *Media, Culture & Society*, 2021.

TAGLE, F. J., SOLÀ, N., "Framing of the Chilean Media Memory: The News about the Death of Fidel Castro", *Cuadernos. info*, 2018, 6 (42).

Talarico, J. M., Kraha, A., Self, H., & Boals, A., "How Did You Hear the News? The Role of Traditional Media, Social Media, and Personal Communication in Flashbulb Memory", *Memory Studies*, 2019, 12 (4).

Thomas, E. F., McGarty, C., Stuart, A., Smith, L. G. E., Bourgeois, L., "Reaching Consensus Promotes the Internalization of Commitment to Social Change", *Group Processes & Intergroup Relations*, 2019, 22 (5).

Tirosh, N., "INakba, Mobile Media and Society's Memory", *Mobile Media & Communication*, 2018, 6 (3).

Tirosh, N., "Reconsidering the 'Right to be Forgotten' –Memory Rights and the Right to Memory in the New Media Era", *Media, Culture & Society*, 2017, 39 (5).

Turnbull, S., Hanson. S., "Affect, Upset and the Self: Memories of Television in Australia", *Media International Australia*, 2015, 157 (1).

Van Overwalle, F., Manto, M., Cattaneo, Z., Clausi, S., Ferrari, C., Gabrieli, J. D., ... Leggio, M., "Consensus Paper: Cerebellum and Social Cognition", *The Cerebellum*, 2020, 19 (6).

Volčič, Z., "Yugo–nostalgia: Cultural Memory and Media in the Former Yugoslavia", *Critical Studies in Media Communication*, 2007, 24 (1).

Wade, L., "Journalism, Advocacy and the Social Construction of Consensus", *Media Culture & Society*, 2011, 33 (8).

Wahl – Jorgensen, K., Carlson, M., "Conjecturing Fearful Futures: Journalistic Discourses on Deepfakes", *Journalism Practice*, 2021, 15 (6).

Wansu Lee., "Media Memory–Building Process about Historical Heritage of the Former – President Park Chung – Hee Comparison of Ideological and Memory Difference", *Media and Society*, 2016, 24 (2).

Williamson, W., Ruming, K., "Urban Renewal and Public Participation in Sydney: Unpacking Social Media Strategies and Use for Contesting Consensus", *Urban Policy and Research*, 2019, 37 (3).

Wojcieszak, M. E., "Computer – Mediated False Consensus: Radical Online Groups, Social Networks and News Media", *Mass Communication and Society*, 2011, 14 (4).

Wu, J., Sivaraman, V., Kumar, D., Banda, J. M., Sontag, D., "Pulse of the Pandemic: Iterative Topic Filtering for Clinical Information Extraction from Social Media", *Journal of biomedical informatics*, 2021, 120.

Xu, R., Cao, J., Wang, M., Chen, J., Zhou, H., Zeng, Y.,... Li, L., "Xiaomingbot: A Multilingual Robot News Reporter", arXiv preprint arXiv: 2007.08005, 2020.

Ye, S., Zhao, X., Huang, X., "Application of Smart Audio Based on Mixed Reality Technology in Media Fusion", *Microprocessors and Microsystems*, 2021, 83.

Yousif, S. R., Aboody, R., Keil, F. C., "The Illusion of Consensus: A Failure to Distinguish between True and False Consensus", *Psychological Science*, 2019, 30 (8).

Zelizer, B., "Finding AIDS to the Past: Bearing Personal Witness to Traumatic Public Events", *Media Culture & Society*, 2002, 24 (5).

Zelizer, B., "Journalists as Interpretative Communities", in Berkowitz, D. A. (ed.)., *Social Meanings of News: A Text-Reader*, Thousand Oaks, CA: SAGE, 1997.

Zellman, A., "Framing Consensus: Evaluating the Narrative Specificity of Territorial Indivisibility", *Journal of Peace Research*, 2015, 52 (4).

Zhang, Y., Duan, H., Geng, Z., "Evolutionary Mechanism of Frangibility in Social Consensus System Based on Negative Emotions Spread", *Complexity*, 2017.

Zollman, K. J., "Social Network Structure and the Achievement of Consensus", *Politics, Philosophy & Economics*, 2012, 11 (1).

二 中文文献

（一）著作

［奥］维特根斯坦：《逻辑哲学论》，贺绍甲译，商务印书馆 2005 年版。

［德］《马克思恩格斯选集》（第 1 卷），中共中央马克思恩格斯列宁斯大林著作编译局译，人民出版社 1995 年版。

［德］《马克思恩格斯全集》（第 46 卷上册），中共中央马克思恩格斯列宁斯大林著作编译局译，人民出版社 1979 年版。

［德］阿莱达·阿斯曼：《回忆空间：文化记忆的形式和变迁》，潘璐

译，北京大学出版社 2016 年版。

[德] 奥尔夫冈·韦尔施：《重构美学——品味新美学》，陆扬、张岩冰译，上海译文出版社 2006 年版。

[德] 海因里希·贝克等：《文明：从“冲突”走向和平》，吴向宏译，中国社会科学出版社 1998 年版。

[德] 黑格尔：《历史哲学》，王造时译，上海书店出版社 1999 年版。

[德] 黑格尔：《小逻辑》，贺麟译，商务印书馆 1980 年版。

[德] 黑格尔：《哲学史讲演录》(第 2 卷)，贺麟、王太庆，商务印书馆 1995 年版。

[德] 康德：《单纯理性限度内的宗教》，李秋零译，商务印书馆 2012 年版。

[德] 康德：《道德底形上学》，李明辉译注，联经出版事业股份有限公司 2015 年版。

[德]《康德著作全集》(第 1 卷)，中国人民大学出版社 2003 年版。

[德]《康德著作全集》(第 2 卷)，李秋零译，中国人民大学出版社 2004 年版。

[德]《康德著作全集》(第 3 卷)，李秋零译，中国人民大学出版社 2005 年版。

[德]《康德著作全集》(第 4 卷)，李秋零译，中国人民大学出版社 2005 年版。

[德]《康德著作全集》(第 5 卷)，李秋零译，中国人民大学出版社 2007 年版.

[德]《康德著作全集》(第 6 卷)，李秋零译，中国人民大学出版社 2007 年版。

[德] 康德：《论教育》，赵鹏、何兆武译，上海世纪出版集团 2005 年版。

[德] 康德：《实用人类学》，邓晓芒译，上海世纪出版集团 2005 年版。

[德] 汉娜·阿伦特：《人的条件》，竺乾威等译，上海人民出版社 1999 年版。

[德] 马克思：《路易·波拿巴的雾月十八日》，中共中央马克思恩格斯列宁斯大林著作编译局译，人民出版社 2015 年版。

[德] 曼弗雷德·盖尔：《康德的世界》，黄文前、张红山译，蒋仁祥校，中央编译出版社 2012 年版。

［德］尼采：《论道德的谱系》，毕然、周红译，生活·读书·新知三联书店 1992 年版。

［德］维特根斯坦：《哲学研究》，李步楼译，商务印书馆 1996 年版。

［德］约恩·吕森：《历史思考的新途径》，綦甲福、来炯译，上海人民出版社 2005 年版。

［法］爱弥尔·涂尔干：《教育思想的演进》，李康译，渠东校，上海人民出版社 2006 年版。

［法］埃米尔·涂尔干：《社会分工论》，渠东译，生活·读书·新知三联书店 2000 年版。

［法］奥利维埃·多尔富斯：《地理观下全球化》，张戈译，社会科学文献出版社 2010 年版。

［法］柏格森：《创造进化论》，肖聿译，华夏出版社 1999 年。

［法］E. 迪尔凯姆：《社会学方法的准则》，狄玉明译，商务印书馆 2007 年版。

［法］加布里埃尔·塔尔德：《模仿律》，埃尔希·克鲁斯·帕森斯英译，何道宽汉译，中国人民大学出版社 2008 年版。

［法］路易·若兰斯：《权利相对论》，王伯琦译，中国法制出版社 2006 年版。

［法］米歇尔·福柯：《必须保卫社会》，钱翰译，上海人民出版社 1999 年版。

［法］莫里斯·哈布瓦赫：《论集体记忆》，毕然、郭金华译，上海人民出版社 2002 年版。

［法］皮埃尔·诺拉：《记忆之场》，黄艳红等译，南京大学出版社 2015 年版。

［法］让-克罗德·高概：《话语符号学》，王东亮译，北京大学出版社 1997 年版。

［法］R. 舍普：《技术帝国》，刘莉译，生活·读书·新知三联书店 2004 年版。

［法］雅克·德里达：《多义的记忆：为保罗德曼而作》，蒋梓骅译，中央编译出版社 1999 年版。

［古希腊］《柏拉图全集》（第 2 卷），王晓朝译，人民出版社 2003 年版。

［古希腊］柏拉图：《〈米诺篇〉〈费多篇〉注释》，徐学庸译注，台湾商务印书馆股份有限公司 2013 年版。

［古希腊］亚里士多德：《论记忆》，秦典华译//苗力田主编：《亚里士多德全集》（第1卷），中国人民大学出版社1992年版。

［荷兰］斯宾诺莎：《伦理学》，贺麟译，商务印书馆2017年版。

［美］爱因斯坦：《我的世界观》，张卜天译，商务印书馆2018年版。

［美］安德鲁·海伍德：《政治学核心概念》，吴勇译，天津人民出版社2008年版。

［美］安东尼·刘易斯：《批判官员的尺度——〈纽约时报〉诉警察局长沙利文案》，何帆译，北京大学出版社2011年版。

［美］保罗·康纳顿：《社会如何记忆》，纳日碧力戈译，上海人民出版社2000年版。

［美］比尔·布莱森：《万物简史》，严维明、陈邕译，接力出版社2005年版。

［美］戴维·玻姆：《论创造力》，洪定国译，上海科技出版社2001年版。

［美］盖尔斯敦：《自由多元主义的实践》，佟德志、庞金友、苏宝俊译，江苏人民出版社2009年版。

［美］哈罗德·伯尔曼：《法律与宗教》，梁治平译，中国政法大学出版社2003年版。

［美］怀特海：《思维方式》，刘放桐译，商务印书馆2004年版。

［美］汉娜·阿伦特：《极权主义的起源》，林骧华译，生活·读书·新知三联书店2008年版。

［美］汉娜·阿伦特、杰罗姆·科恩：《责任与判断》，陈联营译，上海人民出版社2011年版。

［德］汉娜·阿伦特：《人的条件》，竺乾威等译，上海人民出版社1999年版。

［加］马歇尔·麦克卢汉著，斯蒂芬妮·麦克卢汉、戴维·斯坦斯编：《麦克卢汉如是说——理解我》，何道宽译，中国人民大学出版社2006年版。

［美］亨廷顿：《文明的冲突与世界秩序的重建》，周琪等译，新华出版社1998年版。

［美］杰罗姆·凯根：《三种文化——21世纪的自然哲学、社会科学和人文学科》，王加丰 宋严萍译，格致出版社2014年版。

［美］罗伯特·希斯：《危急管理》，王成等译，中信出版社2004年版。

［美］尼尔·波斯曼：《技术垄断》，何道宽译，北京大学出版社2007年版。

［美］乔·萨托利：《民主新论》，冯克利、阎克文译，东方出版社1998年版。

［美］塞缪尔·亨廷顿：《我们是谁？美国国家特征面临的挑战》，程克雄译，新华出版社2005年版。

［美］托尼·布赞编：《记忆新法》，杨砾、晓地编译，北京经济学院出版社1990年版。

［美］威廉·A. 盖尔斯敦：《自由多元主义的实践》，佟德志、庞金友、苏宝俊译，江苏人民出版社2009年版。

［美］西摩·马丁·李普塞特：《共识与冲突》，张华青等译，上海人民出版社2011年版。

［美］约翰·罗尔斯：《政治自由主义》，万俊人译，译林出版社2000年版。

［美］詹姆斯·格雷克：《信息简史》，高博译，人民邮电出版社2013年版。

［美］詹姆斯·雷切尔斯：《道德的理由》（第5版），杨宗元译，中国人民大学出版社2009年版。

［以］阿维夏伊·玛格丽特：《记忆的伦理》，贺海仁译，清华大学出版社2015年版。

［意］G. 萨托利：《政党与政党体制》，王明进译，商务印书馆2006年版。

［意］卡尔·曼海姆：《意识形态与乌托邦》，黎鸣、李书崇译，商务印书馆2000年版。

［英］安德鲁·海伍德：《政治学核心概念》，吴勇译，天津人民出版社2008年版.

［英］博登海默：《法理学法律哲学与法律方法》，中国政法大学出版社1999年版。

［英］伯特兰·罗素：《西方哲学史》（上卷），何兆武、李约瑟译，商务印书馆1963年版。

［英］伯兰特·罗素：《哲学问题》，何兆武译，商务印书馆2007年版。

［英］戴维·米勒，韦农·波格丹诺：《布莱克维尔政治学百科全书》，邓正来译，中国政法大学出版社1992年版。

［英］大卫·休谟：《人性论》，关文运译，商务印书馆1994年版。

［英］F. A. 哈耶克：《致命的自负》，冯克利、胡晋华等译，中国社会科学出版社2000年版。

［英］弗雷德里克·巴特莱特：《记忆：一个实验的和社会的心理学研究》，黎炜译，浙江教育出版社1998年版。

［英］马修·基兰：《媒体伦理》，张培伦、郑佳瑜译，南京大学出版社2009年版。

［英］亨利·西季威克：《伦理学方法》，廖申白译，中国社会科学出版社1993年版。

［英］汤因比：《历史研究》，郭小凌、刘北城译，上海世纪出版集团2005年版。

［英］伊冯·朱克斯：《传媒与犯罪》，赵星译，北京大学出版社2006年版。

陈刚：《共识的焦虑：争议性议题传播的话语变迁与冲突性知识生产》，人民出版社2016年版。

《邓伟志全集：社会科学卷（2）》，上海大学出版社2013年版。

丁俊杰、张树庭：《广告概论》，中央广播电视大学出版社1999年版。

陈锦华等：《功利与功利观》，人民出版社2014年版。

冯亚琳、阿斯特莉特·埃尔：《文化记忆理论读本》，余传玲等译，北京大学出版社2012年版。

甘绍平：《伦理学的当代建构》，中国发展出版社2015年版。

甘绍平：《人权伦理学》，中国发展出版社2009年版。

甘绍平：《应用伦理学前沿问题研究》，江西人民出版社2002年版。

甘绍平：《自由伦理学》，贵州人民出版社2020年版。

宫瑜：《交往理性与道德共识——哈贝马斯话语伦理学研究》，中国社会科学出版社2017年版。

何尚主编：《撬动地球的人们：20世纪科学大师思想随笔》，广东经济出版社1999年版。

李国涛：《怀念随笔文体》，北岳文艺出版社2017年版。

李红涛、黄顺铭：《记忆的纹理：媒介、创伤与南京大屠杀》，中国人民大学出版社2017年版。

梁治平编：《法律的文化解释》，生活·读书·新知三联书店1994年版。

刘擎：《究竟什么是“平庸的恶”?》，《刘擎西方现代思想讲义》，新星出版社 2021 年版。

沙莲香：《社会心理学》（第 2 版），中国人民大学出版社 2006 年版。

邵鹏：《媒介记忆理论：人类一切记忆研究的核心与纽带》，浙江大学出版社 2017 年版。

邵培仁：《传播学》，高等教育出版社 2015 年版。

孙江：《事件·记忆·叙述》，浙江人民出版社 2004 年版。

王海明：《新伦理学》（上册），商务印书馆 2008 年版。

王振铎、赵运通：《编辑学原理论》，中国书籍出版社 1997 年版。

王志红：《差异性社会共识理论研究》，社会科学文献出版社 2016 年版。

徐贲：《人以什么理由来记忆》，吉林出版集团有限责任公司 2008 年版。

张洪兴：《社会共识论》，旅游教育出版社 2014 年版。

张宗祥：《论衡校注》，上海古籍出版社 2013 年版。

赵静蓉：《文化记忆与身份认同》，三联书店 2015 年版。

（二）期刊文献

［德］H. G. 梅勒：《中西哲学传统中的记忆与遗忘》，《时代与思潮》2000 年 6 月。

蔡虹：《当西方媒体报道中国时，他们报道什么？——从英国埃塞克斯集装箱事件报道看新闻的客观性》，《对外传播》2019 年第 12 期。

陈楚洁：《媒体记忆中的边界区分，职业怀旧与文化权威——以央视原台长杨伟光逝世的纪念话语为例》，《国际新闻界》2015 年第 12 期。

陈薇：《多元文化主义的世界性：欧洲观念的对抗与共享》，《华中科技大学学报》（社会科学版）2019 年第 6 期。

陈新汉：《认同、共识及其相互转化——关于社会价值观念与国民结合的哲学思考》，《江西社会科学》2014 年第 7 期。

陈新汉：《哲学视域中社会价值观念的共识机制》，《哲学动态》2014 年第 4 期。

陈毅：《“自我实现伦理”：达成共同体共识所依赖的自我哲学基础》，《江苏行政学院学报》2019 年第 6 期。

陈振华：《集体记忆研究的传播学取向》，《国际新闻界》2016 年第 4 期。

程东旺：《灾难记忆与精神洗礼——论灾难的思想政治教育功能》，

《河南科技学院学报》2012 年第 11 期。

程守艳、安克佳：《公众舆论 · 共识 · 反对派：自由主义民主的支撑——读〈民主新论〉》，《理论观察》2009 年第 6 期。

崔文佳、周婷：《风险社会中媒体凝聚法治共识的一般机制》，《新闻世界》2013 年第 7 期。

代金平、谢敏、魏钢：《论核心价值观的社会共识构建机制》，《重庆邮电大学学报》（社会科学版）2015 年第 2 期。

邓红蕾：《从“同类相动”到“共识效应”的中国哲学解读》，《中南民族大学学报》（人文社会科学版）2016 年第 5 期。

丁慕涵：《社交媒体时代的集体记忆建构》，《中国广播电视学刊》2021 年第 1 期。

董洪哲：《理性情绪疗法视角下新型冠状病毒肺炎公共危机事件的网络舆情治理》，《医学与社会》2020 年第 5 期。

方付建：《思潮热点事件舆论共识的分析维度与构建策略》，《情报杂志》2017 年第 1 期。

冯慧玲：《档案记忆观、资源观与“中国记忆”数字资源建设》，《档案学通讯》2012 年第 3 期。

傅磊：《警惕！深度伪造技术的战场应用》，《军事文摘》2020 年第 5 期。

符绍强、刘晓琰，曹萌：《全球媒体 VR 报道对比研究及策略分析——以 CGTN、BBC、CNN 和〈纽约时报〉为例》，《中国广播电视学刊》2019 年第 11 期。

高民政、孙红艳：《规模与民主视阈中的竞争、回应和冲突：达尔的分析与结论》，《浙江学刊》2009 年第 1 期。

高兆明、洪峰：《“哲学的历史”：事实与叙述、记忆、理解》，《探索与争鸣》2015 年第 8 期。

郭建斌、程悦：《“故事布”与苗语影像：苗族的媒介记忆及全球传播》，《现代传播》2021 年第 1 期。

何云峰：《人类相互和解的必要性、主要障碍和共识基础——新冠肺炎疫情肆虐全球的哲学思考》，《中南民族大学学报》（人文社会科学版）2020 年第 4 期。

龚新琼：《新闻与记忆：回归媒体记忆研究的核心议题》，《新闻界》2017 年第 11 期。

龚新琼、邢江：《论媒体记忆的伦理规范及实现》，《新闻界》2019

年第 7 期。

龚新琼：《新闻媒体记忆的特征》，《青年记者》2019 年第 29 期。

顾肃：《多元社会的重叠共识、正当与善——晚期罗尔斯政治哲学的核心理念评述》，《复旦学报》（社会科学版）2011 年第 2 期。

韩东晖：《构建当代中国哲学研究的重叠共识》，《中国高校社会科学》2015 年第 3 期。

韩佳蔚：《电视媒体实证“国家记忆”的价值功能——央视〈等着我〉“大叙事”寻人节目文化解读》，《理论导刊》2016 年第 3 期。

韩志力、莫雷：《定向遗忘效应的发生机制：价值定向的记忆能量守恒与分配》，第二十一届全国心理学学术会议摘要集，2018 年。

何卫华：《创伤叙事的可能、建构性和功用》，《文艺理论研究》2019 年第 2 期。

胡百精《互联网与集体记忆构建》，《中国高校社会科学》2014 年第 3 期。

胡百精：《理性与公共性——中国传统社会共识的价值来源》，《公关世界》2021 年第 21 期。

胡翼青、唐利：《广播与舆论共识时代的来临——兼论大众传播的历史边界》，《当代传播》2013 年第 6 期。

江帆：《减轻疫情期间居家学习对儿童健康的影响》，《柳叶刀》2020 年 3 月 3 日。

江素珍：《媒介记忆框架与个体记忆叙事——凤凰卫视知青主题纪录片考察》，《当代青年研究》2019 年第 2 期。

姜宇辉：《“内在思想”和记忆——〈哲学研究〉记忆问题》，《学习与探索》2000 年第 6 期。

李红涛：《昨天的历史 今天的新闻——媒体记忆、集体认同与文化权威》，《当代传播》2013 年第 5 期。

李红涛、黄顺铭：《新闻生产即记忆实践——媒体记忆领域的边界与批判性议题》，《新闻记者》2015 年第 7 期。

李佳佳：《技术赋能与记忆延伸：媒介记忆的特点、意义与展望》，《声屏世界》2019 年第 10 期。

李佳静：《“9・11”纪录片中的创伤、记忆与身份——以〈改变美国的 102 分钟〉为例》，《名作欣赏》2019 年第 24 期。

李建华、李斯瑶：《论政治妥协及其伦理价值》，《道德与文明》2016 年第 1 期。

李明：《从“谷歌效应”透视互联网对记忆的影响》，《国际新闻界》2014 年第 5 期。

李绍元：《社会契约论视域中的传媒社会责任——兼论绿色传播》，《伦理学研究》2011 年第 4 期。

李世强、罗彬：《新媒体语境下社会共识重构再探究》，《东南传播》2018 年第 5 期。

李文盛：《新时代我国凝聚社会共识研究述评》，《湖北行政学院学报》2020 第 2 期。

李铁锤、曾振华：《党媒网络空间社会共识话语呈现状态、建构逻辑及路径》，《当代传播》2021 年第 6 期。

李武装：《“社会记忆”的政治哲学分析》，《吉首大学学报》（社会科学版）2017 年第 5 期。

李昕昌：《“中庸”的妥协精神及其政治局限》，《贵州社会科学》2015 年第 12 期。

李昕：《南京大屠杀文化记忆国际传播的理念及其内在逻辑》，《日本侵华南京大屠杀研究》2019 年第 4 期。

李昕：《从文化记忆到人类记忆共同体——论意义生产中的道德固守》，《学术研究》2019 年第 10 期。

李洋：《电影与记忆的工业化——贝尔纳·斯蒂格勒的电影哲学》，《上海大学学报》（社会科学版）2017 年第 5 期。

李智、刘萌雪：《新媒体时代国际传播的社会化转型》，《对外传播》2019 年第 12 期。

廖绍疆：《创伤后果在个体层面和集体层面的影响》，《医学与哲学》2016 年第 10A 期。

林晓光：《日本的国家发展战略与全社会的舆论共识动员》，2006 年中国传播学论坛论文集Ⅰ。

刘发开：《全球化背景下的文化共存逻辑》，《山东大学学报》（哲学社会科学版）2020 年第 2 期。

刘峰：《道德共识何以达成——哈贝马斯的商谈伦理及其现实道路》，《武汉科技大学学报》（社会科学版）2011 年第 6 期。

刘亚秋：《从集体记忆到个体记忆对社会记忆研究的一个反思》，《社会》，2010 年第 5 期。

刘一乙、张勤：《在新媒体传播下社会主义核心价值观与西方“普世价值观”研究——基于卢梭社会契约思想的视角》，《新闻传播》2016 年第3期。

龙柏林：《红集体记忆构建之当代变迁的哲学思考》，《内蒙古社会科学》（汉文版）2018年第1期。

龙念、滕文琪：《融媒体环境下历史影像的创新表达——评电视纪录片栏目〈国家记忆〉》，《当代电视》2020年第5期。

罗青、方帆、毕建录：《中美主播跨洋对话的全球传播效果——一次中国全球媒介事件的案例分析》，《全球传媒学刊》2019年第3期。

苗争鸣：《可怕的“深度伪造”技术》，《世界知识》2019年第22期。

孟凌霄、夏薇：《追忆与失忆：媒介记忆的反思与批判》，《东南传播》2021年第6期。

牛静：《建构全球媒体伦理：可实现的愿景抑或乌托邦?》，《国际新闻界》2015年第7期。

潘祥辉：《论苏联解体中的传播失灵因素——兼驳苏联解体的“舆论失控说”》，《浙江传媒学院学报》（哲学社会科学版）2011年第5期。

秦步焕：《我国主流意识形态与多元社会思潮之关系辨析》，《洛阳师范学院学报》2019年第9期。

任政：《当代中国价值观与社会共识的建构》，《探索》2016年第2期。

尚杰：《柏格森哲学如何摆脱了康德与胡塞尔——读柏格森的〈物质与记忆〉》，《哲学动态》2017年第7期。

沈坚：《记忆与历史的博弈：法国记忆史的建构》，《中国社会科学》2010年第3期。

沈湘平：《价值共识是否及如何可能》，《哲学研究》2007年第2期。

斯蒂芬·维尔托维奇、刘晖：《走向后多元文化主义？变动中的多样性社群、社会条件及背景》，《国际社会科学杂志》（中文版）2019年第3期。

邵鹏：《从边缘到核心：大数据背景下数字记忆的发展与展望》，《中国新闻传播研究》2016年第1期。

邵鹏：《记忆4.0：数字记忆与人类记忆的归宿》，《新闻大学》2016年第5期。

邵鹏：《媒介记忆与历史记忆协同互动的新路径》，《新闻大学》2012年第5期。

邵鹏：《新闻报道：诉说过去反映当下昭示未来的媒介记忆》，《当代传播》2016年第3期。

沈湘平：《价值共识是否及如何可能》，《哲学研究》2007年第2期。

史安斌、廖鲽尔：《“去政治化”“去意识形态化”的神话——美国媒体价值观传播的历史脉络与实践经验》，《新闻记者》2016年第3期。

石寅：《价值个体主义背景下道德价值共识的重建——兼对社会主义核心价值观出场的哲学解读》，《云南社会科学》2018年第1期。

孙德忠：《西方哲学记忆观的历史演进》，《武汉理工大学学报》（社会科学版）2008年第4期。

孙莹：《数字时代媒体报道中的文化记忆建构——以新华社微信公众号“抗疫日记”为例》，《传媒》2021年第8期。

田发伟、李希光：《美国媒体关于中国SARS报道中的政治化倾向分析》，《新闻与传播研究》2003年第2期。

童世骏：《关于“重叠共识”的“重叠共识”》，《中国社会科学》2008年第6期。

王创业：《社会资本与媒体记忆：对比视野下媒体中的甘惜分、宁树藩纪念内容分析》，《国际新闻界》2017年第5期。

王海明：《休谟难题：能否从“是”推出“应该”?》，《湖南师范大学社会科学学报》2007年第1期。

王莉丽、刘子豪：《后真相时代特朗普“推特治国”舆论传播特点及启示》，《国外社会科学》2018年第3期。

王栾生：《文化缔构编辑观辩证》，《编辑之友》1996年第5期。

王润珏：《超越传播：主流媒体国际传播能力提升的创新路径》，《视听界》2020年第1期。

王润泽、杨奇光：《触电的谎言与真相：“电传假新闻”事件的媒介记忆重访》，《现代传播》2018年第10期。

王少南：《媒介建构社会共识的功能分析》，《传播力研究》2019年第3期。

王世雄等：《共识驱动的网络舆论与社会舆论互动传播研究》，《情报杂志》2014年第12期。

王潇燕：《浅析新闻媒体的集体记忆建构》，《新闻研究导刊》2018年第2期。

王渊：《普利策的三段话》，《散文百家》2004年第16期。

王泽应：《命运共同体的伦理精义和价值特质论》，《北京大学学报》2016年第5期。

汪信砚:《普世价值·价值认同·价值共识——当前我国价值论研究的三个重要概念辨析》,《学术研究》2009 年第 11 期。

沃尔夫冈·卡舒巴,彭牧:《记忆文化的全球化?——记忆政治的视觉偶像、原教旨主义策略及宗教象征》,《民俗研究》2012 年第 1 期。

武跃速、蒋承勇:《记忆对忘却的人性审判——论贝娄〈贝拉罗莎暗道〉中的道德哲学》,《人文杂志》2011 年第 5 期。

吴玉军、顾豪迈:《国家认同建构中的历史记忆问题》,《中国特色社会主义研究》2018 年第 3 期。

吴世文、何屹然:《中国互联网历史的媒介记忆与多元想象——基于媒介十年“节点记忆”的考察》,《新闻与传播研究》2019 年第 9 期。

武跃速、蒋承勇:《记忆对忘却的人性审判——论贝娄〈贝拉罗莎暗道〉中的道德哲学》,《人文杂志》2011 年第 5 期。

肖艳:《人性:全球话语下的大屠杀记忆——以〈南京!南京!〉为例》,《长春教育学院学报》2013 年第 14 期。

谢啊英、丁华东:《社交媒体对社会记忆建构传承的影响与思考》,《山西档案》2021 年第 1 期。

谢卓潇:《春晚作为记忆实践——媒介记忆的书写、承携和消费》,《国际新闻界》2020 年第 1 期。

许科龙波、郭明飞:《价值认同视角下网络舆论场中的共识再造》,《学校党建与思想教育》2021 年第 1 期。

徐蓉蓉:《强制性社会背景、公共舆论法庭与价值共识的形成——边沁舆论思想及其现代启示》,《天府新论》2021 年第 2 期。

薛华:《对话、理解和道德——关于商谈伦理学的对话》,《复旦学报》(社会科学版)1988 年第 2 期。

杨超、朱小阳、揭其涛:《建构、遗忘与激活:社会危急事件的媒介记忆》,《浙江社会科学》2020 年第 6 期。

杨国荣:《论伦理共识》,《探索与争鸣》2019 年第 2 期。

杨琴:《灾难记忆的媒介建构研究述评》,《西南交通大学学报》(社会科学版)2018 年第 1 期。

杨庆峰:《当代记忆研究的哲学透视》,《华东师范大学学报》(哲学社会科学版)2017 年第 5 期。

杨庆峰:《历史数字化、认知与记忆》,《江海学刊》2017 年第 2 期。

杨庆峰、伍梦秋:《记忆哲学:解码人工智能及其发展的钥匙》,《探索与争鸣》2018 年第 11 期。

杨嵘均：《网络空间全球治理体系的价值共识与伦理责任——基于技治主义语境的思考》，《中国行政管理》2017 年第 10 期。

杨龙飞：《再造共识：网络舆论场的空间生产与关系重构》，《淮北师范大学学报》（哲学社会科学版）2020 年第 5 期。

杨越：《微博场域内法治议题的社会共识现状与表达——以“人肉搜索”为例》，《新闻研究导刊》2018 年第 8 期。

杨治良：《漫谈人类记忆的研究》，《心理科学》2011 年第 1 期。

伊丽娜：《新时代凝聚社会共识的路径选择》，《理论界》2020 第 7 期。

于德山：《新媒体舆情场域互动与社会共识建构》，《社会科学战线》2017 年第 11 期。

喻国明、高琴：《区块链技术下，主流媒体重塑社会共识的路径》，《传媒观察》2021 年第 10 期。

喻国明：《人工智能的强势崛起与新闻传播业态的重构》，《教育传媒研究》2018 年第 1 期。

余锦秀：《电视媒体在地方特色文化传播中的作用探析——以“福建文化记忆”项目为例》，《中国广播电视学刊》2021 年第 1 期。

袁婕、代羽：《从章莹颖案看主流媒体国际话语权设置》，《南方传媒研究》2019 年第 4 期。

曾振华、罗博为：《广告创意融入文化自觉与社会共识研究》，《湘潭大学学报》（哲学社会科学版）2021 年第 3 期。

谌湘闽：《西方媒介霸权下中国媒介文化的反弹》，《群文天地》2012 年第 4 期。

张富丽：《融媒体背景下国际时事评论“国际锐评”的守正创新》，《电视研究》2019 年第 7 期。

张梅：《异质与同一：阶层分化与媒体赋权背景下的社会共识》，《现代传播》2016 年第 1 期。

张梅兰、朱子鹏：《媒介仪式是凝聚社会共识的重要路径——以央视春晚为例》，《媒体融合新观察》2019 年第 6 期。

张强：《美国主流媒体霸权秩序的话语生产与消解——以恐怖主义为例》，《延安大学学报》（社会科学版）2016 年第 1 期。

张恬欣：《技术视域下沉浸式出版与良性社会共识建构》，《新媒体研究》2020 年第 22 期。

张文喜：《历史和记忆的历史性哲学考察——从柏拉图到本雅明》，

《江西社会科学》2001 年第 1 期。

张严:《思维与存在的同一性:从黑格尔到阿多诺》,《江西社会科学》2018 年第 10 期。

张毓强、姬德强:《国际传播中的媒体倾向、新闻反转与事实真相》,《对外传播》2019 年第 12 期。

张原:《文化记忆视角下传统文化与媒体节目内容生产的关系建构》,《中国电视》2019 年第 3 期。

张晓玥:《"镜与灯":开放视界中的建设性批判——评邵鹏著〈媒介融合语境下的新闻生产〉》,《中国传媒报告》2014 年第 1 期。

章戈浩:《作为开放新闻的数据新闻——英国〈卫报〉的数据新闻实践》,《新闻记者》2013 年第 6 期。

赵静蓉:《文化创伤建构中的媒介记忆策略》,《江海学刊》2021 年第 4 期。

赵静蓉:《这个时代的创伤焦虑》,《文化研究》2015 年第 2 期。

赵前卫:《共识社区 :提升舆论引导力的新思维》,《青年记者》2019 年 2 月下。

赵汀阳《认同与文化自身认同》,《哲学研究》2003 年第 7 期。

赵文龙、贾洛雅:《社会共识机制与共识凝聚途径探析:一种社会学的视角》,《福建论坛·人文社会科学版》2020 年第 2 期。

赵哲超、王昕:《媒介记忆视域下物质文化遗产的数字化传播——以微信小程序"云游敦煌"为例》,《新闻与写作》2021 年第 3 期。

者段鹏:《电视的未来之路:提供意义解读,引导社会共识》,《当代电视》2018 年第 5 期。

郑广永:《社会共识与建设社会主义和谐社会》,《党政干部学刊》2010 年第 1 期。

郑宁:《智媒时代媒体人的法律风险及应对》,《青年记者》2019 年第 1 期。

郑镇:《社会契约论视野中的和谐社会的构建》,《贵州师范大学学报》(社会科学版) 2011 年第 1 期。

钟新、崔灿:《中国媒体全球化的正当性与竞争力——对话国际传播知名学者达雅·屠苏》,《对外传播》2019 年第 6 期。

周庆安:《抖音:构建社会共识传递向善理念》,《网络传播》2020 年第 2 期。

周传虎:《"信息茧房"对凝聚社会共识的双重效应》,《学术前沿》

2019 年 12 月（上）。

巩晓亮、陈曦：《全媒体时代主持人公众记忆持久性构建》，《当代电视》2021 年第 10 期。

周传虎：《"信息茧房"对凝聚社会共识的双重效应》，《人民论坛·学术前沿》2019 年第 23 期。

周佩滢：《中国主流新闻播报中多模态传播策略对凝聚社会共识的影响——以央视〈新闻联播〉为例》，《记者观察》2018 年第 15 期。

周裕琼、谢奋：《当你老了：春晚上的老年形象变迁与社会共识建构》，《新闻与写作》2022 年第 1 期。

周颖：《对抗遗忘：媒介记忆研究的现状、困境与未来趋势》，《浙江学刊》2017 年第 5 期。

周振华、魏屹东：《记忆的认知哲学探究》，《人文杂志》2015 年第 3 期。

（三）学位论文

陈志兴：《社会分层背景下社会共识的形成》，硕士学位论文，吉林大学，2015 年。

郭雪峰：《当代中国意识形态的社会共识基础及其建设研究》，硕士学位论文，山西师范大学，2017 年。

换昕：《哈贝马斯的同一性思想研究》，硕士学位论文，郑州大学，2019 年。

宁苑：《詹姆斯·博曼的协商民主理论研究》，硕士学位论文，厦门大学，2008 年。

沈祯：《交往理论视阈下的网络共识研究》，硕士学位论文，安徽大学，2017 年。

孙思齐：《暴恐事件中媒体报道框架与集体记忆的在线协作书写》，硕士学位论文，重庆大学，2017 年。

王春玉：《论罗尔斯政治哲学中的"重叠共识"理念》，硕士学位论文，山东师范大学，2006 年。

王晓晴：《自媒体视阈下的集体记忆建构》，硕士学位论文，渤海大学，2016 年。

王艺涵：《影像叙述与社会记忆》，河南大学，2015 年。

王忠勇：《哲学视域中的共识问题研究》，硕士学位论文，中共中央党校，2018 年。

徐春喜：《当代中国社会主义核心价值观的价值共识问题研究》，硕士学位论文，东北师范大学，2018年。

谌斯宇：《网络集体行动中的共识达成》，硕士学位论文，哈尔滨工业大学，2015年。

赵会龙：《“自干五”与网络群体政治共识的建构机制研究》，硕士学位论文，湖南师范大学，2017年。

张振华：《当代中国社会共识形成研究》，博士学位论文，武汉大学，2014年。

郑畅：《帕菲特客观道德哲学思想研究》，博士学位论文，西南大学，2021年。

朱玲琳：《社会共识论》，硕士学位论文，华中科技大学，2016年。

朱柳松：《以社会主义核心价值观凝聚社会共识研究》，硕士学位论文，重庆师范大学，2017年。

邹月华：《从媒体记忆到个人记忆：重大突发事件对一般公共事件影响研究》，硕士学位论文，江西师范大学，2017年。

（四）报纸文献

冯升：《莫让“政治病毒”破坏世界抗疫大局》，《解放军报》2020年4月8日。

韩杰：《携手抗疫共建人类命运共同体》，《吉林日报》2020年4月20日。

李斌：《构建舆论护权机制维护中国公民海外正当权益》，《民主与法制时报》2019年8月11日。

冷淞：《警惕美国的新型“媒体霸权主义”》，《光明日报》2019年8月30日。

陆邵明：《构建全球视野下的抗战记忆伦理》，《中国社会科学报》2015年12月8日。

人民网舆情监测室：《2014年：两个舆论场共识度明显提高》，《光明日报》2015年1月16日，第5版。

唐芳：《我科学家精准“删除”动物特定记忆》，《科技日报》2020年3月23日。

王悠然：《社交媒体正在自动生产“记忆”》，《中国社会科学报》2021年9月13日。

吴威：《VR眼镜变身记忆之盒 承载南京大屠杀葬地全景》，《南京日报》2016年12月10日。

习近平：《团结合作是国际社会战胜疫情最有力武器》，《人民日报》

2020年4月16日。

闫宏秀：《数据科技带来记忆哲学新发展》，《中国社会科学报》2020年10月27日。

杨庆峰：《通过记忆哲学反思人类增强》，《中国社会科学报》2020年8月25日。

郑志峰：《警惕算法潜藏歧视风险》，《光明日报》2019年6月23日。

（五）网络文献

《MIT做了史上规模最大的假新闻研究，发现：真相总是跑不过谣言》，腾讯传媒2018年3月20日，https：//baijiahao. baidu. com/s？ id = 1595633584092357462&wfr = spider&for = pc。

《VR党建-重走长征路系列，助力智慧党建可视化》，商业导报网2020年3月5日，https：//www. mbachina. com/html/cjzx/202003/215499. html。

《爸妈留乌克兰，11岁男童独自跨境800公里到达斯洛伐克，感动世人》，《知识窗》2022年3月7日，http：//news. sohu. com/a/527854234_121334759。

《国家图书馆互联网信息战略保存项目启动 首创社会化保存模式》，中国经济网2019年4月22日，https：//baijiahao. baidu. com/s？ id = 1631474379730580991&wfr = spider&for = p。

《惠州市惠东县海域发生4.1级地震，广东多地网友称震感明显》，光明网2022年3月14日，https：//m. gmw. cn/baijia/2022 - 03/14/1302842910. html。

《权威发布：十九大报告全文》，央视财经2017年10月18日，https：//baijiahao. baidu. com/s？ id = 1581590173511475862&wfr = spider&for = pc。

《上海复兴公园里，二个退休老人为各自支持的俄罗斯和乌克兰动手打架》，网易2022年3月4日，https：//c. m. 163. com/news/v/VW0N48RTM. html。

《头条搜索发布疫情期间热门直播：火神山医院进度排名第一》，凤凰网2020年3月3日，http：//finance. ifeng. com/c/7uWBKmDD4BH。

邓晓芒：《从一则相声段子看国人的思维方式》，搜狐网2020年11月12日，https：//www. sohu. com/a/431316491_237819。

江帆：《"90后"，你们行的!》，浙江在线2020年3月18日，http：//china. zjol. com. cn/pinglun/202003/t20200318_11789520. shtml。

伶轩：《VR进阶之路困难重重，虚拟仿真或因技术聚焦成为黄金产业》，镁客网 2017 年 9 月 18 日，https：//baijiahao. baidu. com/s？ id = 1578570381461460773&wfr = spider&for = pc。

马浩华：《钟摆正从全球化摆向在岸化》，FT 中文网 2022 年 3 月 29 日，https：//www. ftchinese. com/premium/001095682？ archive。

南博一：《冯德莱恩：欧盟将派调查小组赴乌克兰调查"布查事件"》，澎湃新闻 2022 年 4 月 5 日，https：//www. thepaper. cn/newsDetail_forward_17470713&wfr = spider&for = pc。

沈铁伦：《逝者曹景行丨"一个人的通讯社"停更》，上观新闻 2022 年 2 月 11 日，https：//web. shobserver. com/staticsg/res/html/web/newsDetail. html？ id = 451145。

孙鲁威：《借丰县事件该说的事情是什么？》，中国农网 2022 年 2 月 18 日，https：//www. 163. com/dy/article/H0J55E350519QQUP. html。

萧达、刘皓然：《连番批评虚假账号太多，外界猜测：马斯克觉得收购推特"买贵了"想压价？》，环球网 2022 年 5 月 19 日，https：//baijiahao. baidu. com/s？ id = 1733208037851604705&wfr = spider&for = pc。

后　记

对于大多数人来说，最深刻的记忆莫过于母爱；这样的记忆，也是最容易达成的舆论共识。我的母亲焦文英女士，就是这样一位值得我终生记忆的亲人；对她的热爱和怀念，也是我此生的共识。这样的记忆和共识，贯穿于我的全部人生轨迹中。从某种意义上说，《多元社会的媒体记忆与舆论共识》也可以视作献给她的一本书。

每个人都有属于自己的记忆，同样，每个社会也有属于自己的记忆。

当代社会发生的有价值的事件，涌现出来的观点，大众传播媒体成为记忆这些事件和观点的最佳信息载体。每个社会有着自己的共识，这样的共识集中体现在社会舆论当中。随着互联网的发展（尤其是社交媒体的普及），网络舆论对全社会的影响无论从深度还是广度上，都超出了传统社会的社会共识。可以毫不夸张地说，网络舆论场的公共讨论达成的共识，在很大程度上代表着社会共识的最大公约数。因此，将媒体记忆和舆论共识联结起来，将二者置于多元社会的背景下进行研究，应该有着特殊的理论意义和应用价值。

就我而言，将媒体记忆和舆论共识作为研究的对象，出于一个偶然的机会。

2016 年 10 月，我从西南科技大学调入重庆大学；进入新的工作单位，需要申报新的科研项目。尽管当时本人主持的 2013 年度国家社科基金项目尚未完成结项，但是，2017 年度的国家社科基金项目申报指南发布后，我还是选择了指南上的一个相关选题，填写了申报书。遗憾的是，在申报截止前，由于先前的课题未能拿到结项证书，这份填写好的申报书就这样被暂时搁浅了。

2017 年 9 月，我在重庆大学招的第一届硕士研究生中，安排 2017 级硕士生李琳同学将媒体记忆和社会共识作为研究方向。2020 年，她的硕士学位论文以《〈人民日报〉对重大灾难性事件的记忆建构研究——以汶川地震纪念报道为例（2009—2019）》为题，通过答辩。

李琳同学在读研期间，根据我提供的申报书研究框架，搜集了许多有关媒体记忆和社会共识方面的文献资料，这些资料为本书的后续写作，提供了不少帮助。在此，对她的前期付出表示感谢。

2021 年，我以《多元社会的媒体记忆与社会共识》为题，写下这本著作，并于当年申报成功国家社科基金后期资助项目。获得资助后，我又重新修改、完善了书稿，并将书名改作《多元社会的媒体记忆与舆论共识》。从“社会共识”到“舆论共识”，看似只是一个词语的变动，但“舆论共识”更适合社交媒体时代的共识特征。

对于本书将媒体记忆和舆论共识结合起来研究，有研究者存在不同的看法，有人甚至认为这是个伪命题。其实，任何共识都需要借助媒体记忆来达成，今天的记忆同样是构成未来舆论共识的基础。社会越是发展，观点越是多元，媒体记忆就越是有着不可取代的作用，以舆论共识为代表的社会共识就越是弥足珍贵。媒体记忆和舆论共识的内在逻辑，赋予了这项研究的正当性。相信读者在阅读本书的过程中，会形成自己的判断。

在本书的成书过程中，除了李琳同学的贡献外，我的博士研究生付莎莎、郭珂静、蔡舒敏同学协助我进行了文稿的修订。此外，我的硕士研究生王豪、马晓晴、吴悠、董莉、高杰、陈茗、刘佳莹、宋婷、邱亚婷、贾梦琪、冯梦玉、何晓琴、古凤、王奕、李佳怿、蒋可心、马皖雪也分别参与过部分章节的校对，在此一并表示感谢。

此外，我的爱人王欢妮女士在承担家务工作外，还对本书的写作提出过有益的建议，这里对她的付出表示感谢。

在本书的编校过程中，责任编辑宫京蕾女士非常认真、细心地帮助审读书稿，这里也对她的辛勤付出表达我的谢意。

在本书的出版过程中，被列为重庆大学中央高校基本科研业务费人文社科专项“多元社会的媒体记忆与舆论共识”项目（编号：2023CDJSKCB16）。此外，重庆大学新闻学院也为本书出版提供部分资助。

限于作者才疏学浅，对于媒体记忆和舆论共识的认识及其关系探讨不够深刻，期待这两个领域的研究者提出批评建议。

刘海明

2023 年 10 月 1 日